ENGLISCH-DEUTSCHE STUDIENAUSGABE DER DRAMEN SHAKESPEARES

Unter dem Patronat der Deutschen Shakespeare-Gesellschaft
herausgegeben von Rüdiger Ahrens, Andreas Fischer, Ernst Leisi
und Ulrich Suerbaum

Wissenschaftlicher Beirat:
Klaus Bartenschlager, Ingeborg Boltz, Balz Engler, Robert Fricker †,
Hans Walter Gabler, Peter Halter, Dieter Mehl

WILLIAM SHAKESPEARE

As You Like It
Wie es euch gefällt

Englisch-deutsche Studienausgabe

Deutsche Prosafassung und Anmerkungen
von Ilse Leisi
unter Mitwirkung von Hugo Schwaller
Einleitung und Kommentar
von Hugo Schwaller

**STAUFFENBURG
VERLAG**

Die Deutsche Bibliothek – *CIP-Einheitsaufnahme*

Shakespeare, William:
As you like it : englisch-deutsche Studienausgabe =
Wie es euch gefällt / William Shakespeare.
Dt. Prosafassung und Anm. von Ilse Leisi unter Mitw. von Hugo Schwaller.
Einl. und Kommentar von Hugo Schwaller. –
Tübingen : Stauffenburg-Verl., 2000
(Englisch-deutsche Studienausgabe der Dramen Shakespeares /
William Shakespeare)
ISBN 3-86057-558-9

Umschlagabbildung:
Das Titelbild entstammt dem *Emblematum liber* von Andreas Alciatus (1531)

Publiziert mit Unterstützung des Schweizerischen Nationalfonds
zur Förderung der wissenschaftlichen Forschung.

© 2000 · Stauffenburg Verlag Brigitte Narr GmbH
Postfach 25 25 · D-72015 Tübingen

Das Werk einschließlich aller seiner Teile ist urheberrechtlich geschützt.
Jede Verwertung außerhalb der engen Grenzen des Urheberrechtsgesetzes ist
ohne Zustimmung des Verlages unzulässig und strafbar.
Das gilt insbesondere für Vervielfältigungen, Übersetzungen,
Mikroverfilmungen und die Einspeicherung und Verarbeitung
in elektronischen Systemen.
Gedruckt auf säurefreiem und alterungsbeständigem Werkdruckpapier.

Satz: Fritz Grau, Wörrstadt
Druck: Laupp & Göbel, Nehren
Verarbeitung: Nädele, Nehren
Printed in Germany

ISBN 3-86057-558-9

INHALT

Vorwort der Herausgeber 7

Vorwort der Bearbeiter 9

Hinweise zur Benutzung dieser Ausgabe 11

Einleitung 13
   1. Text und Datierung: 13 – 2. Quellen: 14 – 3. *As You Like It* in der Inszenierung der Shakespeare-Zeit: 23 – 4. Bühnengeschichte: 26 – 5. Rezeptionsgeschichte: 33

AS YOU LIKE IT – WIE ES EUCH GEFÄLLT 44

Kommentar 291

Abkürzungen 344

Literaturverzeichnis 347

VORWORT DER HERAUSGEBER

Das Hauptziel der Englisch-deutschen Studienausgabe ist es, den Leserinnen und Lesern den Shakespeareschen Text und seine genaue Bedeutung so nahe zu bringen, wie dies zur Zeit möglich ist, und darüber hinaus die zu einem vertieften Verständnis notwendige Information zu geben.

Für die einzelnen Teile der Ausgabe und ihre Funktionen gilt Folgendes:

Der *englische Text* soll möglichst authentisch sein. Er hält sich im Prinzip an die ältesten überlieferten Drucke, d.h. die ursprünglichen Quarto- und Folioausgaben. Zusätze späterer Herausgeber (vor allem Ortsangaben und Bühnenanweisungen) sind entweder weggelassen oder, wo zum Verständnis notwendig, durch eckige Klammern deutlich als solche gekennzeichnet. Die Orthographie ist modernisiert, doch sind ältere Schreibformen bei der Interpretation beigezogen worden. Jede Bearbeiterin und jeder Bearbeiter eines Bandes der Studienausgabe verantwortet den Text selbst. Als Grundlage des englischen Textes dient in der Regel *The Complete Pelican Shakespeare* (1969), herausgegeben von Alfred Harbage. Nach dieser Ausgabe richten sich auch die Zeilenzählung und die Szeneneinteilung.

Wo die Erstdrucke voneinander abweichen und wo sich die Frage von Textverbesserungen stellt, ist dies in den *Textnoten* vermerkt, sofern ein wesentlicher Sinnunterschied zwischen den Lesungen besteht.

Die deutsche Übertragung unterscheidet sich grundsätzlich von bekannten Übersetzungen. Diese streben nach Autonomie und Äquivalenz: Der deutsche Text soll für sich selbst gelesen und auch aufgeführt werden können; er soll alle Aspekte des englischen Originals, auch die künstlerischen, wiedergeben, wobei Kompromisse und Informationsverluste oft unvermeidlich sind.

In unserer Ausgabe hingegen geschieht die Vermittlung des englischen Textes in zwei Stufen: durch die deutsche Prosafassung und die Anmerkungen. Die *deutsche Prosafassung* ist so wörtlich, wie es die Verschiedenheit der beiden Sprachstrukturen erlaubt; ihr Schwergewicht liegt auf dem semantischen (Bedeutungs-)Gehalt.

Der deutsche Text wird laufend ergänzt durch die *Anmerkungen*. Diese können unter anderem folgender Art sein: semantisch (wo sich die Bedeutungen der deutschen Wörter und Wendungen nicht voll mit denjenigen der englischen decken), stilistisch-strukturell (bei bestimmten Klangwirkungen, rhetorischen Figuren, Wortspielen), theatralisch

(Hinweise auf Probleme der szenischen und gestischen Verwirklichung der dramatischen "Partitur"), historisch (Hinweise auf Vorbilder, auf zeitgenössische Zustände und Vorgänge, deren Kenntnis zum Verständnis notwendig ist).

Die deutsche Prosafassung und die Anmerkungen bilden eine Einheit; sie teilen sich in die Funktion, den englischen Text fortlaufend zu erklären – deshalb greifen auch die Anmerkungen, obwohl am deutschen Text orientiert, immer zuerst das englische Stichwort auf.

Die Trennung in deutsche Prosafassung und Anmerkungen hat ein hohes Maß von Transparenz und Nachvollziehbarkeit zur Folge. Die Leserinnen und Leser können sich darüber informieren, weshalb eine bestimmte Übersetzung gewählt worden ist und welches ihre Grenzen und Probleme sind; sie werden über Kontroversen orientiert und in die Lage versetzt, sich eine eigene fundierte Meinung zu bilden.

Erklärungen, welche über die einzelnen Stellen hinausgehen und ganze Szenen betreffen, finden sich im *Kommentar* oder, sofern sie sich auf das ganze Stück beziehen, in der *Einleitung*. Auch in diesen Teilen wird versucht, gesicherte Fakten und schwebende Probleme nach Möglichkeit auseinander zu halten, den Leserinnen und Lesern Unterlagen zu eigener Entscheidung zu geben (etwa durch Hinweise auf einschlägige Literatur), sie aber nicht in eine bestimmte Richtung zu drängen. Allgemein wird eine Verbindung von Wissenschaftlichkeit und Allgemeinverständlichkeit angestrebt, sodass die Ausgabe nicht nur Fachleuten, sondern allen an Shakespeare Interessierten dienen sollte.

Dies sind die grundsätzlichen Ziele. Es versteht sich, dass wir ihnen nicht überall gleich nahe gekommen sind.

Unsere Studienausgabe vereinigt Eigenschaften der deutschen Übersetzungen einerseits und der einsprachigen englischen Ausgaben andererseits. Indem sie übersetzt, ist sie wie jede Übersetzung gezwungen, zu allen Teilen des Originals Stellung zu nehmen. Mit den (von uns kritisch geprüften) englischen Ausgaben hat sie die explizite Darstellung der Probleme und die Nachvollziehbarkeit gemeinsam.

Rüdiger Ahrens
Andreas Fischer
Ernst Leisi
Ulrich Suerbaum

VORWORT DER BEARBEITER

Vorbemerkung der Übersetzerin:

Was die Übersetzung und die Fußnoten betrifft, bin ich in erster Linie Frau Dr. Christine Trautvetter zu Dank verpflichtet. Sie hat in ihrer Ausgabe *As You Like It: An Old-Spelling and Old-Meaning Edition* (Heidelberg 1972) viele der Prinzipien vorausgenommen, die nachher für die *Studienausgabe* gültig wurden.

Einige dieser Prinzipien, zum ersten Mal angewandt in Ernst Leisis Ausgabe *Measure for Measure: An Old-Spelling and Old-Meaning Edition* (Heidelberg 1964) waren die folgenden:
1. Die Erklärungen von Wendungen und Passagen dürfen nicht pauschal sein; jedes Wort ist zunächst einzeln zu untersuchen.
2. Die Wörter sind einer kritischen Bedeutungsanalyse zu unterziehen. Kein Wort darf ungeprüft in seinem modernen Sinn verstanden werden; es ist stets zu fragen, welche Bedeutungen es um 1600 haben konnte, welche nicht.
3. Es genügt aber noch nicht, die Bedeutungen von 1600 (period meanings) festzustellen; vielmehr muss versucht werden, die spezifisch Shakespeareschen Bedeutungen zu ermitteln; denn bei Shakespeare haben viele Wörter andere Bedeutungen als bei seinen Zeitgenossen – sein Idiolekt ist sehr ausgeprägt; hierüber siehe E. Leisi, *Praxis der Englischen Semantik* sowie *Problemwörter und Problemstellen bei Shakespeare*, Einleitung.
4. Eine "Bedeutung", die nur in eine einzige Stelle passt, also lediglich ein "situational equivalent" und sonst nicht belegt ist, ist in der Regel nicht zu akzeptieren (dazu *Praxis* und *Problemwörter*).

Nach diesen Prinzipien sollte ursprünglich eine Old-Meaning-Gesamtausgabe geschaffen werden; doch wurde dieser Plan zugunsten der *Englisch-deutschen Studienausgabe* aufgegeben, da diese – wie aus den Debatten der *Deutschen Shakespeare-Gesellschaft West* hervorgeht – von den interessierten Kreisen als eine besonders dringende Aufgabe angesehen wurde (siehe die Arbeitsberichte im *Shakespeare Jahrbuch West*, 1985 und 1987).

Trotz dieser Änderung haben sich die Vorarbeiten des älteren Projektes auch für das neuere als sehr nützlich erwiesen. Sowohl bei *Measure for Measure* wie bei *As You Like It* konnten viele Fußnoten fast unverändert übernommen und übersetzt werden. Als Bearbeiterin von A.Y.L. bin ich hierfür sehr dankbar, umso mehr als mir durch die Erkenntnisse der *Old-Meaning-Edition* auch das Übersetzen leichter gemacht wurde.

Neben Frau Trautvetter haben auch andere Helfer herzlichen Dank verdient, vor allem die Gutachter: Robert Fricker, Walter Naef und Kurt Tetzeli von Rosador, die, jeder auf seine Weise, zur Verbesserung der Arbeit beitrugen. Und natürlich ist auch den Herausgebern der Gesamtausgabe zu danken, die ihrerseits wertvolle Korrekturen vornahmen.

Ilse Leisi

Vorbemerkung des Verfassers der Einleitung und des Kommentars:

Ich danke meinen Gutachtern, insbesondere Herrn Prof. Dr. Robert Fricker, Bern, und Herrn Prof. Dr. Ernst Leisi, Zürich, für ihre stete Hilfsbereitschaft und aufmunternde Kritik bei der Entstehung der Arbeit. Ihre Anregungen und Hinweise haben den Text wesentlich mitgeprägt. Dank gebührt auch der Übersetzerin, Frau Dr. Ilse Leisi, für ihre ebenso wertvollen Hinweise und ihr kritisches Lesen meiner Arbeit während des Entstehungsprozesses.

Frau Leisi konnte das Erscheinen der Ausgabe leider nicht mehr erleben. In dankbarer Erinnerung an sie und eingedenk ihrer großen Hingabe für den Text habe ich ihr abgeschlossenes Manuskript betreut und es für die Drucklegung fertig gestellt.

Danken möchte ich ferner Frau Dr. Therese Steffen (Küsnacht) und Frau Dorothee in der Weide (Dortmund); sie haben das Manuskript kritisch gelesen und kommentiert; Frau Pascale Probst Fernandez (Bern) für Hinweise zum Film; Herrn Fritz Grau (Frankfurt am Main/Wörrstadt), der den Text mit großem Engagement und mit scharfem Blick fürs Detail formatiert und die reprofähigen Vorlagen erstellt hat.

Der Schweizerische Nationalfonds zur Förderung der wissenschaftlichen Forschung und Herr Prof. Dr. Ernst Leisi haben die Drucklegung dieser Ausgabe mit namhaften Beiträgen ermöglicht. "Well then, if ever I thank any man, I'll thank you." (*A.Y.L.* II.5.20) – herzlichen Dank für Ihre Großzügigkeit.

Bern, im Februar 2000
Hugo Schwaller

HINWEISE ZUR BENUTZUNG DIESER AUSGABE

Die *Zeilenzählung* dieser Ausgabe folgt in der Regel derjenigen des *Complete Pelican Shakespeare*. Da es sich bei dem vorliegenden Stück zum größten Teil um Prosa handelt, ergeben sich jedoch wegen des breiteren Satzspiegels geringfügige Abweichungen vom *Pelican Shakespeare*.

In *eckigen Klammern* stehen Bühnenanweisungen, die nicht aus dem Erstdruck von 1623 stammen. In der deutschen Fassung kennzeichnen die eckigen Klammern außerdem Zusätze, die der Klärung des Sinns dienen.

Schrägstriche werden bei der Wiedergabe von Wortspielen und mehrdeutigen Begriffen verwendet, wenn dies das Verständnis des deutschen Textes erleichtert.

Die *hochgestellten Zahlen* im deutschen Text verweisen auf die Anmerkungen, die sich am Fuß der Seite an ihn anschließen.

Die *Textnoten* stehen unter dem englischen Text. Die vorangestellte Zahl gibt die Zeile an, in der sich das Textproblem stellt.

Verweise auf Stellen und *Zitate* aus den anderen Werken Shakespeares richten sich nach der Studienausgabe oder, wo diese noch fehlt, nach dem *Complete Pelican Shakespeare*.

Die *Abkürzungen* werden auf Seite 344ff. erklärt. *Vollständige bibliographische Angaben* zu den abgekürzt zitierten Ausgaben, Übersetzungen und Nachschlagewerken finden sich im Literaturverzeichnis auf Seite 347ff.

EINLEITUNG

1. TEXT UND DATIERUNG

Der früheste vorhandene Text von *As You Like It* findet sich in der so genannten First Folio (F_1) Edition, der ersten Gesamtausgabe von Shakespeares Stücken, welche (nach dem Tod des Dramatikers) im Jahre 1623 herausgegeben wurde. Das Schauspiel ist auf den Seiten 185 bis 207 abgedruckt, unmittelbar nach *The Merchant of Venice* und vor *The Taming of the Shrew*. Quartoausgaben früheren Datums sind keine bekannt. Jedoch wurde *As You Like It* bereits am 4. August 1600 zum ersten Mal erwähnt: Zusammen mit *Henry V, Much Ado about Nothing* und Ben Jonsons *Every Man in His Humour* wurde das Stück im Stationers' Register, dem offiziellen Verzeichnis der Londoner Buchhändler und Buchdrucker, als so genannte "staying entry" – ein Eintrag mit aufschiebender Wirkung – eingetragen, wahrscheinlich in der Absicht, Raubdrucke zu verhindern.[1] Vor diesem Hintergrund und gestützt auf metrische Vergleiche[2] mit anderen Stücken Shakespeares wird die Entstehungszeit von *As You Like It* allgemein auf den Zeitraum von 1599 bis 1600 angesetzt. Das Stück fällt demzufolge in dieselbe Schaffensperiode wie *Much Ado about Nothing* und *Twelfth Night*, die großen Lustspiele Shakespeares. John Dover Wilsons Annahme, wonach *A.Y.L.* schon um 1593 entstanden und um 1599 überarbeitet worden sei, hat demgegenüber im Allgemeinen keine Zustimmung gefunden.[3] Ebenso bewegt sich die Vermutung, wonach das von Francis Meres in *Palladis Tamia, Wit's Treasury* – einem literarischen Überblick seit Chaucer samt Aufzählung von Shakespeares Stücken aus dem Jahre 1598 – erwähnte *Love's Labour's Won* mit *As You Like It* identisch sei, im Raum der Spekulation.[4]

Es wird allgemein angenommen, dass dem für alle Ausgaben autoritativen Text aus dem Jahre 1623 weder ein Arbeitsmanuskript (*foul paper*) noch eine Reinschrift (*fair copy*) des Autors zugrunde lag. Ge-

---

[1] Dazu *Shakespeare-Handbuch*, hrsg. v. Ina Schabert (Stuttgart 1978), S. 483.
[2] Karl Wentersdorf, "Shakespearean Chronology and the Metrical Tests", in *Shakespeare-Studien, FS für Heinrich Mutschmann* (Marburg 1951), S. 161-193; James McManaway, "Recent Studies in Shakespeare's Chronology", *ShS* 3 (1950), S. 22-33.
[3] Vgl. dazu John Dover Wilson im New Cambridge Shakespeare.
[4] Dazu F. N. Lees, "Shakespeare's 'Love's Labour's Won'", in *Times Literary Supplement*, 28th March 1958, S. 169.

mäß den Untersuchungen von Hinman[5] waren mindestens drei Setzer an der Anfertigung des Textes von *As You Like It* in F_1 beteiligt. Dennoch gilt die Textqualität in der Forschung als allgemein gut und zuverlässig. Das Stück ist bereits in Akte und Szenen eingeteilt, die Lieder sind mit vollem Text beigegeben, die Sprecherangaben (*speech prefixes*) sind auffallend einheitlich; Bühnenanweisungen finden sich wie in den meisten anderen Foliotexten Shakespeares nur wenige.[6] Der verbannte Herzog trägt keinen Namen und wird als *Duke Senior* bezeichnet.

Der unserer Ausgabe zugrunde liegende Text des Complete Pelican Shakespeare folgt der Folio-Ausgabe aus dem Jahre 1623. Abweichungen davon sind im Variantenapparat vermerkt.

2. QUELLEN

Im Gegensatz zu anderen Stücken Shakespeares ist die Quellenfrage im Falle von *A.Y.L.* zufrieden stellend geklärt. Als Vorlage liegt dem Schauspiel die Prosaerzählung *Rosalynde* von Thomas Lodge aus dem Jahre 1590 zugrunde, welche ihrerseits auf *The Tale of Gamelyn*, fälschlicherweise Chaucer zugeschrieben, zurückgeht. Das Studium der Quelle erweist sich als besonders aufschlussreich, da sie in ihrer Ganzheit erhalten ist. Dies ermöglicht einen Einblick in das Schaffen des Dramatikers; Shakespeares dramaturgischer Umsetzungsprozess im Spannungsfeld zwischen Übernahme und Neuschöpfung kann genau verfolgt werden. Die Handlungsabfolge in der Quelle ist im Stück im Wesentlichen beibehalten, doch verkürzte Shakespeare seinen Stoff gemäß der Untersuchung von Prouty um etwa ein Drittel[7] und fügte zusätzliche Personen und neue Handlungselemente hinzu, die das Wesen des übernommenen Stoffes tiefgreifend verändern und dadurch persönliche Akzente setzen.

Shakespeare konfrontiert das Theaterpublikum am Eingang des Stückes mit der vollendeten Tatsache des Bruderzwists zwischen Orlando und Oliver und lässt Lodges etwas langwierige Rede des Sir John of Bourdeaux weg. Sir Rowland de Boys, der Vater der verfeindeten Brüder, ist zu Beginn der Handlung bereits tot, während Sir John of Bour-

---

[5] Charlton Hinman, *The Printing and Proof-Reading of the First Folio of Shakespeare* (Oxford 1963), S. 436, 442, 447; zudem Walter W. Greg, *The Shakespeare First Folio: Its Bibliographical and Textual History* (Oxford 1955).
[6] Vgl. dazu Edmund K. Chambers, *William Shakespeare. A Study of Facts and Problems* (Oxford 1930), S. 202-204.
[7] Charles T. Prouty, "Some Observations On Shakespeare's Sources", *ShJ W* 96 (1960), S. 64-77.

deaux, die Parallelfigur in der Erzählung, seine Erbschaft aufteilt und seinen Söhnen noch letzte Ermahnungen und Ratschläge mit auf den Weg gibt, bevor er stirbt (*At this hee shrunke downe in his bed and gave up the ghost*).[8] Das Geschehen um den unrechtmäßigen Fürsten am Hof sowie im Hause des Sir John of Bourdeaux nimmt im Verlauf der Erzählung breiten Raum ein, dient im Stück in zusammengedrängter Form aber bloß zur Exposition der Handlung und bleibt nachfolgend im Hintergrund, wodurch die Liebesthematik zentral wird. Die Erbschaftsverhältnisse zwischen den drei Brüdern unterscheiden sich in der Vorlage zudem von denjenigen im Schauspiel: Rosader (Orlando), der jüngste Sohn in der Quelle, erhält mit sechzehn Landeinheiten (*ploughlands*) den größten Erbschaftsanteil, während Saladyne sich mit vierzehn und Fernandyne mit deren zwölf begnügen müssen. Darauf gründet die Feindschaft des benachteiligten Saladyne.[9] Demgegenüber beklagt sich Shakespeares Orlando, bloß ein paar tausend *crowns* geerbt zu haben und überdies, wie in der Vorlage[10], der tyrannischen Aufsicht seines Bruders Oliver unterstellt zu sein. Wie Jaques ist auch Fernandyne, der mittlere Bruder in der Erzählung, der Gelehrte und studiert in Paris. Eine kurze Versöhnung zwischen Saladyne und Rosader in der Vorlage wird im Stück weggelassen. Im Ringkampf gegen den *Norman* tötet Rosader seinen Gegner, während Orlando diesen bloß besiegt. König Torismond umarmt den Sieger nach dem Wettkampf; Frederick in *A.Y.L.* zeigt sich mürrisch. Wie im Stück weckt der Sieg des jüngsten Sohnes die Gefühle Rosalyndes, die sich in der Folge in einem langen, verliebten Monolog ergeht. Sie wird danach von König Torismond verbannt, weil er befürchtet, sie könnte als Tochter des bereits von ihm vertriebenen Königs Gerismond das Mitleid des Hofes auf sich ziehen. Die Fürbitte seiner eigenen Tochter Alinda für die Verbannte will Torismond nicht erhören und vertreibt auch sie. Demgegenüber verlässt Celia den Hof aus freiem Willen und setzt dadurch ein Zeichen besonderer Freundschaft und Treue. Bei Lodge wie bei Shakespeare verlassen die Töchter den Hof mit der ausdrücklichen Absicht, sich dem vertriebenen Fürsten anzuschließen, wobei Celia, beziehungsweise Alinda, wiederholt als Trösterin hervortritt.

---

[8] Geoffrey Bullough, ed., *Narrative and Dramatic Sources of Shakespeare*, Vol. II: *The Comedies, 1597–1603* (London and New York 1958), S. 163.

[9] "[...] he fell to consideration of his Fathers testament, how he had beqeathed more to his younger brothers than himselfe, that *Rosader* was his Fathers darling [...] yet make such havock of their legacies and lands, as they should be a great deale the lighter:", Bullough, *Sources*, S. 165.

[10] "[...] his foote boy, [...] keeping him in such servile subjection, as if hee had been the sonne of any countrie vassall", Bullough, *Sources*, S. 166.

Da sie ohne männliche Begleitung unterwegs sein müssen, nehmen die Mädchen in der Quellenerzählung schließlich die Rollen der Herrin Aliena beziehungsweise des Knappen Ganimede an. Mit Hilfe des Schäfers Coridon finden sie Unterschlupf im Wald und treffen dort auf den unglücklich verliebten Schäfer Montanus (Silvius), der seiner unerwiderten Liebe zu Phoebe in Gedichten Ausdruck gibt. Nach dem Erwerb einer Unterkunft schlüpft Aliena in die Rolle einer Hirtin und Ganimede in diejenige eines Schäfers. Auch Adams Warnung an Orlando, wonach Oliver sein Haus anzuzünden plane, hat ihre breiter angelegte Parallele in der Vorlage: Zornig nimmt Saladyne Rosader gefangen und zwingt ihn in Fesseln, doch Adam Spencer befreit ihn nachts, und zusammen verlassen die beiden die *province of Bourdeaux* und brechen in den Wald von Arden auf. Auf Adams selbstlose, etwas pathetisch wirkende Geste, seine Adern zu öffnen, um den frierenden Rosader zu erwärmen, verzichtet das Stück. Wie Orlando tritt auch Rosader im Wald in kriegerischer Gebärde vor den verbannten Herrscher, mäßigt und entschuldigt sich dann aber, um schließlich wohlgesinnte Aufnahme zu finden. Torismond, der Tyrann am Hof, liebäugelt mit dem Besitztum Saladynes, steckt ihn ins Gefängnis und verbannt alsdann auch ihn.[11] Im Unterschied zu Oliver zeigt Saladyne aber bereits vor dem Verlassen des Hofes Reue über sein unbrüderliches Verhalten Rosader gegenüber.

Im Wald angekommen, entdecken die Mädchen Verse, die Rosader in die Rinden geritzt hat, während sie Orlando, im Hinblick auf eine Aufführung wirksamer, an die Bäume hängt. Weder Rosader noch Orlando erkennt beim Zusammentreffen die wahre Identität der beiden Mädchen, sodass diese ihren *little sport*[12] mit dem verliebten Jüngling auskosten können. Anders als im Schauspiel kreisen die Ereignisse im Wald bei Lodge ganz überwiegend um Rosader und Ganimede, welche schließlich die Liebesschulung anbietet[13]; die Handlung wird untermalt durch zahlreiche Liedeinlagen (*Sonettoes, Canzones, Madrigales, rounds and roundelayes*[14]). Die Fülle der Anspielungen auf die griechische Mythologie ist im Stück weitgehend getilgt und wird, ebenso wie die in der Vorlage überladene, euphuistische (das heißt: an Stilmitteln und Redefiguren reiche und auf geometrische Ausgewogenheit bedach-

---

[11] "[...] the King pickt a causeles quarrell against me, in hope to have my lands, and so hath exiled me out of *France* for ever." Bullough, *Sources*, S. 219.

[12] Bullough, *Sources*, S. 206.

[13] "I will represent *Rosalynde*, and thou shalt bee as thou art, *Rosader*; see in some amorous Egloque, how if *Rosalynde* were present, how thou couldst court her:", Bullough, *Sources*, S. 211.

[14] Bullough, *Sources*, S. 207–208.

te) Rhetorik aus der Schule Lylys[15], sparsam und eher in satirischer Absicht gezielt verwendet. Die Scheinheirat zwischen Rosalind und Orlando mit Aliena in der Funktion als Priester, die Verabredung zwischen Rosalind und Orlando auf den folgenden Tag, das Misstrauen der Liebhaberin als Folge der verspäteten Rückkehr des Mannes, die eingelegten Zwischenkommentare der Mädchen über den erzielten Fortschritt des Liebeswerbens[16] und Orlandos Rettung seines Bruders beim Angriff eines Löwen sind als Handlungselemente alle in der Quelle vorgegeben. Während Shakespeare jedoch die Verbindung zwischen Aliena und Oliver unmotiviert in die Wege leitet, bringt Lodge das Paar durch eine kurze Nebenepisode zusammen. Er lässt Unholde in den Wald hineinbrechen, welche die Absicht verfolgen, die Mädchen in der Hoffnung auf eine Belohnung an den Hof zurückzubringen.[17] Die Eindringlinge werden jedoch von Rosader und Saladyne tapfer angegriffen und in die Flucht geschlagen, was Alindas Liebe zu Saladyne weckt. Coridon (bei Shakespeare Corin) führt die Mädchen gegen Ende der Erzählung zum Schauplatz, wo Montanus (Silvius) vergeblich um Phoebe wirbt. In Männerkleidern ermahnt Rosalynde die widerspenstige Geliebte, die sich als Folge davon in sie verliebt und liebeskrank wird. Wie im Schauspiel nutzt Phoebe die Ergebenheit ihres verschmähten Liebhabers, indem sie ihn beauftragt, Ganimede eine Liebesbotschaft zu überbringen. Rosalynde verspricht mit Hilfe eines Freundes, der der Zauberkunst mächtig sei, die verkehrten Rollen wieder richtig zu stellen, während sie im Stück selbst über Zauberei zu verfügen ausgibt. Nachdem sie ihre Männertracht abgeworfen hat und in ihrer echten Identität zurückgekehrt ist, erkennt Gerismond Rosalynde schließlich als seine Tochter. Er übergibt sie in aller Form Rosader, wodurch die *Comicall eventes*[18] mit einer dreifachen Heirat – Rosalynde und Rosader, Montanus und Phoebe, Saladyne und Alinda – ihren Abschluss finden. Wie Jaques de Boys bei Shakespeare findet auch bei Lodge der mittlere Bruder – Fernandyne – am Ende noch den Weg in den Wald und berichtet, Torismond plane einen Angriff gegen die Waldbewohner. Wo Shakespeare den Tyrannen am Schluss des Schauspiels aber als reuigen Sünder darstellt, wird dieser in der Quelle

---

[15] Anleitungen zur euphuistischen Sprechweise gaben die Rhetorikbücher der Zeit, beispielsweise Thomas Wilson, *The Arte of Rhetorique* (1553), Richard Rainolde, *The Foundacion of Rhetorike* (1563), Henry Peacham, *The Garden of Eloquence* (1577) oder Abraham Fraunce, *The Arcadian Rhetorike* (1588).
[16] "amorous prattle", Bullough, *Sources*, S. 214.
[17] "Certaine Rascalls [...] hearing of the beautie of this faire Shepheardesse *Aliena*, thought to steale her away, and to give her to the King for a present;", Bullough, *Sources*, S. 222.
[18] Bullough, *Sources*, S. 253.

von Saladyne und Rosader getötet und seine Kämpfer werden vertrieben.

Ein Vergleich zwischen dem Schauspiel und der Quelle lässt erkennen, dass Shakespeare dem vorgezeichneten Handlungsablauf zwar mit auffallender Treue folgt, indes auf unwesentliche Details der Vorlage verzichtet und gewichtige Änderungen vornimmt. Er verlegt den Schauplatz von der *Province of Bourdeaux* in ein unbestimmtes Land mit französischen Zügen, verändert die Namen und macht die Könige zu Herzögen, die als Brüder eng miteinander verbunden sind. Dadurch wird einerseits eine Parallele zum Bruderzwist zwischen den Söhnen von Sir Rowland de Boys geschaffen; andererseits werden Celia und Rosalind zu Blutsverwandten. Ebenso verändert Shakespeare die Namen von Sir John of Bourdeaux (Sir Rowland de Boys), Coridon (Corin)[19] und Montanus (Silvius).

Die Erzählung ist inhaltlich und stimmungsmäßig gänzlich der pastoralen Tradition verpflichtet; der Handlungsverlauf, geradlinig, voraussehbar, teils auch langwierig, ist im Vergleich zum Stück weit weniger komplex. Den drei Liebespaaren in der Quelle – Rosader und Rosalynde, Montanus und Phoebe, Saladyne und Aliena – fügt Shakespeare mit Touchstone und Audrey ein viertes Paar hinzu. Im Stück treffen wir im Ardennerwald auf drei Personengruppen, die sich durch ihre Herkunft und Lebensart voneinander unterscheiden, einander ergänzen oder sich gegenseitig in Frage stellen. Phebe, Corin und Silvius gehören dem Hirtenvolk an, das seine Wurzeln in der traditionellen Schäferliteratur hat, zurückgehend auf Theokrit. Der Portugiese Jorge de Montemayor bewirkte mit seinem Schäferroman *Diana Enamorada* (1599?) – Shakespeares Quelle für *The Two Gentlemen of Verona* –, dass Figuren dieses Zuschnitts in der Renaissance zu einer literarischen Modeerscheinung wurden. Corin ist der gutmütige, alte Hirte, Silvius der schmachtende Liebhaber, Phebe seine abweisende Geliebte. Die Waldbewohner William und Audrey stehen diesen drei Charakteren nahe; als Vertreter einer urtümlichen Lebensweise treten sie in ein Spannungsverhältnis zu den Schäfern, die aus der literarischen Konzeption der Hirtendichtung geschaffen sind. Die verkleideten Mädchen, Rosalind als Ganymede und Celia als Aliena, sowie der Herzog und seine Getreuen sind Vertreter des Hofes. Die Not hat sie in den Wald getrieben; sie leben das pastorale Dasein bloß vorübergehend und werden im Wald im Innersten nicht heimisch. Ihre Lebensweise in

---

[19] Bullough vermutet, dass Shakespeare diese Namensänderung unter dem Einfluss des anonymen Stückes "Syr Cyomon and Clamydes" (geschrieben zwischen 1570 und 1590) vornahm; *Sources*, S. 155.

Arden ist aufgesetzt, ein Spiel, das mit Parodie, Satire und Persiflage auf das originale Dasein einhergeht. Während sich die Verliebten bei Lodge der Reihe nach finden – Rosader und Rosalynde zuerst, gefolgt von Alinda und Saladyne und schließlich von den Schäfern Montanus und Phoebe – vollzieht sich im Stück die Werbung aller vier Paare gleichzeitig, wobei deren Verhalten in der Liebe in Gegensätzen und Entsprechungen dargestellt wird, die Liebenden sich gegenseitig in Frage stellen oder erhellen. Demgegenüber unterscheiden sich die Liebespaare bei Lodge in ihrer Werbung grundsätzlich nicht voneinander: Sie sind alle nach dem einen traditionellen Modell aus der Schäferdichtung geschnitzt. Diesem entsprechen im Stück nur Phebe und Silvius. Das bei Shakespeare zentrale Paar, Orlando und Rosalind, aber auch Celia, Oliver, Touchstone und Audrey weichen demgegenüber vom vorgegebenen Charaktertyp des Schäferromans ab. Rosalind handelt mit Witz, Humor und des öfteren mit satirischem Spott – mit Mitteln, über die ihre Vorgängerin in der Vorlage nicht verfügt. Sie hinterfragt, rügt, kann über das Verhalten der Liebenden lachen und spotten und durchbricht dadurch das konventionelle Schema der Liebe in der Quelle. Während Lodge zielgerichtet auf die Verbindung zwischen Rosader und Rosalynde hinsteuert, verlagert Shakespeare das Gewicht auf die Liebeswerbung als solche und macht sie zum zentralen Element seines Spiels.

Entscheidend für die Umwandlung des übernommenen Stoffes sind aber jene Charaktere, die Shakespeare neu in Lodges Geschichte einflicht – vorab die Hauptfiguren Jaques und Touchstone, aber auch die weniger bühnenpräsente Audrey, William und Le Beau. Touchstone und Audrey suchen in der Liebe vordringlich die physische Erfüllung. Damit stellen die beiden aber einen Aspekt der Liebe zwischen Mann und Frau in den Vordergrund, der in der pastoralen Erzähltradition wesensgemäß keinen Platz hat. Touchstones provokativer Witz wird den anderen Liebenden zur Herausforderung und schärft deren Bewusstsein. Der Narr stellt sich zwischen den Hof und den Wald und spielt die beiden Bereiche gegeneinander aus, womit er dem übernommenen Stoff eine weitere Dimension hinzufügt. Eine ähnliche Rolle erfüllt Jaques: Als distanziert hinterfragender Charakter hat er in der auf Paarbildung zielenden Vorlage ebenfalls keine Parallele; sein Naturell ist mit dem traditionellen Schäfertypus nicht vereinbar.

Mit seinen neu geschaffenen und mit den von Lodge übernommenen, aber umgearbeiteten Charakteren erzeugt Shakespeare komplexe menschliche Bezüge, wie sie die homogene Hirtengemeinschaft in der Vorlage nicht aufweist. Indem die Liebe mit all ihren Verstrickungen kommentierend aufs Korn genommen wird und das Schäferleben wiederholt zu einer satirischen Betrachtung herhalten muss, verlässt *A.Y.L.* die tradierten Formen der pastoralen Dichtung. Dabei ist unübersehbar, dass sich Satire und Spott bei Shakespeare über den ganzen Figurenkanon erstrecken, den bei Lodge eng gefassten Bereich der Liebesthematik sprengen und eine Fülle neuer Bezüge schaffen. Rosalind macht sich lustig über Orlando; Touchstone spottet über Rosalind, den Herzog, Jaques, William und Audrey – wird aber umgekehrt selbst von Rosalind und Jaques kritisch beleuchtet; der Herzog wiederum nimmt Jaques aufs Korn und dieser macht, wie Touchstone, Halt vor keiner Person. Selbst der Schäfer Corin wandelt sich in der einen Szene des Stückes (III.2), möglicherweise aus der Rolle fallend, zum Satiriker, während Coridon, in der Vorlage der traditionelle Hirte aus der Schäferdichtung, keinerlei solche Züge erkennen lässt. Jaques' melancholische, grüblerische Grundhaltung ist ein weiteres Element, das sich in der Quelle nicht findet, für das Stimmungsgemisch des Schauspiels aber wesentlich ist. Mit Jaques' koketter Reiselust spielt Shakespeare an einer Stelle auf eine Modeerscheinung der Zeit an, die er dann wiederum von Rosalind satirisch kommentieren lässt. Touchstone, Jaques, Rosalind und der gute Herzog sind von ihrem Wesen her keine eindimensional angelegten Figuren, sondern zeigen Stärken und Schwächen. Der bei Lodge tragende Gegensatz zwischen den guten Charakteren im Wald und den schlechten am Hof ist dadurch im Schauspiel verwischt.[20] Die pastorale Stimmung in der Vorlage wird im Schauspiel reduziert und der moralisierende, didaktische Ton, ausgehend vor allem von Rosalynde, weitgehend aufgehoben.[21] Während sie bei Lodge bloß eine von mehreren Charakteren ist, macht Shakespeare seine Rosalind zur treibenden Kraft des Geschehens, stattet sie mit psychologischem Fingerspitzengefühl aus und legt ihr die Entwicklung des Bühnengeschehens zu einem maßgeblichen Teil in die Hände. Gewisse Handlungsweisen einzelner Charaktere bleiben im Stück dennoch märchenhaft unmotiviert; das Irrationale und Wunderbare im Wald wird teilweise sogar betont.[22] Beispielsweise kommt die Verbindung zwischen Oliver und Celia am Ende des Stückes für die Zuschauer überraschend, wohingegen Lodge durch ein längeres verliebtes Gespräch die Bezie-

---

[20] Dazu Ruth C. Baird, "*As You Like It* and Its Source", in *Essays in Honor of Walter Clyde Curry* (Nashville 1954), S. 143–159.
[21] Vgl. dazu Marco Mincoff, "What Shakespeare Did to *Rosalynde*", ShJ W 96 (1960), S. 78–89.
[22] Dazu Sylvan Barnet, "'Strange Events': Improbability in *As You Like It*", ShaS 4 (1968), S. 119–131.

hung zwischen Saladyne und Alinda anbahnt. Herzog Frederick wird unerwarteterweise zum reuigen Sünder, und Hymen bringt als Himmelsbote das Geschehen zu einem guten Ende. Schließlich sind die gewaltsamen Handlungselemente in der Erzählung bei Shakespeare gemildert und tragen dadurch zum "weicheren" Gang der gutartigen Komödienhandlung bei: Torismond wird am Schluss erschlagen, während Frederick sich dem religiösen Leben zuwendet. In ähnlicher Weise wird der Ringer bei Shakespeare bloß besiegt, nicht aber wie in der Vorlage getötet.

Lodges Erzählung verdankt ihre anhaltende Bedeutung vorab dem Umstand, dass sie von Shakespeare als Quelle benutzt wurde. *Rosalynde* ist indes nicht bloß das grobe Rohmaterial, aus dem der zeitenthobene Dramatiker ein Meisterwerk schnitzte, sondern darf durchaus als Erzählung mit eigenen Qualitäten gelten. Chaudhuri stellt fest, dass auch Lodge innerhalb des pastoralen Schaffens als Erneuerer zu werten ist[23], Muir, dass sich *Rosalynde* als eines der anmutigsten Prosawerke jener Zeit wohltuend vom damaligen überladenen, euphuistischen Stil abhebt. Er betont zu Recht die liebliche Schäferidylle und die Qualität einiger der zahlreich eingestreuten Verspassagen.[24]

Die von Shakespeare vorgenommenen Veränderungen und seine Ergänzungen – insbesondere die in den Stoff neu eingefügten Charaktere Jaques, Touchstone und Audrey – haben zur Folge, dass *A.Y.L.* nicht ins Korsett einer bestimmten Dramengattung passt. Im Kontext der zeitgenössischen Komödie darf *A.Y.L.* als Shakespeares eigene Variante des Schäferthemas aufgefasst werden, wie es auch von Spenser (*The Shepheard's Calendar*), Lyly (*Sapho and Phao, Gallathea*) oder den beiden University Wits George Peele (*The Arraignment of Paris*) und John Fletcher (*The Faithful Shepherdess*) gepflegt wurde.[25] Wenn auch nicht von eigentlichem Quellenmaterial gesprochen werden kann, so bestehen doch vor allem zwischen den beiden letztgenannten Werken dieser Gattung einerseits und *A.Y.L.* auf der anderen Seite aufschlussreiche Bezüge, die erwähnt zu werden verdienen.

Ausgeprägter als bei Shakespeare spielt die Handlung in *The Arraignment of Paris* (1584), welches Peele *a Pastorall* nennt, vor einem mythologischen Hintergrund, was auch in den eingelegten lateinischen Wechselgesängen zum Ausdruck kommt. Peele verwendet dazu

---

[23] Sukanta Chaudhuri, *Renaissance Pastoral and Its English Developments* (Oxford 1989), S. 309–311.
[24] Kenneth Muir, *The Sources of Shakespeare's Plays* (London 1977), S. 126.
[25] Dazu die entsprechenden Kapitel in Robert Fricker, *Das ältere englische Schauspiel*, Bde. II und III (Bern und München 1983, 1987).

wiederholt Elemente des Hofmaskenspiels (*masque*)[26], auf welches Shakespeare nur im letzten Akt kurz zurückgreift. Die innere Verwandtschaft zwischen diesen beiden Hofkomödien zeigt sich im Weiteren in den Naturschilderungen, den kontradiktorischen Gesprächen und den Elementen aus der petrarkistischen Liebeslyrik (Lyriktypus zurückgehend auf Petrarca; sprachlich: dessen rhetorische Ausgestaltung; thematisch: das – angeblich – abweisende Verhalten der Frau gegenüber ihrem werbenden Liebhaber). Wie Shakespeare bringt auch Peele verschiedene Arten der Liebeswerbung zur Darstellung und lässt dazu die Parade kontrastierender Liebespaare auftreten.

---

[26] Die "masque" war eine Form der Bühnenunterhaltung, die meist kürzer war als das Schauspiel und im Gegensatz zu diesem ein Thema in der Regel mit allegorischen und symbolischen Mitteln zur Darstellung brachte. Das Maskenspiel bezog seinen Effekt vorab aus der darstellerischen Kunst der Schauspieler, sodass wenig oder gar nicht gesprochen wurde (*dumb show*). Stattdessen war der Auftritt der vermummten Schauspieler häufig von musikalischen Darbietungen begleitet.

Die Ursprünge des Maskenspiels lassen sich auf folkloristisches Brauchtum und Fruchtbarkeitsriten zurückführen. Als eigenständige Unterhaltungsform erlebte das Maskenspiel in der italienischen *commedia dell'arte* des 15. Jahrhunderts eine erste Blüte und breitete sich nachfolgend auch in Deutschland, Frankreich und England aus. Die ersten englischen Maskenspiele datieren aus der Zeit Edwards III. (1312-1377), beschränkten sich auf ein höfisches Publikum und huldigten dem König mit den für sie typischen Darstellungsformen der Allegorie und Symbolik. Wie in *As You Like It* pflegten dem Ende einer *court masque* Tanz und andere Formen der gesellschaftlichen Unterhaltung nachzufolgen, wobei sich die verkleideten *mummers* Tanzpartner aus dem höfischen Publikum holten. In England erlebte das Maskenspiel seinen Höhepunkt mit der Thronbesteigung Jakobs I., an dessen Hof es einen überaus wichtigen Teil der leichten Unterhaltung bildete. Beispielsweise huldigt Samuel Daniels *Vision of the Twelve Goddesses* aus dem Jahre 1604, dem Jahre der Thronbesteigung Jakobs I., dem neuen Monarchen und kann als Paradebeispiel einer ausgereiften *court masque* gelten.

Die am Hof gebotenen Maskenspiele erfreuten sich solcher Beliebtheit, dass sie schon bald auch außerhalb des königlichen Unterhaltungsrahmens im Volkstheater aufgeführt wurden. George Chapman, Francis Beaumont, Thomas Campion sowie etwas später James Shirley haben, als namhafte Dramaturgen der Zeit, Maskenspiele geschaffen. Als der hervorragendste und produktivste Meister des *masque-entertainments* gilt aber Ben Jonson mit Werken wie *The Masque of Blackness*, *The Masque of Queens* und zahlreichen weiteren Schöpfungen.

Von Shakespeare sind, im Gegensatz zu den genannten Dramaturgen, keine eigenständigen Maskenspiele bekannt. Jedoch finden sich in mehreren Stücken Shakespeares kurze Einlagen in Form eines Maskenspiels – nicht nur in *As You Like It*, auch im *Tempest*, in *Pericles*, *A Midsummer Night's Dream* (der sog. Elfentanz) sowie in *Romeo and Juliet*. Diese Einlagen können als Shakespeares Entgegenkommen einer theatralischen Mode gegenüber gewertet werden.

Zu Wesen und Herkunft der höfischen Unterhaltungsform der *court-masque* siehe: Edmund K. Chambers, *The Elizabethan Stage*, Vol. I (Oxford 1923; rpt. 1951); Albert C. Baugh, ed., *A Literary History of England*, Vol. II (London 1967, rpt. 1975); Murray Roston, *Sixteenth-Century English Literature* (London 1982); Bruce King, *Seventeenth-Century English Literature* (London 1982).

Mit Fletchers *The Faithful Shepherdess* (1608) ist *A.Y.L.* insofern verwandt, als in beiden Schäferspielen verschiedene Aspekte der Liebe, so die Treue (Chlorin bzw. Silvius) oder das bloß sinnliche Begehren (Chloe bzw. Audrey oder Touchstone), zur Darstellung kommen, wobei sich Shakespeare von der Typenhaftigkeit und allegorielastigen Charakterzeichnung Fletchers unterscheidet und individualisierte Figuren schafft. Das Spiel mit vorgetäuschter und echter, erwiderter und unerwiderter Liebe, mit Illusion und Erfüllung ist ein der pastoralen Dichtung zugrunde liegendes Muster und prägt als solches *The Faithful Shepherdess* wie *A.Y.L.* gleichermaßen. Brian Gibbons hat schließlich dafür plädiert, dass Shakespeares pastorales Konzept in *A.Y.L.* Philip Sidney's *Arcadia* besonders nahe stehe, wenn auch nicht notwendigerweise von einer Quelle als solcher zu sprechen sei.[27]

3. *AS YOU LIKE IT* IN DER INSZENIERUNG DER SHAKESPEARE-ZEIT

Die Unterteilung des Dramentextes in fünf Akte, wie sie bereits in der First Folio-Edition vorgenommen wurde, war für die elisabethanische Inszenierungspraxis nicht die Regel. Gespielt wurde wie im mittelalterlichen Schauspiel mit der einzelnen Szene als Aufführungseinheit. Der Wechsel von der einen Szene zur anderen konnte schnell und unkompliziert erfolgen, sodass das Geschehen stets in Bewegung war. Anfang und Ende der einzelnen Szenen wurden dem Publikum durch den Abgang und Wiedereintritt der Schauspieler signalisiert. Im Gegensatz zu modernen Theatertexten haben die damaligen Manuskripte allgemein nur wenige Bühnenanweisungen, woraus geschlossen worden ist, dass der Dramatiker bei der Inszenierung oft selbst anwesend war, um seine Vorstellungen geltend zu machen.[28] Anstelle der expliziten Bühnenanweisungen finden sich zahlreiche Regiehinweise interner Art, die dem Publikum halfen, den Ablauf des Bühnengeschehens anschaulich zu erschließen; von einem Leser des Dramentexts müssen diese internen Hinweise aber entdeckt werden. So gibt beispielsweise Corins Ankündigung in III.2.81–82 (*Here comes young Master Ganymede, my new mistress's brother.*) den direkten Hinweis auf den Wiedereintritt der verkleideten Rosalind. Auf ähnliche Weise lenkt Corin das Interesse im selben Akt auf einen anderen Teil des Waldes, wo Silvius um

---

[27] Brian Gibbons, "Amorous fictions in *As You like It*", *Shakespeare and Multiplicity* (Cambridge 1993), S. 153–181.
[28] Dazu Fricker, *Das ältere englische Schauspiel*, Bd. II, S. 31.

Phebe wirbt (III.4.42–51). Daraus lässt sich erkennen, dass das Schauspiel nicht als Lesedrama, sondern vielmehr im Hinblick auf die Bühnenumsetzung geschaffen wurde.

Bei den Aufführungen der elisabethanischen Zeit wird gemeinhin zwischen den kleineren privaten und den größeren öffentlichen Theatern unterschieden. Die privaten Aufführungen fanden meist im Innern statt und verfügten über künstliche Beleuchtung; der Eintritt erfolgte gegen Bezahlung. Demgegenüber kamen die größeren Aufführungen des elisabethanischen Volkstheaters[29] ohne Lichtregie, aber auch ohne die Verwendung von Vorhang, Bühnenbild, Kulisse und weitgehend auch ohne schauspielerische Requisiten aus. Die theatralische Wirklichkeit wurde vorwiegend aus dem Sprechtext geschaffen. Anstelle einer veränderten Kulisse musste beispielsweise ein Schauplatzwechsel durch das gesprochene Wort selbst plausibel gemacht werden. Wenn zu Beginn des zweiten Aktes von *A.Y.L.* das Geschehen vom Hof zum Ardennerwald hinüberwechselt, wird das Publikum bereits in der letzten Szene des ersten Aktes durch den Sprechtext darauf vorbereitet: Rosalind und Celia nehmen Abschied vom Hof und kündigen ihre Flucht in den Wald an. Dadurch wird ein sanfter Übergang erzielt zur Rede des guten Herzogs im Wald in der folgenden Szene; der Schauplatzwechsel ist nachvollziehbar. Auf ähnliche Weise erfolgt der Übergang von der ersten zur zweiten Szene des dritten Aktes: Die erste, kurze Szene spielt am Hof des falschen Herzogs; am Eingang der nächsten Szene evoziert Orlando den Ardennerwald mit wenigen Kernbegriffen – *trees*, *barks*, *forest* –, wodurch wiederum ein harter Szenenübergang vermieden wird.

Der gesprochene Kommentar des einen Charakters kann ferner als interner Inszenierungshinweis auf die Befindlichkeit eines anderen deuten (so genannte Spiegelstelle): Celias aufmunternde Worte (*I pray thee, Rosalind, sweet my coz, be merry.* I.2.1) machen beispielsweise Rosalinds bedrückte Stimmung zu Beginn der Szene deutlich. Dass Jaques' Gebaren unecht ist, lässt sich aus Rosalinds Kommentaren schließen, die ihm den Spiegel vorhalten und sein wahres Wesen aufdecken (IV.1.1–34). Das vielschichtige Verhältnis der einzelnen Personen zueinander spiegelt sich in *A.Y.L.* auch sprachlich im wiederholten Wechsel zwischen Vers und Prosa oder zwischen formeller und informeller Anrede (*you* bzw. *thou*): Der Herzog spricht als Ausdruck seiner gehobenen Stellung in Versen; Rosalind redet in Prosa, was ihrer

---

[29] Zum elisabethanischen Volkstheater allgemein siehe Robert Weimann, *Shakespeare und die Tradition des Volkstheaters* (Berlin Ost 1967).

realistischen, erdigen Haltung zur Liebe entspricht; die Schäfer sprechen der Konvention gemäß in Versen. Die Plattformbühne des elisabethanischen Volkstheaters erzeugte eine Spieldynamik, die sich von der späteren Guckkastenbühne in wesentlichen Punkten unterscheidet. Nach drei Seiten offen, ragte die polygonale Bühne des Freilichttheaters in den Publikumsraum hinein und wurde von den Zuschauern von jeder Seite umringt, wobei die Galerie über der Bühne als vierte Seite benutzt werden konnte. Da die Bühne für das Publikum von jeder Seite einsehbar sein musste, wären heute gängige Bühneneinrichtungen – Kulissen, Bühnenbilder, der Vorhang – nur Hindernisse gewesen. Die Funktion, die heute dem Bühnenbild zukommt, entfiel; stattdessen wurde die theatralische Wirkung aus dem Text des Dramatikers und dem schauspielerischen Talent geschöpft. Die in den Zuschauerraum reichende Freilichtbühne ermöglichte eine enge Interaktion zwischen Schauspielern und Publikum. So wird sich Orlando am Eingang des Schauspiels mit Vorteil am vordersten Bühnenrand platziert haben, um mit seinem Monolog (I.1.1-23) das Interesse des Publikums zu gewinnen. Jaques gibt sich menschenscheu, einzelgängerisch; ihn wird man sich wohl im hinteren Teil der Bühne in – wahrscheinlich auffälliger – Versteckpose vorstellen müssen. Die großflächig angelegte Bühne konnte gerade bei Aufführungen von *A.Y.L.*, wo sich die einzelnen Elemente des Geschehens in den verschiedenen Ecken und Enden des Waldes abspielen, optimal genutzt werden, was den Eindruck der Geräumigkeit und Tiefe der Bühne nochmals erhöhte. Die einzelnen Aktivitäten im Hintergrund des Hauptgeschehens – beispielsweise jene der Schäfer bei der Ankunft der Cousinen im Wald in II.4; die Belauschung durch Rosalind und Celia in III.5; Phebe beim Verfassen eines Liebesbriefs in IV.1 – ließen eine Hinterbühne geeignet erscheinen. Der Eintritt des Hochzeitsgotts Hymen wird, als Erbe des mittelalterlichen Theaters, wohl auf der Oberbühne erfolgt sein. Die Stützen des Bühnendachs konnten in *A.Y.L.* als Bäume benutzt werden und wären damit zur Kulisse geworden, welche die Illusion des Ardennerwalds verstärkt hätte. Neben der dem Dramentext innewohnenden Kraft und der schauspielerischen Gabe der Darsteller war somit die großflächige, tiefe Bühne selbst ein wesentliches Instrument, um die theatralische Illusion zu verwirklichen.[30]

Verkleidung, Geschlechtswechsel und versteckte Identität sind zentrale Motive in *As You Like It*. Das Theater der Shakespeare-Zeit kannte

---

[30] Detaillierte Ausführungen zum Bau des öffentlichen Theaters bieten Andrew Gurr, *Playgoing in Shakespeare's London* (Cambridge 1987), S. 13-48; Fricker, *Das ältere englische Schauspiel*, Bd. II, S. 37-53.

aber nur männliche Darsteller; für Frauenrollen wurden Knaben eingesetzt. Diese Konvention entspricht grundsätzlich der theatralischen Vorliebe der elisabethanischen Zeit für das Spiel innerhalb des Spiels, für das Ineinandergreifen von Illusion und Wirklichkeit, von Sein und Schein. Die ausschließlich männliche Besetzung der Rollen hat gerade in jüngerer Zeit erhöhte Aufmerksamkeit erhalten, neue Deutungen erfahren und auch zu soziologischen Rückschlüssen bezüglich des elisabethanischen Alltagslebens Anlass gegeben. Beispielsweise wurden die männlich besetzten Rollen mit Kleidersitten oder möglichen homosexuellen Strömungen im damaligen England in Verbindung gebracht.[31] Innerhalb der damaligen Bühnenwirklichkeit erzeugen die von Männern gespielten Frauenrollen somit ein zusätzliches Spannungsfeld von Wahrnehmung und Täuschung, dem insbesondere in *A.Y.L.* das Publikum und die Charaktere des Stückes in unterschiedlichem Ausmaß ausgesetzt sind.

Wie die Bühne selbst unterscheiden sich auch das Publikum und die Theateratmosphäre von heutigen Verhältnissen. Das Volkstheater war, wie sein Name nahe legt, in erster Linie Belustigung und Unterhaltung. Wenn wir Harbages[32] Darstellung folgen, waren die Aufführungen eigentliche Volksfeste, wo gegessen und getrunken, Handel getrieben, gestohlen, auch zur käuflichen Liebe angelockt wurde. Das Publikum setzte sich aus allen Schichten zusammen, zum großen Teil aber aus den unteren und untersten, sogar aus Dieben und Dirnen[33], dies im Gegensatz zu den aufkommenden Privattheatern, zu welchen sich nur Wohlhabendere den Zugang leisten konnten. Auf die Vielschichtigkeit des Publikums weisen beispielsweise die aussagekräftigen Bezeichnungen "groundlings" und "stinkards" hin, womit jene Zuschauer bezeichnet wurden, die rund um die Bühne die billigsten Plätze belegten.

4. BÜHNENGESCHICHTE

Die Bühnengeschichte von *A.Y.L.* setzt mit der Erstaufführung in den Jahren 1598/99 ein, liegt aber bis beinahe in die Mitte des 18. Jahrhunderts im Dunkeln. Aus der Zeit der Restauration sind nur wenige Auf-

---

[31] Dazu Gertrud Lehnert, "Shakespeare: 'Wie es euch gefällt'", in *Wenn Frauen Männerkleider tragen. Geschlecht und Maskerade in Literatur und Geschichte* (München 1997), S. 58-71. – Eine Übersicht zu diesem Aspekt bei Ann Thompson, "Shakespeare and Sexuality", *ShS* 46 (1993), S. 1-8.
[32] Alfred Harbage, *Shakespeare's Audience* (New York 1941), S. 3-116.
[33] Gurr, *Playgoing in Shakespeare's London*, das Kapitel "Social Composition", S. 49-79.

führungen überliefert; die damals besonders beliebten Sittenkomödien Congreves oder Sheridans spiegeln den zeitgenössischen Geschmack; die romantischen Lustspiele Shakespeares galten wahrscheinlich als veraltet.[34] Im Jahre 1740 eroberte *A.Y.L.* im Londoner Drury Lane Theatre mit mehr als 27 Aufführungen aber seinen Platz auf der Bühne zurück und gehört seither als eines der beliebteren Stücke Shakespeares zum stehenden Repertoire. Hogan verzeichnet in London bereits für die Zeit von 1700 bis 1750 immerhin 95 Aufführungen und hält fest, dass das Stück in der zweiten Hälfte des Jahrhunderts zunehmend beliebter wurde.[35] In Amerika fand *A.Y.L.* etwas später, um 1780, Eingang ins Repertoire; 1796 wurde das Stück zum ersten Mal in New York aufgeführt.[36]

Dank erhaltener Aufführungskritiken ist die Bühnengeschichte des 19. Jahrhunderts gut dokumentiert.[37] Diesen ist zu entnehmen, dass Helen Faucit die Aufführungsgeschichte von *A.Y.L.* in jenem Jahrhundert dominierte wie keine andere Schauspielerin: Sie spielte Rosalind nämlich während rund vierzig Jahren und lebte in dieser Figur das Frauenideal der Zeit aus.[38] Auch Lyly Langtry erlangte in dieser Rolle Berühmtheit, wurde von George Bernard Shaw aber wegen der Streichung einiger Passagen gerügt.[39] Carson hat Regiebücher (*prompt books*) aus dem zur Frage stehenden Zeitabschnitt untersucht und festgestellt, dass die beiden kurzen Szenen um den falschen Herzog (II.2 und III.1) am häufigsten gestrichen wurden. Dies gilt auch für die Kurzszene IV.2, deren doppeldeutiger Liedtext dem viktorianischen Geschmacksempfinden offensichtlich nicht entsprach.[40]

Auf den englischsprachigen Bühnen wird die moderne Aufführungsgeschichte des Stückes allgemein mit Nigel Playfairs Inszenierung im

---

[34] Allardyce Nicoll, *A History of Restoration Drama 1600–1700* (Cambridge 1923); Carol J. Carlisle, "The Critics Discover Shakespeare's Women", *Renaissance Papers 1979* (1980), S. 59–73.

[35] Charles Beecher Hogan, *Shakespeare in the Theatre 1701–1800: A Record of Performances in London* (Oxford 1952–1957); Neil R. Schroeder, *'As You Like It' in the English Theatre, 1740–1955* (Yale 1962).

[36] Charles H. Shattuck, *Shakespeare on the American Stage: From the Hallams to Edwin Booth* (Washington 1976), S. 16.

[37] Kenneth McClellan, *Whatever Happened to Shakespeare?* (London 1978); Russell Jackson, "'Perfect Types of Womanhood': Rosalind, Beatrice and Viola in Victorian Criticism and Performance", *ShS* 32 (1979), S. 15–26.

[38] Carol J. Carlisle, "Helen Faucit's Rosalind", *ShaS* 12 (1979), S. 65–94.

[39] Charles Heywood, "George Bernard Shaw on Shakespearian Music and the Actor", *ShQ* 20 (1969), S. 417–426.

[40] William G. B. Carson, "*As You Like It* and the Stars: Nineteenth-Century Prompt Books", *Quarterly Journal of Speech* 43 (1957), S. 117–127.

Lyric Theatre, Hammersmith, in den Jahren 1919/20 angesetzt.[41] Aus den diesbezüglichen Aufführungsstatistiken[42] geht hervor, dass *A.Y.L.* nach dem Zweiten Weltkrieg in Großbritannien fast jedes Jahr gleich auf mehreren professionellen Schaubühnen auf dem Spielplan stand, in der Beliebtheit aber hinter *A Midsummer Night's Dream* und *Twelfth Night* etwas zurückliegt.

Namhafte Regisseure dieses Jahrhunderts haben das Stück inszeniert und einige der bekanntesten Schauspielerinnen sind in die Rolle Rosalinds geschlüpft. Katharine Hepburn spielte sie in New York im Jahre 1950. Sie sei mehr mit dem Kopf als mit dem Herz ans Werk gegangen, urteilte die *New York Times*[43]; das *Theatre Book of the Year*[44] bezeichnete Hepburns schauspielerische Leistung als unbefriedigend.[45] Demgegenüber präsentierte Peggy Ashcroft in Stratford-upon-Avon 1957 eine ausgesprochen mädchenhafte Liebhaberin, deren Spiel mit Orlandos Verliebtheit allgemein viel Lob fand.[46] Diese Inszenierung von Glen Byam Shaw nutzte den Ablauf der Jahreszeiten: Sie begann im Winter und ließ es mit der Ankunft der Höflinge in Arden Frühling werden. Auf gleiche Weise verfuhr die Aufführung des Royal Shakespeare Theatre in Stratford-upon-Avon im Jahre 1961 unter der Regie von Michael Elliott mit Vanessa Redgrave in der Hauptrolle.[47]

Die Pop-Art der Sechzigerjahre bot neue Möglichkeiten für experimentelles Theater. Die Schauspieler in der Inszenierung von Clifford Williams im Londoner National Theatre im Jahre 1967 trugen Miniröcke und Plastikkleider – Inbegriffe der Mode der Beatles-Zeit. Diese Inszenierung war der Versuch, das Stück wie zur elisabethanischen Zeit ausschließlich mit männlichen Darstellern zu besetzen. Clifford Williams betonte dabei bewusst die geschlechtliche Doppeldeutigkeit der einzelnen Liebenden.[48] Eine spätere Aufsehen erregende Aufführung in

---

[41] Gordon Cross, *Shakespearean Playgoing 1890–1952* (London 1953); N. R. Schroeder, *'As You Like It' in the English Theatre, 1740–1955*.

[42] "Professional Productions in the British Isles" im *Shakespeare Survey*.

[43] *New York Times*, 19th February 1950.

[44] George Jean Nathan, *The Theatre Book of the Year, 1949–1950* (New York 1950), S. 213–216.

[45] "They thought I was O.K. Sort of half carps and half praise. Looking back on my notices which I had not read at the time, I have the impression that I was irritating to the critics." So urteilt die Schauspielerin im Rückblick selbst; Katharine Hepburn, *Me. Stories of my Life* (New York 1991), S. 267.

[46] Dazu Muriel St. Clare Byrne, "The Shakespeare Season at The Old Vic, 1956–57, and Stratford-upon-Avon, 1957", *ShQ* 8 (1957), S. 461–492.

[47] Kurzanalyse bei William Babula, *Shakespeare in Production, 1935–1978: A Selective Catalogue* (New York 1981), S. 24.

Stratford-upon-Avon im Jahre 1973 machte aus Fredericks Hof ein Kasino, verwendete entsprechend moderne Kleider und ersetzte die Liedeinlagen durch Jazzmusik.[49] Umgekehrt verlegte im Jahre 1978 eine Aufführung beim Festival von Stratford, Ontario, das Stück zurück ins 18. Jahrhundert.[50] Trevor Nunn verfuhr in Stratford-upon-Avon ein Jahr vorher ähnlich und präsentierte die Komödie in Anlehnung an eine barocke Oper.[51] Weitere viel beachtete Aufführungen der letzten Jahre im angelsächsischen Raum waren diejenigen unter der Regie von John Dexter im National Theatre London (1979) in elisabethanischen Kleidern[52] sowie unter Terry Hands (1980) und Adrian Noble (1985) in Stratford-upon-Avon.[53] Wie Clifford Williams im Jahre 1967 setzte Declan Donellan mit seiner Schauspieltruppe *Cheek by Jowl* im Jahre 1991 ausschließlich männliche Darsteller ein und erntete damit großes Lob für eine frische und spontane Aufführung.[54] Das Stück erlebte auch wiederholt groß angelegte Freilicht-Aufführungen, zum Beispiel 1952 im Regent's Park oder im New Yorker Central Park im Jahre 1963.

Selbst eine heute weitgehend in Vergessenheit geratene Adaptation des Stückes aus dem 18. Jahrhundert, *Love in a Forest* von Charles Johnson aus dem Jahre 1723, wurde im Rahmen einer Aufführung von *A.Y.L.* im Jahre 1957 dem Theaterpublikum wieder in Erinnerung gerufen.[55] Touchstone, Audrey, William, Sir Oliver Mar-text und Phebe sind in dieser Version gestrichen; stattdessen hat Johnson Passagen aus anderen Stücken Shakespeares eingefügt, beispielsweise die Pyramus und Thisbe-Episode aus dem *Sommernachtstraum*. Celia lässt er am Ende einen bekehrten, der Liebe nicht mehr abgeneigten Jaques heiraten.

Eine aufschlussreiche Übersicht über die Theatergeschichte von *A.Y.L.* von 1945 bis 1975 auf den Bühnen der damaligen Bundesrepublik (die Bühnen der ehemaligen DDR, der Schweiz und Österreichs

---

[48] Martin Esslin, "Theater in London: 'As You Like It', or Boy Meets Boy", in *The New York Times*, 15th October 1967.
[49] *The Listener*, 89, June 1973, S. 844–846; Babula, *Shakespeare in Production, 1935–1978*, S. 30–31.
[50] Bernard Levin, "Very much as you like it in Canada", in *The Sunday Times* [London], 2nd July 1978, S. 39.
[51] John C. Trewin, "Shakespeare in Britain", *ShQ* 29 (1978), S. 212–222; Roger Warren, "Comedies and Histories at Two Stratfords, 1977", *ShS* 31 (1978), S. 141–153; Babula, *Shakespeare in Production, 1935–1978*, S. 32–33.
[52] Babula, *Shakespeare in Production, 1935–1978*, S. 34–35.
[53] Dazu *ShS* 39 (1986), S. 199–201.
[54] *ShS* 45 (1992), S. 128–130.
[55] Dazu John C. Trewin, "Love in the Forest." *Illustrated London News*, 13th April 1957.

werden nicht berücksichtigt) bietet Christiane Vielhaber.[56] Ähnlich wie im angelsächsischen Raum gehört *A.Y.L.* auch in Deutschland hinter *Der Widerspenstigen Zähmung*, dem *Sommernachtstraum* und *Was Ihr Wollt* zu den beliebtesten heiteren Stücken Shakespeares und befindet sich innerhalb des ganzen Shakespeare-Kanons unter den sieben am meisten gespielten Stücken – zusammen mit *Was Ihr Wollt, Hamlet, Der Widerspenstigen Zähmung, Ein Sommernachtstraum, Viel Lärm um Nichts, Die Komödie der Irrungen*.[57]

Neben der romantischen Übersetzung von Schlegel-Tieck sind auch zeitgenössische Übertragungen verwendet worden. Heiner Müllers Übersetzung des Stückes wurde im Westen Deutschlands erstmals in der Spielzeit 1967/68 in München und in der Folge in Dortmund, Oberhausen und Köln auf die Bühne gebracht.[58] Auch die Übertragung von Hans Rothe, der mit der romantischen Übersetzungstradition brach und auf Volksnähe und leicht verständliche Spielbarkeit zielte[59], sowie diejenige von Rudolf Alexander Schröder[60] und Rudolf Schaller[61] wurden benutzt.[62] Vielhaber erkennt bezüglich des genannten Zeitraums allenfalls Aufführungstendenzen, verneint aber eine verbindliche Dramaturgie.[63]

Den Bühnenberichten im *Shakespeare Jahrbuch* ist zu entnehmen, dass *A.Y.L.* auch in Deutschland seit Kriegsende jedes Jahr gleichzeitig auf mehreren professionellen Bühnen geboten wurde. Das Stück wurde beispielsweise im Jahre 1958 auf zehn, 1959 auf vier, 1960 auf bloß zwei und 1961 auf wiederum sieben Bühnen gespielt, was im damaligen Jahrbuch mit Freude vermerkt wurde.[64] Einen ersten Höhepunkt erreichte *A.Y.L.* im Jahre 1964 mit 163 Aufführungen und übertraf damit *Was Ihr Wollt*, das sonst allgemein noch beliebtere Stück. Nochmals steigern konnte sich unsere Liebeskomödie im Jahre 1967 mit 194 (vor dem *Sommernachtstraum* mit 189) Aufführungen und spiegelte damit wohl auch etwas von der Unbeschwertheit und Aussteigerlust der späteren Sechzigerjahre.

---

[56] Christiane Vielhaber, *Shakespeare auf dem Theater Westdeutschlands, 1945–1975* (Köln 1977).
[57] Dazu die Aufführungsstatistik bei Vielhaber, *Shakespeare auf dem Theater Westdeutschlands*, S. 21–24.
[58] Vielhaber, *Shakespeare auf dem Theater Westdeutschlands*, S. 130–131.
[59] Dazu Vielhaber, *Shakespeare auf dem Theater Westdeutschlands*, S. 83–92, 240.
[60] *ShJ* (1950), S. 231–232; ds., Jg. 1959, S. 276.
[61] In Münster im Jahre 1974, dazu *ShJ W* (1975), S. 217–218.
[62] Siehe auch *ShJ* 95 (1959), S. 276.
[63] Vielhaber, *Shakespeare auf dem Theater Westdeutschlands*, S. 370.
[64] "Diese Komödie, die im Vorjahr auffallend vernachlässigt wurde, gehört wieder zu den meistgespielten heiteren Werken Shakespeares." *ShJ W* 98 (1962), S. 231.

Von den vielen Inszenierungen im deutschsprachigen Raum nach dem Zweiten Weltkrieg ragen einige heraus, darunter aber auch solche, die wenig Gnade fanden. Beispielsweise urteilte das *Shakespeare Jahrbuch*, dass die Aufführung unter der Regie von Heinz Hilpert in Göttingen im Jahre 1952 mit dem Geist Shakespeares nicht vereinbar sei. Hilpert verlegte nämlich das Geschehen unter bewusster Anlehnung an den Maler Watteau in einen Rokokorahmen; Jaques trat als Aristokrat auf und die Schäferinnen waren im Stil jener Epoche großzügig dekolletiert.[65] Die Verwendung der *Kleinen Nachtmusik* von Mozart und die Kostümierung wurden gerügt. Gute Aufnahme fand demgegenüber eine Inszenierung am Basler Stadttheater im Jahre 1958. Im Gegensatz zu Hilpert arbeitete der dortige Regisseur Adolf Spalinger mit bescheideneren Mitteln; er verwendete eine offene Bühne und bezeichnete den jeweiligen Schauplatz mit einer Überschrift.[66] Die Aufführung an den Münchner Kammerspielen im Jahre 1961 lebte in erster Linie von Liselotte Pulver in der Rolle Rosalinds. Von der Heidelberger Inszenierung im Jahre 1974 bleibt vor allem die gewagte Schlussszene in Erinnerung: Rosalind und Orlando gehen entblößt aufeinander zu und küssen sich; dann wird das nackte Liebespaar von den anderen Charakteren des Stückes weggetragen.[67]

Eine unkonventionelle Inszenierung bot 1975 wiederum das Basler Schauspielhaus – "eine, die den Klamauk vermied und die versuchte, durch Anspielungen an die bildende Kunst die Themen des Stückes klarzulegen".[68] Die Aufführung beschritt neue Wege; sie ließ für einmal zwei Cousinen auftreten, die nicht bereits durch ihr Äußeres bestachen, und betonte stattdessen die innere Entwicklung der einzelnen Charaktere.

Die aufwendigste und am meisten Aufsehen erregende Aufführung jenes Jahrzehnts war wohl diejenige unter Peter Stein im Jahre 1977 in Berlin und später auch in Zürich. Die gegensätzlichen Schauplätze, der Hof Fredericks auf der einen und der Ardennerwald auf der anderen Seite, machte Stein zum tragenden Konzept seiner Inszenierung. In Berlin spielten die Szenen am Hof in einer großen Halle, in Zürich im Hallenstadion, wobei die Zuschauer das Geschehen zunächst stehend mitverfolgten. Für die weitere Entwicklung des Stückes im Ardenner-

---

[65] So Wolfgang Stroedel im *ShJ* 89 (1953), S. 176. – Eine ähnlich konzipierte Inszenierung war im Londoner Old Vic bereits im Jahre 1937 mit ebenfalls nur mäßigem Erfolg zu sehen. Dazu Babula, *Shakespeare in Production, 1935–1978*, S. 21.
[66] *ShJ* 95 (1959), S. 282.
[67] *ShJ W* (1975), S. 217.
[68] So Christian Jauslin im *ShJ W* (1976), S. 171.

wald zog Stein das Publikum mit ins Geschehen ein und betonte dadurch die Zäsur am Ende des ersten Aktes: Wie die im Stück Vertriebenen verließen nämlich auch die Zuschauer den Hof und mussten sich zu Fuß nach Arden begeben – "eine phantastisch-abenteuerliche Reise zum Mittelpunkt des Shakespeare-Kontinents"[69] –, wo sie sich schließlich niederlassen konnten. Die Inszenierungen der folgenden Jahre mussten sich an dieser Aufführung messen lassen. Noch sechs Jahre später bemerkte Christian Jauslin im *Shakespeare Jahrbuch*, das Stück habe seither kaum mehr eine wichtige Aufführung erfahren.[70] Nur mäßig gefiel die schwankhaft angelegte Inszenierung durch Otto Schenk bei den Salzburger Festspielen im Jahre 1980.[71] Den Ortswechsel vom Hof in den Wald und zurück, den Stein betonte und an dem das Publikum so beeindruckend teilnehmen konnte, ließ Ernst Wendt in München im Jahre 1982 gänzlich aus; Phoebe sprach teilweise den englischen Text, auch Jaques trug die Rede von den sieben Lebensabschnitten im Original vor.[72]

Mehrere Inszenierungen der frühen Achtzigerjahre arbeiteten mit einem auffällig politischen Gegenwartsbezug. In der Aufführung des Georgiers Robert Sturua (Düsseldorfer Schauspielhaus, 1980) war Frederick Herr eines Terrorregimes; am Anfang und Ende des Stückes wurde geschossen und exekutiert. Die Kasseler Aufführung desselben Jahres präsentierte die Vertriebenen als herrschaftsbewusst, genussorientiert und verschwenderisch; auch Nürnberg verzichtete in jenem Jahr auf idyllische Elemente: Frederick ebenso wie die Vertriebenen waren von Machthunger besessen.[73] Peter Zadek brachte das Stück in Hamburg im Jahre 1986 ebenfalls mit aktuellen Bezügen auf die Bühne; die Reaktionen fielen für den bekannten Shakespeare-Intendanten aber weitgehend ablehnend aus.[74] Eine nüchtern gehaltene, gelungene Aufführung war schließlich 1994 im Stadttheater Luzern zu sehen; die Ereignisse am Hof des bösen Herzogs spielten in einem leeren Saal; Orgelpfeifen symbolisierten die Bäume Ardens.[75]

Auch über die engeren Grenzen des angelsächsischen und deutschen Raums hinaus sind seit etwa der Mitte des 20. Jahrhunderts zahlreiche Aufführungen zu verzeichnen, welche die ganze Spannweite der drama-

---

[69] "Peter Stein – ein Archäologe des Theaters", in *Neue Zürcher Zeitung*, 12. November 1996, S. 44.
[70] *ShJ W* (1983), S. 209.
[71] Dazu Hilde Spiel im *ShJ W* (1981), S. 221.
[72] *ShJ W* (1983), S. 209–211.
[73] *ShJ W* (1982), S. 188.
[74] Dazu *ShJ W* (1987), S. 140.
[75] *ShJ* (1995), S. 195.

turgischen Möglichkeiten vom konventionellen zum experimentellen Theater genutzt haben. Der Surrealist Salvador Dali entwarf im Jahre 1950 die Kleider für eine Inszenierung von Luchino Visconti in Rom; die mit ihren schrillen und bunten Farben stark visuell ausgerichtete Aufführung erregte großes Aufsehen. Um dem Ardennerwald realistische Züge zu geben, wurden andererseits bei einer Freilichtaufführung in La Rochelle im Jahre 1976 Schafe, Kühe und Pferde ins Spiel miteinbezogen, ähnlich wie im Central Park (New York, 1963), wo zwei Hunde und ein Schaf auf die Bühne gebracht wurden. Auch ein japanischer Regisseur wagte in Tokio im Jahre 1979 eine Aufführung dieser Art; die Liedeinlagen ersetzte er durch Rockmusik.[76]

Abschließend sei ein Blick auf die Umsetzung des Stückes im Bereich des Films geworfen. Es existieren drei Stummfilme, zwei amerikanische aus den Jahren 1908 beziehungsweise 1912 und ein britischer unbekannten Datums.[77] Paul Czinner verfilmte *A.Y.L.* 1936 mit Laurence Olivier als Orlando und Elisabeth Bergner – der Ehefrau des Regisseurs – als Rosalind. Bergner erntete – angeblich wegen mangelnder schauspielerischer Begabung wie auch wegen ihres deutschen Akzents – wenig Lob.[78] Doppeldeutige Textstellen und Anzüglichkeiten sind gestrichen; weitgehend gekürzt sind auch die Rollen von Jaques, Touchstone und Audrey, sodass viel vom Spiel und vom Witz des Stückes verloren geht.[79] Im Jahre 1979 wurde *A.Y.L.* in einer neuen Version als vierter Film der Serie *BBC Shakespeare* gezeigt. Im deutschsprachigen Raum wurde diese Verfilmung vom Österreichischen Fernsehen im Jahre 1987 ausgestrahlt; im Jahr 1988 zeigte das Zweite Deutsche Fernsehen Peter Steins Inszenierung aus dem Jahr 1977.

5. REZEPTIONSGESCHICHTE

Die Interpretationsgeschichte von *A.Y.L.* zeigt in ihren diversen Annäherungen die bunte Vielfalt dieser Komödie. Während sich die eine Richtung der Kritik auf Charakterstudien konzentriert und das Stück vor allem als Liebeskomödie erfasst,[80] wendet sich die andere der thematisch orientierten, Personen übergreifenden Untersuchung zu. Da das

---

[76] Toshihiko Shibata, "Shakespeare in Tokyo", *ShQ* 31 (1980), S. 403–404.
[77] Max Lippmann, Hrsg., *Shakespeare im Film* (Wiesbaden 1964), S. 93–94.
[78] Eine etwas zynische Besprechung dieses Films bei McClellan, *Whatever Happened to Shakespeare?*, S. 188.
[79] Dazu Jack J. Jorgens, "Shakespeare Films", in *Shakespeare Newsletter* 24 (May 1974), S. 32.
[80] So etwa Henry Buckley Charlton, *Shakespearian Comedy* (London 1938).

Stück aber, wie häufig betont wird,[81] weniger handlungs- als personenzentriert ist, die innere Entwicklung einzelner Individuen und deren Beziehungen zueinander in den Mittelpunkt stellt, kommen auch generische Ansätze kaum ohne eingehende Besprechungen einzelner Charaktere aus.

Erwartungsgemäß erhält Rosalind als zentrale Figur in der Kritik am meisten Beachtung. Ihre herausragende Wortgewandtheit und kritische Ader, ihre regieführende Funktion innerhalb des Handlungsgefüges und ihre Verkleidungsrolle gehören zu den zentralen Untersuchungspunkten in der Kritik. Rosalind liefert die objektivierte Sicht, von welcher aus das Bühnengeschehen zu bewerten ist. Ihr ausgewogenes Spiel mit Nähe und Distanz, ihr Wechsel zwischen Dominanz und Unterordnung, Verstand und Empfinden werden in zahlreichen Betrachtungen untersucht.[82]

Neben Rosalind werden auch Jaques und Touchstone in der Kritik breit und vielfältig abgehandelt. Der melancholischen Haltung des ersteren gilt das besondere Augenmerk, indes wird diese Melancholie unterschiedlich und sogar gegensätzlich ausgelegt und bewertet. Ist sie für die einen Kritiker Ausdruck von Jaques' intellektueller Distanz zum Dasein, die ihn zu einem Wegbereiter für die Gestalt Hamlets macht[83], stellen andere die Ernsthaftigkeit dieser Melancholie grundsätzlich in Frage[84], sehen Jaques vor allem als herausfordernden Kommentator oder heben seine burlesken Züge hervor, die nicht zuletzt im Dienst der Unterhaltung stehen[85]. Jaques' Aussagen fallen oft ambivalent aus und sind nicht miteinander vereinbar; wiederholt hinterlassen seine Handlungsweise und seine Reden sowohl auf der Bühne wie beim Publikum einen zwiespältigen, wenn nicht gar verwirrenden Eindruck.[86] Offensichtlich ist Jaques' Naturell weder nur ernst noch nur komisch, sondern befindet sich in einer eigentümlichen Schwebelage[87], die auch andere Charaktere Shakespeares – Hamlet, Prospero – kennzeichnet

---

[81] Beispielsweise bei Harold Jenkins in seinem wegweisenden Aufsatz, "As You Like It", *ShS* 8 (1955), S. 40–51; ähnlich Helen Gardner "'As You Like It'", in *More Talking of Shakespeare*, ed. John Garrett (London 1959), S. 17–32.

[82] Stellvertretend seien erwähnt: Peter G. Phialas, *Shakespeare's Romantic Comedies: The Development of Their Form and Meaning* (Chapel Hill 1966), S. 209–255.

[83] Subodh C. Sen Gupta, "Pastoral Romance and Romantic Comedy: 'Rosalynde' and 'As You Like It'", *A Shakespeare Manual* (Calcutta 1977), S. 69–84.

[84] Oscar James Campbell, *Shakespeare's Satire* (New York 1943), S. 49.

[85] David Young, *The Heart's Forest. A Study of Shakespeare's Pastoral Plays* (New Haven and London 1972).

[86] Vgl. Kommentar zu II.1, II.5, III.3 oder IV.2.

[87] So Robert Fricker, *Kontrast und Polarität in den Charakterbildern Shakespeares* (Bern 1951), S. 65 u.ö.

und ihnen die eigentümliche Strahlkraft verleiht, welche die Kritik immer wieder neu herausfordert. Faber weist mit Recht darauf hin, dass Dutzende von Kritikern das schwankende Wesen Jaques' unterschiedlich erfasst haben: So sei er für Hazlitt ein "philosophical idler", für Helen Gardner ein "quintessential only child", für Palmer ein "exhibitionist", "depressive" sei er in der Sicht Browns, "eccentric" bei Harbage oder "humorous" bei Harrison.[88]

Im Grundsatz ähnlich und in Einzelaspekten ebenfalls breit gefächert ist auch das Bild, das Touchstone in der Kritik abwirft. Goldsmith[89] sieht ihn als den weisen Narren (*wise fool*) mit der spitzen Zunge, der sich jeder Situation anzupassen versteht, um die höfischen Konventionen und Gepflogenheiten zu parodieren, zu kritisieren oder zu bespötteln, während Goddard[90] beispielsweise dagegen hält, Touchstone verdiene so viel Beachtung nicht, er sei von bescheidenem Witz und tatsächlich bloß der "dull fool", wie ihn Rosalind an einer Stelle bezeichnet. John Dover Wilson[91] wiederum hebt Touchstones unpastorale, erdige Lebenssicht hervor; Kernodle[92] sieht ihn als außenstehenden Kommentator und Teilnehmer gleichzeitig; Palmer[93] hält fest, dass Touchstone mit seinem betriebsamen, regen Geist die Menschen in Arden herausfordere und sie sich seinen Provokationen stellen müssten. Auffallend ist das ausgesprochen untergeordnete Interesse der Kritik für die verliebten Männer, Orlando und Oliver; sie werden gemeinhin bloß als Anlass gesehen, der Rosalind und Celia ermöglicht, ihr Liebesspiel in Szene zu setzen.

Die verschiedenen Aspekte von *A.Y.L.* als Liebeskomödie, zum Beispiel die höfischen und die derben Seiten der Liebe, die romantische Tradition und die damit verbundene sprachliche Ausgestaltung, sind in der Geschichte der Interpretation wiederholt untersucht worden. Das dem Stück zugrunde liegende Muster von Liebe und Werbung, der Verlauf von anfänglicher Trennung über zeitweilige Entfremdung zur

---

[88] M. D. Faber, "On Jaques: Psychoanalytic Remarks", *University Review* 36 (Kansas 1969-1970), S. 89-96, 179-182, insb. S. 89; ähnlich Z. S. Fink, "Jaques and the Malcontent Traveler", *Philological Quarterly* 14 (1935), S. 237-252.
[89] Robert Hillis Goldsmith, *Wise Fools in Shakespeare* (Michigan 1955), S. 47-51; ähnlich Campbell, *Shakespeare's Satire*, S. 44-65.
[90] Harold C. Goddard, *The Meaning of Shakespeare*, Vol. 1 (Chicago 1951), S. 285-291.
[91] John Dover Wilson, *Shakespeare's Happy Comedies* (London 1962), S. 141-162.
[92] George R. Kernodle, "The Mannerist Stage of Comic Detachment", in *The Elizabethan Theatre III*, ed. David Galloway (Toronto 1973), S. 119-134, insb. S. 127.
[93] John Leslie Palmer, "Touchstone", in *The Comic Characters of Shakespeare* (London 1946), S. 28-52.

schließlichen Vereinigung[94], lässt unterschiedliche kritische Annäherungen erkennen. Pettet oder Horowitz[95] konzentrieren sich beispielsweise auf die Ironisierung und Überwindung der konventionellen Liebeswerbung, wie wir sie in Lodges Vorlage finden. Auffallend häufig wird das Stück mit thematisch gegensätzlichen Begriffspaaren und Wertvorstellungen gedeutet, wie etwa mit Schein und Sein, Bescheidenheit und Machtstreben, Identität und Rolle. Verstand und Empfinden, die verklärt romantische und die realistische Seite der Liebe werden von Phialas und Foakes[96] einander gegenübergestellt.

Ein wiederholt analysierter Aspekt ist ferner der für die Schäferdichtung typische Gegensatz zwischen Wald und Hof, dem Leben in der Natur und der höfischen Sittlichkeit. Für den pastoralen Hintergrund des Stückes boten die Studien von Walter W. Greg,[97] William Empson[98] und später von Renato Poggioli[99] das Grundlagenmaterial, auf welches weitere diesbezügliche Untersuchungen Bezug nahmen und neue Dimensionen erschlossen. Greg veranschlagt den Einfluss der pastoralen Dichtung auf *A.Y.L.* hoch und hebt Shakespeares persönliche Ausgestaltung des Schäferthemas hervor.[100] Ähnlich Poggioli nach ihm; er stellt die Szenen in Arden in den gattungsgeschichtlichen Zusammenhang; der Aufenthalt im Wald ist vorübergehend, ein Zwischenspiel im Ablauf des Lebens, das der Erneuerung und Regeneration dient. Arden steht als "locus amoenus", abseits des Hauptschauplatzes, in der Tradition der "pastoralen Oasen", wie wir sie in Ovids *Aeneis*, Dantes *Divina Commedia*, Tassos *Gerusalemme Liberata*, Ariostos *Orlando Furioso* oder auch im *Don Quixote* finden. Die Launen des Wetters im Ardennerwald, die Unmöglichkeit Corins, Rosalind und Celia beherbergen zu können, und die Ironisierung der Liebe weichen indes von den Bahnen der traditionellen Schäferdichtung ab. Die pastoralen Moti-

---

[94] Zum Beispiel David Lloyd Stevenson, *The Love-Game Comedy* (New York 1946); Philip Edwards, *Shakespeare and the Confines of Art* (London 1968), S. 56-63.

[95] E. C. Pettet, *Shakespeare and the Romance Tradition* (London 1949); David Horowitz, *Shakespeare: An Existential View* (New York 1965).

[96] Phialas, *Shakespeare's Romantic* Comedies, S. 209-255; Reginald A. Foakes, "The Owl and the Cuckoo: Voices of Maturity in Shakespeare's Comedies", in *Shakespearian Comedy*, eds. Malcolm Bradbury and David Palmer (London 1972), S. 121-142.

[97] Walter W. Greg, *Pastoral Poetry and Pastoral Drama: A Literary Inquiry, with Special Reference to the Pre-Restoration Stage in England* (London 1905).

[98] William Empson, *Some Versions of Pastoral* (London 1935).

[99] Renato Poggioli, *The Oaten Flute: Essays on Pastoral Poetry and the Pastoral Ideal* (Cambridge, Mass. 1975), S. 9-10, 36-39.

[100] "[...] he has in this play revealed his opinion of, and passed judgement upon, the whole pastoral idea." Greg, *Pastoral Poetry and Pastoral Drama*, S. 411.

ve der Liebe und der Einsamkeit werden sowohl bejaht, verneint als auch in Frage gestellt: Shakespeares Haltung zum Schäferstoff bleibt ambivalent.[101]

Auf ähnliche Weise zieht auch Phialas Vergleiche zwischen dem Liebesmotiv in der literarischen pastoralen Konvention und in *As You Like It*. Shakespeare lässt in diesem Stück zum ersten Mal Schäfer auftreten; der pastorale Hintergrund ist Ausdruck seiner Suche nach dem Ideal von Liebe und einer harmonischen Gemeinschaft.[102] Lerner[103] bespricht den das Stück durchziehenden Gegensatz von pastoralen und gegen-pastoralen Elementen und kommt zum Ergebnis, dass am Ende weder die eine noch die andere Lebensart den Vorrang hat. McFarlands Sichtweise geht noch weiter: Er zieht die frühen heiteren Stücke Shakespeares (*Love's Labour's Lost, A Midsummer Night's Dream*) bei und stellt fest, dass *A.Y.L* zwar mehr Witz und Unterhaltung bietet, aber geringere Aussicht auf Glück verheißt. Bereits die Exposition mache die Zuschauer darauf aufmerksam, dass die dunklen Seiten des Lebens die pastorale Idylle überschatten und das Stück in die Nähe des Tragischen rücken. Der Zwist zwischen den verfeindeten Herzögen auf der einen und zwischen Orlando und Oliver auf der anderen Seite variiere das Motiv von Kain und Abel und weise voraus auf die Feindschaft zwischen Edmund und Edgar in *König Lear*; Olivers Rachelust finde ihre Fortsetzung in Jagos übler Intrige. Jaques rückt McFarland in die Nähe von John Marstons Malevole und Hamlet; als einer der zentralen Charaktere des Stückes bedrohe er die Pastorale von Grund auf. Die Schäferatmosphäre in *A.Y.L.* sei durch Bitterkeit und Entfremdung getrübt. Nicht überraschend habe sich Shakespeare nach *A.Y.L.* vom pastoralen Stoff abgewandt, weil nämlich auch dieser keine ideale, harmonische Gemeinschaft verheiße.[104]

Dem Wald selbst kommt in der Kritik eine wichtige Funktion zu: Arden ist der Ort, der Selbstfindung ermöglicht und als solcher von jedem Charakter unterschiedlich erfahren wird. Barber erfasst Arden als den festlichen Schauplatz der Zeitlosigkeit, der unbegrenzten Möglichkeiten und der Befreiung, wo sich die Menschen verwirklichen können.[105] Die subjektive Vielfalt des einzelnen Menschen zeige sich in

---

[101] Poggioli, *The Oaten Flute*, Kapitel 1 und 8.
[102] Phialas, *Shakespeare's Romantic Comedies*, S. 209-255.
[103] Laurence Lerner, "An Essay on Pastoral", *Essays in Criticism* 20 (1970), S. 275-297.
[104] Thomas McFarland, "For Other than for Dancing Measures: The Complications of *As You Like It*", in *Shakespeare's Pastoral Comedy* (Chapel Hill 1972), S. 98-121.
[105] Cesar L. Barber, *Shakespeare's Festive Comedy: A Study of Dramatic Form and Its Relation to Social Custom* (Princeton 1959). Ähnlich Jörg Hasler, *Shakespeare's Theatrical Notation: The Comedies* (Bern 1974), S. 192-203.

der individuellen Wahrnehmung der pastoralen Natur, welcher David Young deshalb chamäleonhafte Züge zuschreibt.[106] Der Wald, die Pastorale allgemein, ist, gemäss Young, seit jeher ein Mikrokosmos, der alternative Lebensweisen ermöglicht und so auf Mängel wie Vorzüge des eigentlichen Lebens zurückverweist. Shakespeares Interesse am pastoralen Stoff gilt in Youngs Sicht denn auch weniger der Schäferatmosphäre Ardens oder der satirischen Behandlung der Gattung; vielmehr mache Shakespeare den Wald zu einem Ort, wo Visionen noch möglich seien.

Doch auch entgegengesetzte Auffassungen sind in der Forschung vertreten worden. Sennet stellt das Stück in die Tradition des Morality Play: Der Aufenthalt in Arden werde für die Menschen, die dorthin geflohen sind, zur Bewährungsprobe, die an das mittelalterliche Moralitätenspiel erinnere.[107] Eine ausgesprochen abwertende Sicht des pastoralen Raums in *A.Y.L.* vertritt Jan Kott.[108] Shakespeares Wälder seien verhext, tragisch und grotesk zugleich; Arden sei der Ort der dunklen und sogar diabolischen Kräfte. Der erste Akt erinnert Kott an Shakespeares Geschichtsspiele; doch verheiße auch der Übertritt in den Wald als Zufluchtsort keine Erlösung: Hier werde gejagt, die Gefühle einzelner Liebender würden nicht erwidert, es gebe Hunger, Müdigkeit und die Beschwerlichkeit des Alters; kurz: Die Rückkehr zum unschuldigen Dasein von Arcadia gelinge nicht. Die Verkleidung der Mädchen wertet Kott als Ausdruck des menschlichen Verlangens, die Grenzen der eigenen Körperlichkeit und Geschlechtlichkeit zu überwinden, um so die ursprüngliche Einheit wiederzuerlangen. Indes blieben die Liebenden am Ende in ihrer eigenen geschlechtlichen Begrenzung gefangen. *As You Like It* weise voraus auf die Verlorenheit in *König Lear*; die Erwartungen an den pastoralen Raum blieben unerfüllt und Arden sei bloß verlorene Illusion.

Die Reihe der Untersuchungen zu Shakespeares Ausgestaltung des pastoralen Stoffes in *A.Y.L.* ließe sich ergänzen. Doch stößt vor allem die neuere diesbezügliche Kritik grundsätzlich in dieselbe Richtung: Dass nämlich Shakespeares Verhältnis zum übernommenen Schäferthema augenscheinlich komplex war, im Stück in mancher Weise mit den hergebrachten traditionellen Konventionen gebrochen wird, neue Bezüge geschaffen werden und die Gattung implizit in Frage gestellt wird.[109]

---

[106] Young, *The Heart's Forest*, S. 38–72.
[107] Mabel Sennett, *His Erring Pilgrimage* (London 1949).
[108] Jan Kott, *Shakespeare our Contemporary* (London 1964), S. 171, 217–234.
[109] Dazu Chaudhuri, *Renaissance Pastoral and Its English Developments*, S. 358–363.

Mit dem pastoralen Thema eng verbunden sind jene Untersuchungen, die sich vertieft mit Shakespeares Quelle für *A.Y.L.* beschäftigen. Schon Greg ging in der genannten Studie auf den pastoralen Hintergrund des Schauspiels und auf Thomas Lodges *Rosalynde* ein. Shakespeares Umwandlung der Quellen, seine Abweichungen, Ergänzungen und Übernahmen wurden in der Folge eingehend besprochen von Whitaker, Baird, Prouty oder Sen Gupta.[110] Muir[111] liefert eine Zusammenfassung der Quelle und behandelt die satirischen Aspekte des Stückes. Bullough[112] gibt in seiner breit angelegten Quellenstudie der Stücke Shakespeares die Vorlage in ganzer Länge mit und bespricht die Verwandtschaft zwischen den beiden Werken, das Schäfermotiv, dessen literarische Konvention und Verarbeitung. Eine weitere Quellenstudie aus der Hand Marco Mincoffs[113] bezieht Gegenposition sowohl zu Muir als auch zu Bullough: Die pastorale Seite des Schauspiels wird als weniger gewichtig erachtet und die Schäferstimmung im Vergleich zu Lodges Erzählung als zurückgebunden erklärt. Berry[114] wiederum wendet sich in seiner auf Personenzeichnung konzentrierten Studie gegen Mincoff, indem er Rosalinds psychologische Tiefe verteidigt. Der Abriss lässt ersehen, dass auch bezüglich der Quellen von *A.Y.L.* in der Forschung eine gewisse Einigkeit mit Variationen erarbeitet worden ist.

Ein weiterer Eckpfeiler der kritischen Betrachtung sind Wesen und Funktion der fünf Liedeinlagen in *As You Like It*. Long[115] vergleicht Shakespeares Gesänge mit denjenigen in der Vorlage: Die Lieder des Stückes sind volkstümlich, während diejenigen bei Lodge der euphuistischen Tradition Lylys folgen. Clemen[116] weist auf die Funktion der eingelegten Lieder innerhalb der dramatischen Architektonik des Schauspiels hin, welches weniger durch Handlungsdichte als durch die Darstellung verschiedener Seinsweisen charakterisiert sei. Die Liedeinlagen

---

[110] Virgil K. Whitaker, "Shakespeare's Use of His Sources", in *Renaissance Studies in Honor of Hardin Craig*, ed. Baldwin Maxwell et al. (Stanford 1941), S. 184–197; Ruth C. Baird, "*As You Like It* and Its Source", S. 143–159; Charles T. Prouty, "Some Observations on Shakespeare's Sources", S. 64–77; Subodh C. Sen Gupta, "Pastoral Romance and Romantic Comedy: 'Rosalynde' and 'As You Like It'", S. 69–84.

[111] Kenneth Muir, *Shakespeare's Sources. I: Comedies and Tragedies* (London 1957); *The Sources of Shakespeare's Plays* (London 1977).

[112] Geoffrey Bullough, ed., *Narrative and Dramatic Sources of Shakespeare*, 8 vols. (London and New York 1957-1975).

[113] Mincoff, "What Shakespeare Did to *Rosalynde*", S. 78–89.

[114] Edward I. Berry, "Rosalynde and Rosalind", *ShQ* 31 (1980), S. 42–52.

[115] John H. Long, *Shakespeare's Use of Music: A Study of the Music and Its Performance in the Original Production of Seven Comedies* (Gainesville 1955), S. 139–163.

[116] Wolfgang Clemen, "Shakespeare und die Musik", *ShJ W* (1966), S. 30–48.

tragen dazu bei, diese Wesenslagen zu vertiefen, wirken verweilend und verlangsamen dadurch die Handlungsabläufe. Irene Naef[117] stellt fest, dass die fünf Lieder in *A.Y.L.* unabhängig vom Handlungsganzen eng verbunden sind. Die Struktur der Lieder ähnelt dem Aufbau einer griechischen Tragödie mit der Peripetie im dritten und der Katharsis im vierten Akt. Ähnlich wie schon Long betont auch Naef, dass die Lieder wesentlich zum Verständnis einzelner Charaktere beitragen.

Neue Sichtweisen sind in jüngerer Zeit von der feministischen Literaturkritik ausgegangen. Rosalinds und Celias außergewöhnlich starke Präsenz im Handlungsgefüge dieser Komödie, ihre Verwirklichung als Frauen während des Spielverlaufs und ihre enge Beziehung zueinander haben vertieftes Interesse gefunden und neue Interpretationsansätze gefördert.[118] Für die feministische Kritik sind Rosalinds Dominanz und ihre Fähigkeit, weiblichen Werten zum Durchbruch zu verhelfen, von zentralem Interesse. Die Dialoge zwischen Rosalind und Celia kommentieren den Verlauf der Werbung aus der Optik der Frauen und bieten dadurch eine Gegensicht zum männlichen Erleben. Verbundenheit und gegenseitiges Vertrauen befähigen die beiden Mädchen, die Schwierigkeiten des Daseins gemeinsam erfolgreich zu meistern. Auch ihr Wechsel in die Männerrolle ist für sie eine Bereicherung: Rosalind und Celia gehen über die Grenzen der eigenen geschlechtsspezifischen Wahrnehmung hinaus und erleben ihre weibliche Identität aus der Distanz Außenstehender.[119]

Der mittlere Teil der Komödie misst dem weiblichen Erleben breiten Raum zu, der aber am Ende durch die Heirat wieder eingeschränkt, oder, je nach Sichtweise, erweitert wird: Für Rosalind und Celia ist die schwesterlich-freundschaftliche Verbundenheit[120] nämlich kein Hindernis, schließlich auch in der Beziehung zu einem geliebten Mann Erfüllung zu finden. Der Ausgang der Komödie, die konventionelle Heirat, ist für die eine Richtung der feministischen Kritik enttäu-

---

[117] Irene Naef, *Die Lieder in Shakespeares Komödien: Gehalt und Funktion* (Bern 1976).
[118] Zum Folgenden und weiterführenden Literaturhinweisen vgl. Ina Schabert, "Feminismus", *ShJ W* 45 (1992), S. 124–141. – Zur Thematik 'Feminismus' vergleiche auch die Vorträge an den Shakespeare-Tagen 1997, abgedruckt im *Shakespeare Jahrbuch 1998*, S. 11–135.
[119] Vgl. Juliet S. Dusinberre, *Shakespeare and the Nature of Women* (London 1975); Marjorie B. Garber, "Coming of Age in Shakespeare", *Yale Review* 66 (1977), S. 517–533.
[120] Dusinberre spricht von "feminine ties", a.a.O., S. 259, Carole McKewin von "feminine bonding" in "Counsels of Gall and Grace: Intimate Conversations between Women in Shakespeare's Plays", *The Woman's Part*, eds. Carolyn Ruth Swift Lenz, Gayle Greene, Carol Thomas Neely (Urbana and Chicago 1983), S. 117–132, Garber, a.a.O., S. 524, von "sororal bonds".

schend;[121] für die andere bleibt dennoch die Tatsache, dass der breit angelegte weibliche Erfahrungsraum im mittleren Teil des Schauspiels die – aus feministischer Sicht bloß genrebedingte – Heirat am Ende sowie die hergebrachten Rollen der Geschlechter implizit in Frage stellt.[122]

Die Übersicht hat die Schwerpunkte der Rezeptionsgeschichte von *A.Y.L.* aufgezeigt. Im folgenden Anhang finden sich alle hier aufgeführten Werke chronologisch aufgelistet:

Greg, Walter W., *Pastoral Poetry and Pastoral Drama: A Literary Inquiry, with Special Reference to the Pre-Restoration Stage in England* (London 1905, rpt. 1959).
Empson, William, *Some Versions of Pastoral* (London 1935).
Fink, Z. S., "Jaques and the Malcontent Traveler", *Philological Quarterly* 14 (1935), S. 237–252.
Charlton, Henry Buckley, *Shakespearian Comedy* (London 1938).
Whitaker, Virgil K., "Shakespeare's Use of His Sources", in *Renaissance Studies in Honor of Hardin Craig*, ed. Baldwin Maxwell et al. (Stanford 1941), S. 184–197.
Campbell, Oscar James, *Shakespeare's Satire* (New York 1943).
Palmer, John Leslie, *The Comic Characters of Shakespeare* (London 1946).
Stevenson, David Lloyd, *The Love-Game Comedy* (New York 1946).
Pettet, E. C., *Shakespeare and the Romance Tradition* (London 1949).
Sennett, Mabel, *His Erring Pilgrimage* (London 1949).
Fricker, Robert, *Kontrast und Polarität in den Charakterbildern Shakespeares* (Bern 1951).
Goddard, Harold C., *The Meaning of Shakespeare,* Vol. 1 (Chicago 1951).
Baird, Ruth C., "*As You Like It* and Its Source", in *Essays in Honor of Walter Clyde Curry* (Nashville 1954), S. 143–159.
Goldsmith, Robert Hillis, *Wise Fools in Shakespeare* (Michigan 1955).
Jenkins, Harold, "'As You Like It'", *Shakespeare Survey* 8 (1955), S. 40–51.

---

[121] Insbesondere Peter Erickson, "Sexual Politics and the Social Structure in *As You Like it*", *Patriarchal Structures in Shakespeare's Drama* (Berkeley 1985), S. 15–38.
[122] So McKewin, a.a.O.; ähnlich Garber, a.a.O.

Long, John H., *Shakespeare's Use of Music: A Study of the Music and Its Performance in the Original Production of Seven Comedies* (Gainesville 1955).

Bullough, Geoffrey, ed., *Narrative and Dramatic Sources of Shakespeare*, 8 vols., (London and New York, 1957–1975).

Muir, Kenneth, *Shakespeare's Sources. I: Comedies and Tragedies* (London 1957).

Barber, Cesar L., *Shakespeare's Festive Comedy: A Study of Dramatic Form and Its Relation to Social Custom* (Princeton 1959).

Gardner, Helen, "'As You Like It'", in *More Talking of Shakespeare*, ed. John Garrett (London 1959), S. 17–32.

Mincoff, Marco, "What Shakespeare Did to *Rosalynde*", *Shakespeare Jahrbuch West* 96 (1960), S. 78–89.

Prouty, Charles T., "Some Observations on Shakespeare's Sources", *Shakespeare Jahrbuch West* 96 (1960), S. 64–77.

Wilson, John Dover, *Shakespeare's Happy Comedies* (London 1962).

Kott, Jan, *Shakespeare our Contemporary* (London 1964).

Horowitz, David, *Shakespeare: An Existential View* (New York 1965).

Clemen, Wolfgang, "Shakespeare und die Musik", *Shakespeare Jahrbuch West* (1966), S. 30–48.

Phialas, Peter G., *Shakespeare's Romantic Comedies: The Development of Their Form and Meaning* (Chapel Hill 1966).

Weimann, Robert, *Shakespeare und die Tradition des Volkstheaters* (Berlin 1967).

Edwards, Philip, *Shakespeare and the Confines of Art* (London 1968).

Faber, M. D., "On Jaques: Psychoanalytic Remarks", *University Review* 36 (Kansas 1969–1970), S. 89–96, 179–182.

Lerner, Laurence, "An Essay on Pastoral", *Essays in Criticism* 20 (1970), S. 275–297.

Foakes, Reginald A., "The Owl and the Cuckoo: Voices of Maturity in Shakespeare's Comedies", in *Shakespearian Comedy*, eds. Malcolm Bradbury and David Palmer (London 1972), S. 121–142.

McFarland, Thomas, *Shakespeare's Pastoral Comedy* (Chapel Hill 1972).

Young, David, *The Heart's Forest. A Study of Shakespeare's Pastoral Plays* (New Haven and London 1972).

Kernodle, George R., "The Mannerist Stage of Comic Detachment", in *The Elizabethan Theatre III*, ed. David Galloway (Toronto 1973), S. 119–134.

Hasler, Jörg, *Shakespeare's Theatrical Notation: The Comedies* (Bern 1974).

Dusinberre, Juliet S., *Shakespeare and the Nature of Women* (London 1975).

Poggioli, Renato, *The Oaten Flute: Essays on Pastoral Poetry and the Pastoral Ideal* (Cambridge, Mass. 1975).

Naef, Irene, *Die Lieder in Shakespeares Komödien: Gehalt und Funktion* (Bern 1976).

Garber, Marjorie B., "Coming of Age in Shakespeare", *Yale Review* 66 (1977), S. 517–533.

Muir, Kenneth, *The Sources of Shakespeare's Plays* (London 1977).

Sen Gupta, Subodh C., "Pastoral Romance and Romantic Comedy: 'Rosalynde' and 'As You Like It'", in *A Shakespeare Manual* (Calcutta 1977), S. 69–84.

Berry, Edward I., "Rosalynde and Rosalind", *Shakespeare Quarterly* 31 (1980), S.42–52.

Garber, Marjorie, *Coming of Age in Shakespeare* (London 1981).

Swift Lenz, Carolyn Ruth; Greene, Gayle; Neely, Carol Thomas (eds.), *The Woman's Part* (Urbana and Chicago 1983).

Erickson, Peter, "Sexual Politics and the Social Structure in *As You Like it*", in *Patriarchal Structures in Shakespeare's Drama* (Berkeley 1985).

Chaudhuri, Sukanta, *Renaissance Pastoral and its English Developments* (Oxford 1989).

Schabert, Ina, "Feminismus", *Shakespeare Jahrbuch West* (1992), S. 124–141.

Gibbons, Brian, *Shakespeare and Multiplicity* (Cambridge 1993).

Die in dieser Übersicht dargestellten rezeptionsgeschichtlichen Schwerpunkte werden durch zahlreiche spezifische Einzelaspekte ergänzt; diesbezüglich sei auf die entsprechenden Bibliographien verwiesen.[123]

---

[123] Für ältere Untersuchungen William Jaggard, *Shakespeare Bibliography: A Dictionary of Every Known Issue of the Writings of the Poet and of Recorded Opinion Thereon in the English Language* (Stratford 1911); ferner Gordon Ross Smith, *A Classified Shakespeare Bibliography 1936–1958* (Pennsylvania 1963); für neuere Untersuchungen Jay L. Halio and Barbara C. Millard, *As You Like It, An Annotated Bibliography, 1940–1980* (New York and London 1985).

WIE ES EUCH GEFÄLLT

[DIE NAMEN DER SPIELER[1]

Der ehemalige Herzog[2], in der Verbannung
Herzog Frederick, sein Bruder und Usurpator [seines Landes]
Amiens, Jaques[3], Edelleute im Gefolge des alten Herzogs
Oliver, ältester Sohn des Sir Roland de Boys
Jaques[4], Orlando, jüngere Söhne Sir Rolands
Le Beau[5], ein Höfling im Dienste Herzog Fredericks
Charles, ein Ringkämpfer an Fredericks Hof
Adam, ein alter Diener[6] Sir Rolands
Dennis, ein Diener Olivers
Touchstone[7], ein [Hof]narr
Sir Oliver Mar-text[8], ein Landpfarrer
Corin, Silvius, Schäfer
William, ein Bursche vom Lande
Hymen, Gott der Ehe
Rosalinde, Tochter des alten Herzogs
Celia, Tochter Herzog Fredericks
Phoebe, eine Schäferin
Audrey[9], ein Bauernmädchen
Edelleute, Pagen und Gefolge

Schauplätze: Olivers Obstgarten; am Hof Herzog Fredericks;
 der Wald von Arden]

---

[1] *Names of the Actors*: Nicht in F; zuerst aufgeführt bei Rowe.
[2] *Duke Senior*: *Senior* bedeutet hier nicht 'der an Jahren ältere', sondern 'der frühere' rechtmäßige Herzog.
[3] *Jaques*: Der Name wird meist zweisilbig ausgesprochen. Für mögliche einsilbige Aussprache siehe III.3.64. Zur Aussprache der Namen allgemein siehe Helge Kökeritz, *Shakespeare's Pronunciation* (New Haven and London 1953) und *Shakespeare's Names: A Pronouncing Dictionary* (New Haven 1959).
[4] *Jaques*: Sir Rolands zweitältester Sohn, der diesen Namen trägt, erscheint nur einmal ganz kurz in V.4.145ff., wo er als *Second Brother* eingeführt wird, um eine Verwechslung mit dem Melancholiker Jaques zu vermeiden.
[5] *Le Beau*: F hat fast überall *Le Beu*, doch ist der Name *Le Beau* wohl bekannt, und die Schreibung *Le Beau* findet sich auch in F in der BA I.2.85. F hat oft ausgefallene französische Schreibungen (z.B. in *Hen. V*). Schon die älteren Hrsg. schreiben deshalb *Le Beau*.

AS YOU LIKE IT

[NAMES OF THE ACTORS

Duke Senior, in banishment
Duke Frederick, his brother and usurper
Amiens, Jaques, lords attending on Duke Senior
Oliver, eldest son of Sir Rowland de Boys
Jaques, Orlando, younger sons of Sir Rowland de Boys
Le Beau, a courtier attending on Duke Frederick
Charles, a wrestler at the court
Adam, an old servant to Sir Rowland de Boys
Dennis, a servant to Oliver
Touchstone, a clown
Sir Oliver Mar-text, a country curate
Corin, Silvius, shepherds
William, a country fellow
Hymen, god of marriage
Rosalind, daughter of Duke Senior
Celia, daughter of Duke Frederick
Phebe, a shepherdess
Audrey, a country wench
Lords, Pages, and Attendants

Scene: Oliver's orchard; Duke Frederick's court; the Forest of Arden]

Names of the Actors ... Attendants Rowe; nicht in F.

---

[6] *old servant*: Old bedeutet hier zugleich 'bejahrt' und 'ehemalig', da Sir Roland, sein früherer Herr, nicht mehr lebt.

[7] *Touchstone*: Von Schlegel und Tieck mit 'Probstein' übersetzt; auf dem Probstein wurden Metall-Legierungen gerieben, um ihren Gehalt an Feinmetall, ihre Echtheit, nachzuweisen. Eine ähnliche Funktion – in bildlichem Sinne – hat in *A.Y.L.* der Narr. Zu *touch* in diesem Sinn vgl. *Meas. for M.*, ed. Walter Naef (Studienausgabe), I.1.35.

[8] *Mar-text*: in der Schlegel-Tieck-Übersetzung mit 'Textdreher' wiedergegeben. (Martin) Marprelate ('Prälatenvernichter') war das Pseudonym des Autors einer geistlichen Traktatenfolge (1588–1589), die sensationell wirkte und die Gemüter erregte.

[9] *Audrey*: ein zu Sh.s Zeit auf dem Lande häufiger weiblicher Name; ursprünglich Etheldreda.

I.1   *Orlando und Adam[1] treten auf.*

ORLANDO. Soviel ich mich erinnere, Adam, war es so [:] [Er][2] vermachte mir im Testament nur armselige tausend Kronen[3] und, wie du sagst, auferlegte [er] meinem Bruder, so ihm sein Segen lieb wäre, mich ordentlich zu erziehen: Und hier fängt mein Kummer an. Meinen Bruder [5] Jaques unterhält er an der Universität[4], und die Fama[5] spricht golden[6] von seinen Fortschritten. Was mich betrifft, so behält[7] er mich bäurisch zu Hause oder, richtiger gesagt, hält mich hier zu Hause ohne Unterhalt fest: Denn nennt man das Unterhalt für einen Edelmann meiner Abkunft, was sich von der Stallhaltung eines Ochsen nicht unterscheidet? Selbst seine [10] Pferde werden besser aufgezogen; denn nicht nur sind sie schön herausgefüttert, sondern man bringt ihnen auch die richtigen Gangarten bei, und zu diesem Zweck stellt man für teures Geld Zureiter an; doch ich, sein Bruder, gewinne nichts bei ihm als Wachstum, wofür ihm seine Tiere auf seinen Misthaufen ebenso viel Dank schulden wie ich. Abgesehen von diesem [15] Nichts, das er mir in so reichem Maße gibt, nimmt die Art, wie er mich behandelt, das Etwas, welches mir die Natur verliehen hat, ganz offensichtlich[8] von mir weg: Er lässt mich mit seinen Knechten[9] essen, verwehrt mir den Platz eines Bruders und untergräbt[10], so viel er kann[11],

---

[1] *Enter Orlando and Adam*: Gestalt und Erscheinung dieser beiden Personen erinnerten Sh.s Zuschauer möglicherweise an zwei typische Figuren aus den Moralitäten, nämlich *Lusty Youth* 'Frischer Jüngling' und *Good Counsel* 'Weiser Ratgeber' (Players' Sh.). – Die ersten Worte Orlandos sind Antwort auf eine Frage, die man sich vor Beginn der Szene zu denken hat; so genannter gleitender Einsatz; vgl. z.B. *Ant. and Cl.* I.4.1.

[2] *it was upon this fashion bequeathed ... his blessing*: Die meisten Hrsg. halten diesen Satz für grammatisch unrichtig und schwer überschaubar, stellt er doch eine Kontamination dar aus *it was ... bequeathed me by will* und *[he] bequeathed me by will*, wobei im zweiten Satz das Subjekt zum Verb *bequeathed* fehlt. Es sind daher vor allem folgende Emendationen vorgeschlagen worden: 1) *it was upon this fashion: a (= he) bequeathed me ...*; 2) *it was upon this fashion bequeathed me ..., as thou say'st, a (= he) charged my brother ...*; nach Dover Wilson hätte ein *a* beim Druck leicht verloren gehen können. Abgesehen davon lässt Sh. das Subjekt gelegentlich aus, wenn es sich aus dem Kontext ergibt, sodass der Satz sehr wohl auch ohne Emendation bestehen kann (vgl. Furness).

[3] *poor a thousand crowns*: also nur doppelt so viel, wie der Diener Adam erspart hat; vgl. II.3.38–39. In Sh.s Quelle zu *A.Y.L.*, Thomas Lodges *Rosalynde* (siehe Einleitung S. 14–23), fällt dem jüngsten Sohn das größte Erbteil zu, was die Feindseligkeit des ältesten Bruders verständlicher macht.

[4] *school* kann an sich jede Art von Unterrichtsanstalt bedeuten; da aber Jaques älter als Orlando und demnach über das normale Schulalter hinaus ist, kann *school* hier, wie in *Haml.* I.2.113, nur den Sinn von 'Universität' haben. Über Gelehrsamkeit als Teil der Bildung eines Edelmannes vgl. Kommentar sowie *Meas. for M.*, ed. Naef (Studienausgabe), Anm. 70 zu III.2.137; ebenso *Hen. V* I.1.32.

I.1 *Enter Orlando and Adam.*

ORLANDO. As I remember, Adam, it was upon this fashion bequeathed me by will but poor a thousand crowns, and, as thou say'st, charged my brother on his blessing to breed me well: and there begins my sadness. My brother [5] Jaques he keeps at school, and report speaks goldenly of his profit. For my part, he keeps me rustically at home or, to speak more properly, stays me here at home unkept: for call you that keeping for a gentleman of my birth that differs not from the stalling of an ox? His [10] horses are bred better, for, besides that they are fair with their feeding, they are taught their manage, and to that end riders dearly hired; but I, his brother, gain nothing under him but growth, for the which his animals on his dunghills are as much bound to him as I. Besides this [15] nothing that he so plentifully gives me, the something that nature gave me his countenance seems to take from me: he lets me feed with his hinds, bars me the place of a brother, and, as much as in him lies, mines my gentility with my

---

1 *this fashion bequeathed* F; Malone *this fashion. He bequeathed*; New Cambridge (Konj. Dyce) *a' bequeathed*; Dyce[1] *this fashion, – bequeathed* (s. Anm. 2).

2 *poor a* F; F_2 *a poor*.

---

[5] *report* verbindet, wie das lat. *fama*, die Bedeutungen von 'Gerücht' und 'Ruf' und wird oft personifiziert.

[6] *goldenly* im Gegensatz zu *rustically*: vielleicht Anklang an *rust* 'Rost' (vgl. Jakobusbrief 5.3, Geneva Bible): "*Your golde and siluer is cankred, and the rust of them shalbe a witnes against you, [...]*" 'Euer Gold und Silber ist verdorben, und ihr Rost wird zum Zeugnis wider euch sein, [...]'.

[7] *keeps*: Wortspiel mit den Bedeutungen 1) 'behalten', 'nicht weglassen'; 2) 'unterhalten', 'unterstützen'. Orlando gebraucht zuerst die Bedeutung 2), denkt dann an 1) und korrigiert sich: *to speak more properly, stays me*. Auch bei *keeping* ist die Bedeutung 2) gemeint.

[8] *seems*: In seiner modernen Bedeutung ergibt dieses Wort hier keinen rechten Sinn, denn Oliver nimmt seinem Bruder nicht nur scheinbar etwas weg. Bei Sh. kommt *seem* jedoch auch in der Bedeutung *to be seen, to show itself* vor, sodass *seem* hier als 'ganz offensichtlich' gedeutet werden kann. Es ist ferner nicht ausgeschlossen, dass in *seem* das aE *seomian* 'verweilen', 'fortsetzen' weiterlebt (vgl. E. Leisi, "Ein zweites Verb 'to seem' bei Shakespeare?", in *FS Koziol*, S. 188ff.). Die Bedeutung des Satzes wäre in diesem Fall: 'nimmt die Art, wie er mich behandelt, das Etwas ... andauernd von mir weg.'

[9] *hinds*: 'Diener'. Sh. gebraucht dieses Wort stets zur Bezeichnung der untersten Klasse von Dienstleuten, und zwar auch in moralischer Beziehung; es wird gewöhnlich von Eigenschaftswörtern wie *rude* 'grob', *unpolished* 'ungehobelt', *rebellious* 'aufständisch', *filthy* 'schmutzig', *ragged* 'zerlumpt' begleitet.

[10] *mines*: wörtlich 'unterminiert'. Zu Lebzeiten Sh.s lag diesem militärischen Bild noch direkte Anschauung zu Grunde: Mauern wurden unterminiert oder untergraben, um sie zum Einstürzen zu bringen oder um sie in die Luft zu sprengen. Vgl. *Tr. und Cr.* II.3.8, *Hen. V* III.2.51ff. und 79ff.

[11] *as much as in him lies*: wörtlich 'so viel in ihm liegt'.

meinen Adel durch meine Erziehung[12]. Dies ists, Adam, was mich bekümmert; [20] und der Geist meines Vaters, der – so glaube ich – in mir steckt, beginnt sich gegen diese Knechtschaft aufzulehnen. Ich will sie nicht länger erdulden, wenn ich auch noch kein gescheites Mittel kenne, ihr ein Ende zu machen[13].
Oliver tritt auf.

ADAM. Dort kommt mein Herr, Euer Bruder.

ORLANDO. Geh beiseite, Adam, dann wirst du hören, wie er [25] mich beschimpft[14].

OLIVER. Na, mein Herr, was macht[15] Ihr hier?

ORLANDO. Nichts. Man hat mich nicht gelehrt, irgendwas zu machen.

OLIVER. Was verderbt Ihr also, mein Herr?

ORLANDO. Ei nun[16], mein Herr, ich helfe Euch, durch Müßiggang zu verderben, was [30] Gott geschaffen hat, einen armen, unwürdigen Bruder von Euch.

OLIVER. Ei nun, mein Herr, beschäftigt Euch nützlicher und verschwindet eine Zeit lang[17].

ORLANDO. Soll ich Eure Schweine hüten und Schoten[18] [35] mit ihnen fressen? Was für ein Erbteil eines verlorenen Sohnes hab ich denn vertan[19], dass ich nun solchen Mangel leide?

OLIVER. Wisst Ihr, wo Ihr seid, mein Herr?

ORLANDO. O gewiss, mein Herr: hier in Eurem Obstgarten.

OLIVER. Wisst Ihr, vor wem [Ihr steht], mein Herr?

ORLANDO. [40] Freilich, besser als *der*[20] mich kennt, vor dem ich stehe. Ich weiß, Ihr seid mein ältester Bruder, und als Edelmann von Geblüt[21] solltet Ihr mich ebenso kennen. Menschliche Gepflo-

---

[12] *education*: Das Wort kommt bei Sh. meist in positivem Sinne von *good education* vor, doch kann es auch neutralen Sinn haben: 'die Art, wie jemand erzogen oder unterrichtet worden ist'.

[13] *avoid*: Hier schwingt noch die alte rechtliche Bedeutung *to make void* 'nichtig erklären', 'entkräften' mit (vgl. *Meas. for M.* III.1.193). Das vorausgehende *remedy* 'Rechtsmittel', 'Abhilfe' entstammt ebenfalls der Rechtssprache.

[14] *shake me up*: Dieser Ausdruck kommt bei Sh. sonst nirgends vor; immerhin scheint er im 16. Jh. sehr gebräuchlich gewesen zu sein. Die Bedeutung *rouse up an animal to activity* 'ein Tier aus der Ruhe bringen, aufhetzen', welche zum Kontext passen würde, ist vor 1850 nicht belegt.

[15] *what make you ... what mar you*: Entsprechend frühneuenglischem Gebrauch verwendet Sh. oft die einfache Verbalform, wo nach heutigem Gebrauch die progressive Form stehen würde; s. Jespersen, *A Modern English Grammar* (London 1954), IV, 12.1.6. *Make* bedeutet, wie *machen*, '[er]schaffen' und 'tun'; während Olivers Frage zunächst dahin geht, was sein Bruder tut oder treibt, leitet Orlando in seiner Antwort auf die Bedeutung 'machen = [er]schaffen' über, die Oliver seinerseits aufnimmt und automatisch mit ihrem Gegenteil *to mar* 'verderben' verbindet – eine nahe liegende Reaktion, da der formelhafte Ausdruck *to make or mar* im Engl. häufig ist.

education. This is it, Adam, that grieves me; [20] and the spirit of my father, which I think is within me, begins to mutiny against this servitude. I will no longer endure it, though yet I know no wise remedy how to avoid it.
Enter Oliver.
ADAM. Yonder comes my master, your brother.
ORLANDO. Go apart, Adam, and thou shalt hear how he [25] will shake me up.
OLIVER. Now, sir, what make you here?
ORLANDO. Nothing. I am not taught to make anything.
OLIVER. What mar you then, sir?
ORLANDO. Marry, sir, I am helping you to mar that which [30] God made, a poor unworthy brother of yours, with idleness.
OLIVER. Marry, sir, be better employed, and be naught awhile.
ORLANDO. Shall I keep your hogs and eat husks with [35] them? What prodigal portion have I spent that I should come to such penury?
OLIVER. Know you where you are, sir?
ORLANDO. O, sir, very well: here in your orchard.
OLIVER. Know you before whom, sir?
ORLANDO. [40] Ay, better than him I am before knows me. I know you are my eldest brother, and in the gentle condition of blood you should so know me. The courtesy of nations allows you my

---

[16] *Marry* leitet sich von *Mary* d.h. vom Namen der Muttergottes ab und ist ein viel gebrauchter bekräftigender Ausruf, etwa 'freilich', 'ei nun', 'und ob', 'fürwahr' usw. Wenn es Teil einer Antwort ist, erscheint das Subjekt oft umgestellt: *Marry do I* 'Und ob ich das tue!'. Hier möglicherweise ein Echo auf das vorausgehende *mar*.

[17] *be naught awhile*: 'Sei eine Zeit lang nichts', 'verschwinde'; vgl. Middle English Dictionary: *nought* 2., S. 1115. Der Ausdruck kommt bei Sh. nur hier vor. Vgl. aber z.B. *be hanged an hour* 'lass dich ein Stündchen hängen', *Meas. for M.*, ed. Naef (Studienausgabe), V.1.350–351.

[18] *keep your hogs ... husks*: eine der bei Sh. häufigen Anspielungen auf das biblische Gleichnis vom Verlorenen Sohn, der sich von "Schoten" (de siliquis) nähren muss (*Lukas* 15.16).

[19] *prodigal ... spent*: *what portion have I spent prodigally* oder *what portion of a prodigal have I spent* 'was für ein Erbteil habe ich verschwenderisch verbraucht' oder 'was für ein Erbteil eines Verschwenders habe ich verbraucht'. Diese Konstruktion ist bei Sh. häufig; siehe auch *youthful wages*, II.3.67, *youthful hose*, II.7.160. Vgl. Ernst Leisi, *Problemwörter und Problemstellen in Shakespeares Dramen* (Tübingen 1997), unter "Wortverbindungen".

[20] *him*: *he whom*. Andere Fälle, wo das *he* sich dem Casus des ausgelassenen *whom* angleicht, bei Edwin A. Abbott, *A Shakespearian Grammar* (London 1870), § 208.

[21] *in the gentle condition of blood*: wörtlich 'in der edlen Beschaffenheit des Blutes'. *Condition* hat bei Sh. oft den Nebensinn von 'Rang, gesellschaftliche Stellung'.

genheiten[22] gewähren Euch zwar den Vorrang, insofern Ihr der Erstgeborene seid, doch dieselbe Sitte nimmt mir mein Blut nicht weg, [45] wären [auch] zwanzig Brüder zwischen uns. Ich habe von meinem Vater ebenso viel in mir wie Ihr; obschon ich gestehe, dass Ihr, indem Ihr vor mir kamt, seiner Würde näher seid.

OLIVER. Wie, Bürschchen! *[Schlägt ihn.]*[23]
ORLANDO. Nur sachte, älterer Bruder, [50] *darin* seid Ihr [denn doch] zu jung[24]. *[Packt ihn.]*
OLIVER. Willst du[25] Hand an mich legen, Schurke[26]?
ORLANDO. Ich bin kein Schurke. Ich bin der jüngste Sohn des Sir Roland de Boys; er war mein Vater, und ein dreifacher Schurke ist, wer behauptet, solch ein Vater habe Schurken gezeugt. Wärst du [55] nicht mein Bruder, würde ich diese Hand nicht von deiner Kehle wegnehmen, bis die andere [Hand] hier dir die Zunge ausgerissen hätte, dafür dass du das gesagt hast. Du hast dich selbst [damit] beschimpft.
ADAM. Liebe Herren, beruhigt Euch dem Andenken Eures Vaters zuliebe; seid einträchtig.
OLIVER. [60] Lass mich los, sag ich.
ORLANDO. Erst wenn es mir passt. Ihr sollt mich anhören. Mein Vater hat Euch im Testament verpflichtet, mir gute Erziehung angedeihen zu lassen: Ihr habt mich wie einen Bauern aufgezogen und mir dabei alles Edelmännische verdunkelt und verdeckt. Der Geist meines [65] Vaters[27] wird mächtig in mir, und ich wills nicht länger ertragen; darum erlaubt mir [solche] Betätigungen[28], die einem Edelmanne geziemen mögen, oder gebt mir das kärgliche Teil, das mir mein Vater im Testament hinterlassen hat; damit will ich mir Glück[29] erwerben gehen. *[Lässt ihn los.]*[30]

---

[22] *the courtesy of nations*: *Courtesy* ist hier ein Rechtsbegriff im Sinne von 'Übereinkunft', 'Brauch'; *nation* kann bei Sh. und noch im 18. Jh. (vgl. Pope, *Essay on Man*, III, 99-100) die Bedeutung 'Stamm', 'Sippe' haben. *Courtesy of nations* also: menschliche Gepflogenheit im Gegensatz zu einem Naturgesetz.

[23] BA *[Strikes him.]*: Pelican übernimmt Warburtons *Strikes him*, was die Dramatik etwas zu plötzlich antreibt. Wahrscheinlicher ist hier eine Drohgebärde (so Johnson) oder ein Anpacken, worauf Orlando mit einem Ringer-Griff reagiert.

[24] *you are too young in this*: Orlando wehrt Olivers Tätlichkeit mit dem Gegensatz 'älterer Bruder – zu jung, zu unerfahren' ironisch ab. Eine der vielen Stellen, wo Handlungen im Sprechtext gespiegelt sind, sodass eine BA kaum nötig ist.

[25] *thou*: Die Brüder beginnen vom Moment an, wo sie tätlich werden, einander zu duzen (Z. 52-71). Indessen kehrt Orlando aus Respekt vor dem Älteren gleich wieder zum 'Ihr' zurück (Z. 62), obschon er seine Kehle noch umfasst hält.

better in that you are the first born, but the same tradition takes not away my blood [45] were there twenty brothers betwixt us. I have as much of my father in me as you, albeit I confess your coming before me is nearer to his reverence.

OLIVER. What, boy! *[Strikes him.]*

ORLANDO. Come, come, elder brother, you are too young [50] in this.
[Seizes him.]

OLIVER. Wilt thou lay hands on me, villain?

ORLANDO. I am no villain. I am the youngest son of Sir Rowland de Boys; he was my father, and he is thrice a villain that says such a father begot villains. Wert thou [55] not my brother, I would not take this hand from thy throat till this other had pulled out thy tongue for saying so. Thou hast railed on thyself.

ADAM. Sweet masters, be patient: for your father's remembrance, be at accord.

OLIVER. [60] Let me go, I say.

ORLANDO. I will not till I please. You shall hear me. My father charged you in his will to give me good education: you have trained me like a peasant, obscuring and hiding from me all gentlemanlike qualities. The spirit of my [65] father grows strong in me, and I will no longer endure it: therefore allow me such exercises as may become a gentleman, or give me the poor allottery my father left me by testament; with that I will go buy my fortunes.
[Releases him.]

---

48 BA *Strikes him* Pelican; Hrsg. ähnlich; Johnson *menacing with his hand*; nicht in F.
50 BA *Seizes him* Pelican, Hrsg.; Johnson *collaring him*; Arden *putting a wrestler's grip on him*; nicht in F.

---

[26] *villain*: Während Oliver das Wort in der bei Sh. vorherrschenden modernen Bedeutung 'Schurke', 'Schuft' gebraucht, fasst es Orlando noch im ursprünglichen Sinn von 'Leibeigener', 'Unfreier' auf.

[27] *The spirit of my father grows strong in me*: Die Diktion dieses Satzes mutet biblisch an, vgl. *Jes.* 61.1: "The Spirit of the Lord God is upon me" 'Der Geist Gottes des Herrn ruht auf mir'. Vgl. auch I.1.20.

[28] *exercises*: Dieses Wort kann sich bei Sh. auf jede Art von Tätigkeit beziehen, z.B. *reading* 'Lesen' (*Haml.* III.1.45); es bezeichnet jedoch meistens die verschiedenen Arten geistiger und körperlicher Betätigung, die zur Bildung eines jungen Edelmannes gehören, wie Reisen, Studium, Waffenübungen, Jagd.

[29] *fortunes* kann hier auch konkret 'Vermögen' bedeuten.

[30] *[Releases him.]*: Diese Bühnenanweisung wird vom Hrsg. der Pelican-Ausgabe vorgeschlagen; man könnte sich aber auch einen früheren oder späteren Zeitpunkt für das Loslassen denken oder es könnte etappenweise geschehen.

OLIVER. Und was willst du anfangen? Betteln, wenn das vertan ist? [70] Na, mein Herr, hinein mit Euch. Ich will nicht lange von Euch belästigt werden. Ihr sollt Euren Willen[31] teilweise haben. Ich bitt Euch, [ver]lasst mich.

ORLANDO. Ich will Euch nicht weiter belästigen, als mirs zu meinem Wohl Not tut.

OLIVER. [75] Packt Euch mit ihm, alter Hund[32].

ADAM. Ist "alter Hund" mein Lohn? Sehr wahr, ich habe in Eurem Dienst meine Zähne verloren. Gott sei mit meinem alten Herrn! Er hätte solch ein Wort nicht ausgesprochen.

Orlando und Adam ab.

OLIVER. Steht es so? Fangt ihr an, mir über den Kopf zu wachsen? Ich will eure [80] Üppigkeit[33] kurieren und trotzdem keine tausend Kronen geben. Holla, Dennis!

Dennis tritt auf.

DENNIS. Rufen Euer Ehren?

OLIVER. War nicht Charles, der Ringer des Herzogs, hier, um mit mir zu reden?

DENNIS. [85] Mit Verlaub, er steht hier vor dem Tor[34] und bittet dringend zu Euch vorgelassen zu werden.

OLIVER. Ruf ihn herein; *[Dennis ab.]* so gehts auf gute Art;[35] und morgen findet der Ringkampf statt.

Charles tritt auf.

CHARLES. Guten Morgen, Euer Ehren.

OLIVER. [90] Guter Monsieur Charles, was für neue Neuigkeiten gibts am neuen Hof?

CHARLES. Es gibt keine Neuigkeiten am Hof, Sir, als die alten Neuigkeiten: dass nämlich der alte Herzog von seinem jüngeren Bruder, dem neuen Herzog, verbannt worden ist[36] und drei oder vier anhängliche Lords [95] sich mit ihm in freiwillige Verbannung begeben haben; ihre Ländereien und Einkünfte bereichern den neuen Herzog, weshalb er sie gerne ziehen lässt.

---

[31] *will* bedeutet auch 'Testament'.

[32] *you old dog*: Man würde bei dieser Beschimpfung 'du' als Anrede erwarten; vielleicht wird aber das Beleidigende durch die Anrede 'Ihr', die sonst einem Höhergestellten gilt, verstärkt. – Falls Adam als *Good Counsel*-Figur aufgefasst wird (vgl. Anm. 1), ließe sich hier eine Anspielung auf die Redensart "If the old dog barks, he gives counsel" 'Bellt der alte Hund, dann gibt er Ratschläge' finden; Morris Palmer Tilley, *A Dictionary of the Proverbs in England in the Sixteenth and Seventeenth Centuries* (Ann Arbor, Mich. 1950), D 484.

[33] *rankness*: 'Fettigkeit der Körpersäfte' (die den Menschen üppig machen), daher das 'kurieren'.

OLIVER. And what wilt thou do? beg when that is spent? [70] Well, sir, get you in. I will not long be troubled with you. You shall have some part of your will. I pray you leave me.

ORLANDO. I will no further offend you than becomes me for my good.

OLIVER. [75] Get you with him, you old dog.

ADAM. Is 'old dog' my reward? Most true, I have lost my teeth in your service. God be with my old master; he would not have spoke such a word.

Exeunt Orlando, Adam.

OLIVER. Is it even so? Begin you to grow upon me? I will [80] physic your rankness and yet give no thousand crowns neither. Holla, Dennis!

Enter Dennis.

DENNIS. Calls your worship?

OLIVER. Was not Charles the Duke's wrestler here to speak with me?

DENNIS. [85] So please you, he is here at the door and importunes access to you.

OLIVER. Call him in. *[Exit Dennis.]* 'Twill be a good way; and tomorrow the wrestling is.

Enter Charles.

CHARLES. Good morrow to your worship.

OLIVER. [90] Good Monsieur Charles, what's the new news at the new court?

CHARLES. There's no news at the court, sir, but the old news: that is, the old Duke is banished by his younger brother the new Duke, and three or four loving lords [95] have put themselves into voluntary exile with him, whose lands and revenues enrich the new Duke; therefore he gives them good leave to wander.

---

87 BA *Exit Dennis* Hrsg.; nicht in F.
90 *Good Monsieur* F; Dyce, Walker *Good morrow, Monsieur.*

---

[34] *door*: Sh. unterscheidet nicht genau zwischen *door* und *gate*; Charles könnte also vor dem Pförtchen zum Obstgarten oder vor dem Haustor stehen.

[35] *'Twill be a good way*: Wörtlich 'es wird eine gute Art sein', nämlich Orlando aus dem Wege zu räumen, indem Oliver ihn vom Ringer Charles besiegen und dabei unter Umständen tödlich verletzen lässt. Der Ringkampf in I.2.192ff. erweckt nach dieser Mitteilung noch höhere Spannung.

[36] *the old Duke is banished*: Die Frage, wie viel Zeit seit der Verbannnung des rechtmäßigen Herzogs verflossen ist, hat jeden Hrsg. beschäftigt. Während man aus der Tatsache, dass Oliver hier Einzelheiten über dieses Ereignis von Charles zu erfahren sucht, schließen könnte, dass es erst kürzlich stattgefunden hat, deuten zwei andere Stellen (I.3.67 und II.1.2) eher darauf hin, dass es länger zurückliegt. Im Grunde ist die Frage jedoch müßig, denn es kommt weniger auf die Dauer der Verbannung als auf den Zustand des Verbanntseins an, den der alte Herzog zu bejahen gelernt hat (vgl. II.1.1-17).

OLIVER. Könnt Ihr sagen, ob Rosalinde, des Herzogs Tochter, mit ihrem Vater verbannt worden ist?
CHARLES. [100] O nein; denn des Herzogs Tochter, ihre Base, liebt sie dermaßen – da sie ja von der Wiege an gemeinsam auferzogen wurden –, dass sie ihr in die Verbannung gefolgt oder, allein zurückgeblieben, gestorben wäre. Sie ist am Hofe und wird von ihrem Onkel nicht weniger geliebt als die eigene Tochter, und nie waren zwei [105] Damen einander zärtlicher zugetan.
OLIVER. Wo wird sich der alte Herzog aufhalten?
CHARLES. Man sagt, er befinde sich bereits im Walde von Arden[37] und bei ihm eine Schar von munteren Männern; und dort leben sie wie der alte Robin Hood von England[38]. Es heißt, viele [110] junge Edelleute gesellen sich ihm täglich zu und lassen die Zeit ohne Sorgen dahingehen wie einst im goldenen Zeitalter[39].
OLIVER. Also Ihr ringt morgen vor dem neuen Herzog?[40]
CHARLES. Freilich[41], mein Herr; und ich bin hier, um [115] Euch etwas mitzuteilen. Man hat mich unter der Hand wissen lassen, Euer jüngerer Bruder, Orlando, hätte Lust, sich mir verkleidet[42] zu stellen[43], um einen Gang zu wagen[44]. Morgen ringe ich [aber] um meinen Ruf[45], und wer mir ohne ein paar gebrochene Glie-

---

[37] *Forest of Arden*: der Schauplatz von Thomas Lodges Roman *Rosalynde*, dem Sh. die wesentlichen Züge für *A.Y.L.* entnommen hat. Bei Lodge ist nicht der schon den Römern bekannte Ardennerwald in Flandern gemeint, vielmehr ein Wald mit mediterraner Vegetation irgendwo zwischen Lyon und Bordeaux; vgl. Geoffrey Bullough, *Narrative and Dramatic Sources of Shakespeare*, Vol. II; The Comedies, 1597–1603 (London and New York 1958), S. 183 u. 194. Ein elisabethanisches Publikum hätte sich zwar viel eher den Forest of Arden in Warwickshire oder überhaupt einen englischen Wald vorgestellt (vgl. den Vergleich mit Robin Hoods Waldleben in Z. 109). Sh.s Wald ist jedoch, wie jener Lodges, ein Phantasiegebilde, wo neben Eichen und Hirschen Palmen (III.2.167) und Löwen (IV.3.115) vorkommen. – Was eine mögliche Betonung von *Arden* auf der zweiten Silbe betrifft, vgl. I.3.103 und II.4.14: *now am I in Arden* (*a den*? 'einer Höhle'?).

[38] *Robin Hood of England*: legendärer Held zahlreicher mittelenglischer Lieder und Balladen. Robin, eigentlich Robert Fitz-Ooth, Earl von Huntingdon, soll um 1160 in Locksley in Nottinghamshire geboren und nach dem gewaltsamen Tod seines Vaters und Verlust allen Besitztums in die Sherwood-Wälder geflohen sein, wo er Männer mit ähnlichem Schicksal um sich scharte und das Leben eines Vogelfreien führte, wobei es sein Bestreben war, "to help the weak and fight the strong, to take from the rich and give the poor" (vgl. H. E. Marshall, *Stories of Robin Hood*, London o.J.). Dass unser Text den Zusatz *of England* hat, deutet darauf hin, dass das Geschehen von *A.Y.L.* sich in einem anderen Land als England abspielt. Das Robin Hood-Thema war um 1600 gerade aktuell, indem die Admiral's Company zwei volkstümliche Stücke: "The Downfall of Robert Earl of Huntingdon" und "The Death of Robert Earl of Huntingdon" aufführte. Bullough, *Narrative and Dramatic Sources of Shakespeare*, Vol. II, S. 143, vermutet, Sh. habe *A.Y.L.* unter anderem verfasst, um den anspruchsvolleren Kreisen des Hofes ebenfalls ein Stück mit "Waldleben" zu bieten.

OLIVER. Can you tell if Rosalind, the Duke's daughter, be banished with her father?
CHARLES. [100] O, no; for the Duke's daughter her cousin so loves her, being ever from their cradles bred together, that she would have followed her exile, or have died to stay behind her. She is at the court, and no less beloved of her uncle than his own daughter, and never two [105] ladies loved as they do.
OLIVER. Where will the old Duke live?
CHARLES. They say he is already in the Forest of Arden, and a many merry men with him; and there they live like the old Robin Hood of England. They say many [110] young gentlemen flock to him every day, and fleet the time carelessly as they did in the golden world.
OLIVER. What, you wrestle to-morrow before the new Duke?
CHARLES. Marry do I, sir; and I came to acquaint you with [115] a matter. I am given, sir, secretly to understand that your younger brother, Orlando, hath a disposition to come in disguised against me to try a fall. To-morrow, sir, I wrestle for my credit, and he that escapes me without some broken limb shall acquit him well.

---

102 *she would* F$_3$, Hrsg.; F *hee would*.

[39] *golden world*: Dieser Ausdruck kommt bei Sh. nur hier vor; wahrscheinlich entspricht er dem Ovidischen *golden age*, von dem im *Temp.* II.1.164 die Rede ist.

[40] *What, you wrestle ... new Duke?*: Der eine Frage einleitende Ausruf *what* ist bei Sh. häufig: er drückt Überraschung oder Ungeduld aus (Schmidt). – Bei Lodge hat der unrechtmäßige Herzog Turniere und Ringkämpfe veranstaltet, um das Volk abzulenken und damit zu verhindern, dass es sich wegen der Vertreibung des rechtmäßigen Herzogs Gedanken mache. Bei Sh. fehlt diese – für das dramatische Geschehen belanglose – Motivierung.

[41] *Marry*: Vgl. Anm. zu I.1.29.

[42] *disguised*: Der Umstand, dass Orlando in Verkleidung zum Ringkampf antreten will, ist von den Hrsg. – außer New Arden – nicht erwähnt oder begründet worden. Zunächst möchte er wohl mit der Verkleidung verhindern, dass sein Bruder Oliver von seiner Teilnahme beim Ringen erfahre; dann auch ist es für ihn ratsam, vom Herzog nicht erkannt zu werden, da dieser Orlandos Familie feindlich gesinnt ist. – Dieses Verkleidungsmotiv kommt bei Lodge nicht vor; indem Sh. es einführt und Orlando als "geheimnisvollen Unbekannten" ringen lässt, erhöht er seine Anziehungskraft für die Zuschauer, insbesondere für Rosalinde.

[43] *come in*: Hier gebraucht im technischen Sinne von 'den Ring oder die Arena betreten', vgl. auch Z. 121–122.

[44] *try a fall*: Wiederum ein Ausdruck der Ringkämpfersprache: (OED *fall* 13) 'an einem Ringwettkampf teilnehmen'; vgl. I.2.186 und I.3.23–24. Der entsprechende Fachausdruck im Dt. ist 'einen Gang machen'; siehe Walter Schaufelberger, *Der Wettkampf in der alten Eidgenossenschaft* (Bern 1972), S. 160.

[45] *for my credit*: Es handelt sich also nicht um ein Freundschaftsspiel, sondern um einen Ringkampf, bei dem es um den Rang geht.

der davonkommt, dem geht es noch gut. Euer Bruder ist [120] noch jung und zart, und um Euer Gunst willen[46] wär es mir leid, ihn zu werfen[47], wie ichs um eigener Ehre willen muss, wenn er sich stellt; deshalb bin ich aus Liebe zu Euch hierher gekommen, Euch dies[48] mitzuteilen, damit Ihr ihn entweder von seinem Vorhaben abhalten könnt oder gute Miene macht zu jeder Schande, die er sich [125] zuziehen wird, indem er die Sache [ja] selbst und ganz gegen meinen Willen gesucht hat.

OLIVER. Charles, ich danke dir für deine Zuneigung, die ich freundlichst vergelten will, wie du noch sehen sollst. Ich habe von diesem Vorhaben meines Bruders selbst Nachricht erhalten und mich [130] unauffällig[49] bemüht, ihn davon abzubringen; doch er ist fest entschlossen. Ich sage dir, Charles, es[50] ist der hartnäckigste Bursch von Frankreich; voller Ehrgeiz, ein neidischer Streber[51] nach jedermanns Gaben[52], ein heimlicher und ruchloser Ränkeschmied gegen mich, seinen leiblichen Bruder: Darum tu, [135] was dir richtig scheint[53]. Von mir aus kannst du ihm ebenso gern den Hals brechen[54] wie den Finger. Und sieh dich lieber[55] vor; denn wenn du ihm [auch nur] geringe Schmach antust oder er sich nicht mächtig an dir hervortut, wird er dir mit Gift nachstellen, dich heimtückisch in die Falle locken und nicht eher von [140] dir lassen, als bis er dir mit diesem oder jenem krummen Mittel das Leben geraubt hat: Denn ich versichere dir, und beinah unter Tränen spreche ichs aus, es lebt heute keiner, der so jung und so ruchlos wäre. Ich spreche nur brüderlich von ihm, doch sollte ich dir bis ins Kleinste schildern[56], wie er ist, dann müsste ich erröten und weinen, und du [145] müsstest erbleichen und staunen.

CHARLES. Ich bin von Herzen froh, dass ich zu Euch hierher gekommen bin. Tritt er morgen an, dann gebe ich ihm seinen Lohn. Wenn er dann je wieder allein gehen kann[57], will ich nie mehr preisringen. Und damit Gott befohlen, Euer Ehren.

---

[46] *for your love* = "for love of you".
[47] *foil*: Ein weiterer Ringkämpferausdruck; vgl. I.2.171 und II.2.14.
[48] *withal* = "With this": 'mit diesem'. Vgl. II.7.48.
[49] *by underhand means*: wahrscheinlich ohne den heutigen Nebensinn von 'betrügerisch'.
[50] *it*: Sh. verwendet oft das unpersönliche *it*, wo im modernen Englisch *he* oder *she* stehen würde. Dieses *it* hat, wie das unpersönliche 'es' im Dt., nichts Verächtliches oder Herablassendes an sich, wie manche Hrsg. glauben.
[51] *emulator*: Bei Sh. hat das Wort *emulation* 'Wetteifer' und seine Verwandten, wie *emulous* 'wetteifernd', *emulate* 'wetteifern', *emulator* 'Wetteiferer' (welch letzteres nur hier vorkommt), einen durchaus abschätzigen Nebensinn. Nur im Kampf, wo *emulation* im Ver-

Your brother is [120] but young and tender, and for your love I
would be loath to foil him, as I must for my own honor if he
come in: therefore, out of my love to you, I came hither to
acquaint you withal, that either you might stay him from his
intendment, or brook such disgrace well as he shall [125] run
into, in that it is a thing of his own search and altogether against
my will.

OLIVER. Charles, I thank thee for thy love to me, which thou shalt find
I will most kindly requite. I had myself notice of my brother's
purpose herein and have by underhand [130] means labored to
dissuade him from it; but he is resolute. I'll tell thee, Charles, it
is the stubbornest young fellow of France; full of ambition, an
envious emulator of every man's good parts, a secret and
villainous contriver against me his natural brother: therefore use
thy [135] discretion. I had as lief thou didst break his neck as his
finger. And thou wert best look to't; for if thou dost him any
slight disgrace, or if he do not mightily grace himself on thee,
he will practise against thee by poison, entrap thee by some
treacherous device, and never leave [140] thee till he hath ta'en
thy life by some indirect means or other; for I assure thee, and
almost with tears I speak it, there is not one so young and so
villainous this day living. I speak but brotherly of him, but
should I anatomize him to thee as he is, I must blush and weep,
and thou [145] must look pale and wonder.

CHARLES. I am heartily glad I came hither to you. If he come tomorrow, I'll give him his payment. If ever he go alone again,
I'll never wrestle for prize more. And so God keep your worship.

---

such besteht, sich dem Gegner überlegen zu zeigen, wird das Wort positiv gewertet; vgl. *Coriol.* I.10.12 und *Tr. and Cr.* IV.1.28.

[52] *parts*: 'Fähigkeiten', 'Talente'. Obschon das Wort häufig vom Adjektiv *good* begleitet wird, hat es meist schon an sich positiven Sinn; vgl. II.2.13 und *Haml.* IV.7.72.

[53] *use thy discretion*: wörtlich 'gebrauche dein Unterscheidungs- oder Urteilsvermögen'.

[54] *I had as lief ... neck*: Im Vergleich mit der Vorlage (Thomas Lodges *Rosalynde*) wirkt der älteste Bruder bei Sh. einen Grad weniger ruchlos, indem er die Tötung des Bruders beim Preisringer nicht mit Geld erkauft.

[55] *thou wert best*: Aus einer ursprünglichen Dativkonstruktion 'dir wäre am besten', 'du solltest lieber'; der Ausdruck ist bei Sh. häufig.

[56] *anatomize*: 'aufs Genaueste prüfen', 'analysieren'. Während *anatomy* bei Sh. stets 'Körper' oder 'Skelett' bedeutet, kommt das entsprechende Verb bei ihm nur im übertragenen Sinne vor.

[57] *go alone*: 'ohne Hilfe oder Unterstützung gehen'. Was *alone* 'ohne Hilfe' betrifft, vgl. *K. John* III.1.157 und *1 Hen. IV* I.2.152.

OLIVER. [150] Leb wohl, guter Charles. *[Charles] ab.* Nun will ich diesen Spieler[58] aufreizen. Hoffentlich seh ich ihn zum letzten Mal[59]; denn meiner Seele, warum weiß ich freilich nicht, ist nichts so zuwider wie er[60]. Allein, er ist von adligem Wesen, hat nie Unterricht gehabt und ist trotzdem gebildet, voller edler Erfindungskraft[61], in allen Kreisen bis zur Verzückung[62] geliebt und [155] überhaupt so sehr im Herzen der Menge und insbesondere meiner eigenen Leute, die ihn am besten kennen, dass ich ganz in seinem Schatten stehe[63]. Aber es soll nicht [mehr] lange so sein: Dieser Ringkämpfer wird alles ins Reine bringen. Es bleibt nichts weiter zu tun, als dass ich den Jungen dorthin locke; daran will ich jetzt gehen.[64]

Ab.

I.2 *Rosalinde und Celia treten auf.*

CELIA. Ich bitte dich[1], Rosalinde, mein herziges Bäschen, sei munter.
ROSALINDE. Liebe Celia, ich zeige mehr Munterkeit, als mir zu Gebote steht, und möchtest du dennoch, ich wäre noch munterer? Wenn du mich nicht lehren[2] kannst, einen verbannten Vater zu vergessen, [dann] darfst du mich [auch] nicht lehren, an irgendein ungewöhnliches Vergnügen zu denken.
CELIA. [5] Daran merke ich, dass du mich nicht mit dem[selben] vollen Gewicht liebst wie ich dich. Hätte mein Onkel, dein verbannter Vater, deinen Onkel, meinen herzoglichen Vater, verbannt, [und]³ wärest du dann noch bei mir, so hätte ich meine Liebe lehren können, [10] deinen Vater als den meinigen zu betrachten.

---

[58] *gamester*: 'Teilnehmer an irgendeinem Spiel, Wettkämpfer' (OED 1); vgl. Holland, *Pliny* II.304 (1601): "Professed wrestlers, runners and such gamesters at feats of actiuity" 'Professionelle Ringer, Läufer und dergleichen Kämpfer bei Wettspielen'.

[59] *see an end of him*: Der Ausdruck muss wohl zweideutig verstanden werden: 'zum letzten Mal sehen' (gebräuchliches Idiom) und 'sein Ende sehen'.

[60] *than he* = "than him": Sh. braucht das Pronomen oft unflektiert (Abbott, § 205). – Zur Frage unmotivierten Hasses vgl. die Feindseligkeit Iagos gegenüber Othello, *Oth.*, ed. Engler (Studienausgabe), Kommentar S. 292. – S. auch Einleitung, S. 15 und Kommentar.

[61] *device*: Sh. setzt das Wort gewöhnlich für das Ergebnis der Erfindungskraft: 'Plan', 'Einfall'.

[62] *enchantingly*: Dieses Adverb bezieht sich auf den Gegenstand der Liebe, Orlando, von dem gleichsam eine Verzauberung ausgeht.

[63] *misprised*: wörtlich 'verachtet'.

[64] *Now will I stir ... I'll go about*: Selbstenthüllung, besonders häufig in Sh.s frühen und mittleren Stücken; vgl. Edmund (*Lear*), Iago (*Oth.*), Richard III. Der sich selbst erklären-

OLIVER. [150] Farewell, good Charles. *Exit [Charles].* Now will I stir this gamester. I hope I shall see an end of him; for my soul, yet I know not why, hates nothing more than he. Yet he's gentle, never schooled and yet learned, full of noble device, of all sorts enchantingly beloved; and [155] indeed so much in the heart of the world, and especially of my own people, who best know him, that I am altogether misprised. But it shall not be so long: this wrestler shall clear all. Nothing remains but that I kindle the boy thither, which now I'll go about.

Exit.

I.2   *Enter Rosalind and Celia.*
CELIA. I pray thee, Rosalind, sweet my coz, be merry.
ROSALIND. Dear Celia, I show more mirth that I am mistress of, and would you yet I were merrier? Unless you could teach me to forget a banished father, you must not learn me how to remember any extraordinary pleasure.
CELIA. [5] Herein I see thou lov'st me not with the full weight that I love thee. If my uncle, thy banished father, had banished thy uncle, the Duke my father, so thou hadst been still with me, I could have taught my love to take [10] thy father for mine. So

---

150 BA *Exit [Charles]* Capell, Hrsg.; F nach *your worship.*

3   *I were merrier* Rowe³; F *were merrier.*

---

de Bösewicht mag auf die Figur des *Vice* (Lasters) der allegorischen Moralitäten zurückgehen; vgl. Players' Sh. sowie *Sh.-Handb.*, Hrsg. Ina Schabert (Stuttgart 1972), S. 43–46.

[1] *thee ... you*: Der Gebrauch von *thou* und *you* wird in folgenden Werken im Einzelnen untersucht: Angus McIntosh, "As You Like It: A Grammatical Clue to Character", *A Review of English Literature* 4 (1963), S. 68–81; Thomas Finkenstaedt, *You and Thou – Studien zur Anrede im Englischen* (Berlin 1963); Sr. St. Geraldine Byrne, *Shakespeare's Use of the Pronouns of Address* (Washington 1936). Indessen vermögen sie nicht jeden unerwarteten Wechsel im Anrede-Pronomen zu erklären; insbesondere wären die Ursachen für den häufigen Übergang von *thou* zu *you* und von *you* zu *thou* zwischen Rosalinde und Celia noch zu erforschen.
[2] *learn me*: Bei Sh. ist *learn* für 'lehren' noch nicht auf die volkstümliche Redeweise beschränkt.
[3] *so*: 'falls'; vgl. Abbott, *A Shakespearian Grammar*, § 133, wie öfters.

Dasselbe würdest du [tun], wenn die Echtheit deiner Liebe zu mir so unverfälscht[4] wäre wie die meinige zu dir.

ROSALINDE. Nun denn, ich will die Umstände meiner Lage[5] vergessen, um mich an deiner zu erfreuen.

CELIA. [15] Du weißt, mein Vater hat außer mir kein Kind und wird gewiss auch keins mehr haben[6]; und glaube mir, wenn er stirbt, sollst du seine Erbin sein; denn was er deinem Vater mit Gewalt genommen hat, will ich Dir mit Liebe zurückgeben. Bei meiner Ehre, das will ich, und breche ich diesen Schwur, dann möge ich mich in [20] ein Scheusal verwandeln. Darum, meine süße Rose, meine liebste Rose, sei munter.

ROSALINDE. Das will ich von nun an, Bäschen, und mir Späße ausdenken. Lass sehen, wie wäre es, wenn wir uns verliebten?

CELIA. O fein, tu das, bitte, damit wir [unsern] Spaß daran haben; doch liebe [25] keinen Mann im Ernst, [aber] auch zum Spaß nicht weiter, als dass du im Schutz eines unschuldigen Errötens in Ehren wieder loskommen[7] kannst.

ROSALINDE. Was soll denn dann unser Spaß sein?

CELIA. Setzen wir uns und spötteln wir die gute Hausfrau[8] Fortuna [30] weg von ihrem Rad, damit von nun an ihre Gaben gerecht verteilt werden.

ROSALINDE. Könnten wir das nur; denn ihre Wohltaten sind höchst unrichtig angebracht, und die freigebige blinde Frau irrt sich am meisten bei dem, was sie den Frauen spendet.

CELIA. [35] Das stimmt, denn die, welche sie schön[9] macht, macht sie selten tugendsam[10]; und die, welche sie tugendsam macht, macht sie sehr hässlich[11].

---

[4] *if the truth ... mine is to thee*: wörtlich 'wenn die Treue deiner Liebe zu mir so redlich beschaffen wäre wie die meine zu dir'. Der technische Ausdruck *to temper* hat die Bedeutung: 'durch Mischung verschiedener Bestandteile die gewünschte richtige Beschaffenheit erzielen'. Zu *temper* vgl. auch *Meas. for M.*, ed. Naef (Studienausgabe), II.2.185.

[5] *estate* = "state": 'Zustand, Lage'.

[6] *nor none is like to have*: Bei Sh. folgt auf *nor* häufig ein negativer Ausdruck; vgl. Z. 25 und II.7.89; *like* = "likely", wie öfters; vgl. IV.1.63. Das Wort drückt – im Vergleich zum heutigen Gebrauch – einen viel höheren Grad von Wahrscheinlichkeit aus.

[7] *come off*: Hier vermutlich im technischen Sinne von 'vom (Kampf)feld zurückkehren', was auch das Wort *honor* nahe legt.

wouldst thou, if the truth of thy love to me were so righteously
tempered as mine is to thee.

ROSALIND. Well, I will forget the condition of my estate to rejoice in
yours.

CELIA. [15] You know my father hath no child but I, nor none is like to
have; and truly, when he dies, thou shalt be his heir; for what he
hath taken away from thy father perforce, I will render thee
again in affection. By mine honor, I will, and when I break that
oath, let me turn [20] monster. Therefore, my sweet Rose, my
dear Rose, be merry.

ROSALIND. From henceforth I will, coz, and devise sports. Let me see,
what think you of falling in love?

CELIA. Marry, I prithee do, to make sport withal; but love [25] no man
in good earnest, nor no further in sport neither than with safety
of a pure blush thou mayst in honor come off again.

ROSALIND. What shall be our sport then?

CELIA. Let us sit and mock the good housewife Fortune [30] from her
wheel, that her gifts may henceforth be bestowed equally.

ROSALIND. I would we could do so, for her benefits are mightily mis-
placed, and the bountiful blind woman doth most mistake in her
gifts to women.

CELIA. [35] 'Tis true, for those that she makes fair she scarce makes
honest, and those that she makes honest she makes very ill-
favoredly.

---

[8] *housewife*: Obschon das Wort bei Sh. meist der modernen Bedeutung entspricht, schwingt hier die Bedeutung der heutigen Kurzform *hussy* 'lockeres oder boshaftes Frauenzimmer' mit. Die zeitgenössische Schreibung *huswife* unterschied noch nicht zwischen *housewife* und *hussy*. S. auch Anm. 12 und Leisi, *Problemwörter* unter *Fortune*.

[9] *those that she makes fair ... ill-favoredly*: ein Chiasmus. Vgl. Tilley, *Proverbs*, B 163: "Beauty and chastity (honesty) seldom meet" sowie H. Straumann, *Phönix und Taube*, insb. S. 42–52 zum Problem der "Kalokagathie".

[10] *honest*: Auf Frauen angewandt bedeutet das Wort bei Sh. beinahe immer 'keusch', 'tu- gendhaft'; vgl. Empsom, *The Structure of Complex Words* (London 1951), Kap. 9–11, wo Sh.s Gebrauch von *honest* eingehend besprochen wird.

[11] *ill-favoredly*: Das Wort kann sowohl Adverb sein wie auch adjektivischen Sinn haben; vgl. *he looks successfully*, I.2.139; Wilhelm Franz, *Die Sprache Shakespeares* (Halle 1939), S. 227. Der Sinn des Satzes ist also ein zweifacher: 'sie macht die Frauen in ungeschickter Weise' und 'sie macht sie hässlich'. Zu *favor* 'Gesicht' vgl. auch IV.3.87 und V.4.27.

ROSALINDE. Halt, jetzt gehst du von Fortunas Amt zu dem Naturas[12] über. Fortuna herrscht über weltliche Gaben, nicht über [40] Naturas Züge.

Der Narr[13] [Touchstone] tritt auf[14].

CELIA. Nein[15]; wenn Natura ein schönes Wesen geschaffen hat, kann es [dann] nicht Fortuna ins Feuer fallen lassen? Obschon Natura uns Witz verliehen hat, um [damit] Fortuna zu verhöhnen, hat nicht Fortuna diesen Narren hergesandt, um den Streit abzuschneiden?

ROSALINDE. [45] Wahrlich, da ist Fortuna der Natura zu stark, wo Fortuna den natürlichen Dümmling[16] zum Abschneider des natürlichen Witzes macht.

CELIA. Vielleicht ist auch dies nicht Fortunas Werk, sondern Naturas, die unsern natürlichen Witz als zu stumpf erachtet, [50] um über solche Göttinnen zu klügeln, [und] uns diesen Einfältigen als Schleifstein[17] geschickt hat, denn stets ist die Stumpfheit des geistig Armen der Schleifstein der Geistreichen. Nun, Geistreicher, wohin schweift[18] Ihr?

TOUCHSTONE. Herrin, Ihr sollt [mit mir] zu Eurem Vater kommen.[19]

---

[12] *Fortune – Nature*: Die beiden Urkräfte, welche das menschliche Leben bestimmen, Schicksal und Anlage; ihr gegenseitiges Verhältnis hat das Denken immer wieder beschäftigt. Schon früh wurden sie personifiziert und mit charakterlichen Nuancen versehen. Bei Sh. ist *Fortune* oft eine unzuverlässige, sogar käufliche Frauensperson (vgl. *Haml.* II.2.232; *K. John* III.1.54ff.; *Hen. V* III.6.29 und V.1.72; *Lear* II.4.50). Das sich drehende Rad ist Sinnbild ihrer Unstetheit (vgl. das Gespräch zwischen Fluellen und Pistol in *Hen. V* III.6.35). *Nature* dagegen wird häufig als Göttin angerufen (vgl. u.a. *Lear* I.4.266; *Wint. T.* II.3.103; *Meas. for M.* I.1.36); sie ist vor allem natura naturans, das schöpferische Prinzip. – In unserem Text erscheint aber auch Fortuna als Göttin, denn in Z. 50 nennt Celia Fortuna und Natura 'solche Göttinnen'.

Noch stärker als bei Sh. werden die verschiedenen Machtbereiche Fortunas und Naturas in seiner Vorlage *Rosalynde* betont und sichtbar gemacht. Thomas Lodge lässt seine Helden bei jeder Gelegenheit auf Fortunas Launen hinweisen, zugleich aber auf die beste Art, sich über sie zu erheben. Vgl. John Shaw, "Fortune and Nature in *As You Like It*", *ShQ* VI (1955), S. 45–50; Heinz Zimmermann, *Die Personifikation im Drama Shakespeares* (Heidelberg 1975), S. 68.

[13] *clown*: In F (wo ein Personenverzeichnis fehlt) und in den späteren Ausgaben wird Touchstone als *clown* eingeführt. Mit diesem Wort oder Titel bezeichnete man in Sh.'s Truppe den Komiker, gleich welche Rolle dieser in einem bestimmten Stück spielte. In *A.Y.L.* macht es Touchstones Charakter und seine ironische und zugleich tiefsinnige Ausdrucksweise deutlich, dass wir in ihm den Hofnarren zu sehen haben. Rosalinde und Celia spötteln zwar am Anfang über ihn, gehen aber auf seine Witzeleien ein, reden ihn auch mit *fool* '[Hof]narr' an und wählen sich ihn als Begleiter auf ihrer Flucht vom Hofe. – Was allgemein die Gestalt und Geschichte des Hofnarren betrifft, siehe William Willeford, *The Fool and his Scepter. A Study in Clowns and Jesters and their Audience* (North Western University Press 1969).

ROSALIND. Nay, now thou goest from Fortunes's office to Nature's. Fortune reigns in gifts of the world, not in the [40] lineaments of Nature.
Enter [Touchstone, the] Clown.
CELIA. No; when Nature hath made a fair creature, may she not by Fortune fall into the fire? Though Nature hath given us wit to flout at Fortune, hath not Fortune sent in this fool to cut off the argument?
ROSALIND. [45] Indeed, there is Fortune too hard for Nature when Fortune makes Nature's natural the cutter-off of Nature's wit.
CELIA. Peradventure this is not Fortune's work neither, but Nature's, who perceiveth our natural wits too dull to [50] reason of such goddesses and hath sent this natural for our whetstone, for always the dullness of the fool is the whetstone of the wits. How now, wit; whither wander you?
TOUCHSTONE. Mistress, you must come away to your father.

---

41 BA *Enter [Touchstone, the] Clown* F; Arden nach *cut off the argument?* (Vgl. Anm. 14).
41 *No;* F; Theobald *No!*; Hanmer *No?*.
49/50 *perceiveth ... hath* F; Malone *perceiveth ... and hath*; F$_2$ *perceiving ... hath*.

---

[14] *Enter [Touchstone, the] Clown*: Das Auftreten einer neuen Person wird oft früher angezeigt, als dem Text nach zu erwarten wäre. Dies mag auf die zeitgenössische Aufführungspraxis zurückgehen: Der Souffleur (prompter) konnte sich, indem er ein frühes Auftrittssignal gab, vergewissern, dass der betreffende Schauspieler bereit war, sich in die Szene einzufügen. Auch wolte man dem Neueintretenden genügend Zeit lassen, um den relativ weiten Weg von der Eingangstür der Hinterbühne bis zur Vorderbühne (wo im Falle von *A.Y.L.* die meisten Szenen sich abspielen) zurückzulegen.

[15] *No;*: Andere Ausgaben haben nach dem *no* ein Fragezeichen, was logischer ist.

[16] *natural*: 'Von Natur geistig schwacher Mensch'; *natural* fügt sich in das Denkspiel mit *Nature* und *Fortune* ein.

[17] *whetstone*: Dieses Wort kommt bei Sh. noch an zwei anderen Stellen vor (*Tr. and Cr.* V.2.71 und *Macb.* IV.3.228) und zwar als noch lebendige Metapher, wie hier, wo die *dullness* 'Stumpfheit' des Narren ihrer schärfenden, wetzsteinartigen Wirkung gegenübergestellt wird.

[18] *How now ... wander you*: *Wit* kann sowohl eine geistige Fähigkeit als auch den Besitzer derselben bedeuten; hier geht wahrscheinlich eine Bedeutung in die andere über. *Wander* ist wohl eine Anspielung auf die *wandering wits*, den 'ziellos schweifenden Verstand' des Narren, und der ganze Ausdruck klingt an die elisabethanische Redensart "wit, whither wilt" an: Sie richtete sich als freundlicher Tadel an jemanden, dem gleichsam die Zunge davonlief (vgl. auch IV.1.153).

[19] *you must ... father*: Celia scheint den Auftrag des Narren nicht ernst zu nehmen; jedenfalls bleibt sie da, wo sie ist. Übrigens kehrt auch der Narr nicht zum Herzog zurück.

CELIA. [55] Hat man Euch zum Boten[20] gemacht?
TOUCHSTONE. Nein, bei meiner Ehre, doch man hat mich geheißen, Euch zu holen.
ROSALINDE. Wo habt Ihr diesen Schwur[21] gelernt, Narr?
TOUCHSTONE. Von einem gewissen Ritter, der bei seiner Ehre schwur, [60] die Pfannkuchen wären gut, und bei seiner Ehre schwur, der Senf tauge nichts. Nun bleib ich [aber] dabei: Die Pfannkuchen taugten nichts, und der Senf war gut, und trotzdem hatte der Ritter nicht falsch geschworen.[22]
CELIA. Wie beweist Ihr das aus der Fülle Eurer [65] Gelehrsamkeit?
ROSALINDE. Jawohl, nun nehmt Eurer Weisheit[23] den Maulkorb ab.
TOUCHSTONE. Tretet jetzt beide vor. Streicht Euch übers Kinn und schwört bei Eurem Barte, dass ich ein Gauner bin.
CELIA. Bei unserem Barte, hätten wir einen, das bist du.
TOUCHSTONE. [70] Bei meiner Gaunerei, hätt ich sie, so wär ichs; doch wenn Ihr bei dem schwört, was nicht ist, so schwört Ihr nicht falsch; ebenso wenig dieser Ritter, der bei seiner Ehre schwur, denn er hatte keine; oder hatte er welche, [so] hatte er sie weggeschworen, bevor er diese Pfannkuchen oder diesen Senf überhaupt sah.
CELIA. [75] Bitteschön, wer ists, den du meinst?
TOUCHSTONE. Einer, den der alte Frederick, Euer Vater, liebt.
CELIA. Meines Vaters Liebe genügt, um ihn genügend zu ehren; sprecht nicht weiter[24] von ihm, [sonst] wird man Euch nächstens wegen übler Nachrede auspeitschen.
TOUCHSTONE. [80] Umso trauriger, dass Narren nicht weise aussprechen dürfen, was Weise närrisch tun.
CELIA. Meiner Treu, du sprichst wahr, denn seit das bisschen Witz, das Narren haben, zum Schweigen gebracht wurde[25], tut sich das bisschen Narrheit groß, das Weise haben. Hier kommt [85] Monsieur Le Beau.
Le Beau tritt auf.
ROSALINDE. Den Mund voller Neuigkeiten.

---

[20] *Were ... messenger*: Vgl. *Sprüche* 26.6: "Die Füße haut sich ab, Unbill muss schlucken, wer Botschaft sendet durch einen Toren" (Players' Sh.). Das Wort *messenger* hat bei Sh. nirgends Bedeutungserweiterung; die von Dover Wilson vermutete Bedeutung 'Staatsbeamter, dem die Festnahme von Staatsverbrechern obliegt', welche Touchstones heftige Abwehr in Z. 57 erklären soll, ist also nirgends belegt. – Touchstone will wohl einfach durch die unerwartete Reaktion auf Celias Frage ein munteres Geplänkel in Gang bringen.

[21] *Where ... that oath*: Rosalinde tut, als verwundere sie sich über den Ausdruck 'bei meiner Ehre', da nach damaligen Begriffen ein Hofnarr keine Ehre im ritterlich-höfischen Sinne besaß. Vgl. *Sprüche* 26.1: "So wenig, wie Schnee zum Sommer und Regen zur Ernte, so wenig passt Ehre zum Toren" (Players' Sh.).

CELIA. [55] Were you made the messenger?
TOUCHSTONE. No, by mine honor, but I was bid to come for you.
ROSALIND. Where learned you that oath, fool?
TOUCHSTONE. Of a certain knight that swore by his honor [60] they were good pancakes, and swore by his honor the mustard was naught. Now I'll stand to it, the pancakes were naught, and the mustard was good, and yet was not the knight forsworn.
CELIA. How prove you that in the great heap of your [65] knowledge?
ROSALIND. Ay, marry, now unmuzzle your wisdom.
TOUCHSTONE. Stand you both forth now. Stroke your chins, and swear by your beards that I am a knave.
CELIA. By our beards, if we had them, thou art.
TOUCHSTONE. [70] By my knavery, if I had it, then I were; but if you swear by that that is not, you are not forsworn; no more was this knight, swearing by his honor, for he never had any; or if he had, he had sworn it away before ever he saw those pancakes or that mustard.
CELIA. [75] Prithee, who is't that thou mean'st?
TOUCHSTONE. One that old Frederick, your father, loves.
CELIA. My fathers's love is enough to honor him enough: speak no more of him; you'll be whipped for taxation one of these days.
TOUCHSTONE. [80] The more pity that fools may not speak wisely what wise men do foolishly.
CELIA. By my troth, thou sayest true, for since the little wit that fools have was silenced, the little foolery that wise men have makes a great show. Here comes [85] Monsieur Le Beau.

Enter Le Beau.

ROSALIND. With his mouth full of news.

77-78 *honour him enough; speak* F; Arden *honour him. Enough, speak*; ähnlich Hrsg. (Vgl. Anm. 24).

[22] *Pan-cakes ... mustard*: Die meisten Hrsg. lassen diese Stelle ohne Erklärung; sie mag auf eine zeitgenössische Anekdote anspielen. Wahrscheinlich ist auch eine sexuell-kulinarische Anspielung, doch ist eine klare Deutung kaum möglich. Versuch einer Interpretation bei Christine Trautvetter, *As You Like It. An Old-Spelling and Old-Meaning Edition* (Heidelberg 1972), S. 23-24.

[23] *Unmuzzle ... wisdom*: eine Hundemetapher, *muzzle* 'Maulkorb'. Vgl. auch *Sprüche* 24.7: "Weisheit ist für den Toren zu hoch, im Rate tut er den Mund nicht auf." (Players' Sh.).

[24] *honor him ... no more*: Manche Ausgaben lesen: *honor him. Enough! Speak no more ...* Die (hier benutzte) Interpunktion der Folio ergibt indessen ebenfalls einen klaren Sinn.

[25] *since ... silenced*: Diese Stelle wird von den meisten Hrsg. als zeitgenössische Anspielung verstanden: entweder auf eine Behinderung der Schauspieler durch puritanische Behörden oder auf die Verbrennung satirischer Werke am 1. Juni 1599.

CELIA. Mit denen er uns vollstopfen[26] wird, wie Tauben ihre Jungen füttern[27].
ROSALINDE. Da werden wir neuigkeitsgemästet[28] sein.
CELIA. Umso besser; [dann] gelten wir mehr auf dem Markt[29]. [90] Bonjour, Monsieur Le Beau, was gibts Neues?
LE BEAU. Schöne Prinzessin, Euch ist viel Kurzweil entgangen.
CELIA. Kurzweil; von welcher Farbe?[30]
LE BEAU. Welcher Farbe, Madame? Wie soll ich Euch antworten?
ROSALINDE. Wie Witz und Glück es eingeben.
TOUCHSTONE. [95] Oder wie die Schicksalsgöttinnen[31] es bestimmen.
CELIA. Gut gesprochen; das war dick aufgetragen[32].
TOUCHSTONE. Ja, wenn ich meine Stellung[33] nicht wahre –
ROSALINDE. [dann] verlierst du deinen alten Geruch.
LE BEAU. Ihr verblüfft mich, meine Damen. Ich wollte Euch von einem [100] trefflichen Ringkampf erzählen, dessen Anblick Euch entgangen[34] ist.
ROSALINDE. Sagt uns doch, wie es bei dem Ringkampf zugegangen ist.
LE BEAU. Ich will Euch den Anfang erzählen; und wenn Eure Gnaden Geschmack daran finden, könnt Ihr das Ende sehen, denn das Beste wird sich noch abspielen, und hier, wo Ihr seid, kommen sie es noch austragen.
CELIA. [105] Nun, den Anfang, der tot und begraben ist.
LE BEAU. Es kommt ein alter Mann und seine drei Söhne.
CELIA. Ich könnte diesen Anfang mit einem Märchen paaren.[35]

---

[26] *put on*: Oft ist das Objekt dieses Wortverbandes etwas Unwillkommenes; vgl. Anm. 79 zu V.4.175.

[27] *as pigeons feed their young*: Dieses Fütterbild dient hauptsächlich dazu, das nachfolgende Wortspiel einzuführen.

[28] *news-crammed*: wahrscheinlich ein Wortspiel mit dem fast gleich lautenden *mews-crammed*. Nach OED 2 a ist *mews* ein Käfig, in welchem Vögel zur Mast gefangen gehalten wurden; *mews-crammed* bedeutet also wohl 'besonders gut gemästet'. Diese Deutung findet sich erstmals bei Christine Trautvetter und Ernst Leisi, "Some New Readings in *As You Like It*", *ShJ W* (1969), S. 144.

[29] *More marketable* führt die Geflügelmetapher weiter und weist überdies auf den "Heiratsmarkt".

[30] *Sport ... color*: *Color* hat hier wohl, wie auch in III.2.389, die Bedeutung von 'Art', 'Beschaffenheit'. Le Beau versteht diesen etwas seltenen Sinn nicht sogleich. Diese Interpretation ist wahrscheinlicher als diejenige Dover Wilsons (New Cambr.), nach welcher Le Beau wegen seiner affektierten Redeweise *sport* wie *spot* 'Fleck' ausspreche, worauf Celia nach der Farbe frage. – Zur möglichen Aussprache *sport* wie *spot* vgl. Helge Kökeritz, *Shakespeare's Pronunciation* (New Haven and London 1953), S. 314–316.

CELIA. Which he will put on us as pigeons feed their young.
ROSALIND. Then shall we be news-crammed.
CELIA. All the better; we shall be the more marketable. [90] Bon jour, Monsieur Le Beau, what's the news?
LE BEAU. Fair princess, you have lost much good sport.
CELIA. Sport; of what color?
LE BEAU. What color, madam? How shall I answer you?
ROSALIND. As wit and fortune will.
TOUCHSTONE. [95] Or as the destinies decree.
CELIA. Well said; that was laid on with a trowel.
TOUCHSTONE. Nay, if I keep not my rank –
ROSALIND. Thou losest thy old smell.
LE BEAU. You amaze me, ladies. I would have told you of [100] good wrestling, which you have lost the sight of.
ROSALIND. Yet tell us the manner of the wrestling.
LE BEAU. I will tell you the beginning; and if it please your ladyships, you may see the end, for the best is yet to do, and here, where you are, they are coming to perform it.
CELIA. [105] Well, the beginning that is dead and buried.
LE BEAU. There comes an old man and his three sons.
CELIA. I could match this beginning with an old tale.

---

97 *my rank.* F; Rowe, Hrsg. *my rank – .*
106 *sons.* F; Theobald, Arden *sons – .*

---

[31] *destinies*: Nach den Reden über Fortuna und Natura eine weitere mythologische Anspielung, mit der sich Touchstone über Le Beau lustig macht: 'Schicksalsgöttinnen', 'Parzen'. Vgl. *Rich. II* I.2.15: *Some of those branches by the Destinies cut.* 'Ein Teil dieser Zweige [wurde] von den Schicksalsgöttinnen abgeschnitten.' In F übrigens in beiden Fällen Kleinschreibung von *destinies*.

[32] *laid on with a trowel*: *trowel* = 'Maurerkelle'. Diese heute oft gebrauchte Redensart scheint hier zum ersten Mal vorzukommen; vgl. Tilley, *A Dictionary of the Proverbs in England*. – Der Narr erntet wohl darum Lob, weil er Le Beaus Sprechweise so gut nachahmt (Hrsg.).

[33] *rank ... smell*: Während Touchstone mit *rank* den Rang meint, der ihm als Hofnarr zukommt, spielt Rosalinde auf die adjektivische Bedeutung des Wortlauts an, nämlich 'übelriechend'.

[34] *lost the sight of*: *To lose sight of* heißt bei Sh. nicht, wie im modernen Englisch, 'aus den Augen verlieren', sondern 'etwas zu sehen versäumen'; vgl. *Wint. T.* V.2.41: *Then have you lost a sight which was to be seen, cannot be spoken of.* 'Dann ist Euch ein Anblick entgangen, den man sehen musste, von dem man nicht sprechen kann.'

[35] *I could match ... tale*: Le Beaus *an old man and his three sons* erinnert Celia offenbar an die herkömmliche Art, wie ein Märchen beginnt; überdies könnte in ihrer Bemerkung ein Wortspiel mit *beginning – tail / tale*: 'Anfang' – 'Schwanz' enthalten sein.

LE BEAU. Drei frische[36] junge Männer, von prächtigem Wuchs und Auftreten[37].
ROSALINDE. [110] Mit Zetteln am Halse: "Allen sei mit Gegenwärtigem kundgetan."[38]
LE BEAU. Der älteste von den dreien hat [bereits] mit Charles, dem herzoglichen Ringer, gerungen; besagter Charles hat ihn im Nu geworfen und ihm drei Rippen gebrochen[39], [115] sodass man für sein Leben bangt. Ebenso besorgt' ers dem Zweiten und ebenso dem Dritten. Dort drüben liegen sie, und ihr Vater, der arme alte Mann, jammert um sie so herzzerreißend[40], dass alle Zuschauer vor Mitgefühl Tränen vergießen.
ROSALINDE. O weh.
TOUCHSTONE. [120] Doch worin besteht die Kurzweil, Monsieur, die den Damen entgangen ist?
LE BEAU. In ebendem, wovon ich spreche.
TOUCHSTONE. So können die Menschen täglich dazulernen. Zum ersten Mal höre ich, dass das Brechen von Rippen [125] Kurzweil für Damen ist.
CELIA. Ich auch, das versichere ich dir.
ROSALINDE. Ist denn noch sonst wer[41], den es gelüstet, diese gebrochene Musik[42] in seinen Flanken zu spüren? Ist denn noch einer da, der das Rippenbrechen fürs Leben gern hat? Sollen wir bei diesem Ringkampf zuschauen, Base?

---

[36] *proper*: Dieses Wort kann sich bei Sh. auf innere wie auf äußere positive Eigenschaften beziehen, bedeutet also sowohl 'würdig' als auch 'hübsch'. Hier liegt der Akzent auf 'hübsch', wie aus dem nachfolgenden *of excellent growth* hervorgeht.

[37] *of excellent growth and presence*: Diese Beschreibung entspricht dem Ausdruck *of good lyniaments and comely personage* bei Lodge (zitiert nach Bullough, Sources, S. 170).

[38] *With bills ... presents*: Rosalinde macht sich über Le Beaus Geziertheit lustig, indem sie sein preziöses Wort *presence* in das gleich lautende *presents* 'Gegenwärtiges' umdeutet und als Teil der juristischen Formel *be it known unto all men by these presents* 'allen sei durch Gegenwärtiges kundgetan' verwendet. Sie spielt dabei auf einen öffentlichen Ausrufer an, der die auszurufende Nachricht auch noch auf einem Plakat umgehängt trägt. Gleichzeitig spielt sie mit einer weiteren Bedeutung von *bill*, nämlich 'krummes Messer', 'Hippe'; ein solches Messer wurde ebenfalls an einer Schnur umgehängt getragen, wie eine Stelle aus *Rosalynde* zeigt: *[...] and saw where Rosader came pacing towards them with his forrest bill on his necke* 'und sah Rosader mit seinem umgehängten Waidmesser auf sich zuschreiten' (zitiert nach Bullough, Sources, S. 221).

[39] *and broke three of his ribs*: Bei Thomas Lodge wird der ältere der Brüder – es sind übrigens nur zwei – vom herkulischen Gewicht des normannischen Ringers erdrückt; der jüngere zwingt den Gegner zunächst in die Knie; dieser schmettert ihn aber gleich darauf so

LE BEAU. Three proper young men, of excellent growth and presence.
ROSALIND. [110] With bills on their necks, 'Be it known unto all men by these presents.'
LE BEAU. The eldest of the three wrestled with Charles, the Duke's wrestler; which Charles in a moment threw him and broke three of his ribs, that there is little hope [115] of life in him. So he served the second, and so the third. Yonder they lie, the poor old man, their father, making such pitiful dole over them that all the beholders take his part with weeping.
ROSALIND. Alas!
TOUCHSTONE. [120] But what is the sport, monsieur, that the ladies have lost?
LE BEAU. Why, this that I speak of.
TOUCHSTONE. Thus men may grow wiser every day. It is the first time that ever I heard breaking of ribs was [125] sport for ladies.
CELIA. Or I, I promise thee.
ROSALIND. But is there any else longs to see this broken music in his sides? Is there yet another dotes upon rib-breaking? Shall we see this wrestling, cousin?

---

109 *presence.* F; Theobald, Arden *presence* - .
111 *presents.* F; Theobald, Arden *presents* - .

---

heftig zu Boden, dass er sich den Hals bricht. – Hier und auch bei Shakespeare wird der Ringkampf, eine der ältesten und beliebtesten sportlichen Betätigungen, wohl mit Absicht als besonders gefährlich geschildert, um die Leistung des noch fast kindlich jungen Rosader-Orlando als etwas ganz Außerordentliches erscheinen zu lassen.

[40] *dole*: 'Wehklagen'. An anderen Stellen bezeichnet das Wort eher den Schmerz selbst als seinen stimmlichen Ausdruck; vgl. *In equal scale weighing delight and dole* 'In gleichen Waagschalen Freude und Schmerz wägend', *Haml.* I.2.13. – Der Vater der beiden getöteten Ringer bei Thomas Lodge *never changed his countenance* 'verzog keine Miene'. Rosader lobt ihn um dieser stoischen Haltung willen und fasst dann sein eigenes Ringen mit dem Normannen als Vergeltungskampf für die toten Brüder auf. Sh. hat dieses Rachemotiv weggelassen.

[41] *any else longs*: anyone else who longs. Über die Verkürzung von *anyone* zu *any* vgl. Franz, *Die Sprache Shakespeares*, S. 320. Die Auslassung des Relativpronomens ist sehr häufig; vgl. Abbott, *A Shakespearian Grammar*, § 244.

[42] *broken music*: Mit *broken music* oder *broken consort* ('Ensemble') bezeichnete man in der elisabethanischen Zeit einen Klangkörper aus Saiten- *und* Blasinstrumenten im Gegensatz zum ungebrochenen, nur aus *einer* Art von Instrumenten bestehenden. Vgl. Frederick William Sternfeld, *Music in Shakespearean Tragedy* (London 1963), S. 205. Zugleich eine Anspielung auf ein zerbrochenes Musikinstrument (Dover Wilson), da nachher von Rippen die Rede ist: *ribs* könnte sich auch auf eine Laute oder auf die Zargen der Geige (OED 12 a) beziehen.

LE BEAU. [130] Das müsst Ihr, wenn Ihr hier bleibt, denn hier ist die für den Ringkampf bestimmte Stelle[43], und sie sind bereit, ihn auszutragen.
CELIA. Dort kommen sie wahrhaftig schon. Bleiben wir also und schauen wir zu.
Trompetenstoß. Der Herzog [Frederick], Edelleute, Orlando[44], Charles und Gefolge treten auf.
HERZOG FREDERICK. [135] Nun denn. Da der Jüngling sich nicht zureden lässt, [zeige er] seine Keckheit[45] auf eigene Gefahr.
ROSALINDE. Ist es der dort?
LE BEAU. Er und kein anderer, Madame.
CELIA. Ach, er ist [gar] zu jung; allein er blickt siegesgewiss[46].
HERZOG FREDERICK. [140] Sieh da, Tochter und Nichte[47], habt Ihr Euch hergeschlichen[48], um den Ringkampf zu sehen?
ROSALINDE. Ja, mein Fürst, wenn Ihrs zu erlauben beliebt[49].
HERZOG FREDERICK. Ihr werdet wenig Ergötzen daran finden, das kann ich Euch sagen, der Mann ist derart im Vorteil[50]. Aus Erbarmen mit der Jugend des [145] Herausforderers möchte ich ihm gern vom Kampfe abraten, doch er lässt sich nicht erweichen. Redet mit ihm, Ihr Damen; seht, ob Ihr ihn bewegen könnt.
CELIA. Ruft ihn hierher, guter Monsieur Le Beau.
HERZOG FREDERICK. Tut das. Ich werde[51] nicht dabei sein.
[Tritt zur Seite.][52]
LE BEAU. [150] Monsieur Herausforderer, die Prinzessin lässt Euch bitten.

---

[43] *Here is the place appointed for the wrestling*: Der Ort der Szene verändert sich, während die Schauspieler auf der Bühne bleiben; nicht selten bei Sh., vgl. z.B. *Oth.*, ed. Engler (Studienausgabe), IV.3.1-9: Empfangszimmer, ab 10: Schlafzimmer; vgl. auch die Einleitung S. 23. Es ist für den szenischen Ablauf in *A.Y.L.* ohne Belang, ob diese Stelle dieselbe ist, wo die von Le Beau geschilderten Ringkämpfe soeben stattgefunden haben, oder ob der Herzog sie für die nachfolgenden Kämpfe neu bestimmt hat.

[44] *Enter ... Orlando*: Trotz Charles' Hinweis *Orlando hath a disposition to come in disguised* (I.1.116) wird von Sh. und auch von den Hrsg. auf die Verkleidung oder Maskierung kein Bezug mehr genommen. Offenbar ist das Verkleidungsmotiv zu wenig wichtig.

[45] *forwardness*: Bei Sh. schwingt bei diesem Wort stets der Nebensinn 'Begeisterung', 'Eifer' mit; vgl. *Cymb.* IV.2.342. Der Herzog ist also trotz seinem vergeblichen Versuch, Orlando vom Kampf abzuhalten, vom Ungestüm des jungen Mannes sehr angetan.

[46] *looks successfully*: Nach *look* 'aussehen' gebraucht Sh. oft das Adverb. Vgl. F. Th. Visser, *A Historical Syntax of the English Language* (Leiden 1963-1973), § 235. – Auch dies spricht für einen unmaskierten Orlando.

[47] *cousin*: Titel, mit dem ein Edelmann einen anderen Edelmann anredet (vgl. II.7.173); außerdem wird mit *cousin* jeder Verwandte bezeichnet, der nicht so nahe verwandt ist wie

LE BEAU. [130] You must, if you stay here, for here is the place appointed for the wrestling, and they are ready to perform it.

CELIA. Yonder sure they are coming. Let us now stay and see it.

Flourish. Enter Duke [Frederick], Lords, Orlando, Charles, and Attendants.

DUKE FREDERICK. [135] Come on. Since the youth will not be entreated, his own peril on his forwardness.

ROSALIND. Is yonder the man?

LE BEAU. Even he, madam.

CELIA. Alas, he is too young; yet he looks successfully.

DUKE FREDERICK. [140] How now, daughter and cousin; are you crept hither to see the wrestling?

ROSALIND. Ay, my liege, so please you give us leave.

DUKE FREDERICK. You will take little delight in it, I can tell you, there is such odds in the man. In pity of the [145] challenger's youth I would fain dissuade him, but he will not be entreated. Speak to him, ladies; see if you can move him.

CELIA. Call him hither, good Monsieur Le Beau.

DUKE FREDERICK. Do so. I'll not be by.

[Steps aside.]

LE BEAU. [150] Monsieur the challenger, the princess calls for you.

---

135 BA *[Frederick]* Rowe, Hrsg.; nicht in F.
136 *intreated his owne* F; Hrsg. *entreated, his own.*
150 *Princesse cals* F; Theobald *Princesses call*; Dyce *princess' call.*

ein Bruder oder eine Schwester, besonders häufig ein Neffe oder eine Nichte. Vgl. *How now brother! Where is my cousin, your son?* 'Nun, Bruder! Wo ist mein Neffe, Euer Sohn?', *Much Ado* I.2.1. Das Wort ist oft zu *coz* verkürzt.

[48] *are you crept hither*: Während hier der Herzog die Anwesenheit der beiden Mädchen ironisch feststellt und sie noch seine Erlaubnis zum Bleiben erwirken müssen, sitzen sie bei Lodge in offizieller Funktion unter den prominenten Zuschauern.

[49] *please you give*: Sh. gebraucht *please* sowohl persönlich (*he pleases*) als auch unpersönlich (*it pleases him*), sodass manche Konstruktionen nicht eindeutig zu interpretieren sind. Vgl. Jespersen, MEG V, 24.23.

[50] *odds*: Einige frühere Hrsg. verstehen *odds* als 'Unterschied' und emendieren daher *man* zu *men*. Diese Emendation wird unnötig, da *odds* bei Sh. auch öfters den Sinn von 'Vorteil' hat. Vgl. *Rich. II* III.4.89: *And with that odds he weighs King Richard down.* 'Und mit diesem Vorteil wiegt er König Richard auf.' *Man* bezieht sich selbstverständlich auf Charles, denn der Herzog spricht von Orlando als *youth* (Z. 135 und 210).

[51] *I'll not be by*: *I'll* kann sowohl 'ich will' wie 'ich werde' bedeuten.

[52] *[Steps aside]*: Fehlt in F; hier (sinngemäß nach Theobald) wohl eine bühnentechnische Motivierung, um das Gespräch der Dreiergruppe (Rosalinde, Celia und Orlando) von der offiziellen Umgebung (Herzog und Gefolge) abzuheben.

ORLANDO. Ich stehe ihnen[53] ehrerbietigst und pflichtschuldigst zu Diensten.

ROSALINDE. Junger Mann, habt Ihr Charles den Ringer herausgefordert?

ORLANDO. Nein, schöne Prinzessin. Er ist der allgemeine Herausforderer; [155] ich trete nur an wie andere auch, um an ihm meine Jugendkraft zu erproben.

CELIA. Junger Herr, Euer Mut ist zu kühn für Eure Jahre. Ihr habt von dieses Mannes Kraft grässlichen Beweis gesehen; sähet Ihr Euch mit Euren Augen oder erkenntet Ihr [160] Euch mit Eurem Verstand[54], so würde [die] Angst vor Eurem Wagnis Euch zu einem angemesseneren Unternehmen raten. Wir bitten Euch um Eurer selbst willen, auf Eure eigene Sicherheit Wert zu legen und diesen Versuch aufzugeben.

ROSALINDE. Tut das, junger Herr. Euer Ruf soll nicht [165] darunter leiden. Es soll unser Anliegen beim Herzog sein, das Ringen möge nicht weitergehen.

ORLANDO. Ich bitte Euch inständig, straft mich nicht mit Eurem Unwillen, dessen[55] ich mich durchaus schuldig bekenne, indem ich so schönen und vortrefflichen Damen etwas abschlage. Lasst vielmehr Eure schönen Augen [170] und freundlichen Wünsche mich zu meiner Prüfung[56] begleiten. Werde ich dabei [zu Boden] geworfen, so fällt die Schmach nur auf einen, dem das Glück noch nie hold[57] war; [werde ich] getötet, [dann ist] nur einer tot, der dazu bereit ist. Meinen Freunden werde ich kein Leid antun, denn ich habe keine, mich zu bejammern; der Welt keinen Schaden, denn ich besitze nichts in ihr. [175] In der Welt fülle ich nur einen Platz aus, der besser besetzt[58] werden kann, wenn ich ihn leer gemacht habe[59].

ROSALINDE. Das bisschen Kraft, das ich habe, ich wollte, es wäre bei Euch.

CELIA. Und meine dazu, um ihre zu ergänzen.

ROSALINDE. [180] Lebt wohl. Gebe der Himmel, dass ich mich in [Bezug auf] Euch irre[60]!

CELIA. Eure Herzenswünsche seien mit Euch![61]

---

[53] *the princess calls ... I attend them*: Orlando, der die Prinzessinnen nebeneinander sieht, bezieht sich in seiner ehrerbietigen Antwort auf beide.

[54] *if you saw ... your judgment*: Alle modernen Hrsg. sind sich einig, dass die frühere Emendation *our eyes* und *our judgment* unnötig sind. Die Stelle bedeutet einfach: 'wenn Ihr mit Bezug auf Euch selbst Eure Augen und Euren Verstand brauchtet'.

ORLANDO. I attend them with all respect and duty.
ROSALIND. Young man, have you challenged Charles the wrestler?
ORLANDO. No, fair princess. He is the general challenger; [155] I come but in as others do, to try with him the strength of my youth.
CELIA. Young gentleman, your spirits are too bold for your years. You have seen cruel proof of this man's strength; if you saw yourself with your eyes or knew [160] yourself with your judgment, the fear of your adventure would counsel you to a more equal enterprise. We pray you for your own sake to embrace your own safety and give over this attempt.
ROSALIND. Do, young sir. Your reputation shall not [165] therefore be misprised; we will make it our suit to the Duke that the wrestling might not go forward.
ORLANDO. I beseech you, punish me not with your hard thoughts, wherein I confess me much guilty to deny so fair and excellent ladies anything. But let your fair eyes [170] and gentle wishes go with me to my trial; wherein if I be foiled, there is but one shamed that was never gracious; if killed, but one dead that is willing to be so. I shall do my friends no wrong, for I have none to lament me; the world no injury, for in it I have nothing. Only in the [175] world I fill up a place, which may be better supplied when I have made it empty.
ROSALIND. The little strength that I have, I would it were with you.
CELIA. And mine to eke out hers.
ROSALIND. [180] Fare you well. Pray heaven I be deceived in you!
CELIA. Your heart's desires be with you!

---

159 *with your eies ... your iudgment* F; Hanmer *our eyes ... our judgment*; Johnson *your own eyes ... your judgment* (Vgl. Anm. 54).

[55] *Wherein*: Das Wort hat bei Sh. oft den weiteren Sinn von 'diesbezüglich'; vgl. *Merry W.* II.2.167 und *Meas. for M.* III.2.240. Es dürfte zu dem vorausgehenden *hard thoughts* 'Unwillen', 'unfreundliche Gesinnung' gehören.

[56] *trial*: Dieser Begriff und die vorhergehenden Begriffe *punish*, *confess*, *guilty*, *deny* (Z. 167-168) stammen aus der Rechtssprache. Im Besonderen bedeutet *trial* 'Gottesurteil'; vgl. besonders *Rich. II* I.1 und I.3.

[57] *gracious*: 'Gunst genießend', 'bevorzugt'; vgl. *Wint. T.* III.1.22 und *Haml.* I.1.164.

[58] *supplied*: 'angefüllt'. Das Wort kommt meist mit dem Objekt *place* oder *want* vor; vgl. *Meas. for M.* I.1.18 und *Merch. V.* I.3.59.

[59] *made it empty*: Der hier endenden Rede Orlandos haftet etwas von euphuistischer Manier an; insbesondere fällt die Reihung antithetischer Aussagen auf.

[60] *deceived in you*: 'dass ich Eure Fähigkeiten unterschätzt habe'.

[61] *desires ... you!*: Nach diesen Worten Celias ist eine Umgruppierung der Personen auf der Bühne notwendig: Die Prinzessinnen treten etwas zurück, während der Herzog und die Ringer den Vordergrund beherrschen.

CHARLES. So, wo ist dieser junge Galan, den es so gelüstet, bei seiner Mutter Erde zu liegen[62]?
ORLANDO. Zur Stelle, Sir, doch sein Begehr zielt auf eine [185] züchtigere Betätigung[63].
HERZOG FREDERICK. Ihr sollt nur einen Gang machen.
CHARLES. Nein, dafür bürg ich Euer Gnaden, Ihr, der Ihr ihm so kräftig von einem ersten abgeraten habt, werdet ihn nicht zu einem zweiten bewegen.
ORLANDO. [190] Ihr habt im Sinn, mich nachher auszuspotten. [Dann] hättet Ihr mich nicht vorher ausspotten sollen. Doch kommt nur[64].
ROSALINDE. Nun steh dir Herkules bei[65], junger Mann!
CELIA. Ich wollt, ich wäre unsichtbar, damit ich den mächtigen Kerl am Bein fassen könnte.
Sie ringen.
ROSALINDE. [195] O wackerer junger Mann!
CELIA. Hätt ich einen Donnerkeil[66] im Auge, so könnte ich sagen, wer zu Boden sollte[67].
[Charles wird geworfen.] Geschrei.
HERZOG FREDERICK. Nicht weiter, nicht weiter.
ORLANDO. Doch, mit Eurer Gnaden gütiger Erlaubnis: Ich bin noch nicht recht [200] angewärmt[68].
HERZOG FREDERICK. Wie stehts mit dir, Charles?
LE BEAU. Er kann nicht sprechen, mein Fürst.
HERZOG FREDERICK. Man trage ihn weg. *[Charles wird hinausgetragen.]* Wie heißt du, junger Mann?
ORLANDO. Orlando, mein Fürst, jüngster Sohn des Sir Roland de Boys.
HERZOG FREDERICK. [205] Wärest du nur der Sohn eines anderen gewesen. Die Welt hat deinen Vater für einen Ehrenmann gehalten,

---

[62] *Lie with his mother earth*: *Lie with* bedeutet zugleich 'liegen bei' und 'geschlechtlich verkehren mit'.

[63] *his will ... working*: Orlando nimmt mit dem Wort *modest* 'züchtig' Bezug auf den Doppelsinn von *lie with* (siehe Anm. 62). Das Wort *will* in seiner Antwort ist ebenfalls mehrdeutig: Sh. verwendet es oft im Sinne von 'männliches Glied' (vgl. das ausführliche Wortspiel im *Sonn.* 135); letztere Bedeutung ergibt zusammen mit *working* 'Betätigung', 'Funktion' einen witzigen, wenn auch anstößigen Ausdruck, der von Orlandos auch mündlicher Schlagfertigkeit zeugt.

[64] *come your ways*: Hier einfach 'kommt', wie häufig bei Sh.; vgl. II.3.66 und *go your ways*, IV.1.166.

[65] *speed*: Die alte, bei Sh. häufig verwendete Bedeutung des Wortes ist 'Erfolg', hier ausgedehnt auf 'das, was zum Erfolg beiträgt'.

[66] *thunderbolt*: Nach zeitgenössischer Ansicht übt nicht der Blitz, sondern der Donner(keil) die zerstörende Wirkung aus; s. Leisi, *Problemwörter*.

CHARLES. Come, where is this young gallant that is so desirous to lie with his mother earth?
ORLANDO. Ready, sir; but his will hath in it a more [185] modest working.
DUKE FREDERICK. You shall try but one fall.
CHARLES. No, I warrant your Grace you shall not entreat him to a second that have so mightily persuaded him from a first.
ORLANDO. [190] You mean to mock me after. You should not have mocked me before. But come your ways.
ROSALIND. Now Hercules be thy speed, young man!
CELIA. I would I were invisible, to catch the strong fellow by the leg.
  Wrestle.
ROSALIND. [195] O excellent young man!
CELIA. If I had a thunderbolt in mine eye, I can tell who should down.
  [Charles is thrown.] Shout.
DUKE FREDERICK. No more, no more.
ORLANDO. Yes, I beseech your Grace; I am not yet well [200] breathed.
DUKE FREDERICK. How dost thou, Charles?
LE BEAU. He cannot speak, my lord.
DUKE FREDERICK. Bear him away.
  [Charles is borne out.]
What is thy name, young man?
ORLANDO. Orlando, my liege, the youngest son of Sir Rowland de Boys.
DUKE FREDERICK. [205] I would thou hadst been son to some man else.
  The world esteemed thy father honorable,

---

198 BA *[Charles is thrown.]* Rowe, Hrsg.; nicht in F.
201 BA *[Charles is borne out.]* Steevens³, Hrsg.; nicht in F.

---

[67] *should down*: Bei Sh. wird, wie im Dt., das Verb zwischen Hilfsverb und Zielangabe vielfach ausgelassen. Vgl. das häufige *let's to the king*.

[68] *breathed*: 'Angewärmt', 'trainiert'; vgl. *All's Well* II.3.250: *every man should beat thee. I think thou wast created for men to breathe themselves upon thee.* 'jedermann sollte dich prügeln: ich glaube, du bist erschaffen worden, damit man sich auf dir übe'. Vgl. auch *their unbreathed memories* 'ihr untrainiertes Gedächtnis', *Mids. N. D.* V.1.74. Zahlreiche Hrsg. schlagen für *I am not yet well breathed* 'Ich bin noch außer Atem' vor, doch damit würde Orlandos Antwort unklar, da er ganz offensichtlich darum bittet, mit dem Ringen fortfahren zu dürfen. Immerhin scheint der Begriff *to breathe* im Sinne von 'den [normalen] Atem wieder finden' beim Ringen eine Rolle gespielt zu haben: Bei Lodge heißt es von Rosader und dem Normannen: *with the violence of the fall [both] were forced to breathe* 'die Heftigkeit des Sturzes zwang beide zum Verschnaufen'; ferner: *Rosader while he breathed was not idle* 'während Rosader Atem schöpfte, war er nicht müßig' (zitiert nach Bullough, *Sources*, S. 171).

doch ich habe in ihm stets meinen Feind erkannt. Du hättest[69] mich mit dieser Tat mehr erfreut, wenn du einem anderen Hause entsprossen wärest. [210] Doch lebe wohl; du bist ein kühner Jüngling; ich wollte, du hättest einen anderen Vater genannt.

Herzog ab [, mit Gefolge.]

CELIA. Wär ich mein Vater, Bäschen, würde ich das tun?

ORLANDO. Ich bin [jetzt] noch stolzer, Sir Rolands Sohn, sein jüngster Sohn, zu sein und tauschte diesen Namen nicht dafür, [215] Fredericks erklärter Erbe zu sein.

ROSALINDE. Mein Vater liebte Sir Roland wie seine eigene Seele, und alle Welt fühlte hierin wie mein Vater. Hätte ich schon früher gewusst, dass dieser Jüngling sein Sohn[70] ist, dann hätte ich ihm zu meinen Bitten hinzu noch Tränen gespendet, [220] ehe er sich auf ein solches Wagnis einließ.

CELIA. Komm, liebes Bäschen, gehn wir ihm danken und ihm Mut zusprechen. Meines Vaters raues und gehässiges Wesen sitzt mir im Herzen fest[71]. Herr, Ihr habt gut gekämpft.[72] Wenn Ihr in Liebesdingen Eure Versprechen so genau einhaltet, [225] wie Ihr [hier] jedes Versprechen übertroffen habt, dann wird Eure Liebste glücklich sein.

ROSALINDE. Edler Herr, *[reicht ihm eine Kette]* tragt dies[73] mir zuliebe, einer vom Glück Entlassenen[74], die mehr geben möchte[75], fehlte es ihrer Hand nicht an Mitteln. Gehen wir, Base[76]?

CELIA. Ja. – Lebt wohl, schöner Herr.

---

[69] *should'st*: Sh. gebraucht oft *should*, wo man im heutigen Englisch *would* setzen würde; vgl. H. W. Donner, "She Should Have Died Hereafter", *English Studies* XL (Oct. 1959), S. 385.

[70] *known ... his son*: "known this young man to be his son". Sh. gebraucht *know* gelegentlich mit doppeltem Akkusativ. Vgl. *Two Gent.* V.2.21 und *All's Well* I.1.96.

[71] *Sticks me at heart*: *Stick*, im Zusammenhang mit *heart*, hat die bei Sh. häufige Bedeutung 'festsitzen', 'stecken'; *me* wäre als Dativ zu verstehen. Vgl. *His speech sticks in my heart* 'Seine Rede steckt mir im Herzen', *Ant. and Cl.* I.5.41; *so deep sticks it in my penitent heart* 'so tief steckt es [mein Schuldbewusstsein] in meinem reuigen Herzen', *Meas. for M.* V.1.471.

[72] *you have well deserved*: *Deserve (well)* wird von Sh. oft intransitiv gebraucht und hat, wenn es in der Vergangenheitsform steht, meist die besondere Bedeutung von 'gut gekämpft'.

[73] *Wear this*: Was Celia in III.2.172 zu Rosalinde bemerkt – *And a chain that you once wore, about his neck* – macht es wahrscheinlich, dass der Gegenstand, den Rosalinde hier Orlando schenkt, eine Kette ist.

AS YOU LIKE IT I.2

But I did find him still mine enemy.
Thou shouldst have better pleased me with this deed
Hadst thou descended from another house.
210 But fare thee well; thou art a gallant youth;
I would thou hadst told me of another father.

Exit Duke [, with Train].

CELIA. Were I my father, coz, would I do this?
ORLANDO. I am more proud to be Sir Rowland's son,
His youngest son, and would not change that calling
215 To be adopted heir to Frederick.
ROSALIND. My father loved Sir Rowland as his soul,
And all the world was of my father's mind.
Had I before known this young man his son,
I should have given him tears unto entreaties
220 Ere he should thus have ventured.
CELIA.   Gentle cousin,
Let us go thank him and encourage him.
My father's rough and envious disposition
Sticks me at heart. Sir, you have well deserved;
If you do keep your promises in love
225 But justly as you have exceeded all promise,
Your mistress shall be happy.
ROSALIND.   Gentleman,
[Gives chain.]
Wear this for me, one out of suits with fortune,
That could give more but that her hand lacks means.
Shall we go, coz?
CELIA.   Ay. Fare you well, fair gentleman.

---

211 BA Pelican *Exit Duke [, with Train]*; *Exit Duke* F; Theobald *Exit Duke, with his Train*; New Arden *Exeunt Duke, [Le Beau and train]*.

---

[74] *out of suits with*: Schmidt gibt im *Sh. Lexicon* als Bedeutung von *suit* 'Aufwartung', 'Dienst' (bei Hofe). *Out of suits* würde demnach 'aus jemandes Dienst entlassen' bedeuten.

[75] *could*: "Would like to" 'möchte'; vgl. *Ant. and Cl.* I.2.123.

[76] *Shall we go, coz?*: In dieser knappen Aufforderung drückt sich bei Rosalinde eine ebenso starke Gefühlsbewegung aus wie in Orlandos Unfähigkeit, ihr für die Kette zu danken (Z. 239).

ORLANDO. [230] Kann ich nicht sagen 'ich dank Euch'? Mein besseres Teil liegt ganz darnieder, und was hier steht, ist nur ein Pfosten, ein bloßes Holzstück ohne Leben.[77]

ROSALINDE. Er ruft uns zurück. Mein Stolz ist zugleich mit meinem Glück gefallen; ich werde ihn fragen, was er begehrt. Habt Ihr gerufen, Herr? [235] Herr, Ihr habt wacker gerungen und noch andere zu Fall gebracht als Eure Gegner.

CELIA. Willst du gehen, Bäschen?

ROSALINDE. Ich komme schon.[78] Lebt wohl.

Beide ab.

ORLANDO. Welch heftiges Gefühl hängt diese Gewichtsteine an meine Zunge? Ich vermag nicht mit ihr zu sprechen, und doch hat sie [mich] zum Sprechen[79] aufgefordert.

Le Beau tritt auf.

[240] Ach armer Orlando, du bist zu Fall gebracht: Charles oder etwas Schwächeres überwältigt dich.

LE BEAU. Werter Herr, ich rate Euch aus Freundschaft, diesen Ort zu verlassen. Wiewohl Ihr hohes Lob, aufrichtigen Beifall und Liebe erworben habt, [245] ist dennoch des Herzogs Gesinnung[80] [gegen Euch] jetzt derart, dass er alles, was Ihr geleistet habt, zu Euren Ungunsten auslegt[81]. Der Herzog ist launisch[82]. Zu denken, was er in Wahrheit ist, steht Euch besser an, als mir, davon zu sprechen.

---

[77] *My better parts ... lifeless block*: Hier wird bildlich Bezug genommen auf volkstümlich-kriegerische Übungen – vgl. Joseph Strutt, *Sports and Pastimes of England* (London 1801), S. 112–121 –, besonders auf den *quintine* oder *quintain*, einen Holzpfosten, der die Holzfigur eines Kriegers trug und u.a. den Lanzenreitern als Ziel diente. Vgl. lat. *quintana*: offener Platz in einem römischen Lager, auf dem möglicherweise Wettspiele abgehalten wurden. – Wenn Orlando vom *mere lifeless block* spricht, so meint er den Pfosten selbst, der aufrecht stehen bleibt, während die Figur zu Boden gefallen ist, d.h. sein Körper steht, während seine *better parts*, also sein Geist, darniederliegt. Für *better part(s)* s. Trautvetter u. Leisi, "Some New Readings in *As You Like It*", S. 143.

[78] *Have with you*: Dieser Ausdruck weist bei Sh. auf die Absicht des Sprechenden hin, den Angesprochenen, der sich zum Weggehen anschickt, zu begleiten; er wäre also mit *I am coming along with you* 'ich komme gleich mit dir' zu übersetzen.

[79] *conference*: 'Gespräch', 'Geplauder'. Das Wort hat bei Sh. noch nicht das Formelle und Gewichtige, das ihm heute anhaftet; vgl. *Women and fools, break off your conference*, 'Weiber und Narren, brecht euer Geplauder ab', *K. John* II.1.150.

[80] *condition*: Hier 'Gesinnung', 'Gestimmtheit'; vgl. *Merch. V.* I.2.120 und *Hen. V* V.2.277.

[81] *misconsters* = "misconstrues": 'missdeutet'. Beide Schreibungen kommen in der F vor, obschon das Wort wahrscheinlich bis zum 19. Jh. *misconster* ausgesprochen wurde (vgl. OED *construe*).

ORLANDO. [230] Can I not say 'I thank you'? My better parts
    Are all thrown down, and that which here stands up
    Is but a quintain, a mere lifeless block.
ROSALIND. He calls us back. My pride fell with my fortunes;
    I'll ask him what he would. Did you call, sir?
235 Sir, you have wrestled well, and overthrown
    More than your enemies.
CELIA.   Will you go, coz?
ROSALIND. Have with you. Fare you well.

                                            Exit [with Celia].

ORLANDO. What passion hangs these weights upon my tongue?
    I cannot speak to her, yet she urged conference.
    Enter Le Beau.
240 O poor Orlando, thou art overthrown!
    Or Charles or something weaker masters thee.
LE BEAU. Good, sir, I do in friendship counsel you
    To leave this place. Albeit you have deserved
    High commendation, true applause, and love,
245 Yet such is now the Duke's condition
    That he misconsters all that you have done.
    The Duke is humorous. What he is, indeed,
    More suits you to conceive than I to speak of.

---

[82] *humorous*: Nach mittelalterlicher Vorstellung, die sich über Sh.s Zeit hinaus erhielt, sind die *humours* die vier Leben spendenden Säfte, welche die Leber aus der ihr zugekommenen Nahrung erzeugt und mittels der Blutgefäße zu allen Teilen des Körpers schickt; sie sind das Gegenstück zu den vier Elementen Erde, Wasser, Luft und Feuer und bedeuten für den Mikrokosmos des Menschen dasselbe, was die Elemente für den Makrokosmos. Die richtige Mischung der Säfte ist für das Wachstum und Gedeihen des Menschen wichtig; vom Mischungsverhältnis hängt auch seine körperliche und geistige Beschaffenheit ab: Überwiegt einer der Säfte, so bildet sich das ensprechende Temperament, etwa das sanguinische, das – wie das Element Luft – als heiß und feucht gilt. Vgl. E. M. W. Tillyard, *The Elizabethan World Picture* (London 1943 u.ö.), sowie Leisi, *Problemwörter*. – *Humorous* – in der ursprünglichen Bedeutung des Wortes – ist jemand, dessen Charakter von einem der vier *humours* besonders geprägt wird. In diesem Sinne möchte Old Arden (und, mit Einschränkungen, auch New Arden) den Charakter Herzog Fredericks aufgefasst wissen. Bei Sh. hat aber *humorous* überall sonst den Sinn von 'launisch', 'wetterwendisch'; vgl. *K. John* III.1.118: *Thou fortune's champion, that dost never fight / But when her humorous ladyship is by* ('Du Ritter Fortunas, der du nur dann kämpfst, wenn die launenhafte Dame bei dir steht'; ferner *2 Hen. IV* IV.4.34 und *Hen. V* II.4.27. – Die vorliegende Situation verlangt jedenfalls ein Wort, das auf die – am Hofe bekannte – Anlage zu rascher Sinnesänderung beim Herzog hindeutet, sonst wäre Le Beaus Warnung unnötig.

ORLANDO. Habt Dank, mein Herr; und sagt mir doch bitte, [250] welche von den beiden war des Herzogs Tochter, die hier beim Ringen zugegen war?
LE BEAU. Keine von beiden seine Tochter, wenn man nach dem Benehmen urteilt. Doch in der Tat ist die größere[83] seine Tochter; die andere ist die Tochter des verbannten Herzogs [255] und wird hier von ihrem Onkel, dem Usurpator, zurückbehalten, um seiner Tochter Gesellschaft zu leisten; beider Liebe zueinander ist inniger als natürliche schwesterliche Anhänglichkeit. Allein ich kann Euch sagen, dass des Herzogs liebenswerte Nichte seit kurzem sein Missfallen erregt, [260] das sich auf nichts anderes gründet, als dass das Volk sie um ihrer Tugenden willen preist und sie um ihres guten Vaters willen bedauert; und, so wahr ich lebe, sein Groll gegen das Fräulein wird sich plötzlich entladen. Gehabt Euch wohl, mein Herr. [265] Dereinst in einer besseren Welt als dieser werde ich mir mehr Liebe und Umgang von Euch wünschen.[84]
ORLANDO. Ich bleibe Euch sehr verbunden. Lebt wohl. *[Le Beau ab.]*
So muss ich aus dem Rauch in den erstickenden Qualm[85], von tyrannischem Herzog zu einem tyrannischen Bruder. [270] Doch die himmlische Rosalinde!

Ab.

I.3   *Celia und Rosalinde treten auf.*
CELIA. Aber Bäschen, aber Rosalinde! Amor erbarme sich. Nicht *ein* Wort?
ROSALINDE. Nicht eines, das man einem Hunde anwerfen könnte.

---

[83] *taller*: Hier wird Celia als die größere bezeichnet, was in Widerspruch steht zu I.3.111, wo Rosalinde von sich sagt: *Because that I am more than common tall* 'da ich ungewöhnlich hoch gewachsen bin' und zu IV.3.88–89, wo Celia beschrieben wird als *the woman low and browner than her brother* 'das Mädchen klein und brünetter als ihr Bruder' (d.h. als Rosalinde, die als junger Mann verkleidet ist). Moderne Hrsg. haben deshalb die Emendation *smaller* vorgeschlagen, obschon *small* bei Sh. nie im Zusammenhang mit Personen vorkommt. Frühere Hrsg. haben *shorter* als Emendation vorgezogen, das von Sh. zweimal in Bezug auf menschlichen Wuchs gebraucht wird: *Leonato's short daughter* 'Leonatos kurz gewachsene Tochter', *Much Ado* I.1.189–190, und *women are shrews, both short and tall*, 'Frauen sind Zanketeufel, die kleinen wie die großen', *2 Hen. IV* V.3.33.

ORLANDO. I thank you, sir; and pray you tell me this:
250 Which of the two was daughter of the Duke,
That here was at the wrestling?
LE BEAU. Neither his daughter, if we judge by manners,
But yet indeed the taller is his daughter,
The other is daughter to the banished Duke,
255 And here detained by her usurping uncle
To keep his daughter company, whose loves
Are dearer than the natural bond of sisters.
But I can tell you that of late this Duke
Hath ta'en displeasure 'gainst his gentle niece,
260 Grounded upon no other argument
But that the people praise her for her virtues
And pity her for her good father's sake;
And, on my life, his malice 'gainst the lady
Will sudenly break forth. Sir, fare you well.
265 Hereafter, in a better world than this,
I shall desire more love and knowledge of you.
ORLANDO. I rest much bounden to you. Fare you well.

[Exit Le Beau.]

Thus must I from the smoke into the smother,
From tyrant Duke unto a tyrant brother.
270 But heavenly Rosalind!

Exit.

I.3   *Enter Celia and Rosalind.*
CELIA. Why, cousin, why, Rosalind! Cupid have mercy, not a word?
ROSALIND. Not one to throw at a dog.

---

253   *taller* F; Rowe[3] *shorter*; Malone *smaller*; Staunton *lower*; Globe *lesser*; Keightley *less taller* (Vgl. Anm. 83).
267   BA *[Exit Le Beau]* Capell; Rowe nach 267; nicht in F.

---

[84] *I shall desire ... of you*: In diesem seinem letzten Auftritt im ganzen Schauspiel erweist sich Le Beau nicht mehr als der Höfling von etwas gezierter Art, der er bei seinem ersten Auftreten zu sein scheint, sondern als besonnener Mann mit uneigennütziger Hilfsbereitschaft.
[85] *smother*: 'dicker, erstickender Rauch'. Das Wort ist nur einmal bei Sh. belegt. Die Bedeutung des ganzen Ausdrucks *from the smoke into the smother* scheint der modernen Redensart "from the frying pan into the fire" zu entsprechen (Wright), etwa: 'vom Regen in die Traufe'. Vgl. auch Tilley, *Proverbs*, S. 570: "Shunning the smoke, he fell into the fire" 'Dem Rauch ausweichend, fiel er ins Feuer'.

CELIA. Nein, deine Worte sind zu kostbar, um sie [5] an Hunde wegzuwerfen; wirf mir ein paar davon an; komm, mach mich mit Vernunftgründen lahm.

ROSALINDE. Dann würden [ja] zwei Basen darniederliegen, wenn die eine durch Gründe gelähmt und die andere ohne Grund verrückt[1] wäre.

CELIA. [10] Hat denn dies alles mit Eurem Vater zu tun?

ROSALINDE. Nein, manches hat mit dem Vater meines Kindes[2] zu tun. Ach, wie ist doch diese Alltagswelt voller Dornen!

CELIA. Es sind bloß Kletten, Bäschen, in übermütiger Festtagslaune dir angeworfen; wenn wir nicht in den ausgetretenen Pfaden wandeln, [15] verfangen sie sich sogar noch in unsern Unterröcken[3].

ROSALINDE. Vom Unterrock[4] könnte ich sie abschütteln; diese Kletten sitzen mir im Herzen.

CELIA. Räuspere[5] sie weg.

ROSALINDE. Ich würde es versuchen, wenn ich 'hm'[6] rufen und ihn kriegen könnte.

CELIA. [20] Ach was, ringe mit deinen Neigungen.

ROSALINDE. O, sie schlagen sich auf die Seite eines besseren Ringers, als ich es bin.

CELIA. Viel Glück![7] Ihr[8] werdet schon noch [einen Gang] wagen, auch wenn Ihr [dabei] zu Fall kommt[9]. Doch geben wir diesen Späßen den Abschied und [25] reden wir in vollem Ernst. Ists möglich, dass Ihr so urplötzlich in eine solch starke[10] Zuneigung zum jüngsten Sohn des alten Sir Roland verfallen wärt?

---

[1] *mad*: Nach Ansicht Dover Wilsons liefert *mad* 'verrückt' nicht das erwartete Gegenstück zu *lamed* 'gezähmt'; er schlägt daher als Emendation *mauled* '(durch Schläge) übel zugerichtet' vor. Dieses Partizip ist aber sonst bei Sh. nirgends belegt.

[2] *my child's father*: Manche Hrsg. betrachten diesen Ausdruck als unpassende Vorwegnahme einer künftigen Möglichkeit (Coleridge: "an indelicate anticipation") und schlagen stattdessen *my father's child* (= Rosalinde selbst) vor, was ebenfalls einen Sinn ergibt. Der freien, witzigen Redeweise der beiden Mädchen würde *my child's father* aber durchaus entsprechen.

[3] *petticoat*: ein Kleidungsstück, das zu Sh.s Zeiten entweder sichtbar als eine Art Rock oder unter dem Kleid als Teil oder Stütze desselben getragen wurde. Die Stelle *I'll pull them off myself, yea, all my raiment, to my petticoat* 'Ich will sie selbst ausziehen, ja, meine ganze Gewandung bis zum Unterrock' (*Tam. Shr.* II.1.5) lässt vermuten, dass Sh. hier das Unterkleid meint; ebenso in III. 2.319, wenn Rosalinde auf Orlandos Frage, wo sie wohne, zur Antwort gibt: *here in the skirts of the forest, like fringe upon a petticoat* 'hier am Saum des Waldes, wie Fransen an einem Unterrock', wobei unter *fringe* offenbar der Schmucksaum zu verstehen wäre, der unter dem Kleid hervorschaute. An diesem Saum wären die Kletten hängen geblieben, von denen Celia spricht.

[4] *coat*: Vermutlich eine Abkürzung für *petticoat*; überall sonst bei Sh. bezeichnet *coat* den Oberteil der Männerkleidung (Schmidt).

AS YOU LIKE IT I.3

CELIA. No, thy words are too precious to be cast away [5] upon curs; throw some of them at me; come, lame me with reasons.
ROSALIND. Then there were two cousins laid up, when the one should be lamed with reasons and the other mad without any.
CELIA. [10] But is all this for your father?
ROSALIND. No, some of it is for my child's father. O, how full of briers is this working-day world!
CELIA. They are but burrs, cousin, thrown upon thee in holiday foolery; if we walk not in the trodden paths, [15] our very petticoats will catch them.
ROSALIND. I could shake them off my coat; these burrs are in my heart.
CELIA. Hem them away.
ROSALIND. I would try, if I could cry 'hem', and have him.
CELIA. [20] Come, come, wrestle with thy affections.
ROSALIND. O, they take the part of a better wrestler than myself.
CELIA. O, a good wish upon you! You will try in time, in despite of a fall. But turning these jests out of service, [25] let us talk in good earnest. Is it possible on such a sudden you should fall into so strong a liking with old Sir Rowland's youngest son?

---

11 *child's father* F; Rowe³ *Father's child* (Vgl. Anm. 2).
26 *strong* F; Furness, Arden *strange* (Vgl. Anm. 10).

---

[5] *burs ... hem*: Bur kann, im übertragenen Sinne, auch 'Klumpen im Hals' bedeuten (OED 4); Celia nimmt diese andere Bedeutung auf und verbindet sie mit *to hem* 'sich räuspern'.

[6] *cry hem, and have him*: Rosalinde spielt hier mit dem Gleichlaut der Wörter *hem* und *him*; möglicherweise auch mit einer Nebenbedeutung von *cry* '[öffentlich] ausrufen', 'verkünden'.

[7] *a good wish upon you*: Eine Redensart, die sonst nirgends bei Sh. vorkommt, aber wohl als Parallele zu *a curse / plague / blessing* etc. *upon you* 'Fluch über Euch! die Pest über Euch! ein Segen (euphemistischer Fluch) über Euch!' aufgefasst werden darf.

[8] *you*: Warum die Freundinnen von hier an das vertraute 'du' verlassen, ist nicht klar ersichtlich. Ein noch auffälligerer, ständiger Wechsel zwischen 'du' und 'Ihr' findet sich in ihrem Gespräch am Ende von I.3 und in III.2. Vgl. Anm. zu I.2.1.

[9] *try ... fall*: Celia, die Rosalinde mit *come, wrestle with thy affections* aufzumuntern versucht, bleibt im Bild, wenn sie auf den technischen Ausdruck *to try a fall* (vgl. I.1.117) anspielt; zudem hat sie die spezielle Bedeutung von *fall* beim Ringen im Sinn, nämlich 'auf den Rücken geworfen werden durch den Gegner'. Vgl. die ebenso zweideutige Parallele in *Tam. Shr.* V.2.36.

[10] *strong*: Die Foliotexte 3 und 4 haben *strange*. Furness und Arden geben *strange* den Vorzug, wobei Furness wie folgt argumentiert: Rosalinde spricht zwar von der Zuneigung des eigenen Vaters zu Orlandos Vater, um zu zeigen, dass es nicht sonderbar ist, wenn sie selbst sich Orlando zuneigt; hingegen wäre die Zuneigung der Väter kein Grund für die besondere Stärke ihrer eigenen Liebe. – Zugunsten von *strong* ließe sich andererseits sagen, dass Celia damit die Metaphorik des Ringens fortsetzt.

ROSALINDE. Der Herzog, mein Vater, hat seinen Vater herzlich geliebt.
CELIA. Folgt daraus, dass Ihr seinen Sohn [30] herzlich lieben sollt? Nach dieser Art [von] Folgerung[11] müsste ich ihn hassen, denn mein Vater hat seinen Vater herzlich[12] gehasst; dennoch hasse ich Orlando nicht.
ROSALINDE. Nein, wahrlich, hasst ihn nicht, um meinetwillen.
CELIA. Warum sollt ich nicht?[13] Ists bei ihm nicht wohlverdient?
Der Herzog [Frederick] und Edelleute treten auf.
ROSALINDE. Lasst mich ihn darum lieben, und liebt[14] Ihr ihn, [35] weil ich es tue. Schaut, da kommt der Herzog.
CELIA. Die Augen voller Ingrimm.[15]
HERZOG FREDERICK. Fräulein, macht Euch mit aller gebotenen Eile[16] auf und verschwindet von unserm Hof.
ROSALINDE. Ich, Onkel?
HERZOG FREDERICK. Ihr, Nichte. Falls man dich[17] nach zehn Tagen [40] in einem Umkreis von zwanzig Meilen von unserem öffentlichen Hof vorfindet, bist du des Todes.
ROSALINDE. Ich bitte Euer Gnaden inständig: Lasst mich das Wissen um meinen Fehler mit mir nehmen. Wenn ich mit mir selbst Zwiesprache[18] halte oder mit den eigenen Wünschen Umgang habe, [45] und wenn ich dabei nicht träume oder von Sinnen bin (was ich zuversichtlich nicht zu sein glaube), dann, teurer Onkel, hab ich Euer Gnaden nicht einmal mit einem ungeborenen Gedanken beleidigt.

---

[11] *chase*: 'Verfolgung', 'Jagd', hier bildlich im Sinne von 'Verfolgung eines Arguments', 'logische Folgerung' gebraucht. Möglicherweise besteht eine Assoziation zu dem vorhergehenden *dearly*, denn Wortspiele mit *dear / deer*, 'lieb', 'teuer' / 'Wild' begegnet man bei Sh. häufig.

[12] *hated ... dearly*: *Dearly* wird von Sh. nicht nur in Bezug auf Liebe und Zuneigung, sondern auch auf jedes andere starke Gefühl verwendet; vgl. *How dearly would it touch thee to the quick* 'Wie schmerzlich würde es Dich bis ins Lebendige treffen', *Com. Err.* II.2.129 und *we dearly grieve / For that which thou hast done* 'Wir sind lebhaft bekümmert über das, was du getan hast', *Haml.* IV.3.40–41.

[13] *should I not ... not deserve well*: Nach dem Vorschlag von Capell und Dyce würde die Stelle logischer, wenn das erste *not* weggelassen würde; indessen sind die meisten Hrsg. der Meinung, dass damit der Reiz des Neckischen von Celias Antwort verloren ginge. – Celias Reaktion ließe sich aber auch damit erklären, dass sie *hate* als *eat* versteht bzw. verstehen will (gleiche Aussprache der beiden Wörter zu Sh.s Zeit), wobei *eat*, mit erotischer Nuance, etwa den Sinn von 'vernaschen' hätte; vgl. *Timon*, ed. M. Marti (Studienausgabe), I.1.203. Diese Deutung scheint auch darum erlaubt, weil Sh. nicht selten kulinarische Termini für Geschlechtliches verwendet; vgl. Kökeritz, *Shakespeare's Pronunciation*, S. 103–104, sowie Leisi, *Problemwörter* unter "Erotisch-kulinarische Metapher".

ROSALIND. The Duke my father loved his father dearly.
CELIA. Doth it therefore ensue that you should love his son [30] dearly?
By this kind of chase, I should hate him, for my father hated his
father dearly; yet I hate not Orlando.
ROSALIND. No, faith, hate him not, for my sake.
CELIA. Why should I not? Doth he not deserve well?
Enter Duke [Frederick], with Lords.
ROSALIND. Let me love him for that, and do you love him [35] because I
do. Look, here comes the Duke.
CELIA. With his eyes full of anger.
DUKE FREDERICK. Mistress, dispatch you with your safest haste
And get you from our court.
ROSALIND. Me, uncle?
DUKE FREDERICK. You, cousin.
Within these ten days if that thou beest found
40 So near our public court as twenty miles,
Thou diest for it.
ROSALIND. I do beseech your Grace
Let me the knowledge of my fault bear with me.
If with myself I hold intelligence
Or have acquaintance with mine own desires,
45 If that I do not dream or be not frantic,
As I do trust I am not; then, dear uncle,
Never so much as in a thought unborn
Did I offend your Highness.

---

33 *should I not?* F; Theobald *should I?*; Konj. Theobald *should I hate?* (Vgl. Anm. 13).
33 BA *Enter Duke with Lords* F; Arden *Enter Duke [Frederick] with lords* nach Z. 35;
Stevens, Arden nach Z. 36; Collier (wie Arden) nach *I do*, Z. 35.

---

[14] *do you love*: Im elisabethanischen Englisch besteht noch keine feste Regel in Bezug auf den Gebrauch des Hilfsverbs *do* (Abbott, *A Shakespearian Grammar*, § 306). Hier ist das *do* offensichtlich wegen der parallelen Konstruktion *let me love – do you love* und überdies zur Emphase angewendet.

[15] *his eyes full of anger*: Sog. Spiegelstelle: Schwer zu spielende Gebärden, Mienen werden im Sprechtext "gespiegelt". Dazu Einleitung S. 24.

[16] *safest*: 'Größte Sicherheit gewährend' (Schmidt); vgl. *Compl.* 151: *With safest distance I mine honor shielded*. 'Mit vollen Schutz bietendem Abstand wachte ich über meine Ehre'. White meint, im Wort *safest* kündige sich des Herzogs Drohung bereits an.

[17] *thou*: Während des ganzen Gesprächs wechselt der Herzog in der Anrede an Rosalinde zwischen *you* und *thou*, was sich vielleicht als innere Unsicherheit deuten lässt.

[18] *hold intelligence*: Bei Sh. bedeutet *intelligence* stets 'Mitteilung', 'Meldung'; der bei ihm sonst nirgends vorkommende Ausdruck *hold intelligence* deutet an, dass ein Austausch von Mitteilungen, ein Zwiegespräch stattfindet.

HERZOG FREDERICK. So benehmen sich alle Verräter. Bestünde ihre Reinwaschung[19] in Worten, [50] dann wären sie so unschuldig wie die [göttliche] Gnade selbst. Lass dirs genügen, dass ich dir nicht traue.
ROSALINDE. Doch Euer Misstrauen kann mich nicht zur Verräterin machen. Sagt mir, worauf sich der Anschein[20] [dafür] gründet.
HERZOG FREDERICK. Du bist deines Vaters Tochter, dies genügt.
ROSALINDE. [55] Das war ich [auch], als Eure Hoheit ihm sein Herzogtum nahm; das war ich, als Eure Hoheit ihn verbannte. Verrat wird nicht ererbt, hoher Herr, oder selbst wenn wir ihn von unsern Vorfahren[21] mitbekommen[22], was gehts mich an? Mein Vater war kein Verräter. [60] Verkennt mich also nicht so sehr, mein edler Herr, dass Ihr glaubt, ich Arme[23] sei verräterisch.
CELIA. Teurer Gebieter, hört mich an.
HERZOG FREDERICK. Gewiss, Celia. Wir ließen sie Euch zuliebe bleiben[24], sonst hätte sie mit ihrem Vater [das Land] durchstreift.
CELIA. [65] Damals habe ich nicht flehentlich gebeten, man möge sie bleiben lassen; es war Euer Wille und Euer eigenes Mitgefühl[25]. Zu jener Zeit war ich zu jung[26], um sie in ihrem Wert zu erkennen, doch jetzt kenne ich sie. Ist sie eine Verräterin, dann bin ich genauso eine. Wir haben immer beieinander geschlafen, [70] uns im selben Augenblick erhoben, miteinander gelernt, gespielt und gegessen; und wohin immer wir gingen, da gingen wir, gleich Junos Schwänen[27], gepaart und unzertrennlich.

---

[19] *purgation*: Sh. gebraucht das Wort hier im juristischen Sinne, wie in *Wint. T.* III.2.7: *we so openly / Proceed in Justice, which shall have due course, / Even to the guilt or the purgation.* '[da] wir so offen nach dem Recht verfahren, das seinen ordentlichen Lauf nehmen soll bis zur [Feststellung der] Schuld oder der Reinwaschung'; vgl. auch den Ausdruck *to put someone to his purgation* 'jemanden auf die Probe stellen', V.4.43 und *Haml.* III.2.293. Kanonische Reinwaschung bestand in einer vor einem geistlichen Gerichtshof eidesstattlich abgegebenen Erklärung der eigenen Unschuld. Weltliche Reinigung war das Bestehen einer Unschuldsprobe in Feuer oder Wasser oder durch Austragung eines Zweikampfs. Der Herzog bezieht sich auf die nicht in bloßen Worten bestehende weltliche Reinigung.

[20] *likelihoods*: Das Wort wird im Singular und auch im Plural gebraucht, meist im Sinne von 'Basis für eine Annahme', was etwa 'Indizienbeweis' entspricht. Vgl. *These likelihoods confirm her flight from hence* 'Diese Indizien bestätigen ihre Flucht', *Two Gent.* V.2.46.

[21] *friends*: Das Wort hatte früher die erweiterte Bedeutung 'Verwandte und Freunde'; vgl. *Meas. for M.* I.2.146 und III.1.28.

[22] *derive*: Oft 'erben' (Schmidt); vgl. *All's Well* I.1.40 und *Hen.* V I.1.89.

[23] *my poverty* = "poor I": 'Armes Ich' oder 'ich Arme(r)'; vgl. *Lear* III.4.26: *In, boy; go first. You houseless poverty* 'Geh, Bursch, voran! Du armer Unbehauster'. Was Sh.s Ge-

AS YOU LIKE IT I.3 87

DUKE FREDERICK. Thus do all traitors.
    If their purgation did consist in words,
50   They are as innocent as grace itself.
    Let it suffice thee that I trust thee not.
ROSALIND. Yet your mistrust cannot make me a traitor.
    Tell me whereon the likelihoods depends.
DUKE FREDERICK. Thou art thy father's daughter, there's enough.
ROSALIND. [55] So was I when your Highness took his dukedom;
    So was I when your Highness banished him.
    Treason is not inherited, my lord,
    Or if we did derive it from our friends,
    What's that to me? My father was no traitor.
60   Then, good my liege, mistake me not so much
    To think my poverty is treacherous.
CELIA. Dear sovereign, hear me speak.
DUKE FREDERICK. Ay, Celia. We stayed her for your sake,
    Else had she with her father ranged along.
CELIA. [65] I did not then entreat to have her stay;
    It was your pleasure and your own remorse.
    I was too young that time to value her,
    But now I know her. If she be a traitor,
    Why, so am I. We still have slept together,
70   Rose at an instant, learned, played, eat together;
    And wheresoe'er we went, like Juno's swans,
    Still we went coupled and inseparable.

---

53 *likelihoods* F; F₂ *likelihood*.

---

brauch des abstrakten anstelle des konkreten Ausdrucks betrifft, siehe Schmidt, *Grammatical Observations*, 11 und Franz, *Die Sprache Shakespeares*, S. 192.
²⁴ *stayed*: Vgl. I.1.7.
²⁵ *remorse* = "compassion": 'Mitgefühl', wie öfters.
²⁶ *I was too young that time*: Diese Aussage, aus der hervorgeht, dass seit der Verbannung des alten Herzogs geraume Zeit verflossen ist, verträgt sich schlecht mit dem Gespräch in I.1.92ff. zwischen Oliver und Charles; vgl. Olivers Frage, wo der alte Herzog sich aufzuhalten gedenke. Die Aussage passt hingegen zu den Worten des alten Herzogs in II.2.2: *Hath not old custom made this life more sweet* ... 'Hat alte Gewohnheit dies Leben hier nicht lieblicher gemacht ...'.
²⁷ *Juno's swans*: In der klassischen Mythologie war der Pfau, nicht der Schwan, der Juno heilig. Die Idee eines von Schwänen gezogenen Götterwagens ist aber antik; vgl. Karl Kerényi, *Die Mythologie der Griechen* (Zürich 1951), S. 140. Wichtig ist hier die Vorstellung des (unzertrennlichen) Gespanns.

HERZOG FREDERICK. Sie ist zu durchtrieben für dich; und ihr sanftes Wesen[28], ja noch ihr Schweigen und ihr Dulden [75] sprechen zum Volk und rühren ihm ans Herz. Du bist eine Törin. Sie raubt Dir deinen Ruf[29], und du wirst heller scheinen, tugendsamer wirken, sobald sie fort ist. Tu also deinen Mund nicht auf. Fest und unwiderruflich ist mein [Richt]spruch, [80] dem ich sie unterstellt habe; sie ist verbannt.

CELIA. Dann sprecht dasselbe Urteil über mich, mein Fürst; ich kann nicht leben ohne ihre Nähe.

HERZOG FREDERICK. Ihr seid eine Törin. Ihr, Nichte, verseht Euch [mit dem Nötigen]; falls Ihr die Frist überschreitet, dann, bei meiner Ehre [85] und durch die Macht meines Wortes[30], sterbt Ihr.

Herzog und Edelleute ab.[31]

CELIA. O meine arme Rosalinde, wohin willst du nun gehen? Willst du den Vater tauschen? Ich will dir meinen geben. Sei du nicht trauriger als ich, das befehle ich dir.

ROSALINDE. Ich habe mehr Grund dazu.

CELIA. Den hast du nicht, Bäschen. [90] Sei heiter, ich bitte Dich. Weißt du nicht, dass der Herzog mich, seine Tochter, verbannt hat?

ROSALINDE. Das hat er nicht.

CELIA. Nein? Nicht? Dann fehlt es Rosalinde an der Liebe, die dich lehrt, dass du und ich eins sind[32]. Soll man uns trennen, sollen wir auseinander gehen, Herzchen? [95] Nein, mag sich mein Vater eine andere Erbin suchen. Drum denke mit mir einen Plan aus, wie wir fliehen können, wohin [wir] gehen und was wir mitnehmen sollen; und versucht nicht, die Wendung[33] [in Eurem Geschick] auf Euch zu nehmen, Euren Schmerz allein zu tragen

---

[28] *smoothness*: Was die Nebenbedeutung 'heuchlerisch', 'unaufrichtig' betrifft, vgl. *Rich. III* III.5.29 und *Timon* III.6.91.

[29] *name*: Hier 'Ansehen', vielleicht geradezu 'Image': Solange sich Rosalinde am Hofe aufhält, gilt sie nicht nur als die legitime Prinzessin, sondern verdunkelt auch Celias Ansehen durch die eigene größere Beliebtheit beim Volk.

[30] *in the greatness of my word*: wahrscheinlich: *on the authority of my word* (as a ruler) 'kraft der Autorität meines Spruchs (als Herrscher)'. Diese Konstruktion findet sich bei Sh. nur hier; doch *greatness* hat fast immer die Mitbedeutung 'hoher Rang', 'Macht', 'Autorität'.

[31] *Exit Duke, & c.*: Die meisten Hrsg. setzen: *Exeunt Duke and Lords*.

[32] *Thou and I am one*: Wie in zahlreichen anderen Fällen wird das Verb, hier *to be*, vom nächstliegenden Subjekt *I* bestimmt.

AS YOU LIKE IT I.3 89

DUKE FREDERICK. She is too subtile for thee; and her smoothness,
　　Her very silence and her patience,
75　Speak to the people, and they pity her.
　　Thou art a fool. She robs thee of thy name,
　　And thou wilt show more bright and seem more virtuous
　　When she is gone. Then open not thy lips.
　　Firm and irrevocable is my doom
80　Which I have passed upon her; she is banished.
CELIA. Pronounce that sentence then on me, my liege;
　　I cannot live out of her company.
DUKE FREDERICK. You are a fool. You, niece, provide yourself;
　　If you outstay the time, upon mine honor,
85　And in the greatness of my word, you die.
　　　　　　　　　　　　　　　　　　Exit Duke, & c.
CELIA. O my poor Rosalind, whither wilt thou go?
　　Wilt thou change fathers? I will give thee mine.
　　I charge thee be not thou more grieved than I am.
ROSALIND. I have more cause.
CELIA.　　　　　　　　Thou hast not, cousin.
90　Prithee be cheerful. Know'st thou not the Duke
　　Hath banished me, his daughter?
ROSALIND.　　　　　　　　　　That he hath not.
CELIA. No? hath not? Rosalind lacks then the love
　　Which teacheth thee that thou and I am one.
　　Shall we be sund'red, shall we part, sweet girl?
95　No, let my father seek another heir.
　　Therefore devise with me how we may fly,
　　Whither to go, and what to bear with us;
　　And do not seek to take your change upon you,

85　BA *Exit Duke, etc.* F; Hrsg. *Exeunt Duke and Lords*.
92　Pelican, Theobald *No? hath not?*; *No, hath not?* F; Singer *No hath not?*; Malone (Konj. Halliwell) *No, 'hath not'*.
98　*change* F; F_2 *charge*; Singer *the charge* (Vgl. Anm. 33).

---

[33] *change*: F_2 hat *charge*, eine von vielen Hrsg. bevorzugte Lesart, da sie besser zum *bear* in der vorhergehenden Zeile zu passen scheint. Malone hat indessen als erster darauf hingewiesen, dass *change*: "reverse of fortune" 'Schicksalswendung' bedeuten kann; vgl. *he his high authority abused, / And did deserve his change* 'dass er seine hohe Macht missbraucht / Und diese Schicksalswendung verdient hätte', *Ant. and Cl.* III.6.34, und *The miserable change now at my end / Lament nor sorrow at* 'Die Wendung zum Elend im Augenblick meines Endes / Beweint, beklagt sie nicht', *Ant. and Cl.* IV.15.51. Diese Bedeutung ergibt auch hier (Z. 98) einen so überzeugenden Sinn, dass eine Emendation unnötig ist.

und mich auszuschließen; [100] denn bei diesem Himmel, bleich jetzt von unserm Kummer, sag was du magst, ich will mit dir gehen[34].

ROSALINDE. Wohin aber sollen wir gehen?

CELIA. Auf die Suche nach meinem Onkel im Wald von Arden.

ROSALINDE. Ach, welche Gefahr wird es für uns bedeuten, so weit zu wandern, [105] die wir [ja] Mädchen sind! Schönheit lockt Diebe[35] noch eher an als Gold.

CELIA. Ich hülle mich in ein ärmliches und gemeines Gewand und beschmiere mein Gesicht mit einer Art Umbra[36]; tut Ihr ebenso, dann ziehen wir dahin, [110] ohne je einen Angreifer zu reizen.

ROSALINDE. Wär es nicht besser, da ich [ja] ungewöhnlich hoch gewachsen bin, mich ganz und gar[37] als Mann zu kleiden[38]? An der Hüfte ein schmuckes Kurzschwert[39], in der Hand einen Eberspieß, und im Herzen, [115] mögen da weibische Ängste versteckt liegen, so viel nur wollen, so wollen wir uns doch ein forsches[40], kriegerisches Auftreten zulegen wie viele andere männische Feiglinge, die mit ihrem Äußeren imponieren[41].

CELIA. Wie soll ich dich nennen, wenn du ein Mann bist?

ROSALINDE. [120] Ich möchte keinen schlechteren Namen als [den von] Jupiters Pagen; darum – merkt Euch – nennt mich Ganymed[42]. Doch welches soll Euer Name sein?

CELIA. Einer, der auf meinen Zustand Bezug hat: nicht länger Celia, sondern Aliena.

---

[34] *I'll go along with thee*: In der mit diesen Worten endigenden Rede Celias ist wieder ein unmotivierter Wechsel zwischen *thou* und *you* festzustellen; vgl. Anm. 1 zu I.2.1.

[35] *thieves*: Im älteren E. und in der Bibel oft allgemein 'Verbrecher'; vgl. III.2.311.

[36] *umber*: 'Eine als Farbstoff benutzte braune Erde' (OED 1); das entsprechende Verb *to umber* findet sich in *Hen. V* IV.Prolog.9. Helle Hautfarbe, die Damen von Stande auszeichnete – bei den Elisabethanern und auch später – wäre bei ärmlich gekleideten Mädchen aufgefallen.

[37] *all points* = "at all points": 'In jeder Einzelheit'; vgl. *Rich. II* I.3.2 und *Haml.* I.2.200. Was die Weglassung der Präposition bei adverbialen Ausdrücken betrifft, siehe Abbott, § 202. Der Kontext macht es wahrscheinlich, dass Rosalinde mit dem Wort *points* spielt, denn es bedeutet auch 'Bändchen oder kleine Schnüre zur Befestigung der Strumpfhose (*hose*) am Wams (*doublet*)' (OED II 5, Schmidt 2). Vgl. *I am resolved on two points. – That if one break, the other will hold; or if both break, your gaskins fall* '[aber] ich bin für eine doppelte Schnur. – Damit, wenn die eine reißt, die andere noch hält; wenn aber beide reißen, fallen Euch die Pumphosen herunter.', *Twel. N.* I.5.21 und *Their points being broken – Down fell their hose* 'Nachdem ihre Degenspitzen / Schnüre geborsten waren – fielen ihnen die Strumpfhosen herunter.', *1 Hen. IV* II.4.203.

[38] *suit*: 'Kleiden'; vgl. *Merch. V.* I.2.68 und *Cymb.* V.1.23. Die moderne Bedeutung von *suit* (Verb) 'passen' ist bei Sh. häufiger.

[39] *curtle-axe*: Dies ist eine durch Volksetymologie veränderte Form des Wortes *cutlass*; vgl. *Hen. V* IV.2.21. Es ist bei Sh. sonst nirgends belegt.

	To bear your griefs yourself and leave me out;
100	For, by this heaven, now at our sorrows pale,
	Say what thou canst, I'll go along with thee.

ROSALIND. Why, whither shall we go?
CELIA. To seek my uncle in the Forest of Arden.
ROSALIND. Alas, what danger will it be to us,
105 Maids as we are, to travel forth so far!
Beauty provoketh thieves sooner than gold.
CELIA. I'll put myself in poor and mean attire
And with a kind of umber smirch my face;
The like do you; so shall we pass along
110 And never stir assailants.
ROSALIND.   Were it not better,
Because that I am more than common tall,
That I did suit me all points like a man?
A gallant curtle-axe upon my thigh,
A boar-spear in my hand; and, in my heart
115 Lie there what hidden woman's fear there will,
We'll have a swashing and a martial outside,
As many other mannish cowards have
That do outface it with their semblances.
CELIA. What shall I call thee when thou art a man?
ROSALIND. [120] I'll have no worse a name than Jove's own page,
And therefore look you call me Ganymede.
But what will you be called?
CELIA. Something that hath a reference to my state:
No longer Celia, but Aliena.

---

[40] *swashing*: 'prahlerisch', 'renommierend'; ursprüngliche Bezeichnung für einen kräftigen, widerhallenden Schlag gegen den Schild eines Gegners. Vgl. *Rom. and Jul.* I.1.60 und das heutige *swashbuckler* 'Polterer', 'Schwadroneur'.

[41] *outface it*: Diese Konstruktion mit "leerem" *it* ist im Neuenglischen lebendig geblieben: vgl. *to hop it* 'verduften', *to leg it* 'zu Fuß gehen', *to lord it* 'sich als Herr aufspielen', *to rough it* 'bewusst Strapazen auf sich nehmen'. Siehe Jespersen, *Mod. Engl. Grammar VI*, 6.87.

[42] *Ganymede ... Aliena*: Vgl. Thomas Lodges *Rosalynde:* "Thus fitted to the purpose, away goe these two friends, having now changed their names, Alinda being called Aliena, and Rosalynd Ganimede:" (Bullough, *Sources*, S. 180), 'Dergestalt ausgerüstet machen sich diese beiden Freundinnen auf den Weg, hinfort mit geänderten Namen, indem Alinda jetzt Aliena und Rosalynd Ganimede heißt.' Ganymed war bekanntlich Zeus' Mundschenk; Aliena bedeutet '[die] Fremde'. Da den elisabethanischen Frauen der Schauspielerberuf verschlossen war und demzufolge alle weiblichen Rollen von Knaben gespielt wurden, ist Rosalindes Verkleidung in einen Jüngling nur die Wiederannahme ihres natürlichen Geschlechts. Sie ist also wie geschaffen zur Verkörperung Ganymeds.

ROSALINDE. [125] Doch, Bäschen, wie wärs, wenn wir versuchten, den spaßigen Narren aus Eures Vaters Hof herauszustehlen; wär er nicht Trost in unserer Mühsal[43]?
CELIA. Der käme mit mir bis ans Ende der Welt; überlasst es mir, ihn zu gewinnen. Gehn wir [130] und raffen wir unsern Schmuck und unser Geld zusammen, überlegen wir uns den passendsten Zeitpunkt und den sichersten Weg, um uns vor Verfolgung zu decken, die meine Flucht nach sich ziehen wird. Gehen wir jetzt frohen Herzens[44] in die Freiheit, nicht in die Verbannung.

Beide ab.

---

[43] *travail*: In der Sh.-Zeit wurden die beiden Schreibungen *travel* und *travail* sowie die zugehörigen Inhalte 'Reise' und 'Mühe', 'schwere Arbeit' noch nicht auseinander gehalten. Oft hat das Wort – unabhängig von der Schreibart – beide Bedeutungen zugleich, so auch hier; vgl. den Gebrauch des Verbs *to travail* in IV.1.26.

ROSALIND. [125] But, cousin, what if we assayed to steal
　　　　　The clownish fool out of your father's court;
　　　　　Would he not be a comfort to our travel?
CELIA. He'll go along o'er the wide world with me;
　　　Leave me alone to woo him. Let's away
130　　And get our jewels and our wealth together,
　　　Devise the fittest time and safest way
　　　To hide us from pursuit that will be made
　　　After my flight. Now go in we content
　　　To liberty, and not to banishment.

Exeunt.

133　*goe in we* F; F$_{2-4}$ *go we in.*

---

[44] *go in we content*: Die Folios 2–4 haben *go we in content*, was dem Sinn nach überzeugend ist. Die Lesung von F (*go in we content*) entspricht weder prosaischer noch poetischer Wortstellung; ein Druckfehler ist wahrscheinlich.

II.1 *Der [rechtmäßige] Herzog, Amiens und einige Edelleute in Jägerkleidung*[1] *treten auf.*

HERZOG. Nun, meine Gefährten und Brüder in der Verbannung, hat alte Gewohnheit[2] das Leben hier nicht lieblicher gemacht als dasjenige gemalten Gepränges[3]? Sind diese Wälder nicht freier von Gefahr als der neidische Hof? [5] Hier spüren wir nur Adams Strafe [und] den Wechsel der Jahreszeiten[4], etwa den eisigen Zahn[5] und das raue Schelten des Winterwinds, dem ich, wenn er meinen Leib beißt und anbläst, bis ich mich vor Kälte zusammenziehe, zulächle und sage [10] "Das ist nicht Schmeichelei": Dies sind [im Gegenteil] Ratgeber, die mir spürbar[6] zu Gemüte führen, was ich bin[7]. Süß ist der Gewinn der Widerwärtigkeit, die, gleich der Kröte, missgestaltet und giftig[8], dennoch ein köstliches Juwel[9] im Haupte trägt; [15] und dieses unser Leben,

---

[1] *like foresters*: In Bühnenanweisungen deutet *like* darauf hin, dass jemand in einem Gewand erscheint, das er normalerweise nicht trägt oder das nicht zu seinem Beruf gehört; vgl. *like Outlaws*, II.7, *doctor-like*, Sonn. 66.10. *For* bezeichnet andererseits eine tatsächliche Verkleidung; vgl. *Rosalind for Ganymede, Celia for Aliena*, II.4. *Foresters* bedeutet, wie zumeist, 'Jäger'.

[2] *old custom*: Vgl. Anm. 26 zu I.3.67, wo auf die Diskrepanz zwischen dieser Aussage und Charles' Bericht von der kürzlichen Verbannung des rechtmäßigen Herzogs hingewiesen wird.

[3] *painted pomp*: 'Prunk', 'Gepränge', ein Wort, das bei Sh. meist mit höfischem Leben verbunden ist. Es haftet ihm stets ein negativer Nebensinn an; vgl. *Haml.* III.2.57 und *Lear* III.4.33. *Painted* konnotiert oft (scheinbar) 'nicht wirklich'; vgl. *painted queen* 'Schattenkönigin', *Rich. III* I.3.240.

[4] *Here feel ... seasons' difference*: Diese unklare Stelle hat zu zahlreichen Deutungsversuchen geführt; vgl. u.a. Horace Howard Furness, *A.Y.L.*, *A New Variorum Ed.* (New York 1964), S. 61–65. Jede Deutung muss davon abhängen, was unter 'Adams Strafe' zu verstehen sei. Viele Hrsg. sehen in ihr die – im Vergleich zum ewigen Sommer des Paradieses – wechselnde und raue Witterung. Irene Naef, *Die Lieder in Sh.s. Komödien*, Schweizer Anglistische Arbeiten, Bd. 86 (Bern 1976), S. 137, deutet die Strafe als den inneren und äußeren Zustand des Verbanntseins; ihrer Argumentation schließen wir uns hier an. In beiden Fällen ergibt das *feel we not* einen Widerspruch, denn der Herzog und seine Gefährten empfinden sowohl die Unbill der Witterung wie das Schmerzliche des Verbanntseins. Der Widerspruch wird aufgehoben durch die Emendation von *not* zu *but* 'nur', wie sie Theobald, Arden u.a. vorgeschlagen haben, und die hier übernommen wird.

Andere moderne Hrsg. übernehmen Griersons Deutung (vgl. *Modern Language Review* IX, 1914, S. 370–372). Er sieht in Adams Strafe einfach die 'condition humaine', auf welche der Herzog in einer dritten rhetorischen Frage, etwa des Inhalts: 'Teilen wir unsere Übel nicht mit allen Menschen?' anspiele. So wäre das *not* zwar erklärt; doch die Wortstellung im Text, die einem Aussagesatz entspricht, sowie das Fehlen eines Fragezeichens sprechen gegen diese Argumentation.

Whiter (in der New Variorum-Ausg. zitiert) gibt eine weitere Deutung: Adams Strafe sei – nach *Genesis* III.17 'Im Schweiße deines Angesichts sollst du dein Brot essen' – harte

II.1 *Enter Duke Senior, Amiens, and two or three Lords, like Foresters.*

DUKE SENIOR. Now, my co-mates and brothers in exile,
Hath not old custom made this life more sweet
Than that of painted pomp? Are not these woods
More free from peril than the envious court?
5 Here feel we not the penalty of Adam;
The seasons' difference, as the icy fang
And churlish chiding of the winter's wind,
Which, when it bites and blows upon my body
Even till I shrink with cold, I smile and say
10 'This is no flattery'; these are counsellors
That feelingly persuade me what I am.
Sweet are the uses of adversity,
Which, like the toad, ugly and venomous,
Wears yet a precious jewel in his head;

---

5 *not* F; Theobald u. ältere Hrsg., Arden *but*; Konj. Staunton *yet*.
6 *difference,* F; Theobald *difference;;* Konj. Anon (Gentleman's Magazine, 1784) *difference?* (Vgl. Anm. 4).

körperliche Arbeit; auch nehme Sh. in *Haml.* V.1.34, *2 Hen. VI* IV.2.122 und *Rich. II* III.4.73 Bezug auf Adams Beruf als den eines Gärtners und Erdarbeiters. Da jedoch der verbannte Herzog und seine Gefährten im Wald von Arden keiner anstrengenden Arbeit nachgingen, bekämen sie diese Strafe Adams nicht zu spüren.

Eine ebenso wichtige Frage ist die, ob *The seasons' difference* als bloße Apposition, also als inhaltliche Gleichsetzung, zu *penalty of Adam* oder aber als neues, unabhängiges Akkusativobjekt zu *feel* zu betrachten sei. Wir haben uns für die zweite Möglichkeit entschieden: Der Wechsel der Jahreszeiten verschärft zwar Adams Verbanntsein, wird aber in der Bibel nicht als Strafe erwähnt.

[5] *fang*: genauer 'Reißzahn eines Hundes oder Wolfes', 'Giftzahn einer Schlange'.
[6] *feelingly*: Das Wort bedeutet bei Sh. meist 'wahrnehmbar', 'spürbar'; vgl. *Twel. N.* II.3.146; andererseits verwendet Sh. das Partizip Präsens oft, um einen passiven Sinn auszudrücken: vgl. *feeling loss, Rom. and Jul.* III.5.75; *feeling sorrows, Lear* IV.6.218, wo von (tief) empfundenem Verlust und Leid die Rede ist. Für die Konnotation 'schmerzlich' s. *Meas. for M.* I.2.34f.
[7] *what I am*: Die Selbsterkenntnis des Herzogs ist weniger ein Erkennen seiner persönlichen Wesenszüge als die Einsicht, wie sehr der Mensch den Naturgewalten ausgeliefert, ihnen aber zugleich durch seinen Geist überlegen ist.
[8] *venomous*: Dem damaligen Volksglauben entsprechend bezeichnet Sh. die Kröte oft als giftig; vgl. *Rich. III* I.2.147 und I.3.245.
[9] *precious jewel in his head*: Vgl. OED *toadstone*: 'ehemals Bezeichnung für Steine verschiedener Art, deren Aussehen an Kröten erinnerte oder deren Herkunft man Kröten zuschrieb, [...] der am höchsten geschätzte sollte aus dem Kopf der Kröte stammen'. Überdies schrieb man dem Stein magische Kräfte zu, z.B. die Fähigkeit, Gift unwirksam zu machen; vgl. E. Fenton, *Secrete Wonders of Nature*, 1569 (Angabe in New Cambridge ¹1926).

fernab[10] vom Menschengewimmel, findet Zungen in Bäumen, Bücher in den fließenden Bächen, Predigten in Steinen und Gutes in allen Dingen.

AMIENS. Ich wollte es nicht mehr anders[11]; glücklich sind Eure Gnaden, die die Widrigkeit[12] des Schicksals [20] in eine so ruhige und so milde Tonart zu übertragen wissen.

HERZOG. Kommt, wollen wir uns Wild[13] erlegen gehen? Und dennoch plagt es mich, dass den armen getüpfelten Närrchen[14], die ja von Geburt an Bürger dieser öden[15] Stätte sind, in ihrem eigenen Revier [25] die runden Lenden mit Hakenpfeilen[16] blutig gerissen werden.

1. EDELMANN. In der Tat, mein Fürst, den melancholischen Jaques bekümmert dies, und er schwört, Ihr maßt Euch solcherart mehr Rechte an als Euer Bruder, der Euch verbannt hat. Heute haben Lord Amiens und ich uns [30] hinter ihn geschlichen, als er längelang unter einer Eiche lag, deren altes / bizarres[17] Wurzelwerk nach dem Bach ausspäht, der durch diesen Wald hin braust; dorthin kam ein armer versprengter[18] Hirsch, der vom Pfeil[19] des Jägers eine Verletzung davongetragen hatte, [35] um auszuschmachten; und wahrlich, mein Fürst, das unglückliche Tier stieß solche Seufzer aus, dass bei jeder Entladung sein ledernes Kleid sich fast zum Bersten spannte und die dicken runden Tränen[20] einander [40] in kläglichem Lauf seine unschuldige Nase

---

[10] *exempt*: 'abgeschnitten', 'entfernt', 'fernab', wie in *1 Hen. VI* II.4.93 und *Timon* IV.2.31.

[11] *I would not change it*: Die meisten Hrsg. legen diese Worte dem Herzog in den Mund, weil sie in ihnen Abrundung und Krönung seiner Rede erblicken. Trotzdem drängt sich eine Emendation nicht auf, da dieselben Worte aus Amiens' Munde als Zustimmung zu dieser Rede und als Antwort auf des Herzogs rhetorische Fragen genauso viel Sinn ergeben (Furness).

[12] *stubbornness*: 'Härte', 'Widrigkeit'. Das Wort gibt bei Sh. nicht notwendig den Begriff 'Halsstarrigkeit', 'Eigensinn' wieder.

[13] *venison*: Sh. gebraucht das Wort noch in der Bedeutung 'jagdbares Wild' (OED 2); in der heutigen Bedeutung 'Wildbret' findet es sich bei ihm kaum; vgl. *Cymb.* III.3.75 und IV.4.37.

[14] *poor ... fools*: Zusammen mit *poor, pretty* etc. ist *fool* ein Ausdruck, in dem sich Mitgefühl und Zärtlichkeit mischen und der frei ist von der üblichen Bedeutung 'törichter Mensch', 'Narr'. Vgl. Lears letzte Worte in Bezug auf Cordelia: *my poor fool is hanged*, V.3.306.

[15] *desert*: Wie in IV.3.142 *that desert place* lässt sich nicht erkennen, ob *desert* adjektivisch oder substantivisch gebraucht ist. Wie man aus der Waldszene sieht, weist es eher auf Menschenleere hin als auf den Mangel an Wasser und Vegetation.

[16] *forked heads*: 'Pfeile mit Stachelspitzen'; vgl. *Lear* I.1.144. Möglicherweise soll hier auch auf das gegabelte Geweih des Wilds (OED *head* 6) angespielt werden.

[17] *antic*: Aus dem Lat. entwickelten sich zwei Wörter: *antique* 'alt', 'ehrwürdig', und *antic*

15   And this our life, exempt from public haunt,
     Finds tongues in trees, books in the running brooks,
     Sermons in stones, and good in everything.
AMIENS. I would not change it; happy is your Grace
     That can translate the stubbornness of fortune
20   Into so quiet and so sweet a style.
DUKE SENIOR. Come, shall we go and kill us venison?
     And yet it irks me the poor dappled fools,
     Being native burghers of this desert city,
     Should, in their own confines, with forkèd heads
25   Have their round haunches gored.
1. LORD.   Indeed, my lord,
     The melancholy Jaques grieves at that,
     And in that kind swears you do more usurp
     Than doth your brother that hath banished you.
     To-day my Lord of Amiens and myself
30   Did steal behind him as he lay along
     Under an oak, whose antique root peeps out
     Upon the brook that brawls along this wood,
     To the which place a poor sequest'red stag
     That from the hunter's aim had ta'en a hurt
35   Did come to languish; and indeed, my lord,
     The wretched animal heaved forth such groans
     That their discharge did stretch his leathern coat
     Almost to bursting, and the big round tears
     Coursed one another down his innocent nose
40   In piteous chase; and thus the hairy fool,

---

18 *AMIEN. I would not change it.* F; Hrsg. ... *change it. / AMI. Happy is* ...

(in F₁ meist *antick* geschrieben) 'grotesk'. Hier hat F₁ *antick*, sodass 'grotesk', 'bizarr' als Bedeutung vorwiegt.

[18] *sequestered*: 'Entfernt von einer Umgebung oder Gesellschaft, der man innerlich zugehört' (OED 1); vgl. *Tit. A.* II.3.75 und *Tr. and Cr.* III.3.8.

[19] *aim*: Eigentlich 'Ziel'; hier werden Zielen und Treffen des Jagdtiers als *eine* Handlung gesehen.

[20] *tears*: Nach dem damaligen Volksglauben vergossen Wildtiere Tränen, wenn sie verwundet oder sonst in Not waren; vgl. Sidney, *Arcadia*, S. 61, *But Kalander [...] sent a death to the poor beast who with tears showed the unkindness he took of man's cruelty.* 'Doch Kalander sandte dem armen Tier einen Tod, welches mit Tränen die Kränkung sehen ließ, welche die Grausamkeit des Menschen ihm zugefügt hatte.' Ferner *Haml*. III.2.261 *Why, let the strucken deer go weep* 'Lasst doch den angeschossenen Hirsch sich ausweinen gehn.' – Zum Topos vom verwundeten Hirsch an der Quelle vgl. Wolfgang Kayser, *Das sprachliche Kunstwerk* (Bern 1948), S. 74f., ferner Claus Uhlig, "Der Weinende Hirsch", *ShJ W* (1968), S. 141–168.

hinabjagten; und so, vom[21] melancholischen Jaques eingehend
beobachtet[22], stand der behaarte Kerl[23] am äußersten Rande des
schnellen Baches und vermehrte ihn mit Tränen.
HERZOG. Doch was hat Jaques gesagt? Hat er diesen Anblick nicht
moralisch ausgedeutet[24]?
1. EDELMANN. [45] O doch, in tausend Gleichnissen. Zuerst sein Weinen
in den unbedürftigen[25] Bach: "Armer Hirsch", sprach er, "du
machst ein Testament, wie [es] Sterbliche[26] machen, indem du
dein gesamtes Mehr demjenigen gibst, der [schon] zu viel
hatte[27]". Dann sein Alleinsein dort[28], zurück – [50] und im Stich
gelassen von seinen samtigen[29] Freunden[30]: "Recht", sagt' er,
"so zertrennt das Elend den Strom der Gemeinschaft[31]". Alsbald
springt ein sorgloses[32] Rudel, voll vom Äsen, an ihm vorbei und
hält nicht inne, ihn zu grüßen; "jawohl", sprach Jaques, [55]
"stürmt nur weiter, ihr fetten und wohlgenährten[33] Bürger[34],
genauso ist es üblich; wozu schaut ihr zu diesem armen und

---

[21] *of*: Sh. verwendet in Passivsätzen häufig *of* statt des heutigen *by* (Abbott, *A Shakespearian Grammar*, § 170; Franz, *Die Sprache Shakespeares*, S. 249); vgl. Z. 50 und III.2.325.

[22] *marked*: 'beobachtet', 'beachtet', wie öfters. Vgl. III.4.51.

[23] *the hairy fool*: Vgl. Anm. 14.

[24] *moralize*: Im Gegensatz zum D. kann im E. *moralize* mit direktem Objekt gebraucht werden: "to moralize an event" 'über ein Ereignis Betrachtungen anstellen'.

[25] *needless*: Dies ist die einzige Stelle, wo Sh. *needless* in der wörtlichen Bedeutung 'nicht Not habend' verwendet. An den übrigen Stellen bedeutet es wie heute 'unnötig'; vgl. *Meas. for M.*, ed. Naef (Studienausgabe), V.1.92 und *L.L.L.* II.1.115.

[26] *worldlings*: Wohl einfach 'Bewohner dieser Welt', d.h. Menschenwesen, ohne negativen Beigeschmack; vgl. Sh.s Gebrauch von *worldly* im Sinne von 'dieser Welt zugehörig' in *Jul. Caes.* I.3.96 und *Cymb.* IV.2.260.

[27] *which had too much*: Die Erfahrung, dass dem gegeben werden wird, der hat (*Matth.* 13.12), war Sh. sehr wichtig; als Weisheitsspruch hatte er sie offenbar auch bei Erasmus in dessen "Adagia" gefunden. Vgl. Thomas W. Baldwin, *On the Literary Genetics of Shakespeare's Plays* (Urbana 1959), S. 310–311 (zit. in Arden 1975).

[28] *then, being there alone* = "then for his being there alone": Vgl. Z. 46. Das Bild von dem im Stich gelassenen verwundeten Hirsch lässt sich (siehe Players' Shakespeare 1965, S. 207) auf das Schicksal des Grafen von Essex beziehen, der – bei Königin Elisabeth, der er in unerwiderter Liebe anhing, in Ungnade gefallen und von unzuverlässigen Freunden fortan gemieden – sich auf sein Landgut Wanstead in Essex zurückgezogen hatte.

[29] *velvet* bezieht sich deutlich auf das glatte Fell der Wildtiere. Nichts deutet darauf hin, dass Sh. die weidmännische Bedeutung von *velvet* im Sinn hatte, nämlich 'die weiche, flaumige Haut, welche das Wildgehörn während des Wachstums überzieht' (OED 2).

AS YOU LIKE IT II.1

        Much markèd of the melancholy Jaques,
        Stood on th'extremest verge of the swift brook,
        Augmenting it with tears.
DUKE SENIOR.   But what said Jaques?
        Did he not moralize this spectacle?
1. LORD. [45] O, yes, into a thousand similes.
        First, for his weeping into the needless stream:
        'Poor deer,' quoth he, 'thou mak'st a testament
        As worldlings do, giving thy sum of more
        To that which had too much.' Then, being there alone,
50   Left and abandoned of his velvet friend:
        ''Tis right,' quoth he, 'thus misery doth part
        The flux of company.' Anon a careless herd,
        Full of the pasture, jumps along by him
        And never stays to greet him; 'Ay,' quoth Jaques,
55   'Sweep on, you fat and greasy citizens,
        'Tis just the fashion; wherefore do you look

---

49   *must* F; F_{2-4}, Hrsg. *much*.
50   *friend* F; Hrsg. *friends*.

[30] *friend*: Die meisten Hrsg. emendieren zu *friends*, da ihnen der Plural logischer erscheint. Druckfehler in Bezug auf *s* am Ende eines Wortes sind in der F häufig (Abbott, *A Shakespearian Grammar*, § 338).

[31] *part the flux*: Zwei Interpretationen sind möglich: 1) *misery*, abstrakt, wird als das trennende Element gesehen, das den Strom der Gemeinschaft wie eine Insel oder einen Felsblock in zwei Teile zertrennt: in den breiten Strom der Begünstigten und in das schmale Rinnsal der vereinzelten Unglücklichen. 2) *misery* ist konkretisiert und bedeutet den Unglücklichen selbst, der sich vom Strom der Gemeinschaft abtrennt. Tatsächlich kommt *part* trans. im Sinne von 'sich abwenden von', 'verlassen' vor, z.B. in *Rich. II* III.1.3 und *Per.* V.3.38. Indessen liegt der Sinn des Bildes nicht so sehr darin, dass der Unglückliche selber die Einsamkeit sucht, vielmehr darin, dass er von den anderen verlassen wird; *part* trans. im Sinne von 'abhalten von', wie er für diese letzte Vorstellung nötig wäre, ist aber bei Sh. nicht belegt. Das Bild vom Strom, der durch Hindernisse verengt wird, ist bei Sh. nicht selten, sodass die Interpretation 1) von zwei Seiten her als die wahrscheinlichere erscheint. – *Flux*: 'körperliche Ausscheidung' (nur in III.2.65) oder 'Fluss', 'Strom' (nur in II.1.52)

[32] *careless*: Vgl. I.1.111.

[33] *fat and greasy*: Die beiden Adjektive bilden hier ein tautologisches Paar; vgl. den weidmännischen Ausdruck *in grease* 'wohlgenährtes, zum Abschuss geeignetes Wild' (OED 16). Ausführlicher besprochen werden *greasy* und *grease* in den Anm. zu III.2.51 und III.2.53.

[34] *citizens*: Dieses Wort nimmt Bezug auf die vorhergehenden Worte des Herzogs, Z. 23.

gebrochenen Verlierer[35] hin?" Dergestalt durchbohrt[36] er voller
Schmähungen den Körper von Vaterland, [Haupt]stadt, Hof, [60]
ja sogar unseres Lebens hier, indem er schwört, wir seien bloß
Usurpatoren, Tyrannen und, noch schlimmer, wir scheuchten
die Tiere auf und brächten sie um[37] in dem ihnen zugewiesenen,
angestammten Lebensraum.
HERZOG. Und verließet Ihr ihn in dieser Betrachtung?
2. EDELMANN. [65] Ja, mein Fürst, weinend und Sprüche über den
schluchzenden Hirsch von sich gebend.
HERZOG. Zeigt mir den Ort. Bei diesen düsteren Anwandlungen begegne[38] ich ihm gerne, denn dann ist er voller Tiefsinn[39].
1. EDELMANN. Sogleich führe ich Euch zu ihm.

Alle ab.

II.2 *Der Herzog [Frederick] tritt mit Edelleuten auf.*
HERZOG FREDERICK. Ist es denn möglich, dass niemand die beiden gesehen hat? Es kann nicht sein; Schurken hier an meinem Hof sind dabei mit Zustimmung und Duldung[1] [beteiligt].

---

[35] *bankrupt* bedeutet bei Sh. gewöhnlich 'ruiniert' in einem weiteren, nicht nur finanziellen Sinn; vgl. *Hen. V* IV.2.43 und *Rom. and Jul.* III.2.57. Indessen wird selbst bei bildlichem Gebrauch die Vorstellung der Insolvenz oder Zahlungsunfähigkeit im Kontext ausgedrückt, wie hier mit den Adjektiven *poor* und *broken* (OED 7 führt *broken* als Synonym zu *bankrupt* an). Vgl. *Rich. II* II.1.257: *the king's grown bankrout, like a broken man* 'der König ist jetzt bankrott wie ein ruinierter Mann'.

[36] *pierceth*: Sh. bewahrt die konkrete Bedeutung von *pierce* 'durchbohren' oft noch beim bildlichen Gebrauch, indem er als Objekt des Durchbohrens den Körper selbst, wie hier, oder einen Körperteil sieht; vgl. *complete bosom* 'heile Brust', *Meas. for M.* I.3.3; *the night's dull ear* 'das schwerhörige Ohr der Nacht', *Hen. V* IV.Prolog.11.

[37] *kill ... up*: Dies ist der einzige Fall, wo bei Sh. *kill* in Verbindung mit *up* vorkommt. OED nennt weitere zeitgenössische Beispiele von *kill up*, bei denen die Bedeutung dem heutigen umgangssprachlichen *kill off* 'abschlachten' zu entsprechen scheint; vgl. auch Sh.s Gebrauch von *poison up*, *L.L.L.* IV.3.300 und *stifle up*, *K. John* IV.3.133, wo das *up* betont, dass die Handlung abgeschlossen ist (Schmidt *up* 7).

[38] *cope*: 'zusammenkommen', 'begegnen', 'entgegentreten'. Die Begegnung kann freundlich oder feindlich sein; vgl. *He hath, and is again to cope your wife* 'er ist mit Eurer Frau [zusammengekommen] und soll wieder mit ihr zusammenkommen', *Oth.* IV.1.86; ferner

Upon that poor and broken bankrupt there?'
Thus most invectively he pierceth through
The body of the country, city, court,
60 Yea, and of this our life, swearing that we
Are mere usurpers, tyrants, and what's worse,
To fright the animals and to kill them up
In their assigned and native dwelling place.
DUKE SENIOR. And did you leave him in this contemplation?
2. LORD. [65] We did, my lord, weeping and commenting
Upon the sobbing deer.
DUKE SENIOR.   Show me the place.
I love to cope him in these sullen fits,
For then he's full of matter.
1. LORD. I'll bring you to him straight.

Exeunt.

II.2   *Enter Duke [Frederick], with Lords.*
DUKE FREDERICK. Can it be possible that no man saw them?
It cannot be; some villains of my court
Are of consent and sufferance in this.

---

59 *of Countrie* F; F$_{2-4}$, Hrsg. *of the country*.

he coped Hector in the battle 'er trat Hector in der Schlacht entgegen', *Tr. and Cr.* I.2.32. *Cope with* ist ebenso häufig wie *cope* mit direktem Objekt und hat dieselbe Bedeutung; vgl. *Wint. T.* IV.4.417.

[39] *matter*: 'Sinn' im Gegensatz zum Sinn- oder Bedeutungslosen; vgl. *O, matter and impertinency mixed* 'O Mischung von Sinn und Unsinn', *Lear* IV.6.171 und *to speak all mirth and no matter* 'nur Unsinn und nichts zur Sache reden', *Much Ado* II.1.296. Was den Gebrauch von *material* betrifft, vgl. III.3.28.

[1] *consent and sufferance*: Die Meinung (Moberly, dem Arden folgt), dieses Wortpaar bilde einen juristischen Begriff, wird vom OED nicht gestützt; immerhin kann jedes Wort für sich allein Träger einer juristischen Bedeutung sein, worauf Furness hingewiesen hat. *Sufferance* kann bei Sh. entweder 'Qual' bedeuten, wie in *Meas. for M.* II.4.167, oder aber – beinahe synonymisch mit *consent* – 'Duldung', 'Geschehenlassen im Sinne des Nichteingreifens' (OED 6). Vgl. *Hen. V* II.2.46: *lest example / Breed by his sufferance more of such a kind.* 'damit das Beispiel durch das Gewährenlassen nicht weitere solcher Art zeuge'.

1. EDELMANN. Ich habe von niemandem gehört, der sie gesehen hätte. [5] Die Frauen im Dienste ihrer Kammer[2] brachten sie zu Bett, und früh am Morgen fanden sie das Bett seines Schatzes, ihrer Herrin, beraubt[3].
2. EDELMANN. Mein Fürst, der schäbige[4] Clown, über den Eure Hoheit so oft und gern gelacht hat, fehlt ebenfalls. [10] Hisperia, die Hofdame der Prinzessin, gesteht, sie habe heimlich mitangehört, wie Eure Tochter und ihre Base Geschick und Anmut[5] des Ringkämpfers[6] höchlich priesen, der erst kürzlich den sehnigen Charles geworfen[7] hat, [15] und sie glaubt, wohin immer sie gegangen sind, sei dieser Jüngling sicher ihr Begleiter.
HERZOG FREDERICK. Schickt zu seinem Bruder[8]; holt den Waghals hierher; ist er nicht da, so bringt den Bruder zu mir; ich will dafür sorgen, dass er ihn findet[9]. Tut dies unverzüglich, [20] und lasst Suche und Umfrage nicht erlahmen[10], um diese törichten Ausreißer zurückzubringen.

Alle ab.

II.3   *Orlando und Adam treten auf.*
ORLANDO. Wer da?[1]
ADAM. Was, Ihr, mein junger Herr, o mein edler Herr, o mein geliebter Herr, o Erinnerungsbild[2] des alten Sir Roland, sagt, was tut Ihr hier? [5] Warum seid Ihr hochgesinnt? Warum lieben Euch

---

[2] *her attendants of her chamber*: Nach Abbott, *A Shakespearian Grammar*, § 423, wird ein durch "of" verbundenes Substantivpaar, wie hier *attendants of her chamber*, oft als Kompositum empfunden und dementsprechend mit dem Possessivum *her* versehen; vgl. *his sum of age* 'die ihm zugemessene Lebenszeit', III.2.126. Das zweite *her* hält Furness aus Gründen der Metrik und des besseren Verständnisses für nötig.

[3] *untreasured*: 'gleichsam eines Schatzes beraubt' (Schmidt). Das Wort kommt bei Sh. sonst nirgends vor.

[4] *roynish*: 'räudig', 'gemein'. Das Sb. *ronyon* hat wahrscheinlich denselben Ursprung, frz. *rogne* 'Schorf', 'Krätze', 'Räude' (OED *roin*); vgl. *Merry W.* IV.2.160 und *Macb.* I.3.6.

[5] *parts*: Vgl. I.1.133.

[6] *wrestler*: Der Blankvers verlangt eine dreisilbige Aussprache dieses Wortes.

[7] *foil*: Vgl. I.1.121.

[8] *brother*: Capell, dem sich Furness anschließt, schlägt *brother's [house]*, also Olivers Haus, vor, damit nicht der Eindruck entstehe, *that gallant* beziehe sich auf Oliver. Bei Sh. ist indessen diese Konstruktion selten (vgl. A. E. H. Swaen, "The Elliptic Genitive", in *A Grammatical Miscellany offered to O. Jespersen*, 1930); auch ist die vorgeschlagene Emendation zum Verständnis der Stelle nicht nötig.

1. LORD. I cannot hear of any that did see her.
   5   The ladies her attendants of her chamber
       Saw her abed, and in the morning early
       They found the bed untreasured of their mistress.
2. LORD. My lord, the roynish clown at whom so oft
       Your Grace was wont to laugh is also missing.
   10 Hisperia, the princess' gentlewoman,
       Confesses that she secretly o'erheard
       Your daughter and her cousin much commend
       The parts and graces of the wrestler
       That did but lately foil the sinewy Charles,
   15 And she believes, wherever they are gone,
       That youth is surely in their company.
DUKE FREDERICK. Send to his brother, fetch that gallant hither;
       If he be absent, bring his brother to me;
       I'll make him find him. Do this suddenly,
   20 And let not search and inquisition quail
       To bring again these foolish runaways.

Exeunt.

II.3   *Enter Orlando and Adam.*
ORLANDO. Who's there?
ADAM. What, my young master, O my gentle master,
       O my sweet master, O you memory
       Of old Sir Rowland, why, what make you here?
   5   Why are you virtuous? Why do people love you?

---

[9] *I'll make him find out*: Olivers Pläne sind gründlich fehlgeschlagen: Nicht nur ist Orlando heil aus dem Ringkampf hervorgegangen, sondern er selbst wird nun auch noch wegen der vermeintlichen Hilfe seines Bruders bei der Flucht der Prinzessinnen zur Rechenschaft gezogen.

[10] *quail*: 'Misslingen', wenn von einer Unternehmung, 'den Mut verlieren', wenn von Personen die Rede ist (OED 2); vgl. *1 Hen. IV* IV.1.39 und *3 Hen. VI* II.3.54.

[1] *Who's there?*: Wird häufig als "Dunkelheitssignal" gebraucht; s. Leisi, *Problemwörter* unter "Wortkulisse". Mit diesem fragenden Anruf will Orlando sich vergewissern, dass kein Feind ihm (im Dunkeln) entgegenkommt oder einfach jemandem von der Dienerschaft ein Zeichen geben, dass er zurückgekehrt ist.

[2] *memory* kann bei Sh. einen Menschen oder Gegenstand bezeichnen, der etwas ins Gedächtnis zurückruft. Vgl. *These weeds are memories of those worser hours* 'Diese Gewänder sind Denkmal jener schlimmern Stunden', *Lear* IV.7.7.

die Menschen? Und wozu seid Ihr edel, kraftvoll und mutig? Warum wart Ihr so unbedacht[3], den stämmigen[4] Preisringer[5] des launischen[6] Herzogs besiegen zu wollen? Euer Ruhm ist zu schnell vor Euch zu Hause angekommen. [10] Wisst Ihr nicht, Herr, dass manchen Menschen ihre Gaben nur als Feinde dienen[7]? Nicht anders die Euren. Eure Tugenden, lieber Herr, sind geweihte und heilige[8] Verräter an Euch. Ach, was ist das für eine Welt, wo[9] [das], was trefflich[10] ist, [15] denjenigen vergiftet, der es hat?

ORLANDO. Ei, was ist denn geschehen?

ADAM. O unglücklicher Jüngling, kommt nicht herein durch diese Tore[11]; unter diesem Dach[12] wohnt der Feind aller Eurer Gaben. Euer Bruder, nein, kein Bruder, doch der Sohn [20] (doch nicht der Sohn, Sohn will ich ihn nicht nennen) desjenigen, den ich eben seinen Vater nennen wollte, hat Euren Ruhm vernommen, und heute Nacht will er die Schlafstätte anzünden[13], wo Ihr

---

[3] *fond*: Das Wort schwankt bei Sh. zwischen der älteren Bedeutung 'töricht', 'unbedacht', wie hier, und der neueren Bedeutung 'blind ergeben'; vgl. *Meas. for M.* II.2.187; manchmal, z.B. in *Meas. for M.* II.3.28, sind beide Bedeutungen vereinigt.

[4] *bonny* kommt bei Sh. außer hier noch fünfmal vor; in drei Fällen bezieht es sich auf ein Mädchen und bedeutet dann einfach 'hübsch', z.B. in *Tam. Shr.* II.1.186. Einmal charakterisiert es den jungen Liebsten in Ophelias Wahnsinnsliedchen, *Haml.* IV.5.185, und schließlich wird es auf ein Pferd angewandt: *2 Hen. VI* V.2.12. Die Grundbedeutung von *bonny* scheint 'wohlgestaltet', 'kraftvoll', 'rassig' zu sein (OED 2); sie entspricht weitgehend der Bedeutung, die das Wort heute im Schottischen hat.

[5] *prizer*: 'jemand, der sich zur Erlangung eines Preises in einen Wettkampf einlässt'. Bei Sh. kommt das Wort nur hier vor.

[6] *humorous*: Vgl. I.2.247

[7] *to some kind ... as enemies*: Die Aufzählung von Orlandos Tugenden, die mit dieser spruchartigen Lebenseinsicht abschließt, und das Gegenlob, das Orlando gegen Ende der Szene der Treue seines Dieners spendet, wirken (siehe Players' Sh., S. 207-208) wie beabsichtigte Paraphrasen der beiden Devisen auf dem Wappen des Grafen von Essex, nämlich: *virtutis comes invidia* 'der Neid ist Gefährte der Tugend' und *basis virtutis constantia* 'die Grundlage der Tugend ist Treue'.

[8] *sanctified and holy traitors*: Dieser Ausdruck ist ein Paradox: wer geheiligt, also im höheren Gnadenstand, und zugleich heilig, also sündelos ist, kann keinen Verrat begehen. Solche Oxymora (wörtl. 'scharfe Dummheiten') sind in der Sh.-Zeit häufig. Das Paradox lässt sich auch nicht mildern, indem man – wie dies nach OED von etwa 1600 an möglich wäre – *sanctified* mit 'Heiligkeit vortäuschend' übersetzt, denn Orlandos Tugenden sind echt.

[9] *when*: Die Konjunktionen *when* und *where* sind bei Sh. oft austauschbar; vgl. *these times where*, Z. 60.

[10] *comely* = "Becoming in a moral sense": 'wohlanständig', 'passend', 'trefflich' (OED 3). Vgl. *comely truth*, *Much Ado* IV.1.52. Die heutige Bedeutung "aesthetically becoming" 'schön', 'wohlgestaltet' kommt bei Sh. nur zweimal vor, und zwar nur beim Sb. *comeli-*

AS YOU LIKE IT II.3

    And wherefore are you gentle, strong, and valiant?
    Why would you be so fond to overcome
    The bonny prizer of the humorous Duke?
    Your praise is come too swiftly home before you.
10 Know you not, master, to some kind of men
    Their graces serve them but as enemies?
    No more do yours. Your virtues, gentle master,
    Are sanctified and holy traitors to you.
    O, what a world is this, when what is comely
15 Envenoms him that bears it!
ORLANDO. Why, what's the matter?
ADAM.   O unhappy youth,
    Come not within these doors; within this roof
    The enemy of all your graces lives.
    Your brother, no, no brother, yet the son
20 (Yet not the son, I will not call him son)
    Of him I was about to call his father,
    Hath heard your praises, and this night he means
    To burn the lodging where you use to lie

---

10 *seeme* F; F_{2-4}, Hrsg. *some.*
16 *ORL.* F_2; fehlt in F.
17 *within this roofe* F; Capell, Collier *beneath this roof* (vgl. Anm. 12).

---

ness: when youth with comeliness plucked all gaze his way 'als Jugend, mit Wohlgestalt vereint, jeden Blick zu ihm hinriss', *Coriol.* I.3.7.

[11] *within these doors*: wörtlich 'in den Bereich, den diese Türen abschließen'. Hier versucht Adam in guter Absicht, seinen jungen Herrn am Eintreten ins Haus zu hindern, während bei Thomas Lodge der feindliche Bruder es ist, der dem siegreich Zurückkehrenden das Haus versperrt, sodass er sich mit Gewalt Zutritt verschaffen muss.

[12] *within this roof*: Es ist vorgeschlagen worden (Collier), *within* durch *beneath* zu ersetzen, da Sh. an anderen Stellen in Verbindung mit *roof* die Präposition *under[neath]* verwendet; vgl. *Twel. N.* IV.3.25, *Rich. II* IV.1.282. Eine Emendation ist aber nicht nötig, wenn man *roof* als pars pro toto für 'Haus' versteht (OED 1 c), wie dies auch in *1 Hen. VI* II.3.56 und im *Sonn.* 10.7 möglich ist.

[13] *burn the lodging*: Bei Thomas Lodge sinnt der feindliche Bruder (Saladyne) nach oberflächlicher Versöhnung mit dem jüngeren Bruder (Rosader) weiterhin auf dessen Verderben, was mit den Ausdrücken *hiding fire in the straw* 'Feuer im Stroh verbergend' und *could no longer hide fire in the flax, nor oyle in the flame* 'konnte nicht länger Feuer im Flachs, noch Öl in der Flamme verbergen' wiedergegeben wird (zitiert nach Bullough, *Sources*, S. 173 und 191). Es ist denkbar, dass diese Stellen bei Sh. unbewusst nachwirkten und ihm das Brand-Motiv, das Anzünden von Orlandos Schlafstätte, eingaben. Was diese betrifft, so machen es Orlandos Klagen in I.1ff. wahrscheinlich, dass er in irgendeinem Verschlag oder Schuppen, abseits des Hauses, schlafen musste; solche landwirtschaftlichen Nebengebäude waren in Sh.s Zeit meist aus Holz, also leicht brennbar.

gewöhnlich[14] liegt, und Euch darin. Misslingt ihm dies, [25] so wird er andere Mittel finden, Euch umzubringen[15]. Ich habe ihn belauscht und seine Machenschaften. Hier ist keine Wohnstatt[16]; dies Haus ist nur ein Schlachthaus; verabscheut es, fürchtet es, betretet es nicht!

ORLANDO. Doch wohin willst du, Adam, dass ich gehe?

ADAM. [30] Gleichviel wohin, wenn Ihr nur nicht hierher kommt.

ORLANDO. Was, möchtest du, ich soll mir mein Essen zusammenbetteln gehen oder mir mit gemeinem und gewaltsamem Degen[17] einen diebischen Lebensunterhalt auf öffentlicher Landstraße erzwingen[18]? Das muss ich tun, sonst weiß ich nicht, was tun; [35] allein das will ich nicht, was immer ich zu tun vermag[19]. Eher noch will ich mich der Bosheit eines irregeleiteten Blutes[20] und blutigen[21] Bruders unterwerfen.

ADAM. Tut das ja nicht. Ich habe fünfhundert Kronen, den haushälterischen Lohn, den ich unter Eurem Vater zusammensparte, [40] welche [Summe] ich wohl verwahrt habe, damit sie meine Pflegerin sei, wenn einmal in meinen alten Gliedern das Dienen[22] lahm liegt und das Alter achtlos in die Ecke geworfen [wird]. Nehmt dies, und der die Raben[23] füttert, ja für den Sperling Vorsorge trifft, [45] sei meines Alters Trost. Hier ist das Geld, dies alles geb ich Euch. Lasst mich Euer Diener sein; sehe ich auch alt aus, so bin ich doch stark und rüstig, denn in meiner Jugend habe ich meinem Blut nie erhitzende und aufrührerische Getränke zugeführt[24]; [50] ebenso wenig habe ich mit schamloser

---

[14] *use*: Der präsentische Gebrauch von *use* im Sinne von 'gewohnt sein', 'die Gewohnheit haben' war bis zum Beginn des 18. Jh.s üblich (OED 20).

[15] *cut ... off*: 'umbringen' (OED 55 d), wie öfters.

[16] *place*: 'Wohnstatt' (OED 5 b); vgl. *Rich. III* III.1.68–69.

[17] *a base and boist'rous sword*: Es wäre schimpflich gewesen, wenn Orlando seinen Degen zu einem anderen Zweck als zu ritterlichem Kampf gebraucht hätte; immerhin kam es nicht selten vor, dass verarmte Adelige sich als Straßenräuber betätigten (Players' Shakespeare).

[18] *enforce*: 'sich gewaltsam aneignen', wie öfters. Was das Sb. *enforcement* betrifft, vgl. II.7.118.

[19] *do how I can*: In Form einer Frage findet sich *do how* auch in *Meas. for M.* III.1.185–186: *How will you do to content this substitute ...?* Bei ähnlichen Konstruktionen verwendet Sh. *what* statt *how*; vgl. *I will not stir from this place, do what they can* 'Ich rühre mich nicht von dieser Stelle, was immer sie tun mögen', *Mids. N. D.* III.1.109–110.

[20] *diverted blood*: Die zwei Bedeutungen von *blood* sind hier beide möglich: 1) 'Blutsverwandter' (OED 11), vgl. *farewell, my blood*, *Rich. II* I.3.57; 2) 'Temperament', 'Gemütslage' (OED 5). – *Divert* bedeutet bei Sh. stets 'abweichen von der wahren und gehörigen Richtung'; vgl. *Tr. and Cr.* I.3.8 und I.3.99.

              And you within it. If he fail of that,
25   He will have other means to cut you off.
              I overheard him, and his practices;
              This is no place, this house is but a butchery;
              Abhor it, fear it, do not enter it!
ORLANDO. Why, whither, Adam, wouldst thou have me go?
ADAM. [30] No matter whither, so you come not here.
ORLANDO. What, wouldst thou have me go and beg my food,
              Or with a base and boist'rous sword enforce
              A thievish living on the common road?
              This I must do, or know not what to do;
35   Yet this I will not do, do how I can.
              I rather will subject me to the malice
              Of a diverted blood and bloody brother.
ADAM. But do not so. I have five hundred crowns,
              The thrifty hire I saved under your father,
40   Which I did store to be my foster nurse
              When service should in my old limbs lie lame
              And unregarded age in corners thrown.
              Take that, and he that doth the ravens feed,
              Yea, providently caters for the sparrow,
45   Be comfort to my age. Here is the gold,
              All this I give you. Let me be your servant;
              Though I look old, yet I am strong and lusty,
              For in my youth I never did apply
              Hot and rebellious liquors in my blood,
50   Nor did not with unbashful forehead woo

---

29 BA *AD*. F; F_{2-4}, Hrsg. *ORL*.

---

[21] *bloody* weist zurück auf *blood* im Sinne von 'Blutsverwandter', wobei die Bedeutung 'blutdürstig' mitschwingt; vgl. *Macb.* IV.1.79 und V.8.7.

[22] *service*: Die Fortsetzung von Adams Rede, nämlich *should in my old limbs lie lame* könnte auf ein obszönes Wortspiel mit *service* im Sinne von 'ein Weibchen decken' hinweisen (vgl. *Meas. for M.* I.2.107 und *Lear* II.2.18), doch scheint dies im gegebenen Zusammenhang und im Hinblick auf die Person des Sprechenden unwahrscheinlich.

[23] *Ravens ... sparrow*: Vgl. *Psalm* 147.9: *God [...] Which giveth the beastes their fode, and to the yong rauens that crye*; ferner *Matth.* 10.29: *Are not two sparrowes solde for a farthing, and one of them shal not fall on the ground without your Father?* (Geneva Bible, 1560).

[24] *apply ... in my blood*: Sh. gebraucht *apply* gewöhnlich mit *to*; vgl. *Much Ado* I.3.10–11 und *Wint. T.* III.2.150. Arden erklärt die Konstruktion mit *apply ... in* überzeugend als "apply hot liquors which become rebellious in the blood". *Hot* in Verbindung mit alkoholischem Getränk kommt in *Wint. T.* IV.3.113 und *Coriol.* II.1.44 vor.

Stirn nach dem getrachtet, was Schwäche und Hinfälligkeit[25] erzeugt; darum ist mein Alter wie ein tüchtiger Winter, frostig[26], doch wohlwollend. Lasst mich Euch begleiten; ich will [55] bei all Euren Unternehmungen und Geschäften[27] die Dienste eines Jüngeren leisten.

ORLANDO. O guter Alter, wie schön zeigt sich bei dir der treue Dienst der alten Welt, als das Dienen sich noch aus Pflichtgefühl, nicht um Lohn[28] anstrengte. Du hältst es nicht mit[29] der heutigen Mode, [60] wo keiner sich anstrengen will, es sei denn um der Beförderung willen, und, hat er die, seinen Dienst abdrosselt[30] im Augenblick, da er sie hat; so ist es bei dir nicht. Allein, armer Alter, du stutzest einen dürren Baum, der [65] als Gegengabe[31] für alle deine Mühen und Gartenkünste nicht eine einzige Blüte hervorbringen kann. Doch komm[32], wir wollen uns gemeinsam auf den Weg machen, und ehe wir noch den Lohn deiner Jugend[33] aufgezehrt haben, werden wir auf irgendein gesichertes einfaches Behagen[34] stoßen.

ADAM. Herr, geh voran, und ich will dir[35] folgen [70] mit Ehrlichkeit und Treue bis zum letzten Atemzug. Von meinem siebzehnten Jahr[36] an bis nun beinahe zum achtzigsten habe ich hier gewohnt, doch wohne nun nicht mehr hier; mit siebzehn Jahren streben viele dem Glück nach, doch mit achtzig ists [dazu] zu

---

[25] *the means of weakness and debility*: Hier sind offenbar sexuelle Ausschweifungen gemeint.

[26] *frosty*: im bildlichen Sinne 'das Haar mit Reif überziehend' (New Swan Shakespeare).

[27] *necessities*: Beinahe tautologisch zu 'Geschäft', 'Pflicht', also wohl 'das, was dir zu tun nötig ist'; vgl. *Hen. VIII* V.1.2: *These should be hours for necessities, not for delights* 'Diese Stunden sollten dem Geschäft, nicht dem Vergnügen dienen'. An anderen Stellen bedeutet *necessity* bei Sh. oft 'Notwendigkeit', 'Bedarf'; vgl. II.7.89.

[28] *meed*: 'Lohn', 'Belohnung'. Andere Exemplare von F_1 haben *need* (vgl. New Variorum Text), ebenso F_4, während bei F_2 und F_3 wiederum *meed* steht. Beide Wörter passen gut in den Zusammenhang, doch *meed* ist wohl die wahrscheinlichere Lesart, da es wiederholt in ähnlichem Zusammenhang vorkommt; vgl. *duty never yet did want his meed* 'Der Pflicht[erfüllung] hat es noch nie an Lohn gefehlt', *Two Gent.* II.4.109 und *hired for meed* 'um Lohn gedungen', *Rich. III* I.4.223.

[29] *Thou art not for*: Wie heute, bedeutet *to be for* auch bei Sh. 'Partei nehmen für'; immerhin schwingt gelegentlich die besondere Bedeutung 'jemandem zu Diensten stehen' mit (Schmidt 6; vgl. V.3.9 und *Much Ado* II.1.330), wodurch der Ausdruck noch näher mit Orlandos Gedankengang in Beziehung gebracht würde.

[30] *chokes ... up*: Wie im Ausdruck *kill them up* II.1.62 wirkt das *up* hier verstärkend.

[31] *In lieu of*: Bei Sh. hat der Ausdruck eher die Bedeutung 'als Gegenleistung', 'zum Dank für' als die heute gebräuchliche Bedeutung 'anstelle von', 'anstatt'.

The means of weakness and debility;
Therefore my age is as a lusty winter,
Frosty, but kindly. Let me go with you;
I'll do the service of a younger man
55 In all your business and necessities.
ORLANDO. O good old man, how well in thee appears
The constant service of the antique world,
When service sweat for duty, not for meed!
Thou art not for the fashion of these times,
60 Where none will sweat but for promotion,
And having that, do choke their service up
Even with the having; it is not so with thee.
But, poor old man, thou prun'st a rotten tree
That cannot so much as a blossom yield
65 In lieu of all thy pains and husbandry.
But come thy ways, we'll go along together,
And ere we have thy useful wages spent
We'll light upon some settled low content.
ADAM. Master, go on, and I will follow thee
70 To the last gap with truth and loyalty.
From seventeen years till now almost fourscore
Here livèd I, but now live here no more;
At seventeen years many their fortunes seek,

---

58 *meede* F; F$_4$, Rowe *neede* (vgl. Anm. 28).
73 *seauentie* F; Hrsg. *seventy*.

---

[32] *come thy ways*: Vgl. I.2.191.
[33] *youthful wages* = "The wages of thy youth": 'der Lohn, den du in der Jugend erhieltest'. Vgl. *youthful hose* II.7.160 und *my youthful travel*, *Two Gent.* IV.1.34. Sog. Hypallage; das Adjektiv wird von der Person auf die zugehörige Sache verschoben; vgl. Leisi, *Problemwörter* unter "Hypallage".
[34] *low content*: *Low* = "lowly" 'demütig', 'bescheiden' (OED 11); vgl. *Merch.* V. I.3.39 und *Cymb.* III.3.85; *content* = *contentment* 'Zufriedenheit', 'Behagen' (OED 1), wie im Ausdruck "to one's heart's content" 'nach Herzenslust'. Bei Sh. hat nur der Pl. *contents* die moderne Bedeutung 'Inhalt'. – Nach diesen abschließenden Worten und auch wegen Adams Aufforderung *Master go on* hätte Orlando eigentlich von der Szene abzutreten.
[35] *I will follow thee*: Das Gefühl der zukünftigen, noch engeren Schicksalsgemeinschaft mit seinem Herrn erlaubt Adam, ihm jetzt die vertraulichere Anrede zu geben.
[36] *From seventeen ... debtor*: Nach Players' Sh. spricht Adam diese sechs letzten, sich reimenden Verse direkt zu den Zuschauern. Inhaltlich stellen sie eine knappe, doch umso bewegendere Zusammenfassung seines Lebens dar.

spät in der Woche[37]; [75] allein, das Schicksal kann mich nicht besser belohnen als [damit, dass ich] in Ehren und nicht als Schuldner meines Herrn sterbe[38].

Beide ab.

II.4 *Rosalinde als Ganymed, Celia als Aliena[1] und Touchstone der Narr treten auf.*

ROSALINDE. O Jupiter[2], wie matt[3] sind meine Lebensgeister!

TOUCHSTONE. Meine Lebensgeister sind mir gleichgültig, wären nur meine Beine nicht matt.

ROSALINDE. Ich hätte nicht übel Lust, [5] meiner Mannstracht[4] Unehre zu machen und zu flennen wie eine Frau; doch ich muss das schwächere Gefäß[5] aufmuntern, so wie Wams und Hosen sich vor dem Rock[6] kühn erweisen sollten. Mut also, gute Aliena!

CELIA. Ertrage mich, bitte, ich kann nicht weiter.

TOUCHSTONE. [10] Was mich betrifft, so würde ich Euch lieber ertragen als tragen[7]; doch ich würde kein Kreuz[8] tragen, wenn ich Euch trüge; denn ich glaube, Ihr habt kein Geld in Eurem Beutel[9].

---

[37] *a week*: Vermutlich ein Adverbialausdruck nach dem Muster von *a night* = "in the night", der in II.4.44 vorkommt; *a week* würde also "in the week" bedeuten, wobei man sich unter *week* einen unbestimmten Zeitraum vorzustellen hätte; vgl. auch den modernen Ausdruck *[too] late in the day*.

[38] *die well*: Auch theolog. Fachausdruck: 'im Stand der Gnade sterben'; vgl. Leisi, *Problemwörter*.

[1] *Enter Rosalind for Ganymede ... Aliena*: In den Bühnenanweisungen der F zeigt *for* an, dass jemand als bestimmte Person verkleidet auftritt; vgl. *Enter Portia for Balthasar*, *Merch.* V. VI.1.163, im Gegensatz zu *Enter Viola in man's attire*, *Twel. N.* I.4. Häufig wird aber eine Verkleidung nicht erwähnt; vgl. *Enter Imogen alone*, *Cymb.* III.6, wo die Hrsg. "in boy's clothes" anzufügen pflegen.

[2] *O Jupiter*: Dass Rosalinde hier – und auch später, Z. 55 – Jupiter anruft, ist ganz im Einklang mit dem Namen Ganymed, den sie für sich gewählt hat, denn zwischen Jupiter und dem schönen Jüngling Ganymed, den er raubte und zu seinem Mundschenk machte (vgl. Ovid, *Metamorphosen*, X, 155), besteht naturgemäß eine enge Beziehung.

[3] *merry*: Die meisten Hrsg. emendieren nach Theobalds Vorbild zu *weary*, weil *merry* zu Rosalindes Worten ... *and to cry like a woman* nicht zu passen scheint; auch sind *merry* und *weary* graphisch leicht zu verwechseln. Die Befürworter der ursprünglichen Lesart (Whiter, Furness) machen geltend, Rosalinde täusche Munterkeit nur vor, um Celia Mut zu machen. Beide Parteien berufen sich auf Touchstones Antwort, die in jedem Fall einen Sinn ergibt. Was, nach C. Trautvetter, meist unbeachtet blieb, sind Rosalindes Eingangsworte: Sie sprechen für eine Emendation. *O Jupiter* klingt verzagt und erinnert an die vielen Fälle, wo *O God* als Ausruf der Verzagtheit oder der Verzweiflung steht; vgl. *Haml.* I.2.132.

But at fourscore it is too late a week;
75 Yet fortune cannot recompense me better
Than to die well and not my master's debtor.

Exeunt.

II.4 *Enter Rosalind for Ganymede, Celia for Aliena, and Clown, alias Touchstone.*

ROSALIND. O Jupiter, how merry are my spirits!
TOUCHSTONE. I care not for my spirits if my legs were not weary.
ROSALIND. I could find in my heart to disgrace my man's [5] apparel and to cry like a woman; but I must comfort the weaker vessel, as doublet and hose ought to show itself courageous to petticoat. Therefore, courage, good Aliena!
CELIA. I pray you bear with me; I cannot go no further.
TOUCHSTONE. [10] For my part, I had rather bear with you than bear you; yet I should bear no cross if I did bear you; for I think you have no money in your purse.

---

1 BA *Clowne, alias Touchstone* F; Singer *Touchstone*; Johnson *Touchstone, the Clown.*
1 *merry* F; Theobald, Hrsg. *weary* (vgl. Anm. 3).
9 *cannot* F; F₂ *can.*

---

[4] *apparel*: Die nachfolgenden erotischen Wortspiele mit *weaker vessel, bear you, money in your purse* (vgl. Anm. 5, 7 und 9) sprechen dafür, dass auch *apparel* einen erotischen Nebensinn hat: 'Ausstattung des Mannes' (seltener 'der Frau'). Vgl. *Much Ado* III.3.130 und *Meas. for M.* IV.2.39.

[5] *weaker vessel*: Damit ist Celia gemeint; vgl. *1 Petrus* 3.7: "giving honour unto the wife as unto the weaker vessel". Wie *dish* (III.3.32) kann *vessel* nicht nur 'weibliche Person', sondern insbesondere 'weiblicher Geschlechtsteil' bedeuten; vgl. *2 Hen. IV* II.4.57 und *Rom. and Jul.* I.1.15.

[6] *doublet and hose ... petty-coat*: die typische männliche und weibliche Gewandung zu Sh.s Zeit, nämlich die kurze, eng anliegende Jacke über engen Strumpfhosen und der weite Rock.

[7] *bear with you than bear you*: Dasselbe Wortspiel findet sich in *Rich. III* III.1.128. *Bear* bedeutet oft 'das Gewicht eines Liebenden tragen'; vgl. *Tam. Shr.* II.1.201 und *Hen. V* III.7.43.

[8] *cross*: Dieses Wortspiel bezieht sich einerseits auf die bekannte Stelle in *Matth.* 10.38: "to bear one's cross", andererseits auf *cross* 'Kreuzer', also eine Münze, die auf der einen Seite ein Kreuz eingeprägt hatte (OED 20).

[9] *money in your purse*: 'Geld im Säckel'. Sowohl *money* wie *purse* kommen öfters als obszöne, auf die männliche Potenz bezügliche Wörter vor, besonders wenn sie verbunden sind; vgl. vor allem Iagos wiederholtes *put money in your purse*, *Oth.* I.3.337ff. Das Ganze also: 'Ihr könnt mich ohne Schaden besteigen, denn ihr seid ja keine wirklichen Männer'.

ROSALINDE. Nun wohl, dies ist der Wald von Arden.
TOUCHSTONE. Ja freilich, jetzt bin ich in Arden[10], Narr, der ich bin. [15] Als ich zu Hause war, war ich an einem besseren Ort, doch wer auf Reisen geht, muss sich bescheiden.
Corin und Silvius treten auf.
ROSALINDE. Jawohl, tut das, guter Touchstone. Schaut einmal, wer da kommt, ein junger Mann und ein alter in ernsthaftem Gespräch.[11]
CORIN. Gerade so bringst du sie dazu, dass sie dich für immer[12] verschmäht.
SILVIUS. [20] O Corin, wüsstest du [doch], wie ich sie liebe!
CORIN. Ich errate es zum Teil, denn ich habe früher [auch] geliebt.
SILVIUS. Nein, Corin, weil du alt bist, kannst dus nicht erraten, magst du auch in deiner Jugend ein so wahrer Liebender gewesen sein, wie je einer auf mitternächtigem Kissen geseufzt hat. [25] Doch war deine Liebe der meinigen je ähnlich, wie ich [denn] sicher glaube, dass nie ein Mann so geliebt hat [wie ich], zu wie vielen ganz unsinnigen Taten bist du [dann] von deiner Verzücktheit[13] hingerissen worden?
CORIN. Zu tausenden, die ich vergessen habe.
SILVIUS. [30] O, dann hast du nie so von Herzen geliebt! Wenn du dich der geringsten Torheit nicht entsinnst, in die dich je die Liebe hineingeritten hat, dann hast du nicht geliebt. Oder wenn du nicht dagesessen[14] hast, wie ich jetzt, [35] und deinen Zuhörer mit dem Preis deiner Liebsten ermüdet[15] hast, dann hast du nicht geliebt. Oder wenn du nicht ausbrachst aus Gesellschaft[16], so

---

[10] *now am I in Arden*: J. Upton, *Critical Observations on Shakespeare* (1746), vermutet, Touchstone benutze die ähnliche Lautung von *Arden* und *a den* 'eine Höhle' zu einem Wortspiel. Dass *Ardèn* auf der zweiten Silbe betont wurde, ist möglich, lässt sich aber nicht beweisen, da der Eigenname zwar in einem Vers (vgl. I.3.103) vorkommt, dieser jedoch metrisch verschieden gedeutet werden kann. Die Annahme, Touchstones Bemerkung laute *now am I in a den*, wird immerhin gestützt durch die nachfolgenden Worte *when I was at home I was in a better place*, denn *den* kann bei Sh. auch die negative Nebenbedeutung 'lichtloser, schauerlicher Ort' haben; vgl. *Tit. A.* IV.1.59. Die Auslassung des *r* nach Vokal ist zur Sh.-Zeit noch typisch für die Vulgärsprache.

[11] *Ay, be so ... talk*: Auf Walkers Anregung hin (vgl. W. S. Walker, *Sh.'s Versification*, 1854) haben Dover Wilson und andere diese Zeilen als Vers gedruckt. Indessen ergibt nur *a young man and an old in solemn talk* einen echten Blankvers; vielleicht ist er als unbeabsichtigter Übergang von der vorhergehenden Prosa zur Verssprache der beiden Schäfer zu verstehen.

[12] *still*: 'Für immer'; vgl. I.2.207.

ROSALIND. Well, this is the Forest of Arden.
TOUCHSTONE. Ay, now am I in Arden, the more fool I. [15] When I was
　　at home, I was in a better place, but travellers must be content.
　　　　Enter Corin and Silvius.
ROSALIND. Ay, be so, good Touchstone. Look you, who comes here,
　　A young man and an old in solemn talk.
CORIN. That is the way to make her scorn you still.
SILVIUS. [20] O Corin, that thou knew'st how I do love her!
CORIN. I partly guess, for I have loved ere now.
SILVIUS. No, Corin, being old, thou canst not guess,
　　Though in thy youth thou wast as true a lover
　　As ever sighed upon a midnight pillow.
25　But if thy love were ever like to mine,
　　As sure I think did never man love so,
　　How many actions most ridiculous
　　Hast thou been drawn to by thy fantasy?
CORIN. Into a thousand that I have forgotten.
SILVIUS. [30] O, thou didst then never love so heartily!
　　If thou rememb'rest not the slightest folly
　　That ever love did make thee run into,
　　Thou hast not loved.
　　Or if thou hast not sat as I do now,
35　Wearing thy hearer in thy mistress' praise,
　　Thou hast not loved.
　　Or if thou hast not broke from company

17–18　*I ... talke* Prosa F; Capell *Ay ... here? / ... talk.* / Vers; Arden *Ay ... Touchstone. /*
　　Prosa. *Look ... here, / ... talk.* Vers.
35　*Wearing* F; F$_{2-4}$, Hrsg. *Wearying* (vgl. Anm. 15).

---

[13] *fantasy* und die geläufigere Form *fancy* werden von Sh. im Großen und Ganzen synonymisch verwendet; beide bedeuten 1) 'Einbildungskraft', 2) 'ein Ergebnis der Einbildungskraft', hier 'Verzücktheit', 'Liebe'. Vgl. auch IV.3.102 und V.4.144.

[14] *sat as I do now*: Szenisch bedeutet dies, dass Silvius sich im Laufe des Gesprächs irgendwo niedergesetzt hat. Hinsetzen (bes. auf die Erde) ist bei Shakespeare meist Zeichen von Verzweiflung; vgl. *Richard II* III.2.155 sowie Leisi, *Problemwörter* unter *sit (down)*.

[15] *Wearing*: Die späteren Folios und viele Ausgaben haben *wearying*, eine unnötig veränderte Lesart, da *wear* in derselben Bedeutung 'ermüden', 'erschöpfen' vorkommt; vgl. *All's Well* V.1.4: *to wear your gentle limbs in my affairs* 'so dass Ihr für meine Sache Eure zarten Glieder ermüdet habt' (Schmidt *wear* unter 1 c).

[16] *broke from company*: Etwa bei diesen Worten muss Silvius aufspringen und sich rasch zum Bühnenausgang hin bewegen.

unvermittelt, wie jetzt meine Leidenschaft mich treibt, dann hast du nicht geliebt.[17] O Phoebe, Phoebe, Phoebe!

Ab.[18]

ROSALINDE. [40] Ach, armer Schäfer! Indem [du] deine Wunde[19] sondiertest[20], habe ich durch schlimmen Zufall[21] meine eigene gefunden.

TOUCHSTONE. Und ich die meine. Ich erinnere mich, als ich verliebt war, zerbrach ich meinen Degen an einem Stein[22] und sagte zu ihm "So, da hast du dafür, dass du nachts[23] zu Jane Smile gehst[24]"; und ich erinnere mich daran, wie ich ihr Waschholz[25] [45] küsste und das Euter[26] der Kuh, die ihre hübschen rissigen Hände gemolken hatten; und ich erinnere mich, wie ich statt ihrer einer Erbsschote den Hof machte, der ich [dann] zwei Erbsen[27] entnahm, und, indem ich sie ihr wiedergab, unter strömenden Tränen[28] sagte "Trage die mir zuliebe". Wir, die wir treue Liebende sind, [50] vollführen seltsame Kapriolen; doch so wie in der Natur alles sterblich[29] ist, so ist jede Natur, die liebt, sterblich in ihrer Verrücktheit.

ROSALINDE. Du sprichst klüger[30], als dir bewusst ist.

---

[17] *If thou ... Thou hast not loved*: Die dreifache Wiederholung der Bedingung und der Folgerung dient rhetorischem Effekt.

[18] *Exit*: Die F_{2-4} haben *Exeunt*, doch nur Silvius hat abzugehen, da Corin im Hintergrund anwesend bleibt und in Z. 61 von Touchstone angerufen wird.

[19] *thy wound*: F_{1-3} haben *they would*, was keinen Sinn ergibt, sodass die von Nicholas Rowe stammende Korrektur allgemein anerkannt ist.

[20] *searching of*: *Searching* bedeutet hier wohl zweierlei: 1) 'auf der Suche nach' (Gegensatz dazu das *found* 'gefunden' in der folgenden Zeile) und 2) 'sondierend'. Was "search a wound" = "probe a wound" betrifft, vgl. *Two Gent.* I.2.117 und *Tit. A.* II.3.262.

[21] *by hard adventure*: 'durch schlimmen oder schmerzlichen Zufall'. Sonst heißt *adventure* bei Sh. 'Abenteuer', wie heute; vgl. I.2.160. In dieser Bedeutung ist natürlich das Element des sich zufällig Ereignenden ebenfalls enthalten.

[22] *sword upon a stone*: Touchstone setzt hier zu einer neuen Reihe gewagter Wortspiele an; wohl weil sie kein durchgeführtes erotisches Bild ergeben, sind sie bisher von den Hrsg. nicht näher untersucht worden. *Sword* 'männliches Glied' kommt auch vor in *L.L.L.* V.2.277 und *Much Ado* V.2.17; *stone* im Sinne von 'Hoden' in *Merry W.* I.4.101, *Hen. V* II.3.23 und *Rom. and Jul.* I.3.53.

[23] *a-night*: Es ist möglich, *a* + Substantiv als adverbiellen Ausdruck zu verwenden, wobei das *a* Präpositionen wie "in", "on", "at" ersetzt; vgl. *abed* (II.2.6), *a-land* (*Per.* II.1.28). Siehe Abbott, *A Shakespearian Grammar*, § 24; Franz, *Die Sprache Shakespeares*, S. 71.

[24] *and bid him take that ... Jane Smile*: Touchstone sagt *him* statt *it*, weil er nicht den Stein, sondern den Rivalen im Sinn hat, den der Stein darstellt. Die Stelle ist als direkte Rede wiedergegeben worden, da sie sonst unverständlich wäre; *take that* ist nämlich die klassische Formel des Angreifers im Moment, da er auf seinen Gegner losgeht, wobei *that* den Streich oder Schlag bedeutet, der diesem verabreicht werden soll.

[25] *batler*: Das Wort kommt bei Sh. nur hier vor und ist auch bei anderen Autoren nicht

Abruptly, as my passion now makes me,
Thou hast not loved. O Phebe, Phebe, Phebe!

Exit.

ROSALIND. [40] Alas, poor shepherd! Searching of thy wound,
I have by hard adventure found mine own.
TOUCHSTONE. And I mine. I remember, when I was in love I broke my sword upon a stone and bid him take that for coming a-night to Jane Smile; and I remember [45] the kissing of her batler, and the cow's dugs that her pretty chopt hands had milked; and I remember the wooing of a peascod instead of her, from whom I took two cods, and giving her them again, said with weeping tears, 'Wear these for my sake.' We that are true lovers [50] run into strange capers; but as all is mortal in nature, so is all nature in love mortal in folly.
ROSALIND. Thou speak'st wiser than thou art ware of.

---

40 *they would* F; F_{2-4} *their wound*; Rowe, Hrsg. *thy wound* (vgl. Anm. 19).
45 *batler* F; F_{2-4}, Hrsg. *batlet*.

belegt. Es könnte eine Ableitung vom Verb *battle* sein: 'Wäsche während des Waschens schlagen oder sie glatt klopfen, sobald sie trocken ist' und sich beziehen auf das hölzerne *bat* oder *beetle* 'Waschholz', mit dem diese Tätigkeit ausgeführt wurde. – Die meisten Hrsg. emendieren nach dem Beispiel der späteren Folios zu *batlet* 'Stampfe'; der Kontext lässt für dieses Wort eine obszöne Nebenbedeutung vermuten.

[26] *dugs*: 'Zitzen', bei Sh. meist Bezeichnung für weibliche Brustwarzen, ohne verächtlichen Nebensinn; vgl. *2 Hen. VI* III.2.393.

[27] *the wooing ... cods*: In ländlichen Kreisen kam es zu Sh.s Zeiten zu einer besonderen Bedeutung der Erbsenschote beim Liebeswerben: Der Liebende pflegte der Geliebten eine noch volle Erbsenschote zu überreichen, die sie dann als Zeichen des Einverständnisses unter dem Brusttuch trug (vgl. Brownes *Britannia's Pastorals*, auf welches Werk viele Hrsg. hinweisen). Als erotisches Symbol verstanden ist *peascod* 'Schote' einfach die Umkehrung von *codpiece*; dieses Wort bezeichnet einen wichtigen Teil der elisabethanischen Männerkleidung, nämlich die beutelförmige Ausbuchtung im Schritt der hautnahen Hose, die oft durch Farbe oder Verzierung den Blick auf sich zog, und die etwa mit 'Hosenlatz' zu übersetzen ist. Der Plural *cods* kann, wie *stones*, 'Hoden' bedeuten; vgl. ferner den Gebrauch von *codding* in *Tit. A.*: *That codding spirit had they from their mother* (betrifft die Brüder Demetrius und Chiron, die Lavinia missbraucht haben).

[28] *with weeping tears*: wörtlich 'mit weinenden Tränen'. Diese pleonastische Wendung kommt schon bei Thomas Lodge in Rosaders Sonett (Bullough, *Sources*, S. 207) vor, wo es heißt: *But weeping teares their want could not suffice* 'Aber strömende Tränen taten ihrem Verlangen nicht Genüge'. Wenn Sh. dieselbe Wendung braucht, darf man vermuten, er habe sich ein wenig über die Schäferpoesie lustig machen wollen (Capell).

[29] *mortal*: Zwei Bedeutungen von *mortal* führen zu einem Wortspiel: 1) 'dem Tode unterworfen' in Z. 50, 2) 'tödlich' und daher 'äußerst', 'extrem' (OED 8) in Z. 51 (Hrsg.).

[30] *wiser*: Zu Sh.s Zeit konnten die drei Formen des Adjektivs – hier der Komparativ – ohne weiteres als Adverbien gebraucht werden (vgl. Abbott, *A Shakespearian Grammar*, § 1; Franz, *Die Sprache Shakespeares*, S. 228). Vgl. III.2.87: *All the pictures fairest lined*.

TOUCHSTONE. Fürwahr, mein eigener Witz wird mir erst bewusst[31] werden, wenn ich mir die Schienbeine daran anstoße.

ROSALINDE. [55] O Jupiter, Jupiter! Dieses Schäfers Liebesbrand ist ganz dem meinigen verwandt[32].

TOUCHSTONE. Dem meinigen auch, doch bei mir wird er [schon] etwas[33] matt[34].

CELIA. Ich bitte euch, frage doch einer von euch den Mann dort, ob er uns für Gold etwas zu essen gibt. [60] Mir ist zum Sterben schwach.

TOUCHSTONE. Holla, du Lümmel[35]!

ROSALINDE. Still, Narr! Er ist nicht dein Vetter.

CORIN. Wer ruft?

TOUCHSTONE. Vornehmere als Ihr, Sir[36].

CORIN. Sonst wären sie sehr übel dran.[37]

ROSALINDE. Still, sag ich! Ich wünsch Euch guten Abend, Freund.

CORIN. [65] Ich Euch ebenfalls, edler Herr, und Euch allen [dazu].

ROSALINDE. Ich bitte dich[38], Schäfer, falls[39] mit Geld und guten Worten in dieser Einöde gastliche Aufnahme[40] zu erkaufen ist, so bringe[41] uns [dahin], wo wir uns ausruhen und stärken können. Das Fräulein hier ist vom langen Wandern sehr ermüdet [70] und schmachtet nach einer Zuflucht[42].

CORIN. Schöner Herr, sie hat mein Mitgefühl, und ihretwegen mehr als meinetwegen wünscht ich, meine Mittel vermöchten besser, ihr beizustehen; doch ich bin Schäfer für einen anderen Mann und

---

[31] *ware*: ein Wortspiel mit *aware* und *beware*: *to be aware of sth.* 'sich einer Sache bewusst sein', 'etwas merken', und *to beware of* 'sich hüten vor', 'Acht geben auf'.

[32] *much upon my fashion*: Der Ausdruck "upon someone's fashion" kommt bei Sh. sonst nirgends vor; dagegen: *it was upon this fashion*, I.1.1. *Fashion* hat hier wohl die allgemeine Bedeutung 'äußere Erscheinung'; wörtlich wäre also zu übersetzen: 'Die Leidenschaft dieses Schäfers ist in ihrer äußeren Erscheinung der meinigen sehr ähnlich'. – Rosalinde spricht hier in gereimten Versen – die Reimwörter *passion* und *fashion* wurden übrigens zur Sh.-Zeit noch dreisilbig ausgesprochen. Diese Verszeilen sind, wie J. P. Collier (1843) vermutete, Bruchstücke eines Volksliedes; nach ihm müsste die Stelle etwa so lauten: *Love, Love! this shepherd's passion / Is too much on my fashion / And mine; but / It grows something stale with me, / And begins to fail with me.*

[33] *something* = "Somewhat": 'etwas', 'ein wenig'. Vgl. III.2.323 und III.4.7.

[34] *stale* wird mit Bezug auf sexuelle Begierde in *Rom. and Jul.* II.4.125 und *Lear* I.2.13 verwendet. Hier schwingt möglicherweise die Bedeutung 'impotent' mit. Überdies hat Touchstone vielleicht auch die Bedeutung des Sb. *stale* 'Prostituierte' im Sinn; vgl. *Much Ado* II.2.22 und IV.1.63.

[35] *clown*: Touchstone verwendet das Wort in der Bedeutung 'Landbewohner', 'Bauernlümmel' (OED 1), während Rosalinde *clown* als '[Hof]narr' versteht, weshalb sie ihn tadelt, dass er Corin als *kinsman*, also als seinesgleichen anruft.

TOUCHSTONE. Nay, I shall ne'er be ware of mine own wit till I break
my shins against it.
ROSALIND. [55] Jove, Jove! this shepherd's passion
Is much upon my fashion.
TOUCHSTONE. And mine, but it grows something stale with me.
CELIA. I pray you, one of you question yond man
If he for gold will give us any food.
60 I faint almost to death.
TOUCHSTONE. Holla, you clown!
ROSALIND. Peace, fool! he's not thy kinsman.
CORIN. Who calls?
TOUCHSTONE. Your betters, sir.
CORIN. Else are they very wretched.
ROSALIND. Peace, I say! Good even to you, friend.
CORIN. [65] And to you, gentle sir, and to you all.
ROSALIND. I prithee, shepherd, if that love or gold
Can in this desert place buy entertainment,
Bring us where we may rest ourselves and feed.
Here's a young maid with travel much oppressed,
70 And faints for succor.
CORIN. Fair sir, I pity her
And wish, for her sake more than for mine own,
My fortunes were more able to relieve her;
But I am shepherd to another man

53–54 *Nay ... own wit ... it.* Prosa F; Collier *Nay ... wit, / ... it.* Vers.
58–60 *I pray ... man, / If ... foode, / I ... death*, Vers F; Arden *I ... death.* Prosa.
64 *your* F; F$_{2-4}$, Hrsg. *you.*

[36] *Sir*: Mit *sir* werden bei Sh. männliche Personen beliebigen Standes angeredet (Schmidt, *Shakespeare Lexicon* 2; vgl. I.1.26ff. und II.5.26).

[37] *Else ... wretched*: Wenn sie nicht höheren Standes, somit wohlhabender sind als Corin, der selbst zu dem Ärmsten gehört.

[38] *I prithee*: Nach dem etwas distanzierten *you* bei der Begrüßung des Schäfers geht Rosalinde, die ja selbst als junger Schäfer auftritt, zum traulichen *thou* über.

[39] *if that* = "if": Vgl. I.3.39.

[40] *entertainment*: 'Gastliche Fürsorge für einen Besucher, besonders Verabreichung einer Mahlzeit' (OED 11); vgl. IV.3.144 und *Lear* II.4.201. Öfter hat das Wort die neutrale Bedeutung 'Empfang', 'Behandlung'; vgl. *bad entertainment, Twel. N.* II.1.29 und *lenten entertainment, Haml.* II.2.311, 'schlechter, unfreundlicher Empfang'. Was *entertain* anbetrifft, vgl. III.2.390.

[41] *bring*: Sh. setzt oft *bring* anstelle des modernen *take* im Sinne von 'begleiten', 'führen' (OED 2); vgl. *Meas. for M.* I.1.61 und *Hen. V* II.3.1

[42] *faints for succor*: Dieses Muster (statt des vollständigeren Ausdrucks) *for want of succor* ist bei Sh. nicht selten; 'ist aus Mangel an Beistand am Ende ihrer Kräfte'; vgl. *cold for action = for want of action, Hen. V* I.2.114; ähnlich *Cymb.* III.6.17.

schere die Vliese[43] nicht, die ich weide. [75] Mein Herr ist von rauem Wesen und wenig darauf bedacht[44], durch Werke der Gastfreundschaft[45] den Weg zum Himmel zu finden. Überdies stehen seine Hütte[46], seine Herden und Weidegründe[47] jetzt zum Verkauf, [80] und da er fort ist, gibt es jetzt in unserer Schäferhütte nichts für Euresgleichen zu essen[48]; was aber vorhanden[49], kommt es anschauen[50], und in meinem Namen[51] sollt Ihr hochwillkommen sein.

ROSALINDE. Wer ists[52], der seine Herde und Weiden kaufen wird?

CORIN. Eben der junge Bursch, den Ihr vorhin gesehen habt, [85] dessen Sinn wenig darnach steht, irgendetwas zu kaufen.

ROSALINDE. Wenn es sich mit Redlichkeit verträgt[53], bitte ich dich, kaufe du die Hütte, Weide und die Herde, und [das Geld] zum Bezahlen wirst du von uns[54] bekommen.

CELIA. Und wir werden deinen Lohn aufbessern[55]. Mir gefällt der Ort, [90] und willig könnte ich hier meine Zeit verbringen[56].

CORIN. Ohne Zweifel ist die Sache zu verkaufen. Kommt mit mir; behagt Euch nach [weiterer] Auskunft der Boden, der Ertrag und

---

[43] *fleeces*: Ein pars-pro-toto-Ausdruck für Schafe; es ist natürlich, dass dem Schäfer, der in erster Linie an den Nutzen der Schafe denkt, 'scheren' und 'Vlies' gleich bedeutend sind mit dem ganzen Tier. – Der Pl. *fleeces* kommt bei Sh. sonst nirgends vor.

[44] *recks*: OED reck 'sich kümmern'; vgl. *I reck not though thou end my life to-day* 'Mich kümmerts nicht, wenn du mich auch heute dahinraffst', *Tr. and Cr.* V.6.26.

[45] *deeds of hospitality*: Das Gebot der Gastfreundschaft zählt in der Bibel zu den wichtigsten Geboten der Menschenliebe; vgl. *Matth.* 25.42–43 sowie *1 Petrus* 4.9, *Hebr.* 13.2 und *Röm.* 12.13.

[46] *Cote* = "cottage": 'Hütte' (OED 1), eine Parallelform zu *cot* 'Stall, Hütte', meist in Zusammensetzungen gebraucht; vgl. *sheepcote* in Z. 79.

[47] *bounds of feed*: Die eigentliche Bedeutung von *bounds* 'Grenze' erweitert sich oft zur Bedeutung 'Gebiet innerhalb gewisser Grenzen' und damit allgemein 'ein Stück Land' (OED 3); vgl. III.5.106 und *Temp.* II.1.148. – *Feed* 'Weidland' (OED 2) kann sich ebenso auf die Weidefläche wie auf das darauf wachsende Gras beziehen; hier scheint es sich um die Weidefläche zu handeln. In *Tit. A.* IV.4.92, der einzigen Stelle, wo das Wort bei Sh. noch vorkommt, ist das Gras gemeint: *the other [sheep] rotted with delicious feed* 'die anderen von auserlesener Kost krank gemachten [Schafe]'. Auch *pasture* in II.1.53 bedeutet 'Gras'.

[48] *that you will feed on*: Die Betonung liegt auf dem *you*, da Corin weiß, dass er es mit Leuten von Stande zu tun hat.

[49] *what is* = "what there is": 'was vorhanden ist'. Andere Beispiele für Auslassung von *there* nennt Abbott, *A Shakespearian Grammar*, § 404.

[50] *come see*: Nach *come* und *go* wird das *to* oft weggelassen (Abbott, § 349); vgl. *go buy*, I.1.68.

And do not shear the fleeces that I graze.
75 My master is of churlish disposition
And little recks to find the way to heaven
By doing deeds of hospitality.
Besides, his cote, his flocks, and bounds of feed
Are now on sale, and at our sheepcote now,
80 By reason of his absence, there is nothing
That you will feed on; but what is, come see,
And in my voice most welcome shall you be.
ROSALIND. What is he that shall buy his flock and pasture?
CORIN. That young swain that you saw here but erewhile,
85 That little cares for buying anything.
ROSALIND. I pray thee, if it stand with honesty,
Buy you the cottage, pasture, and the flock,
And thou shalt have to pay for it of us.
CELIA. And we will mend thy wages. I like this place
90 And willingly could waste my time in it.
CORIN. Assuredly the thing is to be sold.
Go with me; if you like upon report
The soil, the profit, and this kind of life,

89–90 *And ... wayes:* / *I ... could* / *Waste ... It.* F; Capell, Arden u.a. *And ... place,* / *... it.* /.

[51] *in my voice*: 'In meinem Namen'; vgl. *Meas. for M.* I.2.175. Corin betont, dass er persönlich, nicht sein knauseriger Herr, die Fremden bei sich aufnehmen will.

[52] *What is he*: bei Sh. sehr häufig für *who is he* (Abbott, *A Shakespearian Grammar*, § 254).

[53] *stand with*: 'Sich vertragen', 'übereinstimmen mit' (OED *stand* 79 e); vgl. *if with thy will it stands* 'wenn es mit deinem Willen übereinstimmt', *3 Hen. VI* II.3.38 und *if it may stand with the tune of your voices that I may be consul* 'wenn es sich mit dem Ton eurer Stimmen verträgt, dass ich Konsul werde', *Coriol.* II.3.81.

[54] *of us* = "From us": 'von uns', wie öfters. Vgl. *his majesty shall have tribute of me* 'seine Majestät soll Tribut von mir empfangen', *Haml.* II.2.315. Dieses *of* zeigt an, dass *have* hier Vollverb ist und 'erhalten' bedeutet, wobei das Objekt unerwähnt bleibt, da es sich natürlich um Geld handelt. Der volle Satz hieße: "thou shalt have the money to pay for it from us."

[55] *mend*: 'Verbessern durch Hinzufügen' (OED 9); vgl. *Ant. and Cl.* I.5.45 und *Timon* I.1.172.

[56] *waste*: 'Verbringen', ohne die Nebenbedeutung des nutzlosen Vergeudens; vgl. *a merrier hour was never wasted there* 'nie ist dort eine fröhlichere Stunde verbracht worden', *Mids. N. D.* II.1.57.

diese Lebensweise, dann will ich Euer ganz getreuer Schäfer[57] sein [95] und es[58] mit Eurem Gold sogleich[59] erwerben.

Alle ab.

II.5 *Amiens, Jaques und andere treten auf.*

[AMIENS]. *Lied.*

Wer unter dem Baum im grünen Wald[1] gern bei mir liegt und seinen munteren Sang[2] dem zierlichen Vogel in die Kehle zurückschickt[3], [5] der komm herbei, komm herbei, komm herbei. Hier wird er keinen [anderen] Feind erblicken als [den] Winter und raues Wetter[4].

JAQUES. Weiter, weiter, ich bitte dich, weiter!

AMIENS. Es wird Euch melancholisch machen, Monsieur Jaques.

JAQUES. [10] Ich danke ihm.[5] Weiter, bitte, weiter! Ich kann aus einem Lied Melancholie heraussaugen wie eine Wiesel Eier aussaugt. Weiter, bitte, weiter!

AMIENS. Meine Stimme ist rau[6]. Ich weiß, dass ich Euch nicht erfreuen kann.

---

[57] *feeder*: Bei Sh. bezeichnet *feeder* meist jemanden, der Nahrung erhält, nicht jemanden, der Nahrung spendet. Wahrscheinlich ist hier also weniger die Rede von einem Mann, der einer Herde Nahrung zukommen lässt, als von einem, der in Bezug auf seine Nahrung von einem anderen abhängig ist (OED 2 b, Arden). Das von uns gewählte Wort 'Schäfer' vereinigt indessen beide Aspekte von *feeder*. Dover Wilson bemerkt des Weiteren zu Corins Status, Corin sei, obschon die Leibeigenschaft in der elisabethanischen Zeit kaum mehr gebräuchlich war, gewissermaßen ein Bestandteil des zu verkaufenden Guts gewesen, und der nächste Gutsherr habe ihn daher ohne weiteres als Schäfer übernehmen können.

[58] *it*: 'dies alles'.

[59] *suddenly*: Vgl. II.2.19.

[1] *Under the greenwood tree*: ein formelhaftes Element alter Balladen und Volkslieder. Auch wurde mit *greenwood* oft eine Stelle bezeichnet, wo Verfemte oder Vogelfreie, wie Robin Hood, sich versteckt hielten.

[2] *note*: 'Melodie', 'Weise' (OED 3), wie öfters; vgl. Z. 40.

[3] *turn ... throat*: Malone schlägt die Emendation *tune* vor, die durch folgende Stelle aus *Two Gent.* V.4.5-6 gestützt werde: *And to the nightingale's complaining notes / Tune my distresses* 'Und meine Nöte auf den Klagegesang der Nachtigall stimmen'. Die meisten Hrsg. machen sich lieber Wrights Deutung von *turn* zu eigen: 'seine Stimme [dem Vogelgesang] anpassen oder entsprechend modulieren'. Für diese Deutung gibt es indessen bei Sh. keinen überzeugenden Beleg; ebenso wenig für diejenige Dover Wilsons, der für *turn* 'eine literarische Arbeit, eine Melodie, ein Kompliment usw. kunstvoll oder anmutig gestalten' (OED 5 b) vorschlägt. Eine überzeugende, doch von den meisten Hrsg. nicht beachtete Lösung geben Trautvetter und Leisi, "Some New Readings in *A.Y.L.*", S. 143.

I will your very faithful feeder be
95 And buy it with your gold right suddenly.

Exeunt.

II.5 *Enter Amiens, Jaques, and others.*

Song.

[AMIENS]. Under the greenwood tree
    Who loves to lie with me,
And turn this merry note
    Unto the sweet bird's throat,
5 Come hither, come hither, come hither.
    Here shall he see no enemy
But winter and rough weather.

JAQUES. More, more, I prithee more!
AMIENS. It will make you melancholy, Monsieur Jaques.
JAQUES. [10] I thank it. More, I prithee more! I can suck melancholy out of a song as a weasel sucks eggs. More, I prithee more!
AMIENS. My voice is ragged. I know I cannot please you.

---

1 BA Pelican *[AMIENS]; Song.* F; Arden *[Amiens sings].*
1 *Under* F; Capell *AMI. Under.*
3 *turne* F; Malone, Rowe *tune* (Vgl. Anm. 3).
9–11 Pelican, Pope, Arden etc. *I ... more.* Prosa; *I ... more, / I ... song, / As ... more. /* Vers F.

Eine Zeile aus *1 Hen. VI* – II.4.79 – lautet *I'll turn my part thereof [of thy scorn] into thy throat* 'mein Teil davon [deiner Verachtung] gebe ich in deinen Hals zurück'. Hier bedeutet *turn* offensichtlich "return" 'zurückgeben', 'zurückschicken', wie in *Rich. II* IV.1.39: *I will turn thy falsehood to thy heart* 'deine Falschheit schicke ich in dein Herz zurück'. Überdies wird *return* in drei weiteren Fällen im Zusammenhang mit *throat* gebraucht (*Rich. II* I.1.56, *Tit. A.* III.1.273 und *Per.* II.5.56), sodass man annehmen darf, es handle sich bei unserem *turn* ebenfalls um "return": Die Melodie würde also wie ein Echo zu dem Ort ihres Ursprungs zurückgeschickt.

[4] *winter and rough weather*: Diese Feststellung ist eine Variante der herzoglichen Worte in II.1.1–17.

[5] *I thank it*: Jaques' Antwort, die sich scherzhaft auf das unpersönliche Subjekt *it* des vorhergehenden Satzes bezieht, bedeutet, er sei dem Liedchen dankbar gerade darum, weil es ihn zu Melancholie anrege. Vgl. die Wirkung der Musik auf Orsino (*Twel. N.* I.1.1ff. und II.4.1ff.) und auf Mariana (*Meas. for M.* IV.1.15).

[6] *ragged*: 'uneben', 'rau' (OED 3 b). Sh. gebraucht das Wort meist für Materialien wie Felsen und Steine, auch für Leute *in rags* 'in Lumpen', wo es dann etwa die allgemeine Bedeutung 'armselig', 'elend' erhält.

JAQUES. Ich wünsche nicht, dass Ihr mich erfreut; ich wünsche, dass Ihr [15] singt. Kommt, weiter, noch eine Strophe[7]! Nennt Ihr sie Strophen?
AMIENS. Wie Ihr wollt, Monsieur Jaques.
JAQUES. Nein, ihr Name ist mir gleichgültig; die sind mir nichts schuldig[8]. Werdet Ihr singen?
AMIENS. Mehr auf Eure Bitte hin als zu eigener Lust.
JAQUES. [20] Nun wohl, wenn ich je einem Menschen danke, dann will ich Euch danken. Aber das, was[9] man Kompliment nennt, ist wie die Paarung[10] zweier Hundsaffen[11], und wenn mir ein Mensch von Herzen dankt, dünkt es mich, ich habe ihm einen Groschen gegeben, und er danke mir dafür wie ein Bettler[12]. Kommt, singt, und ihr, die ihr nicht wollt, [25] haltet den Mund.
AMIENS. Gut, ich singe das Lied zu Ende. Ihr Herren, deckt unterdessen auf[13]; der Herzog will unter diesem Baum hier trinken. Er hat heute den ganzen Tag nach Euch ausgeschaut[14].
JAQUES. Und ich bin ihm heute den ganzen Tag ausgewichen. Als Gesellschaft ist er mir [30] zu disputierfreudig[15]. Ich mache mir über ebenso viele Dinge Gedanken wie er, doch ich sage dem Himmel Dank und tue mir nichts darauf zugute. Kommt, tiriliert[16], kommt.

---

[7] *stanzo* = "stanza", ital. "stanza": ursprünglich der Ort, wo man unterwegs Halt macht. Sherwoods "English and French Dictionarie" (ein Anhang zu Randle Cotgraves englisch-französischem Wörterbuch, 1611) führt das Wort "stanzo" an und gibt als Bedeutung "staffe of verses" 'Strophe'.

[8] *names ... nothing*: Furness zitiert Cooper's *Thesaurus*, das Wörterbuch, das Sh. vermutlich benutzte, und wo "nomina" definiert wird als "the names of debtes owen" 'die Namen geschuldeter Beträge'; er hält es für möglich, dass Jaques auf diese technisch-juristische Bedeutung anspielt. Für das engl. *name* ist jedoch weder bei Sh. noch bei anderen Autoren eine solche Bedeutung belegt.

[9] *that they call* = "that which they call": Was die häufige Auslassung des Relativpronomens betrifft, vgl. Abbott, *A Shakespearian Grammar*, § 244.

[10] *encounter*: Eigentlich 'Begegnung', wird oft im Sinne von *sexual encounter* 'Paarung' gebraucht; vgl. *Meas. for M.* III.1.84 und *Tr. and Cr.* III.2.200.

[11] *dog-apes*: 'eine Affenart mit hundeartigem Kopf; der hundsgesichtige Pavian oder Cynocephalus'. Wenn man freilich Komposita wie *dog Jew* (*Merch. V.* II.8.14) und *dog-fox* (*Tr. and Cr.* V.4.11) betrachtet, liegt die Vermutung nahe, *dog* habe nur die Funktion, dem nachfolgenden Sb. einen abschätzigen Sinn zu geben: *dog-apes* stünde dann weniger für eine zoologische Spezies als für ganz besonders widerliche Affen.

JAQUES. I do not desire you to please me; I do desire you to [15] sing. Come, more, another stanzo! Call you 'em stanzos?
AMIENS. What you will, Monsieur Jaques.
JAQUES. Nay, I care not for their names; they owe me nothing. Will you sing?
AMIENS. More at your request than to please myself.
JAQUES. [20] Well then, if ever I thank any man, I'll thank you. But that they call compliment is like th'encounter of two dog-apes, and when a man thanks me heartily, methinks I have given him a penny and he renders me the beggarly thanks. Come, sing; and you that will not, [25] hold your tongues.
AMIENS. Well, I'll end the song. Sirs, cover the while; the Duke will drink under this tree. He hath been all this day to look you.
JAQUES. And I have been all this day to avoid him. He is [30] too disputable for my company. I think of as many matters as he, but I give heaven thanks and make no boast of them. Come, warble, come.

13–15 Pelican, Pope, Arden etc. *I ... stanzos?* Prosa; *I ... please me, / I ... sing: / Come stanzo's? /* Vers F.
29–32 *And ... him: / He ... companie: / I ... giue / Heauen ... them.* / Vers F; Pope, Hrsg. *And ... them.* Prosa.

---

[12] *beggarly*: Die bei Sh. übliche Bedeutung ist 'armselig', 'kümmerlich'. Die Stelle erhält indessen nur einen Sinn, wenn man *beggarly* auffasst als 'wie ein Bettler', denn nur ein Bettler dankt überschwänglich für einen bloßen Groschen.

[13] *cover*: 'deckt den Tisch', 'deckt auf'. Vgl. *then bid them prepare dinner ... Will you cover then, sir?* 'heißt sie also die Mahlzeit anrichten ... Wollt ihr also den Tisch decken, Bursche?', *Merch. V.* III.5.45–47.

[14] *look you = look for you*: wie in *Merry W.* IV.2.69 und *All's Well* III.6.96. Vgl. Abbott, *A Shakespearian Grammar*, § 200.

[15] *disputable*: 'zum Disputieren geneigt'. Bei Sh. wird das auf *-able* ausgehende Adjektiv, das heute meist passive Bedeutung hat, oft aktiv verwendet; vgl. *deceivable* für *deceitful* 'tückisch' in *Rich II* II.3.84 und *Twel. N.* IV.3.21 sowie das heutige *changeable* 'unbeständig', 'wankelmütig' und *peaceable* 'friedfertig' (Abbott, § 2).

[16] *warble* wird bei Sh. nur für menschliche Wesen gebraucht; vgl. *L.L.L.* III.1.1 und *Mids. N. D.* III.2.206. Von Vögeln sagt Sh. stets *sing*, sogar von der Eule (*L.L.L.* V.2.915), dem Kuckuck (*L.L.L.* V.2.896), der Krähe (*Merch. V.* V.1.102) und dem Raben (*Tit. A.* III.1.158).

Lied.

Hier alle miteinander.

Wer sich vor Ehrgeiz hütet und gern an der Sonne[17] lebt, [35]
sich sucht, was er isst, und zufrieden ist mit dem, was er findet,
der komm herbei, komm herbei, komm herbei. Hier wird er keinen [anderen] Feind erblicken als [den] Winter und raues Wetter.

JAQUES. [40] Ich gebe Euch einen Vers zu dieser Melodie, den ich gestern meiner Dichtergabe abgetrotzt[18] habe.
AMIENS. Und ich will ihn singen.
JAQUES. Er lautet so.[19] *[Reicht ein Blatt Papier].*
AMIENS. Wenn es geschieht, [45] dass sich einer in einen Esel[20] verwandelt, von Reichtum und Wohlbehagen lässt, um einem störrischen Willen nachzugeben[21], ducdame, ducdame, ducdame[22],

---

[17] *i'th'sun*: Dover Wilson versucht mit dem Hinweis auf Hamlets umstrittenen Ausspruch *I am too much in the sun*, I.2.67, darzutun, dass auch hier der Ausdruck *in the sun* eine hintergründige Bedeutung habe; er bezieht sich dabei auf die Redensart *out of God's blessing into the warm sun*, auf die in *Lear* in II.2.157 angespielt wird und die 'Verschlimmerung eines Zustandes' bedeutet. Mit dieser Bedeutung nahe verwandt wäre die Vorstellung des gesellschaftlichen Ausgeschlossenseins, und diese – so wird geltend gemacht – würde sowohl für die hier besprochene Stelle wie für die in *Haml.* ausgezeichnet passen. Dem ist Folgendes entgegenzuhalten: Die negative Komponente der Bedeutung von *in the sun* mag zwar für *Hamlet* richtig sein, bei unserer Stelle aber ergibt sie keinen Sinn, da es ja heißt *loves to live i'th'sun*. Überdies verwendet Sh. *i'th'sun* an verschiedenen anderen Stellen in völlig harmloser Art, etwa verbunden mit 'müßig' (*Tr. and Cr.* III.3.233) und 'schlafend' (*Rom. and Jul.* III.1.25). Es scheint daher viel wahrscheinlicher, dass *to live i'th'sun* genau das bedeutet, was es aussagt, nämlich 'im Freien, unter freiem Himmel leben'.

[18] *in despite of my invention*: 'bloß um meiner Imagination zu trotzen' (Cambridge), 'trotz meines Mangels an Imagination' (Arden). Der Gebrauch des Worts *invention* erinnert an den neutralen Gebrauch von *education* in I.1.19: In ähnlich neutralem Sinne könnte man *invention* auffassen als 'Erfindungskraft oder -gabe, die bei jedem Menschen latent vorhanden ist und in einem gegebenen Augenblick zur Wirkung kommen kann' (vgl. etwa Lausberg, §§ 39-43 und Anm. zu II.7.40, *strange places*). Jaques würde dann seine schlechten Verse damit entschuldigen, dass trotz seinen Bemühungen seine Erfindungsgabe nicht voll zur Wirkung gekommen sei. Indessen ist zuzugeben, dass sich bei Sh. ein solcher Gebrauch von *invention* nicht sicher nachweisen lässt.

[19] *Thus it goes*: Die meisten Hrsg. folgen F_{2-4}, wenn sie diese Worte, die in F_1 von Amiens gesprochen werden, Jaques zuweisen. In diesem Fall ergeben sich zwei Möglichkeiten: 1) dass Jaques selbst die von ihm verfasste Strophe vorträgt, sei es singend oder rezitierend; so New Arden (als Beweis drucktechnische Beobachtungen); 2) dass Jaques dem Amiens bei diesen Worten ein Blatt überreicht, worauf Amiens, davon ablesend, die Strophe singt. Die zweite Möglichkeit, die wir hier vorziehen, wird gestützt durch a) Amiens' Anerbieten 'Und ich will ihn singen'; b) die Aussage des 1. Edelmanns zu Beginn der übernächsten Szene (II.7): 'Hier war er vergnügt, während er sich ein Lied anhörte'. – Allgemein ist zu der Frage, von wem das Spottlied gesungen werden soll, zu sagen, dass bei Sh.s Truppe hierin wohl keine feste Regel bestand, indem einfach dem Schauspieler

Song.
All together here.

Who doth ambition shun
And loves to live i'th'sun,
35   Seeking the food he eats,
And pleased with what he gets,
Come hither, come hither, come hither.
Here shall he see no ememy
But winter and rough weather.

JAQUES. [40] I'll give you a verse to this note that I made yesterday in despite of my invention.
AMIENS. And I'll sing it.
JAQUES. Thus it goes.
[Gives paper.]
AMIENS.   If it do come to pass
45   That any man turn ass,
Leaving his wealth and ease
A stubborn will to please,
Ducdame, ducdame, ducdame.

---

42   BA *AMY.* F; F_{2-4}, Hrsg. *JAQUES.*
48   *Ducdame* F; Hanmer *Duc ad me*; Verity *duc damné*; Knowles *duc d'âme(s), duc d'amis, duc d'âne(s)* (vgl. Anm. 22).

---

mit der besten Singstimme das Singen übertragen wurde; vgl. F. E. Halliday, *A Shakespeare Companion* (London 1964) unter *Songs*. Siehe auch Kommentar.

[20] *turn ass ... gross fools*: Die Klangähnlichkeit des Worts *ass* mit *arse* 'Hintern', ferner das Wort *will* in der Bedeutung 'männliches Glied' (vgl. I.2.184) tragen zu dem frivolen Ton des Spottliedchens bei. Mit *gross* verbinden sich, ähnlich wie mit *fat* und *greasy* (vgl. die Anm. zu III.2.51), oft geschlechtliche Vorstellungen. Das Wort *fool* kommt in anzüglichem Sinne auch in Z. 52 und in V.4.62 vor.

[21] *Leaving ... to please*: Players' Sh. glaubt diese Stelle auf das Verhalten des Grafen von Essex beziehen zu können, der nicht zu bewegen war, sich mit Königin Elisabeth zu versöhnen und aus seiner freiwilligen Verbannung an den Hof zurückzukehren.

[22] *Ducdame*: Was man von diesem Wort – seit jeher eine Crux – mit Sicherheit sagen kann, ist, dass es rhythmisch dem *come hither* in Amiens' Lied entsprechen, also dreisilbig ausgesprochen werden muss, da ja Jaques' Strophe zu derselben Melodie wie die beiden vorhergehenden gesungen wird (vgl. *I'll give you a verse to this note*). Viele Hrsg. glauben, das *ducdame* müsse dem *come hither* auch bedeutungsmäßig entsprechen, weshalb sie das Wort vom Lateinischen (*duc ad me*), Italienischen, Französischen, Keltischen und schließlich von der Zigeunersprache herleiten. Die Ähnlichkeit zwischen "duc" und "Duke" hat zu weiteren Deutungen geführt, etwa derjenigen von A. W. Verity ("duc damné", Cambridge 1902) und R. A. J. Knowles ("duc d'amis", "duc d'âne(s)" und "duc d'âme(s)" im *ShQ* XVIII (1967), S. 438-441.

dann wird er hier so ausgewachsene Narren finden, wie er selbst [einer] ist, [50] wenn er nur zu mir kommt. Was heißt das: "ducdame"?

JAQUES. Es ist eine griechische[23] Beschwörung, mit der man Narren in einen Kreis[24] bannt. Ich gehe schlafen, wenn ich kann; kann ich nicht, dann will ich über alle Erstgeburt Ägyptens[25] losziehen.

AMIENS. [55] Und ich gehe den Herzog suchen. Sein Mahl[26] steht bereit.

Alle ab.

II.6   *Orlando und Adam treten auf.*

ADAM. Lieber Herr, ich kann nicht weiter. Ach, ich sterbe vor Hunger. Hier lege ich mich nieder und messe mein Grab aus[1]. Lebt wohl, gütiger Herr.[2]

ORLANDO. Holla, was ist denn, Adam? [Steckt] denn nicht mehr Mut[3] in [5] dir? Lebe ein bisschen, getröste[4] dich ein bisschen, ermuntere dich ein bisschen. Bringt dieser unbekannte[5] Forst irgendetwas Wildes hervor, so werde ich ihm entweder zur Nahrung dienen oder es dir als Nahrung bringen. Deine Einbildung[6] ist

---

[23] *Greek*: Jaques spielt auf eine Bedeutung an, die *Greek* haben konnte, nämlich 'unverständliches Gerede' (OED 8); vgl. *Jul. Caes.* I.2.276–281: *He spoke Greek ... but ... it was Greek to me* 'Er sprach Griechisch, doch für mich war es unverständlich'.

[24] *fools ... circle*: ein Hinweis auf *circle of this forest*, den Zauberkreis, mit dem der Wald in V.4.34 verglichen wird. Darüber hinaus hat *circle* wohl auch eine obszöne Nebenbedeutung; vgl. *Rom. and Jul.* II.1.23–26: *This cannot anger him. 'Twould anger him / To raise a spirit in his mistress' circle ... letting it there stand / Till she had laid it and conjured it down* 'Dies kann ihn nicht erzürnen: Er würde erzürnt, wenn man im Kreis seiner Geliebten einen Geist auferstehen und diesen dort stehen ließe, bis sie ihn gebannt und hinuntergezaubert hätte.' Ähnlich in *Hen. V* V.2.283.

[25] *the first-born of Egypt*: Eine Anspielung auf *Exodus* 12.29-30; da die Tötung der ägyptischen Erstgeburt mit lautem nächtlichen Wehklagen verbunden war, vermutet New Arden, Jaques wolle mit diesem ungewöhnlichen Bild nur sagen, dass er bei seinem Schläfchen nicht gestört zu werden wünsche. Nach Dover Wilson wäre der Ausdruck ein Synonym für 'älterer Bruder', womit im gegebenen Zusammenhang der verbannte Herzog gemeint sei, den Jaques nicht zu deutlich nennen wolle. – Ein anzüglicher Nebensinn ist möglich; vgl. die Anm. zu *gipsies*, V.3.14.

[26] *banquet* bedeutet bei Sh. normalerweise 'eine aus Süßspeisen, Obst und Wein bestehende Erfrischung, die entweder für sich allein oder als Fortsetzung einer Mahlzeit gereicht wird' (OED 3); vgl. *Tam. Shr.* V.2.9: *My banquet is to close our stomachs up / After our great good cheer* 'Mein Nachtisch soll uns nach einem festlichen Mahl den Magen schließen'. Das Obst (*fruit*) des "banquets" im Wald von Arden wird in II.7.98 erwähnt, der Wein indirekt in II.5.27: *the Duke will drink under this tree*. Möglicherweise war auf der

>   Here shall he see gross fools as he,
> 50   An if he will come to me.
>   What's that 'ducdame'?
> JAQUES. 'Tis a Greek invocation to call fools into a circle. I'll go sleep,
>   if I can; if I cannot, I'll rail against all the first-born of Egypt.
> AMIENS. [55] And I'll go seek the Duke. His banquet is prepared.
>   *Exeunt.*

II.6   *Enter Orlando and Adam.*

> ADAM. Dear master, I can go no further. O, I die for food. Here lie I
>   down and measure out my grave. Farewell, kind master.
> ORLANDO. Why, how now, Adam? no greater heart in [5] thee? Live a
>   little, comfort a little, cheer thyself a little. If this uncouth forest
>   yield anything savage, I will either be food for it or bring it for
>   food to thee. Thy conceit is nearer death than thy powers. For

---

1–16   *Deere Master ... good Adam.* Vers. F; New. Cambr., Hrsg. Prosa.

inneren oder hinteren Bühne die Stelle 'unter diesem Baum', wo für diese Erfrischung aufgedeckt wurde; während der Orlando-Adam-Szene zog man den Vorhang davor, und zu Beginn von II.7 wurde er wieder weggezogen.

[1] *measure out my grave*: Ähnlich *Rom. and Jul.* III.3.70: *fall upon the ground, as I do now / Taking the measure of an unmade grave* 'dich zu Boden werfen, wie ich, und so dein künft'ges Grab dir messen'.

[2] *Farewell, kind master*: Bei Thomas Lodge sind Herr und Diener nach fünf Tagen ohne Nahrung beide halb ohnmächtig, doch Adam ist immerhin noch zu einer längeren Rede fähig, in welcher er sich selbst ermahnt, dem wetterwendischen Glück Trotz zu bieten. Um seinen Herrn zu retten, wäre er sogar bereit, sich die Adern zu öffnen, damit dieser sich mit seinem Blut stärken könne.

[3] *greater heart*: Das Herz galt früher als der Sitz des Mutes und konnte so allmählich dem Mut selbst gleichgesetzt werden (OED 11); vgl. den modernen Ausdruck *to take / lose heart*. In diesem Sinne verwendet erscheint *heart* öfter zusammen mit *great*; vgl. *Rich. III* V.3.348 und *2 Hen. IV* IV.3.107; dazu B. Engler, "Othello's Great heart", *English Studies* 68 (1987), S. 129.

[4] *comfort = be comforted* 'getröste dich'.

[5] *uncouth*: Sh. gebrauchte das Wort noch im ursprünglichen Sinn von 'unbekannt', 'unvertraut' (OED 1) und darum 'fremdartig', 'beunruhigend'; vgl. *Tit. A.* II.3.211.

[6] *conceit* bedeutet allgemein 'was sich dem Geist vorstellt' (OED 1) und entspricht oft mehr oder weniger dem Wort *imagination* 'Vorstellungskraft'. Eine speziellere Bedeutung findet sich in V.2.51: *a gentleman of good conceit* 'ein Edelmann von guten Gaben'.

dem Tode näher als deine Kräfte. Getröste[7] dich mir zuliebe; halte den Tod noch eine Weile auf Armeslänge[8] von dir ab. Sogleich[9] bin ich [wieder] [10] bei dir, und bringe ich dir noch etwas zu essen, dann erlaube ich dir zu sterben; doch stirbst du, bevor ich komme, dann bist du ein Spötter meiner Mühen. Gut gesagt[10]; du blickst schon fröhlich[11] drein, und rasch bin ich wieder bei dir. Aber du liegst [ja] an der kalten Luft. Komm, ich trage / führe[12] dich zu einem [15] geschützten Ort, und du sollst nicht aus Mangel an Essen sterben, wenn irgendetwas in dieser Einöde lebt. [Nur] munter, guter Adam.[13]

Beide ab.

II.7 *Der rechtmäßige Herzog und Edelleute treten in der Kleidung von Geächteten[1] auf.*

HERZOG. Er hat sich wohl[2] in ein Tier verwandelt, denn in Menschengestalt[3] kann ich ihn nirgends finden.

1. EDELMANN. Mein Fürst, eben erst ist er weggegangen; hier war er vergnügt, während er sich ein Lied anhörte[4].

HERZOG. [5] Wenn er, aus Misstönen zusammengesetzt[5], für Musik

---

[7] *comfortable*: Dieses Wort gebraucht Sh. entweder aktiv im Sinne von 'Trost und Halt gewährend'; vgl. *a daughter who is kind and comfortable*, Lear I.4.297, oder, wie hier, passiv, wo es dann 'bereit, sich zu getrösten' bedeutet.

[8] *at the arm's end*: 'auf Armeslänge', 'in geringem Abstand', entsprechend dem heutigen *at arm's length*.

[9] *presently*: Bezeichnet bei Sh. eine kürzere Zeitspanne als heute; es ist also nicht mit 'bald', sondern mit 'sogleich' zu übersetzen.

[10] *Well said*: Orlando lobt sich selbst, weil er die rechten Worte gefunden hat, um Adam aufzumuntern.

[11] *cheerily*: 'fröhlich', 'munter'. Das Wort kann sowohl Adjektiv (vgl. I.1.6) als auch Adverb sein (vgl. *3 Hen. VI* V.4.2.). In modernem E. würde man nach *look* ein Adjektiv erwarten; bei Sh. steht nach *look* gewöhnlich ein Adverb, z.B. *look successfully* (I.2.139), *merrily* (II.7.11), *freshly* (III.2.219). Wir dürfen daher annehmen, dass *cheerily* hier Adverb ist, während es unten in Z. 16 [be] *Cheerily, good Adam* Adjektiv ist.

[12] *bear*: Könnte auch 'bringen', 'führen' heißen; doch spricht II.7.172 für 'tragen'. Vgl. Leisi, *Problemwörter*.

[13] *Dear master ... good Adam*: Nach Dover Wilson (The New Shakespeare) wäre die ganze Szene II.6 ursprünglich in Blankvers geschrieben gewesen und später zu Prosa umgearbeitet worden; der Anfang der Szene lasse sich heute noch als Vers auffassen:
ADAM. Dear master,
    I can [go] no further: O I die for food.
    Here lie I down, and measure out my grave.
    Fare well, kind master.

my sake be comfortable; hold death awhile at the arm's end. I
will here be [10] with thee presently, and if I bring thee not
something to eat, I will give thee leave to die; but if thou diest
before I come, thou art a mocker of my labor. Well said; thou
look'st cheerily, and I'll be with thee quickly. Yet thou liest in
the bleak air. Come, I will bear thee to some [15] shelter, and
thou shalt not die for lack of a dinner if there live anything in
this desert. Cheerily, good Adam.

Exeunt.

II.7 *Enter Duke Senior, and Lords, like Outlaws.*
DUKE SENIOR. I think he be transformed into a beast,
    For I can nowhere find him like a man.
1. LORD. My lord, he is but even now gone hence;
    Here was he merry, hearing of a song.
DUKE SENIOR. [5] If he, compact of jars, grow musical,

---

1 BA *[Amiens]* fehlt in F.
1 BA *and Lord* F; Rowe *and lords*; Capell *Lords, and Others*.

ORLANDO. Why, how now, Adam!
    No greater heart in thee? Live [yet] a little,
    Comfort a little, cheer thyself a little.
    If this [wild] forest any thing savage yield.
Es finden sich aber bei Sh. keine Parallelen von nachträglicher Umarbeitung in Prosa.

[1] *like Outlaws*: Vgl. II.1 (Bühnenanweisung).
[2] *think he be*: Der Konjunktiv steht oft nach Verben des Denkens zum Ausdruck von Zweifel (Abbott, *A Shakespearian Grammar*, § 295); *I think my wife be honest, and think she is not* 'Ich glaube, meine Frau sei keusch, und glaube, sie ists nicht', *Oth.* III.3.384. *Be* in dieser Funktion ist besonders häufig in westenglischen Dialekten.
[3] *like a man*: 'In menschlicher Gestalt'; vgl. den Gebrauch von *like* in den Bühnenanweisungen II.1 und zu Beginn dieser Szene.
[4] *hearing of*: Vgl. II.4.40.
[5] *compact of jars*: 'Aus Misstönen zusammengesetzt'; *compact* ist das Partizip der Vergangenheit zum Verb *to compact* 'zusammensetzen'; vgl. *Com. Err.* III.2.22 und *Mids. N. D.* V.1.8. Das Sb. *jar* bedeutet bei Sh. im Allgemeinen 'Streit', 'Auseinandersetzung', während das Vb. *to jar* mehrmals in der heutigen Bedeutung im Zusammenhang mit Musik vorkommt; vgl. *Two Gent.* IV.2.66 und *Tam. Shr.* III.1.38.

empfänglich[6] werden sollte, dann haben wir in Kürze Disharmonie in den Sphären[7]. Geht ihn suchen; sagt ihm, ich möchte mit ihm sprechen.

Jaques tritt auf.

1. EDELMANN. Da kommt er selbst heran und spart mir so die Mühe.
HERZOG. Nanu, Monsieur, was ist das für eine Lebensart, [10] dass Eure Freunde um Eure Gesellschaft werben müssen? Ihr blickt ja aufgeräumt[8].
JAQUES. Ein Narr, ein Narr! Ein Narr ist mir im Wald begegnet, ein Narr im Narrenkittel[9]! Ein schlecht passendes Wort[10]! So wahr ich von Nahrung lebe, mir ist ein Narr begegnet, [15] der streckte sich hin und sonnte sich und schmähte Frau Fortuna in kräftigen Worten[11], in wohlgesetzten Worten, und dennoch ein Narr im Narrenkittel. "Guten Morgen, Narr", sprach ich. "Nein, mein Herr", sprach er, "nennt mich nicht Narr, ehe der Himmel mir Glück[12] geschickt hat." [20] Und hierauf zog er eine

---

[6] *musical*: eigentlich 'zu Musik gehörend', 'auf Musik bezogen', nie: 'musikalisch' im Sinne von 'mit Musikgehör oder -verständnis begabt'.
[7] *discord in the spheres*: der Gegensatz zu Sphärenmusik: nach Pythagoras für das Ohr unhörbare, durch die Bewegung der Himmelskörper verursachte Töne. Die Pythagoreer erblickten in den Zahlen die Eigenschaften und Gründe der Harmonie; sie nannten das nach Maß und Zahl geordnete Weltall Kosmos, in dessen Ordnung sich auch der Mensch einzufügen hat. Als Entdecker der musikalischen Harmonie berechneten sie auch die Abstände der Gestirne nach den Tonintervallen der Musik. Die Gestirne selbst fassten sie als leuchtende Kugeln auf, die ihren kreisförmigen Reigen um das Zentrum aufführen und, da alles in rascher Umdrehung Befindliche klingt, dabei eine himmlische Musik von sich geben; dazu Karl Vorländer, *Geschichte der Philosophie* (Berlin 1932). – Zu Sh.s Zeiten besaßen die pythagoreischen Vorstellungen noch ihre Gültigkeit; vgl. *Merch.* V. V.1.60-62, sowie Leisi, *Problemwörter*, s.u. *sphere*, "Astronomie".
[8] *merrily*: Vgl. I.2.139.
[9] *motley fool*: In *Shakespeare's Motley* (London 1952) weist Leslie Hotson überzeugend nach, dass Sh.s Bühnen-Narren, gleich wie die elisabethanischen Schwachsinnigen oder *naturals* (vgl. I.2.46), einen langen Mantel oder Kittel trugen, der aus grobem, buntem Wollstoff gemacht war und *motley* genannt wurde. Die Buntheit bezieht sich auf die Wirkung einzelner Fäden, nicht – wie später vermutet – auf zusammengesetzte Lappen verschiedener Farbe. Trotzdem hat sich eine Bühnentradition erhalten, die unter *motley* 'buntgewürfelt' oder 'buntscheckig' versteht.
[10] *a miserable world*: Obschon diese beiläufige Kritik Jaques' Weltanschauung entspricht, passt sie hier nicht recht in den Zusammenhang. Es wurden daher für *world* verschiedene Emendationen vorgeschlagen. Einiges für sich hat Hilda Hulmes Emendationsvorschlag *word* in *Explorations in Shakespeare's Language* (London 1962), S. 208: Da das OED angibt, dass vom 13. bis 16. Jh. die Schreibung *word(e)* für *world* und umgekehrt *world*

We shall have shortly discord in the spheres.
Go seek him; tell him I would speak with him.
Enter Jaques.
1. LORD. He saves my labor by his own approach.
DUKE SENIOR. Why, how now, monsieur, what a life is this,
10   That your poor friends must woo your company?
   What, you look merrily.
JAQUES. A fool, a fool! I met a fool i'th'forest,
   A motley fool! a miserable world!
   As I do live by food, I met a fool
15   Who laid him down and basked him in the sun
   And railed on Lady Fortune in good terms,
   In good set terms, and yet a motley fool.
   'Good morrow, fool,' quoth I. 'No, sir,' quoth he,
   'Call me not fool till heaven hath sent me fortune.'
20   And then he drew a dial from his poke,

---

13 *a miserable* F; Konj. New. Cambr. *Ah miserable* (vgl. Anm. 10).
13 *world* F; Hanmer *varlet*; Konj. Hunter *ort*; Konj. Becket, Hulme *word*.

---

für *word(e)* möglich war (vgl. *Hen. V* II.3.51 in F), könnte auch hier *a miserable word* gelesen werden, wobei *word* sich auf das Wort *fool* beziehen würde, das Jaques unangemessen erscheint für einen Menschen, der sich so tiefsinnig und gewandt zugleich ausdrückt. Zu bedenken ist bei dieser Emendation freilich, dass Sh. *miserable* sonst nie zusammen mit *word(s), speech* etc. gebraucht.

[11] *in good terms*: Einige Stellen in *Hen. V* II.1, z.B. Z. 56: *I would prick your guts a little in good terms* 'Ich möchte Euch ein bisschen das Gedärm anstechen, und zwar tüchtig', machen es wahrscheinlich, dass sich hier *in good terms* nicht nur auf den Inhalt der Schmähung, sondern auch auf die Art und Weise bezieht, in der sie ausgestoßen wird, nämlich kräftig, tüchtig.

[12] *fool ... fortune*: Die meisten Hrsg. halten diese Stelle für eine Anspielung auf das lat. Sprichwort "fortuna favet fatuis" 'Fortuna ist den Narren gewogen'. Die vielen hundert Stellen, wo Sh. von *fortune* oder von *fools* spricht, liefern jedoch keinen Anhaltspunkt dafür, dass er das Sprichwort kannte oder seine Aussage für richtig hielt. Vielmehr bedeuten bei ihm die Ausdrücke *fortune's fool* oder *the fool of fortune* gerade das Gegenteil: Romeo und Lear nennen sich so in Augenblicken der Verzweiflung: *Rom. and Jul.* III.1.134, *Lear* IV.6.188. Was Touchstone mit den Worten *Call me not fool till heaven hath sent me fortune* meint, ist also wohl Folgendes: Fortuna, oder das Geschick, pflegt den Menschen zum Narren zu machen, indem es ihm die bloße Illusion von Glück schenkt; da aber der Himmel ihn – Touchstone – noch nicht mit Fortuna in Berührung gebracht habe, sei es verfrüht, ihn einen Narren zu nennen. Jedenfalls ist er (siehe Z. 16) nicht gut auf Fortuna zu sprechen.

Uhr[13] aus seinem Sack[14], und sie mit trübem Auge anblickend sagte er höchst tiefsinnig: "Es ist zehn Uhr. Daran", so sprach er, "erkennen wir, wie die Welt läuft[15]. Erst eine Stunde ists her, da war es neun, [25] und in einer weiteren Stunde wird es elf sein; und so, von Stunde zu Stunde[16], reifen wir und reifen, und dann, von Stunde zu Stunde, faulen wir und faulen[17], und daran hängt eine Geschichte[18]". Als ich den Narren im Narrenkittel so über die Zeit moralisieren[19] hörte, [30] begann meine Lunge wie Chanticlere zu krähen[20], dass Narren so tief nachdenklich sind; und dann lachte ich ohn Unterlass, bis auf seiner Uhr eine Stunde herum war. O edler Narr, o würdiger Narr![21] Ein Narrenkittel ist die einzig richtige Tracht.

HERZOG. [35] Was ist das für ein Narr?

JAQUES. Ein würdiger Narr! Einer, der sonst ein Höfling war und sagt, wenn Frauen nur jung und schön seien, hätten sie die Gabe, das zu wissen[22]. Und in seinem Hirn, das so trocken[23] ist wie der restliche Schiffszwieback[24] [40] nach einer Seereise, hat er son-

---

[13] *dial* kann jedes Instrument bezeichnen, das zum Messen der Zeit dient; hier handelt es sich entweder um eine kleine Sonnenuhr oder um eine Taschenuhr. Darüber hinaus führt das Wort (Kökeritz, *Shakespeare's Pronunciation*, S. 59) eine neue Serie von Zweideutigkeiten ein; vgl. die Wortspiele mit *hour* und *tale*, möglicherweise auch mit *poke*, *wag*, *ripe* und *rot* (siehe Anm. 14–17). Was die anstößige Bedeutung von *dial* (im Hinblick auf den Uhrzeiger: 'männliches Glied') betrifft, vgl. *1 Hen. IV* I.2.8 und *Rom. and Jul.* II.4.106.

[14] *poke*: Leslie Hotson (*Sh.'s Motley*, S. 44–52) weist nach, dass *cloakbag* und *sack* in der elisabethanischen Zeit als scherzhafte Bezeichnungen für den langen bunten Narrenkittel verwendet wurden, und vermutet, das Wort *poke* werde von Jaques ebenfalls scherzhaft gebraucht, und zwar mit dem anstößigen Nebensinn *codpiece* 'Hosenlatz' (vgl. *peascod*, II.4.47 und Anm. 27 dazu).

[15] *wag*: eigentlich '(davon)wackeln'. *The world wags* und *Let the world wag* sind bekannte Redensarten (vgl. Tilley, *Proverbs*, W 874, 879). Nach Eric Partridge, *Shakespeare's Bawdy* (London 1947), S. 217 wäre *wag* eine mögliche Abkürzung von *wag one's tail* 'mit dem Schwanz wedeln'; dieser Ausdruck ist wiederum zweideutig (vgl. *tale*, Z. 28 und *Tit. A.* V.2.87).

[16] *from hour to hour*: *Hour* wurde zu Sh.s Zeiten ähnlich wie *whore* 'Hure' ausgesprochen, oder konnte so ausgesprochen werden. Da es in vier aufeinander folgenden Zeilen sechsmal vorkommt, musste seine Doppelsinnigkeit schließlich jedem Zuhörer aufgehn; vgl. Kökeritz, *Shakespeare's Pronunciation*, S. 59.

[17] *rot*: Nach Partridge (S. 180) kann *rotten* 'verfault', 'verdorben' die Nebenbedeutung haben: 'von einer Geschlechtskrankheit befallen und / oder von übermäßigem Beischlaf angekränkelt sein'. Vgl. *A.Y.L.* III.2.114, wo *rotten* in Verbindung mit dem Wortspiel *medlar* 'Mispel' / *meddler* 'sich (sexuell) Vermischende(r)' vorkommt.

[18] *tale*: Sh. benutzt die gleich lautenden Wörter *tale* / *tail* 'Erzählung / Schwanz' wiederholt zu einem anstößigen Wortspiel; nicht selten liefert die Redensart *thereby hangs a tale*

AS YOU LIKE IT II.7 133

    And looking on it with lack-lustre eye,
    Says very wisely, 'It is ten o'clock.
    Thus we may see,' quoth he, 'how the world wags.
    'Tis but an hour ago since it was nine,
25 And after one hour more 'twill be eleven;
    And so, from hour to hour, we ripe and ripe,
    And then, from hour to hour, we rot and rot;
    And thereby hangs a tale.' When I did hear
    The motley fool thus moral on the time,
30 My lungs began to crow like chanticleer
    That fools should be so deep-contemplative;
    And I did laugh sans intermission
    An hour by his dial. O noble fool,
    A worthy fool! Motley's the only wear.
DUKE SENIOR. [35] What fool is this?
JAQUES. O worthy fool! One that hath been a courtier,
    And says, if ladies be but young and fair,
    They have the gift to know it. And in his brain,
    Which is as dry as the remainder biscuit

34–36 *A worthy ... O worthy* F; Furness, Cambr. *O worthy ... A worthy* (vgl. Anm. 21).

'damit ist eine Geschichte verknüpft' den Anlass dazu. Vgl. *Oth.* III.1.8 und *Tam. Shr.* IV.1.48.

[19] *moral*: Wahrscheinlich *moralize* (OED); vgl. II.1.44. Die meisten Hrsg. möchten *moral* eher als Adjektiv auffassen, doch die grammatische Konstruktion – sowohl die heutige wie die historische – lässt dies nicht zu.

[20] *crow like chanticleer*: Chanticlere 'der hell oder klar Singende' heißt der Hahn in Chaucers *The Nonnes Preestes Tale* und *Reynard the Fox*. *Crow*, wörtlich 'krähen', wird in *Two Gent.* II.1.25 heftigem Lachen gleichgesetzt.

[21] *A worthy ... O worthy*: Das *A* und das *O* müssen sehr wahrscheinlich vertauscht werden: Nachdem Jaques den Narren in Z. 33 mit *O noble fool* apostrophiert hat, sollte er logischerweise in Z. 34 mit *O worthy fool* fortfahren, statt zur dritten Person – *A worthy fool* – hinüberzuwechseln. Ferner wäre auf die Frage des Herzogs *What fool is this?* als einzige vernünftige Antwort *A worthy fool* zu erwarten, auch darum, weil von jetzt an in der dritten Person von Touchstone gesprochen wird (Furness und Cambridge).

[22] *ladies ... know it*: Wenn auch die Frauen anscheinend wenig Verstand haben, so wissen sie doch um ihre Schönheit – und dies ist das einzige Wissen, das sie nötig haben (New Swan Sh.)

[23] *dry*: Nach alter physiologischer Anschauung brauchte ein trockenes Hirn lange, um einen Eindruck aufzunehmen, den es dann aber sicher festhielt (Wright).

[24] *biscuit*: Gemäß *Sh.'s England*, Bd. 1, S.167 stand dem Seemann täglich eine Gallone (etwa 4,5 l) Bier und ein Pfund Schiffszwieback zu; vgl. *Tr. and Cr.* II.1.37.

derbare Stellen[25], vollgestopft mit Beobachtung, die er brockenweise von sich gibt. O wär ich doch ein Narr! Mein Ehrgeiz zielt auf einen Narrenkittel.

HERZOG. Du sollst einen haben.

JAQUES. Das ist mein einziges Anliegen[26], [45] vorausgesetzt, Ihr jätet[27] aus Eurem besseren Urteil alle darin wuchernde Meinung aus, ich sei klug. Ich muss obendrein Freiheit[28] haben, so ausgedehnte Vollmacht[29] wie der Wind[30], den anzublasen, den ich will[31], denn Narren haben sie. [50] Und jene, die meine Narrheit am meisten reizt, die müssen am meisten lachen. Und warum, Herr, müssen sies? Das Warum liegt so klar vor Augen wie der Weg[32] zur Dorfkirche. Der, den der Narr auf höchst kluge Art trifft, benimmt sich, auch wenn es ihm innerlich wehtut, höchst unklug, [55] wenn er nicht vorgibt, den Schlag nicht zu spüren.[33] Wo nicht, wird die Torheit des Klugen gerade durch die beiläu-

---

[25] *strange places*: Die meisten modernen Hrsg. übernehmen Wrights Vermutung, *places* bedeute hier – im Sinne der Rhetorik – Topoi, Loci. Es scheint wirklich viel für diese Vermutung zu sprechen, wenn man bei H. Lausberg, *Elemente der literarischen Rhetorik*, § 40, Folgendes liest: "[...] die für die Rede geeigneten Gedanken sind im Unterbewusstsein oder Halbbewusstsein des Redners bereits als *copia rerum* [vgl. *invention*] vorhanden und brauchen nur durch geschickte Erinnerungstechnik wachgerufen und durch dauernde Übung [...] möglichst wachgehalten zu werden. Hierbei wird das Gedächtnis als ein räumliches Ganzes vorgestellt, in dessen einzelnen Raumteilen ("Örter": *topoi, loci*) die einzelnen Gedanken verteilt sind." Furness' Einwand, sonderbare Stellen könnten nicht "zerbröckelt" werden, ist unbegründet, da sich *the which* auf 'Beobachtung' bezieht.

[26] *suit*: ein Wortspiel mit den zwei Bedeutungen von *suit*: 'Gesuch' und 'Gewand'. Dasselbe Wortspiel kommt in *1 Hen. IV* I.2.66. vor.

[27] *weed*: Diesem Wort – das hier als Verb 'ausjäten' bedeutet – entspricht lautlich *weed* mit der Bedeutung 'Gewand', also mit derselben Bedeutung wie *suit* in der vorhergehenden Zeile, sodass es sich wohl assoziativ ergeben hat. Dieselbe Assoziation findet sich in *Coriol.* II.3.216 (*weed / suit*) und *Hen. V* IV.1.10 (*dress / weed*).

[28] *liberty*: Hat oft die Nebenbedeutung 'Zügellosigkeit'; vgl. *Meas. for M.*, ed. Naef (Studienausgabe), I.2.121 und I.4.62.

[29] *charter*: 'Vollmacht', wie öfters; vgl. *Rich. III* III.1.54 und *Coriol.* I.9.14.

[30] *wind*: Bei Sh. wird der Wind oft mit Leichtfertigkeit oder Unzüchtigkeit in Verbindung gebracht; vgl. *bawdy wind* (*Oth.* IV.2.78), *strumpet wind* (*Merch. V.* II.6.16), *wanton wind* (*Mids. N. D.* II.1.129). Die Vorstellungen von *liberty*, *charter* = '(erotische) Freiheit' sind in ähnlicher Weise mit *wind* verbunden in *Hen. V* I.1.48: *The air, a chartered libertine* 'Die Luft, ein zügelloser Libertin'.

[31] *to blow ... please*: Vgl. *Joh.* 3.8: "The winde bloweth where it listeth" 'Der Wind weht, wo er will'. *Blow* hat möglicherweise einen obszönen Nebensinn, der sich auf die folgenden Bedeutungsvarianten bezieht: 1) 'Eier ablegen (von Fliegen)'; vgl. *Oth.* IV.2.66 und

40 After a voyage, he hath strange places crammed
With observation, the which he vents
In mangled forms. O that I were a fool!
I am ambitious for a motley coat.
DUKE SENIOR. Thou shalt have one.
JAQUES.   It is my only suit,
45 Provided that you weed your better judgments
Of all opinion that grows rank in them
That I am wise. I must have liberty
Withal, as large a charter as the wind,
To blow on whom I please, for so fools have.
50 And they that are most gallèd with my folly,
They most must laugh. And why, sir, must they so?
The why is plain as way to parish church:
He that a fool doth very wisely hit
Doth very foolishly, although he smart
55 Within, seem senseless of the bob. If not,
The wise man's folly is anatomized

---

55 Pelican *Within, seem*; *Seeme* F; Theobald *Not to seem* (vgl. Anm. 33).

L.L.L. V.2.409. 2) In *All's Well* I.1.116ff. kommt *blow up* mehrmals als Teil einer ausführlichen militärischen Metapher vor: Es wird dort die Jungfernschaft mit einer Stadt verglichen, die der Feind unterminiert oder in die Luft sprengt. *Blow up* bedeutet dort nicht nur 'vernichten', sondern überdies 'aufblähen'; es bezeichnet also gleichzeitig die Handlung selbst und das Ergebnis (Schwangerschaft) der Handlung. 3) In *Much Ado* IV.1.56: *You seem ... as chaste as ... is the bud ere it be blown* 'Ihr scheint so keusch wie die Knospe, ehe sie zum Blühen gebracht wird' bedeutet *blow* 'zum Blühen (und schließlich zum Fruchten) bringen'; die Bedeutung ist also verwandt mit den Bedeutungen 1) und 2).

Das uns vorliegende *blow on* entspricht keiner der genannten Bedeutungsvarianten ganz genau; indessen macht es das *on* wahrscheinlich, dass a) zentral ist.

[32] *why ... way*: Dieses Wortspiel ist nicht so nahe liegend, wie manche Hrsg. meinen, da die beiden Wörter in elisabethanischer Lautung einander noch weniger ähnlich waren als heute (vgl. Kökeritz, *Shakespeare's Pronunciation*, S. 85). Der Artikel von *way* ist – wie häufig nach *as* und *like* – weggelassen; vgl. Z. 146.

[33] *He that a fool ... bob*: Furness gibt folgende Interpretation der Stelle: 'Wie sehr auch einer unter den Sticheleien eines Narren leidet, sollte er sich doch den Anschein geben, als spürte er sie in seiner Einfalt gar nicht.' Sein *he should appear* entspricht jedoch kaum dem *doth very foolishly seem* des Textes. Die meisten Hrsg. haben denn auch Theobalds Emendation von Z. 55 übernommen: An den Zeilenanfang setzt er *Not to*; die ganze Zeile *Not to seem senseless of the bob* 'wenn er nicht vorgibt, den Schlag nicht zu spüren' ergibt so einen besseren Sinn.

fig fallen gelassenen[34] Andeutungen[35] des Narren aufgedeckt[36]. Kleidet mich in meinen Narrenkittel ein[37], erlaubt mir frei zu reden, dann will ich [60] den faulen Körper der verseuchten Welt durch und durch säubern, wenn sie meine Medizin[38] nur geduldig annimmt.

HERZOG. Pfui über dich! Ich kann [voraus]sagen, was du tun möchtest.

JAQUES. Was möchte ich denn für einen Zählpfennig[39] anderes tun als Gutes?

HERZOG. Heillose arge Sünde [würdest du begehen], indem du [die] Sünde schöltest. [65] Denn du bist selbst ein Libertin gewesen, so sinnlich wie der tierische Stachel[40] selbst; und all die schwellenden Entzündungen und eitrigen Geschwüre[41], die du dir in ungehemmter Ausschweifung[42] zugezogen hast, würdest du in die ganze[43] Welt entleeren.

JAQUES. [70] Wer klagt denn laut[44] die Hoffart / Brunst[45] an und kann damit nur einen Einzelnen schmähen? Wogt sie nicht ungeheuer

---

[34] *squand'ring = scattered* 'verstreut': Vgl. *Merch. V.* I.3.20. Was Sh.s häufigen Gebrauch des aktiven anstelle des erwarteten passiven Partizips betrifft, vgl. Abbott, *A Shakespearian Grammar*, § 372.

[35] *glances*: 'Sticheleien'. Das Verb "glance" bedeutete ursprünglich 'einen Gegenstand treffen und gleich wieder von ihm abgleiten', 'touchieren' (OED 1); hieraus entwickelte sich der bildliche Sinn von 'indirekt auf etwas anspielen, meist tadelnd oder verhöhnend'. Vgl. *Writings ... wherein obscurely / Caesar's ambition shall be glanced at* 'Zettel ... in denen dunkel auf Caesars Ehrsucht angespielt werden soll', *Jul. Caes.* I.2.317; ferner *Mids. N. D.* II.1.75.

[36] *anatomized*: Vgl. I.1.143.

[37] *invest*: 'jemanden nach vorgeschriebenem Ritus in ein Gewand einkleiden, das seiner künftigen hohen Stellung entspricht, z.B. einen Geistlichen.' Jaques gebraucht das Wort ironisch.

[38] *patiently ... medicine*: Aus *medicine* geht hervor, dass *patiently* hier doppelsinnig verwendet wird: einerseits 'wie ein Kranker', andererseits 'willig', 'geduldig'.

[39] *counter*: 'Eine zum Rechnen benutzte nachgemachte Münze'; vgl. *Tr. and Cr.* II.2.28 und *Cymb.* V.4.169.

[40] *sting*: 'Stich'. Wie in *Oth.* I.3.330 *our carnal stings* und *Meas. for M.*, ed. Naef (Studienausgabe), I.4.59 *The wanton stings and motions of the sense* geht der erotische Nebensinn deutlich vom Kontext aus, ohne dass er dem Wort *sting* selbst notwendigerweise innewohnt, wie die meisten Hrsg. glauben; vgl. den Gebrauch des Wortes in Z. 188. Auch in bildlichem Sinne bewahrt *sting* bei Sh. allgemein seine Grundbedeutung durch die Erwähnung des Tiers, welches den Stich beibringt; vgl. *Tam. Shr.* II.1.212 und *Haml.* I.5.39.

[41] *embossed ... evils*: *Embossed* 'geschwollen', 'schwellend' (OED *emboss* 1) wird hier vermutlich synonymisch mit *headed* 'aufgebrochen', 'eiternd' verwendet. Der Kontext macht es wahrscheinlich, dass der Herzog von einem Symptom der Geschlechtskrankheit redet. *Evils* wörtlich 'Übel'.

AS YOU LIKE IT II.7

    Even by the squand'ring glances of the fool.
    Invest me in my motley, give me leave
    To speak my mind, and I will through and through
60 Cleanse the foul body of th'infected world,
    If they will patiently receive my medicine.
DUKE SENIOR. Fie on thee! I can tell what thou wouldst do.
JAQUES. What, for a counter, would I do but good?
DUKE SENIOR. Most mischievous foul sin, in chiding sin.
65 For thou thyself hast been a libertine,
    As sensual as the brutish sting itself;
    And all th'embossèd sores and headed evils
    That thou with license of free foot hast caught,
    Wouldst thou disgorge into the general world.
JAQUES. [70] Why, who cries out on pride
    That can therein tax any private party?
    Doth it not flow as hugely as the sea

---

[42] *licence of free foot*: vermutlich 'ungehemmte Ausschweifung'. Was *licence* = *licentiousness* betrifft, vgl. *Meas. for M.* III.2.191 und *Hen. V* I.2.272. Der Ausdruck *of free foot* kommt sonst nirgends bei Sh. vor. In dieser heftigen Anschuldigung von Seiten des Herzogs spiegelt sich (siehe Players' Sh., Introduction S. 13) das Bild wieder, das man sich zu Sh.s Zeiten von einem Satiriker machte. Indem man das Wort 'Satire' von den mythologischen Satyrn herleitete, schrieb man den Satirikern – deren Schriften und Schauspiele damals en vogue waren – auch die Verhaltensweise von Satyrn zu, nämlich Unflätigkeit, Zynismus und sexuelle Unbeherrschtheit. Man warf ihnen vor, sie seien den Lastern, die sie anprangerten, selbst unterworfen und schütteten nur den eigenen Unrat über ihre Opfer aus (vgl. den Namen *Jaques / jakes* 'Abort'). Die Satiriker pflegten sich damit zu verteidigen, dass sie nicht einzelne Personen, sondern die Gesellschaft als Ganzes angriffen. Dieses konventionelle Argument verwendet hier auch Jaques, Z. 70ff. Dem Vorwurf des Herzogs, er wolle mit der eigenen Verderbtheit andere Menschen verderben, weicht er dabei allerdings aus.

[43] *general*: Hier 'ganz'; vgl. *if the general camp ... had tasted her sweet body* 'hätte das ganze Lager ... ihren süßen Leib genossen', *Oth.* III.3.345

[44] *cries out on*: Wenn *cry out* von *on*, *against* oder *of* gefolgt wird, bedeutet es 'laut oder öffentlich anklagen'; vgl. *K. John* V.2.19 und *Wint. T.* I.2.259.

[45] *pride*: Jaques' nachfolgende Rede macht es wahrscheinlich, dass *pride* hier in der Bedeutung 'eitles Zurschaustellen (von Kleidern)' (OED 6) gebraucht wird; vgl. *Hen. VIII* I.1.25: *the madams ... did almost sweat to bear the pride upon them* 'die Damen schwitzten beinahe unter der Last ihres Putzes'. Überdies spielt Jaques wohl noch auf eine andere Bedeutung von *pride* an, nämlich 'Brünstigkeit bei Tieren' (OED 11); vgl. *Oth.* III.3.404 *As salt as wolves in pride* 'so scharf wie brünstige Wölfe'.

wie das Meer, bis die erschöpften[46] Mittel selbst zu ebben beginnen? Welche Frau in der Stadt nenne ich denn mit Namen, [75] wenn ich sage, die Stadtfrau trage den Aufwand[47] von Fürsten auf unwürdigen Schultern? Welche kann vortreten[48] und behaupten, ich meine sie, wenn so wie sie auch ihre Nachbarin ist? Oder was ists mit dem [Mann] von niederstem Beruf[49], [80] der sagt, sein Putz gehe nicht auf meine Kosten[50], weil er glaubt, ich meine ihn, aber dabei seine Torheit dem Gehalt[51] meiner Rede anpasst[52]? Nun also, wie denn, was denn, lasst mich sehen, inwiefern meine Zunge ihm Unrecht getan hat. Schilt sie ihn zu Recht, [85] dann hat er sich selbst Unrecht getan. Ist er frei[53] von Fehlern, nun, dann fliegt meine Stichelei wie eine Wildgans davon, auf die keiner Anspruch erhebt. Aber wer kommt denn da?

Orlando tritt auf [mit gezogenem Degen[54]].

ORLANDO. Haltet ein und esst nicht weiter!

JAQUES. Aber ich habe ja noch gar nichts gegessen[55].

ORLANDO. Das sollst du auch nicht, bevor der Not dargereicht wurde.

JAQUES. [90] Von welcher Art stammt denn wohl dieser Hahn[56] ab?

HERZOG. Hat deine Not[57] dich so erkühnt, Mann, oder bist du ein

---

[46] *weary very means*: Für diese nicht ganz klare Stelle sind folgende Emendationen vorgeschlagen worden: 1) *very, very*; 2) *very weary*; 3) *weary very mints*; 4) *the wearer's very means*. Keine davon ist jedoch nötig. Die Stelle kann so verstanden werden: 'wogt die Hoffart nicht so überreich wie das Meer, bis die Mittel selbst, erschöpft, zu ebben beginnen' (Halliwell, zitiert in New Variorum). New Arden hebt hervor, dass das *very* emphatisch gebraucht sei, indem ein Adeliger zur Bestreitung seines Aufwands nicht nur seine letzten Geldmittel ausgeben, sondern oft sogar die Quelle dieser Mittel, seinen Grundbesitz, verkaufen musste. – Kökeritz, *Shakespeare's Pronunciation*, S. 128 weist ferner darauf hin, dass *mean(s)* 'Geldmittel' und *main* 'Ozean' gleich ausgesprochen wurden, dass also ein Wortspiel beabsichtigt war, was auch aus dem Kontext hervorgeht.

[47] *cost*: Wie *pride* (Z. 70) kann *cost* den Nebensinn von 'Luxus oder Aufwand in Bezug auf Kleidung' haben; vgl. *Meas. for M.* I.3.10 und *Sonn.* 91.10.

[48] *come in* kann bedeuten 'vortreten', 'dazwischentreten'; vgl. *Meas. for M.* II.1.31 und *K. John* III.1.293.

[49] *function*: 'Amt', 'Beruf' (OED 4), wie öfters. Was *function* im Sinne von 'geschlechtliche Betätigung' betrifft, vgl. *Oth.* II.3.331 und *Meas. for M.* I.2.13.

[50] *his bravery ... my cost*: *Bravery*, beinahe synonym mit *pride* und *cost* verwendet, bedeutet ebenfalls 'eitles Zurschaustellen'; *on my cost* 'auf meine Kosten', gleich wie *of* und *at my cost*; vgl. *Hen. V* IV.3.25.

[51] *mettle*: Zu Sh.s Zeit waren *mettle* und *metal* nur Schreibvarianten desselben Wortes; es konnte real und bildlich verwendet werden.

[52] *suits*: Wiederholung des bekannten Wortspiels mit suit 'Kleidung, Anzug' oder 'Gesuch'.

Till that the weary very means do ebb?
What woman in the city do I name
75 When that I say the city woman bears
The cost of princes on unworthy shoulders?
Who can come in and say that I mean her,
When such a one as she, such is her neighbor?
Or what is he of basest function
80 That says his bravery is not on my cost,
Thinking that I mean him, but therein suits
His folly to the mettle of my speech?
There then, how then, what then? Let me see wherein
My tongue hath wronged him. If it do him right,
85 Then he hath wronged himself. If he be free,
Why, then my taxing like a wild goose flies
Unclaimed of any man? But who comes here?
Enter Orlando [with his sword drawn].
ORLANDO. Forbear, and eat no more!
JAQUES. Why, I have eat none yet.
ORLANDO. Nor shalt not, till necessity be served.
JAQUES. [90] Of what kind should this cock come of?
DUKE SENIOR. Art thou thus boldened, man, by thy distress,

---

73 *wearie verie meanes* F; Pope *very very means*; Collier[1] *very wearing means*; Collier[2] *very means of wear*; Singer *wearer's very means*; Cambr. *weary very mints* (vgl. Anm. 46).

---

53 *free* = "free from guilt": 'unschuldig', wie öfters (OED). Vgl. *Meas. for M.* I.2.41 und *Wint. T.* II.3.30.
54 *[with his sword drawn]*: Diese seit dem 18. Jh. gebräuchliche BA wird durch Z. 119 (*hide my sword*) bestätigt. Bei Thomas Lodge tritt Rosader bescheiden an die Geburtstagsgäste König Gerismonds heran, erzählt von seiner Not und bittet, sich mit dem stolzesten Ritter im Kampf messen zu dürfen, um seine Männlichkeit zu beweisen, worauf ihn der König bei der Hand nimmt und ihm Essen anbietet.
55 *eat none yet*: *Eat* ist die alte südliche Form des Partizips der Vergangenheit, doch kommt *eaten* bei Sh. häufiger vor; vgl. *worm-eaten*, III.4.23 (Abbott, *A Shakespearian Grammar*, § 343; Franz, *Die Sprache Shakespeares*, S. 167–168). – Jaques hat noch nichts gegessen, weil er von Beginn der Szene an fast ständig gesprochen hat. *None* = 'nichts' findet sich auch in *Com. Err.* II.2.59.
56 *cock*: Dies ist das einzige Mal, wo Sh. *cock* bildlich für einen Menschen gebraucht; vgl. aber den Gebrauch von *bawcock*, frz. *beau(cock)* als Kosewort, z.B. in *Wint. T.* I.2.121.
57 *Art thou*: Der Herzog redet Orlando als einen Unbekannten, dessen Stand aus seiner Kleidung nicht ersichtlich ist, zunächst mit 'du' an, geht aber nach Orlandos erklärenden Worten gleich zum 'Ihr' über (Z. 101).

grober Verächter guter Sitten, dass du dich so bar jeder Höflichkeit[58] zeigst[59]?

ORLANDO. Ihr habt meine Ader auf Anhieb getroffen.[60] Der Stachel [95] nackter Not hat mir den Anschein glatter Höflichkeit geraubt; doch bin ich im innern Land geboren[61] und kenne feine Lebensart[62]. Doch haltet ein, sag ich! Der stirbt, der etwas von diesem Obst anrührt, bevor ich und mein Anliegen befriedigt worden sind.

JAQUES. [100] Wollt Ihr nicht mit Vernunft[63] befriedigt werden, so muss ich sterben.

HERZOG. Was wollt Ihr[64] haben? Eure Sanftmut wird [uns] eher [zu Sanftmut] zwingen, als Euer Zwang uns zu Sanftmut bewegen wird.[65]

ORLANDO. Ich sterbe fast vor Hunger, darum[66] gebt mir [zu essen].

HERZOG. [105] Setzt Euch und esst, und [seid] willkommen an unserer Tafel.

ORLANDO. Sprecht Ihr so freundlich? Ich bitte Euch, vergebt mir. Ich dachte, hier wäre[67] alles wild und gab mir deshalb den Anschein[68] strengen Forderns[69]. Doch wer[70] immer Ihr seid, [110] die Ihr in dieser unzugänglichen Ödnis, unter dem Schatten traurig-düsterer Zweige die dahinkriechenden Stunden der Zeit entgleiten lasst und gering achtet; wenn Ihr je bessere Tage gesehen habt, wenn Ihr je da weiltet, wo Glocken zur Kirche läuteten[71], [115] je am reichen Tische eines guten Mannes saßet, je von Eu-

---

[58] *civility*: Bei Sh. bezeichnet dieses Wort eher die Regeln guten Benehmens, wie es unter zivilisierten Menschen üblich ist, als – wie heute – die abstrakte Tugend verfeinerter Höflichkeit. Zuweilen ist der negative Nebensinn von bloß zur Schau getragenem feinem Benehmen in ihm spürbar; vgl. Z. 96–97 und *Merch. V.* II.2.181. Was den Gebrauch des Adj. *civil* betrifft, vgl. III.2.122.

[59] *seem'st*: Vgl. Anm. zu I.1.16.

[60] *touched my vein at first*: *To touch the vein* 'die Ader treffen' stammt aus der Zeit, als der Arzt nach einem Blutgefäß seines Patienten tastete, um ihn zur Ader zu lassen. Hier ist der Ausdruck bildlich verwendet im Sinne von 'treffen', 'erraten'. In *Meas. for M.* II.2.70 sind *touch* und *vein* in ähnlicher Weise verbunden: *Ay, touch him; there's the vein.* – Für *at first* 'auf Anhieb' s. z.B. *Cymb.* I.5.15.

[61] *inland*: 'Aus den der Hauptstadt benachbarten Gebieten stammend und daher feiner gesittet, weltmännischer'. Das Wort kommt bei Sh. auch in rein geographischer Bedeutung vor. Als Gegensatz dazu verwendet er Bezeichnungen wie *mountaineers* (*Cymb.* IV.2.71), *mountain-foreigner* (*Merry W.* I.1.142) und *mountain-squire* (*Hen. V* V.1.32), alle etwa 'Hinterwäldler' mit dem Beiklang 'derb', 'klotzig'.

[62] *nurture*: 'Erziehung' (OED 1); vgl. *Temp.* IV.1.189 und *ill-nurtured* 'schlecht erzogen', *2 Hen. VI* I.2.42.

[63] *reason*: Jaques spielt auf das gleich lautende Wort *raisin* an: Rosinen gehörten vermutlich zu den Früchten am Tisch des Herzogs; vgl. auch *1 Hen. IV* II.4.222 und *Tr. and Cr.*

AS YOU LIKE IT II.7　　　　　　141

　　　　Or else a rude despiser of good manners,
　　　　That in civility thou seem'st so empty?
ORLANDO. You touched my vein at first. The thorny point
　95　Of bare distress hath ta'en from me the show
　　　　Of smooth civility; yet am I inland bred
　　　　And know some nurture. But forbear, I say!
　　　　He dies that touches any of this fruit
　　　　Till I and my affairs are answerèd.
JAQUES. [100] An you will not be answered with reason, I must die.
DUKE SENIOR. What would you have? Your gentleness shall force
　　　　More than your force move us to gentleness.
ORLANDO. I almost die for food, and let me have it!
DUKE SENIOR. [105] Sit down and feed, and welcome to our table.
ORLANDO. Speak you so gently? Pardon me, I pray you.
　　　　I thought that all things had been savage here,
　　　　And therefore put I on the countenance
　　　　Of stern commandment. But whate'er you are
　110　That in this desert inaccessible,
　　　　Under the shade of melancholy boughs,
　　　　Lose and neglect the creeping hours of time;
　　　　If ever you have looked on better days,
　　　　If ever been where bells have knolled to church,
　115　If ever sat at any good man's feast,

101-102　*What ... have? / You ... force / moue gentlenesse. /* F; Hrsg. *What ... force, / More ... gentleness. /*

II.2.32 sowie *A.Y.L.* I.3.6. Auf ein anzügliches Wortspiel mit *reason / raising* 'Vernunft / aufsteigend' weist Kökeritz, *Shakespeare's Pronunciation*, S. 138-139 hin.

[64] *you*: Sowie der Herzog annehmen darf, dass Orlando ein Edelmann ist, redet er ihn mit 'Ihr' an.

[65] *Your gentleness ... to gentleness*: Die rhetorische Figur des Chiasmus (Überkreuzung): *gentleness – force, force – gentleness*, wobei *force* in polyptotischer Abwandlung (siehe Lausberg, § 280) zuerst als Verb, dann als Substantiv erscheint.

[66] *and*: Sh. gebrauchte *and* gelegentlich im Sinne von *and therefore*; vgl. *Here come our wives, and let us take our leave* 'Hier kommen unsere Frauen, darum lasst uns aufbrechen', *1 Hen. IV* III.1.189, ferner *Temp.* I.2.186; vgl. Urban Ohlander, *Studies on Coordinate Expressions in Middle English* (Lund, London, Kopenhagen 1936), Kap. II.

[67] *had been* = *would have been*, wie öfters (Jespersen, MEG IV, 9.41).

[68] *countenance*: Vgl. I.1.16 sowie die Ausführungen hierzu in Werner Habicht, "Zur Bedeutungsgeschichte des englischen Wortes *countenance*", *Archiv für das Studium der neueren Sprachen und Literaturen* 203 (1967), S. 32-51.

[69] *commandment* = *command*: Vgl. *intendment* statt *intent*, I.1.124.

[70] *what'er*: *What* statt *who* ist bei Sh. normal; vgl. II.4.83.

[71] *knolled* = *knelled*, wie in Z. 121. Sh. gebrauchte *knell* stets als Substantiv, *knoll* als Verb; vgl. *Macb.* V.8.50: *And so his knell is knolled* 'Damit läuten wir sein [Grab]geläut'.

ren Lidern eine Träne wischtet und wisst, was sich erbarmen und Erbarmen finden heißt, dann möge Sanftmut mir zum Zwange dienen; in dieser Hoffnung erröte ich und stecke meinen Degen ein.

HERZOG. [120] Wahr ists, dass wir bessere Tage gesehen haben und von heiliger Glocke zur Kirche geläutet wurden und am reichen Tische guter Menschen gesessen und von unseren Augen Tropfen weggewischt haben, die geheiligte Barmherzigkeit zeugte;[72] setzt Euch denn also in Sanftmut [125] und nehmt nach Belieben[73], was wir an Hilfe haben, damit Euer Mangel gelindert werde.

ORLANDO. Dann enthaltet[74] Euch noch ein Weilchen Eurer Nahrung, während ich mich gleich einer Rehgeiß aufmache, um mein Kitz[75] zu suchen und es zu füttern. Dort ist ein armer alter Mann, [130] der aus reiner Liebe so manchen müden Schritt hinter mir hergehinkt ist. Ehe er, den zwei Übel, hohes Alter und Hunger, schwächen[76], gesättigt ist, will ich keinen Bissen anrühren.

HERZOG. Geht ihn holen[77], und wir werden bis zu Eurer Rückkehr nichts verzehren.

ORLANDO. [135] Ich danke Euch, und seid für Euren Trost gesegnet.

[Ab].[78]

HERZOG. Du siehst, wir sind nicht ganz allein im Unglück; dieses weite Welttheater bietet jammervollere Schauspiele als die Szene, in der wir spielen.

JAQUES. Die ganze Welt ist eine Schaubühne, [140] und alle Männer und Frauen [sind] bloß Schauspieler[79]; sie haben ihre Abgänge und ihre Auftritte, und ein einzelner Mensch spielt während seiner

---

[72] *True ... engend'red*: Der Herzog nimmt Orlandos Schilderung besserer Zeiten fast wörtlich auf.

[73] *upon command*: genauer: 'als Antwort auf Euer Geheiß'.

[74] *forbear*: 'sich enthalten', 'verzichten' (OED 4). Sh. verwendet *forbear* öfters in dieser transitiven Art; ein Beispiel für absoluten Gebrauch findet sich in Z. 88.

[75] *doe ... fawn*: Derselbe Vergleich kommt in *Ven. and Ad.* 875–876 vor: *Like a milch doe ... Hasting to feed her fawn* 'gleich einer säugenden Rehgeiß, die sich beeilt, ihr Kitz zu nähren'.

[76] *weak evils = evils causing weakness*: Eine der häufigen lockeren Adjektiv-Konstruktionen bei Sh.; vgl. II.3.39, auch Leisi, *Problemwörter* unter "Wortverbindungen".

[77] *Go find him out*: Andere Stellen, wo die Präposition nach *go* fehlt, sind I.1.68 und II.5.55. *Find out* hat bei Sh. oft den Sinn von bloßem *find*; vgl. III.1.5.

[78] *[Exit]*: F gibt keine Angabe in Bezug auf Orlandos Abgang, doch seit Rowe, der ihn nach seinem Dank an den Herzog (Z. 135) abtreten lässt, ist dieser Zeitpunkt üblich geworden. Indessen ließe sich auch ein späterer Abgang denken, nämlich erst nach des Herzogs abschließenden Worten: *Thou seest we are not all alone unhappy.* Sie sind allgemeinen

>   If ever from your eyelids wiped a tear
>   And know what 'tis to pity and be pitied,
>   Let gentleness my strong enforcement be;
>   In the which hope I blush, and hide my sword.
> DUKE SENIOR. [120] True is it that we have seen better days,
>   And have with holy bell been knolled to church,
>   And sat at good men's feasts, and wiped our eyes
>   Of drops that sacred pity hath engend'red;
>   And therefore sit you down in gentleness,
> 125 And take upon command what help we have
>   That to your wanting may be minist'red.
> ORLANDO. Then but forbear your food a little while,
>   Whiles, like a doe, I go to find my fawn
>   And give it food. There is an old poor man
> 130 Who after me hath many a weary step
>   Limped in pure love. Till he be first sufficed,
>   Oppressed with two weak evils, age and hunger,
>   I will not touch a bit.
> DUKE SENIOR.   Go find him out,
>   And we will nothing waste till you return.
> ORLANDO. [135] I thank ye, and be blest for your good comfort!
>
>   *[Exit.]*
>
> DUKE. Thou seest we are not all alone unhappy:
>   This wide and universal theatre
>   Presents more woeful pageants than the scene
>   Wherein we play.
> JAQUES.   All the world's a stage,
> 140 And all the men and women merely players;
>   They have their exits and their entrances,
>   And one man in his time plays many parts,

---

135 *[Exit]* Rowe, Hrsg.; nicht in F (vgl. Anm. 78).

Inhalts, fast sentenzhaft, und könnten ebenso noch Orlando gelten wie den anwesenden Höflingen.

[79] *All the world ... merely players*: Eine seit dem Altertum geläufige Vorstellung, die zu Sh.s Zeit beinahe schon etwas Sprichwörtliches hatte. Vgl. Merch. V. I.1.78, *2 Hen. IV* I.1.155, *Macb.* II.4.6, V.5.25 und *Lear* IV.6.180. Hrsg. weisen auch hin auf das Motto des 1599 eröffneten Globe-Theaters: *Totus mundus agit histrionem.* Sh. gebraucht die Wörter *player* und *actor* etwa gleich häufig und ohne Unterschied der Bedeutung; vgl. *Mids. N. D.* I.2.9 und I.2.34. – Die hier folgende Rede Jaques', eine der berühmtesten und meistzitierten, entspricht in ihrem Pessimismus zwar Jaques' Wesensart, gibt aber durchaus nicht Sh.s eigene Weltanschauung wieder. Siehe auch Kommentar zu II.7.

Zeit viele Rollen, [wobei] seine Akte sieben Lebensalter sind[80]. Zuerst den Säugling, der in den Armen der Amme kätzchengleich wimmert[81] und speichelt. [145] Dann den greinenden Schuljungen mit seinem Ranzen und blanken Morgengesicht, der nach Schneckenart[82] widerwillig zur Schule kriecht. Hierauf den Verliebten, der wie ein Schmelzofen ächzt[83], mit einem tieftraurigen Liedchen auf die Augenbraue seiner Liebsten. Dann einen Soldaten, [150] voller absonderlicher Flüche und bärtig wie der Panther[84], ängstlich besorgt um [seine] Ehre, hitzig und leicht[85] entflammt zu Händeln, noch im Schlund der Kanone nach der Seifenblase[86] Ruhm haschend. Hierauf den Friedensrichter in glattem rundem, mit gutem Kapaun[87] gefütterten Bauch[88], [155] mit strengem Blick und Bart von würdevollem Schnitt[89], voller weiser Redensarten[90] und alltäglicher[91] Beispiele[92]; so spielt er seine Rolle[93]. Das sechste Lebensalter wechselt [hinüber] zum hageren und pantoffelbekleideten Pantalon[94], Brille auf der Nase und Beutel an der Hüfte[95]; [160] seine jugendliche wohl erhaltene Hose[96] eine Welt[97] zu weit für seine geschrumpften Schenkel und seine kräftige Männerstimme, wieder in kindischen Diskant um-

---

[80] *seven ages*: In der New Variorum-Ausgabe wird für diese Vorstellung von sieben Perioden im Menschenleben eine ganze Anzahl möglicher Quellen angegeben. Sie scheint zur damaligen Zeit ein Gemeinplatz gewesen zu sein (dazu Kommentar zu II.7). *His* in *his acts* kann auch Neutrum sein und sich auf *world* oder *stage* beziehen.

[81] *Mewling* ist nur für diese Stelle und überhaupt zum ersten Mal belegt. Es könnte eine Zusammenziehung aus *mew* 'miauen' und *pule* 'winseln', 'wimmern' sein. *Mew* kommt noch vor in *1 Hen. IV* III.1.127 und *Haml.* V.1.279, *pule* (*puling*) in *Coriol.* IV.2.52 und *Rom. and Jul.* III.5.185.

[82] *like snail*: Nach *like* und *as* wird der Artikel zuweilen weggelassen; vgl. Z. 52 und 148.

[83] *Sighing like furnace*: ähnlich *Cymb.* I.6.66: *He furnaces the thick sighs from him* 'er (ein Verliebter) dampft mächtige Seufzer aus'.

[84] *a soldier ... bearded like the pard*: Vgl. Gowers Schilderung der schwadronierenden Soldaten in *Hen. V* III.6.75ff.

[85] *sudden*: Es ist kaum zu entscheiden, ob dieses Wort den Soldaten kennzeichnet als 'ungestüm', 'verwegen', oder ob es sich, zusammen mit dem fast bedeutungsgleichen *quick*, auf *quarrel* 'Streit' bezieht. Beide Bedeutungen sind bei Sh. belegt.

[86] *bubble*: Nichts deutet darauf hin, dass dieses Wort hier Adjektiv-Funktion hätte; wo immer es sonst bei Sh. vorkommt, ist es deutlich entweder Substantiv oder Verb.

[87] *capon*: Vgl. OED *capon-justice*: 'ein bestechlicher Staatsbeamter, der sich mit Kapaunen kaufen lässt'.

[88] *In fair round belly*: ähnlich in *He in the red face had it* 'der mit dem roten Gesicht hatte es', *Merry W.* I.1.150. Sh. scheint das *in* mit Bezug auf die Leiblichkeit eines Menschen so zu verwenden, wie es im heutigen E. mit Bezug auf Kleidung gebraucht wird.

[89] *beard of formal cut*: *Formal* bedeutet bei Sh. 'würdig', 'wie die Sitte es vorschreibt', 'gesetzt'; vgl. *Jul. Caes.* II.1.227 und *Ant. and Cl.* II.5.41.

His acts being seven ages. At first, the infant,
Mewling and puking in the nurse's arms.
145 Then the whining schoolboy, with his satchel
And shining morning face, creeping like snail
Unwillingly to school. And then the lover,
Sighing like furnace, with a woeful ballad
Made to his mistress' eyebrow. Then a soldier,
150 Full of strange oaths and bearded like the pard,
Jealous in honor, sudden and quick in quarrel,
Seeking the bubble reputation
Even in the cannon's mouth. And then the justice,
In fair round belly with good capon lined,
155 With eyes severe and beard of formal cut,
Full of wise saws and modern instances;
And so he plays his part. The sixth age shifts
Into the lean and slippered pantaloon,
With spectacles on nose and pouch on side;
160 His youthful hose, well saved, a world too wide
For his shrunk shank, and his big manly voice,
Turning again toward childish treble, pipes

---

151 Pelican, Rowe *sudden and quick*; *sodaine, and quicke* F; Hunter *sudden; and quick* (vgl. Anm. 85).
162 *treble pipes* F; Theobald, Hrsg. *treble, pipes*.

---

[90] *saws*: 'Maximen', 'Sentenzen', 'geflügelte Worte' (OED 4); vgl. III.5.80.
[91] *modern*: Nach allgemeiner Auffassung bedeutet dieses Wort bei Sh. stets 'alltäglich'; vgl. IV.1.7 und *All's Well* II.3.2: *to make modern and familiar things supernatural and causeless* 'alltägliche und vertraute Dinge übernatürlich und durch nichts bewirkt erscheinen lassen'. Viele Hrsg. gehen noch einen Schritt weiter, indem sie das Wort als 'banal', 'abgedroschen' verstehen, doch die meisten Belegstellen erlauben solch eine negative Deutung nicht.
[92] *instances*: 'zur Stützung einer Behauptung angeführte Tatsachen oder Beispiele', 'Beweise' (OED 6); vgl. III.2.49.
[93] *plays his part*: New Swan hält diese Stelle für doppelsinnig: Der Friedensrichter spiele auch insofern eine Rolle, als er den Unbestechlichen spiele.
[94] *pantaloon*: 'Ein hagerer und törichter Alter mit einer Brille, in Kniehosen und Pantoffeln; eine Charakterfigur der italienischen Commedia dell' Arte' (OED 1); vgl. *Tam. Shr.* III.1.36.
[95] *on nose ... on side*: Nach Präpositionen bei adverbiellen Ausdrücken wird der Artikel häufig weggelassen (Abbott, *A Shakespearian Grammar*, § 90).
[96] *youthful hose ... well saved*: 'Seine in der Jugend getragene Hose in gutem Zustand erhalten'; vgl. II.3.67. *Save* im Zusammenhang mit Kleidern kommt bei Sh. nur hier vor.
[97] *a world*: Sh. verwendet *a world* oft adverbiell im Sinne von 'ungeheure Menge', 'ungeheuer viel' (OED 7 f); vgl. *a world of sighs / blessings* etc.

schlagend, piepst und pfeift in ihrem[98] Laut. Letzte Szene von allen, mit der diese merkwürdige, bewegte Historie[99] endet, [165] ist zweites Kindesalter und gänzliches Vergessen, ohne[100] Zähne, ohne Augen, ohne Geschmack, ohne alles.

Orlando, mit Adam[101], tritt auf.

HERZOG. Willkommen. Setzt Eure ehrwürdige Last nieder und lasst ihn essen.

ORLANDO. Ich dank Euch herzlich in seinem Namen.

ADAM. Daran tut Ihr wohl.[102] [170] Ich kann kaum sprechen, um Euch selbst zu danken.

HERZOG. Willkommen, greift zu. Ich will Euch noch nicht mit Fragen über Euer Schicksal behelligen. Gebt uns Musik und singt [uns], lieber Vetter[103].

Lied.[104]

[AMIENS]. Blase, blase, du Winterwind[105], [175] du bist nicht so herzlos[106] wie menschlicher Undank; dein Zahn ist nicht so scharf, denn du bist nicht zu sehen[107], mag dein Hauch auch unsanft[108] sein. [180] Hei-ho[109], singt der grünen Stechpalme[110] hei-ho. Die meiste Freundschaft ist Verstellung, das meiste Lieben bloßer Wahn; drum der Stechpalme hei-ho. Das Leben hier ist höchst

---

[98] *in his sound*: *His* bezieht sich auf *voice*; zu Sh.s Zeiten konnte *his* auch für das Neutrum stehen, während das heute korrekte *its* erst im Aufkommen war.

[99] *history*: Hier wird vermutlich auf den technischen Begriff *historical drama* angespielt; vgl. *Haml.* II.2.388 und *Hen. V* Prolog.32. – Bei den häufigen Vergleichen des Menschenlebens mit einem Bühnenschauspiel wurde es zumeist als Komödie oder Tragödie bezeichnet. Jaques zeigt sich auch hier exzentrisch, indem er es *a history* nennt.

[100] *sans = without* 'ohne': Vgl. Z. 32. Dieses französisch-preziöse *sans* ist für Jaques' Sprechweise charakteristisch.

[101] *Enter Orlando, with Adam*: Von E. Dowden (Oxf. Edit.) stammt die Beobachtung, dass Adam gerade dann auftritt, wenn Jaques seine Betrachtungen über die Menschenalter beendigt hat: Mit seiner eigenen Person, mit seiner Treue und Opferbereitschaft noch in hohem Alter, widerlege er Jaques' Aussagen.

[102] *So had you need*: Wörtlich etwa: 'Es ist wirklich nötig (geziemt sich), dass Ihr das tut'; vgl. *1 Hen. VI* I.1.157 und *2 Hen. VI* IV.2.8.

[103] *cousin*: Vgl. I.2.140.

[104] *Song*: Alle Hrsg. schließen sich Johnson an, indem sie dieses Lied Amiens zuweisen.

[105] *Winter wind ... unkind*: Im älteren und poetischen E. reimt *wind* mit *kind* etc.

[106] *unkind*: Einzelne Hrsg. sind der Meinung, 'unkind' werde hier im wörtlichen Sinn von 'unnatürlich' gebraucht, insofern der Wind – im Gegensatz zum undankbaren Menschen – sich nicht gegen Artgenossen wende, wenn er menschliche Wesen anblase. In diesem Sinne kommt *unkind* vor in *Lear* I.1.260, III.4.69 und *Tit. A.* I.1.89, V.3.48; in allen diesen Fällen erlaubt der Kontext aber auch die bei Sh. vorherrschende normale Bedeutung 'unfreundlich', 'lieblos'. Vgl. auch Leisi, *Problemwörter*.

              And whistles in his sound. Last scene of all,
              That ends this strange eventful history,
165   Is second childishness and mere oblivion,
              Sans teeth, sans eyes, sans taste, sans everything.
              Enter Orlando, with Adam.
DUKE SENIOR. Welcome. Set down your venerable burden
              And let him feed.
ORLANDO. I thank you most for him.
ADAM.   So had you need.
170 I scarce can speak to thank you for myself.
DUKE SENIOR. Welcome, fall to. I will not trouble you
              As yet to question you about your fortunes.
              Give us some music; and, good cousin, sing.

                          Song.

[AMIENS].   Blow, blow, thou winter wind,
175   Thou art not so unkind
                    As man's ingratitude:
                 Thy tooth is not so keen,
                 Because thou art not seen,
                    Although thy breath be rude.
180   Heigh-ho, sing heigh-ho, unto the green holly.
              Most friendship is faining, most loving mere folly:
                 Then, heigh-ho, the holly.
                 This life is most jolly.

---

167 *Welcome ... feed* Prosa F; Rowe, Hrsg. *Welcome ... burden, / And ... feed.* Vers.
174 BA Pelican *[AMIENS]*; *Song* F; Johnson *Amiens sings* (vgl. Anm. 104).

---

[107] *Thy tooth ... not seen*: Die meisten Hrsg. zitieren Johnsons Umschreibung: "thou art an enemy that dost not brave us with thy presence, and whose unkindness is therefore not aggravated by insult" 'Du bist ein Feind, der uns nicht mit seiner Gegenwart herausfordert und dessen Feindseligkeit darum nicht durch solche Beleidigung stärker empfunden wird.'

[108] *rude*: Vom Wind oder vom Meer gesagt, bedeutet *rude* 'wild', 'rau', 'unsanft' (vgl. *Twel. N.* V.1.72 und *Lear* IV.2.30). Häufiger wird das Wort für menschliche Wesen wie heute im Sinne von 'grob', 'ungehobelt' gebraucht; vgl. Z. 92.

[109] *Heigh-ho*: Das OED unterscheidet zwischen zwei gleich lautenden Ausrufen mit verschiedener Bedeutung: der eine, *heigh-ho*, entspricht einem Seufzer und drückt Sehnsucht, Ermattung aus; der andere, *hey-ho*, ist seemännischen Ursprungs und kommt oft im Refrain von Liedern vor. Beide Bedeutungen finden sich bei Sh.; in der Schreibung sind sie nicht unterschieden. Das *heigh-ho* hier ist wohl das bei Liedern verwendete (OED *heyho*), während das *heigh-ho* in IV.3.168 (OED *heigh-ho*) wahrscheinlich einen Seufzer ausdrückt.

[110] *holly*: 'Stechpalme'. Die botanische Zugehörigkeit ist unwichtig, da *holly* nur als Reimgrundlage für *folly* und *jolly* dient.

kurzweilig. Friere, friere, du harscher Himmel, [185] der du nicht so ins Lebendige[111] beißest wie vergessene Wohltaten: Magst du auch die Gewässer mit Eis verzerren[112], so ist dein Stich doch nicht so scharf wie ein Freund, der [uns] vergessen[113] hat. [190] Hei-ho, singt der grünen Stechpalme hei-ho, usw.

HERZOG. Seid Ihr in der Tat der Sohn des guten Sir Roland, so wie Ihr mirs glaubhaft[114] zugeflüstert habt, und so wie mein Auge sein Bildnis[115] klar erkennt, ganz nach der Natur gemalt[116] und in Eurem Antlitz zu Leben geworden, [195] [dann] seid hier von Herzen willkommen. Ich bin der Herzog, der Euren Vater geliebt hat. Geht [mit] zu meiner Höhle und erzählt mir zu Ende[117], was Euch zugestoßen ist. Guter alter Mann, du bist hochwillkommen wie dein Herr. Führt ihn am Arm. Gebt mir die Hand, [200] und macht mich mit Eurem ganzen Geschick bekannt.

Alle ab.

---

[111] *nigh*: 'auf eine Art, die am empfindlichsten, im Innersten trifft' (Schmidt 2). Sh. gebraucht *near* oft in diesem Sinne; vgl. *Ely with Richmond troubles me more near* 'Ely samt Richmond bekümmert mich empfindlicher', *Rich. III* IV.3.49, sowie die vielen Belege für *touch near* (vgl. die Anm. zu *touched*, Z. 94).

[112] *warp* bedeutet ursprünglich 'sich verbiegen oder verziehen', besonders von Holz, wie in III.3.77. Sh. gebraucht es meist bildlich im Sinne von 'abweichen von' oder – transitiv – 'verzerren'. Hier ist die Vorstellung die, dass eine zuerst glatte, ebene Wasserfläche sich unter dem Einfluss von Wind und Kälte 'wirft' oder verzieht wie ein Brett.

[113] *friend remembr'd not*: Manche Hrsg. halten diesen Ausdruck für ein elliptisches "what an unremembered friend feels" 'was ein Freund empfindet, an den man nicht mehr denkt'. Sh. gebraucht indessen *to be remembered* (etwa 'eingedenk sein') auch im aktiven Sinne von *to remember*; vgl. III.5.130 und *Meas. for M.* II.1.101–104. Daher unsere Übersetzung.

[114] *faithfully*: Wird dieses Adverb in Verbindung mit *deny* 'leugnen', *confirm* 'bestätigen', *pronounce* 'aussprechen', *urge* 'drängen' usw. gebraucht, so gibt es an, dass der Sprechende von der Wahrheit seiner eigenen Aussage überzeugt ist; vgl. *All's Well* IV.3.55 und *K. John* I.1.252.

> Freeze, freeze, thou bitter sky
> 185   That dost not bite so nigh
>   As benefits forgot:
>   Though thou the waters warp,
>   Thy sting is not so sharp
>   As friend rememb'red not.
> 190   Heigh-ho, sing, &c.

DUKE SENIOR. If that you were the good Sir Rowland's son,
  As you have whispered faithfully you were,
  And as mine eye doth his effigies witness
  Most truly limned and living in your face,
195   Be truly welcome hither. I am the Duke
  That loved your father. The residue of your fortune
  Go to my cave and tell me. Good old man,
  Thou art right welcome, as thy master is.
  Support him by the arm. Give me your hand,
200   And let me all your fortunes understand.

Exeunt.

---

[115] *effigies*: 'Bild', 'Abbildung'. Das Wort ist bei Sh. nur hier belegt. Nach Kökeritz, *Shakespeare's Pronunciation*, S. 337, wurde es auf der zweiten Silbe betont.

[116] *limned*: ursprünglich 'illuminiert' im schreibtechnischen oder kunsthistorischen Sinne. Das Wort kommt bei Sh. nur noch in *Ven. and Ad.* 290 vor, wo es, wie hier, 'gemalt', 'porträtiert' bedeutet.

[117] *the residue of your fortune*: 'der noch ausstehende Teil [der Erzählung] dessen, was Euch zugestoßen ist'. Dieser konzentrierte Ausdruck gehört als Objekt zum *and tell me* der folgenden Z. 197.

III.1 *Der Herzog [Frederick], Edelleute und Oliver treten auf.*[1]

HERZOG FREDERICK. Ihn seither nicht gesehen?[2] Sir, Sir, das kann nicht sein. Aber bestünde ich nicht zum größeren Teil aus Milde, so würde ich einen abwesenden Gegenstand[3] meiner Rache nicht suchen, da du hier [bist]. Doch sieh dich vor: [5] Spüre deinen Bruder auf, wo immer er ist; such ihn mit [der] Kerze[4]; bring ihn tot oder lebendig binnen Jahresfrist, sonst komm du nie wieder[5], um dir auf unserem Hoheitsgebiet einen Unterhalt zu suchen. Auf deine Ländereien und alles, was du dein eigen nennst und [10] die Beschlagnahme lohnt, legen wir unsere Hand[6], bis du dich durch deines Bruders Mund von dem, was wir gegen dich denken, reinigen[7] kannst.

OLIVER. O kennte Eure Hoheit hierin mein Innerstes! Ich habe meinen Bruder im Leben nie geliebt.

HERZOG FREDERICK. [15] [Dann bist] du erst recht ein Schurke.[8] Wohlan, stoßt ihn hinaus, und meine Beamten sollen eine Beschlagnahme[9] solcher Art[10] an seinem Haus und Land vornehmen. Führt dies prompt[11] aus und schafft ihn fort.

Alle ab.

---

[1] Die Szene ist die letzte, die am Hof spielt; von III.2 an wird der Schauplatz ganz in den Wald verlegt.

[2] *Not see him since?*: die verkürzte, fragende Wiederholung dessen, was Oliver soeben ausgesagt hat: *I did not see him since.* Sh. verwendet oft das Imperfekt im Zusammenhang mit *since*, wo im modernen Englisch das Perfekt stünde (vgl. Abbot, *A Shakespearian Grammar*, § 347). Eine Emendation von *see* zu *seen* erübrigt sich also. – Nicht selten beginnt Sh. eine Szene, wie hier, in der Mitte eines Gesprächs, z.B. mit einer Entgegnung, aus der man sich den Sinn des Vorausgegangenen rekonstruieren kann; sog. gleitender Einsatz. Vgl. Merch. V. I.3.1: *Three thousand ducats – well*; Meas. for M. I.3.1: *No, holy father, throw away that thought*; Ant. and Cl. II.4.1: *Nay, nay, Octavia, not only that*; A.Y.L. I.3.1: *Why, cousin ... not a word?*, sowie Leisi, *Problemwörter*, unter "gleitender Einsatz".

[3] *argument*: eigentlich ein Ausdruck aus der Poetik: Inhalt, Gegenstand eines Epos, Dramas usw.

[4] *seek him with candle*: Anklang an das Gleichnis vom verlorenen Groschen (oder von der verlorenen Drachme), *Lukas* 15.8, oder an die Legende von Diogenes, der mit der Laterne "einen Menschen" sucht.

[5] *turn* = "return": Wie öfters. Vgl. II.5.3 und II.7.162.

III.1   *Enter Duke [Frederick], Lords, and Oliver.*
DUKE FREDERICK. Not see him since? Sir, sir, that cannot be.
  But were I not the better part made mercy,
  I should not seek an absent argument
  Of my revenge, thou present. But look to it:
5 Find out thy brother, wheresoe'er he is;
  Seek him with candle; bring him dead or living
  Within this twelvemonth, or turn thou no more
  To seek a living in our territory.
  Thy lands, and all things that thou dost call thine
10 Worth seizure, do we seize into our hands
  Till thou canst quit thee by thy brother's mouth
  Of what we think against thee.
OLIVER. O that your Highness knew my heart in this!
  I never loved my brother in my life.
DUKE FREDERICK. [15] More villain thou. Well, push him out of doors,
  And let my officers of such a nature
  Make an extent upon his house and lands.
  Do this expediently and turn him going.

                                                              Exeunt.

---

[^6]: *seizure ... seize*: Die beiden Wörter sind vermutlich bestimmt durch die technische Bedeutung 'Konfiskation der Güter eines Vasallen oder Untertans durch einen Lehensherrn oder Landesfürsten' (OED 5); vgl. *Rich. II* II.1.160 und *Merch. V.* IV.1.351. *Seizure – seize* bilden zusammen die rhetorische Figur des *Polyptoton*: der gleiche Stamm in verschiedenen Wortarten oder Fällen gebraucht.

[^7]: *quit* = "acquit": 'entlasten', 'reinigen' (OED 2 b). Aus der Entgegnung Olivers, Z. 13-14, geht hervor, dass der Herzog vermutet, Oliver habe seinem Bruder die Flucht ermöglicht.

[^8]: *More villain thou*: Da der Herzog selbst seinen Bruder verstoßen hat, wirkt dieses Urteil für ihn charakterisierend.

[^9]: *make an extent*: im streng juristischen Sinne 'Beschlagnahme von Ländereien in Ausführung einer richterlichen Verfügung' (OED 2).

[^10]: *of such a nature*: Alle Hrsg. verbinden diesen Ausdruck mit *my officers* und deuten ihn als 'meine hierfür zuständigen Beamten'. Es kann aber sehr wohl sein, dass sich *of such a nature* auf das Wort *extent* in der folgenden Zeile bezieht; vgl. z.B. *Of government the properties* 'Die Eigenschaften des Regierens', *Meas. for M.* I.1.3, wo ebenfalls ein Herzog in förmlicher Rede zum Untergebenen spricht. Gemeint wäre dann eine Beschlagnahme von der Art, wie sie in Z. 9 u. 10 vom Herzog angedroht wurde.

[^11]: *expediently* = "expeditiously": 'schnell', 'prompt'. Dieses Adverb kommt bei Sh. nur hier vor.

III.2 *Orlando tritt auf [mit einem beschriebenen Blatt].*
ORLANDO. Da hänge[1], mein Lied, als Zeugnis meiner Liebe; und du, dreifach gekrönte Königin der Nacht[2], blicke[3] mit deinem keuschen[4] Auge aus deiner bleichen Sphäre[5] hernieder auf den Namen deiner Jägerin[6], die mein ganzes[7] Leben bestimmt[8]. [5] O Rosalinde! die Bäume hier sollen meine Bücher sein, und in ihre Rinde will ich meine Gedanken einschreiben[9], auf dass jedes Auge, das in diesem Walde [umher]blickt, deine Tugend überall bezeugt sehe. Lauf, lauf, Orlando, kerbe in jeden Baum [10] die schöne, keusche, unaussprechliche[10] Sie[11].

Ab.

Corin und [Touchstone] der Narr treten auf.

CORIN. Wie gefällt Euch denn dieses Schäferleben, Meister Touchstone?[12]

TOUCHSTONE. Offen gesagt, Schäfer, an sich betrachtet, ist es ein gutes Leben, doch im Hinblick darauf, dass es ein Schäferleben ist, ist es [15] schlecht[13]. Im Hinblick darauf, dass es einsam ist, gefällt es mir recht gut; doch in Betracht, dass es abgesondert ist, ist es ein recht erbärmliches[14] Leben. Im Hinblick darauf, nun, dass es im Freien ist, behagt es mir wohl; doch im Hinblick darauf, dass es nicht am Hofe ist, ist es langweilig. Da es ein genügsames

---

[1] *Hang there ...*: Eine BA – sie fehlt in F – müsste vorsehen, dass Orlando das Blatt, das er beim Hereinkommen in der Hand hält, an einem Baum aufhängt, bevor er es mit 'Da hänge, mein Lied' apostrophiert. Seine Rede verdeutlicht die Handlung, die möglicherweise im Bühnenhintergrund geschieht (Spiegelstelle). – Was Art und Anzahl der Bäume auf der Sh.-Bühne betrifft, vgl. Werner Habicht, "Becketts Baum und Shakespeares Wälder", *ShJ W* (1970), S. 77–98.

In Robert Greenes Drama *Orlando Furioso* (ca. 1592 uraufgeführt) findet sich eine merkwürdig ähnliche Szene, indem hier der Name der Geliebten ebenfalls in Baumrinden eingekerbt wird und Gedichte zu ihrem Preis an Zweigen aufgehängt werden, allerdings von einem Rivalen des Helden. Dieses Aufhängen wird auch bei Greene durch die Anrufung einer Himmelsgöttin, der Venus, begleitet (vgl. New Cambridge 1971). – Dass Orlando, der soeben die Geliebte bedichtet hat, auch weiterhin in Versen spricht, ist nahe liegend.

[2] *thrice-crownèd Queen of Night*: Der Mythos schrieb der hier angerufenen Göttin drei Machtbereiche zu: Als Luna oder Cynthia beherrschte sie den Himmel, als Diana die Erde und als Proserpina oder Hekate die Unterwelt; vgl. *Mids. N. D.* V.1.373: *That do run / By the triple Hecate's team* 'die das Gespann der dreifachen Hekate umhüpfen'; ferner *Haml.* III.2.248.

[3] *survey* bedeutet bei Sh. entweder 'anschauen', 'betrachten' oder – wie heute – 'beaufsichtigen'. – Aus dieser Stelle ist geschlossen worden, dass man sich die Szene bei Mondschein, also bei Nacht, vorzustellen habe; indessen deutet nichts im weiteren Text darauf hin. Entweder hat man (mit New Cambridge) an einen Übergang von Nacht zu Tag zu denken oder an einen allgemeinen Anruf der Mondgöttin, der auch bei Tage möglich ist.

III.2 *Enter Orlando [, with a writing].*
ORLANDO.
Hang there, my verse, in witness of my love;
    And thou, thrice-crownèd Queen of Night, survey
With thy chaste eye, from thy pale sphere above,
    Thy huntress' name that my full life doth sway.
5 O Rosalind! these trees shall be my books,
    And in their barks my thoughts I'll character,
That every eye which in this forest looks
    Shall see thy virtue witnessed everywhere.
Run, run, Orlando, carve on every tree
10 The fair, the chaste, and unexpressive she.

Exit.

Enter Corin and [Touchstone the] Clown.
CORIN. And how like you this shepherd's life, Master Touchstone?
TOUCHSTONE. Truly, shepherd, in respect of itself, it is a good life; but in respect that it is a shepherd's life, it is [15] naught. In respect that it is solitary, I like it very well; but in respect that it is private, it is a very vile life. Now in respect it is in the fields, it pleaseth me well; but in respect it is not in the court, it is

---

1 BA *with a paper* Capell; Dyce *with a paper, which he hangs on a tree*; nicht in F.

---

⁴ *chaste*: Der Mond, mit Diana in Beziehung gebracht, wird an vielen Stellen als Symbol der Keuschheit dargestellt; *chaste* und *moon* sind häufig verbunden.

⁵ *sphere*: Vgl. II.7.6 und Leisi, *Problemwörter*, unter *sphere* und "Astronomie".

⁶ *Thy huntress' name*: Rosalinde wird den zu Dianas Gefolgschaft gehörenden jungfräulichen Jägerinnen gleichgesetzt.

⁷ *full*: 'Ganz', wie öfters bei Sh.; vgl. *the full power of France* 'die ganze Streitmacht Frankreichs', *Hen. V* I.2.107 und *my full heart remains ... with you* 'mein ganzes Herz verbleibt bei Euch', *Ant. and Cl.* I.3.43.

⁸ *sway*: 'bestimmen', 'regieren', besonders im astrologischen Sinne.

⁹ *character*: 'schreiben', 'einschreiben' (OED 1). An anderen Stellen verwendet Sh. das Verb bildlich; vgl. *Haml.* I.3.59. Das entsprechende Subst. wird oft mit 'deutlich' assoziiert; vgl. *Meas. for M.*, ed. Leisi, I.1.27.

¹⁰ *unexpressive*: Inexpressible 'nicht auszudrücken', 'unaussprechlich'; vgl. *uncomprehensive* statt *incomprehensible* in *Tr. and Cr.* III.3.198; ferner Leisi, *Problemwörter*, unter *vox*.

¹¹ *she*: Vgl. *Twel. N.* I.5.227: *the cruell'st she alive* 'die grausamste Sie, die lebt'.

¹² *how like you ... Touchstone*: Hier beginnt ein durch gehäufte Antithesen, Parallelismen, Folgerungen und allgemeine 'Wahrheiten' charakterisierter Prosadialog, der die stilistischen Aspekte des zeitgenössischen Euphuismus (begründet von John Lyly) parodiert.

¹³ *naught*: 'Wertlos', 'schlecht' (OED 1); vgl. I.2.61. F₁ scheint graphisch zwischen *naught* 'wertlos' und *nought* 'nichts' zu unterscheiden; vgl. *Com. Err.* IV.1.91, *L.L.L.* I.1.92.

¹⁴ *vile*: F₁ hat *vild*, eine in der Zeit gebräuchliche Nebenform; volkstümlich mit *wild* assoziiert, aber bei Sh. durchaus wie *vile* gebraucht.

Leben ist, seht Ihr, passt es gut zu meinem Wesen; doch da es nicht [20] mehr Fülle an sich hat, geht es mir sehr wider die Natur[15]. Hast [du] Lebensweisheit in dir, Schäfer?

CORIN. Mehr nicht, als dass ich weiß, je mehr einer krank wird, umso übler ist er dran; und dass der, dem Geld, Mittel und Zufriedenheit fehlen, ohne drei gute Freunde ist; dass [25] Regen die Eigenschaft hat, zu nässen, und Feuer, zu brennen; dass gute Weide fette Schafe gibt, und dass eine Hauptursache der Nacht Mangel an Sonne ist; dass, wer weder von Natur noch durch Kunst[16] zu Verstand gekommen ist, sich über [mangelnde] Bildung beklagen kann oder einer ganz geistlosen Sippe entstammt.

TOUCHSTONE. [30] So einer ist ein natürlicher Philosoph.[17] Warst je bei Hofe[18], Schäfer?

CORIN. Nein, wahrlich [nicht].

TOUCHSTONE. Dann bist du verdammt.

CORIN. Ich hoffe, nein[19].

TOUCHSTONE. Doch, du bist wie ein [35] schlecht gebratenes Ei, auf der einen Seite ganz verdammt / schwarz[20].

CORIN. Weil ich nicht bei Hofe war? Eure Begründung.

TOUCHSTONE. Ei, wenn du nie bei Hofe warst, hast du nie gute Sitten gesehen; hast du nie gute Sitten gesehen, dann müssen deine Sitten[21] schlecht sein, und [40] Schlechtigkeit ist Sünde, und Sünde ist Verdammnis. Du bist in einer grässlichen[22] Lage, Schäfer.

CORIN. Nicht im Mindesten, Touchstone. Was bei Hofe gute Sitten sind, ist auf dem Lande ebenso lächerlich, wie [45] ländliches Benehmen am Hofe großen Spott[23] erregt. Ihr habt mir erzählt, bei Hofe grüßtet Ihr nicht anders, als indem Ihr die [eigene]

---

[15] *against my stomach*: Wörtlich 'wider den Magen', wobei sich ein Wortspiel mit dem bildlichen ('Geschmack') und dem wörtlichen Sinn von *stomach* ergibt. Vgl. *Hen.* V II.Chorus.40, III.2.48.

[16] *by nature nor art*: Mit dem Gegensatz Natur – Kunst ist wohl der Gegensatz von Ererbtem und Erworbenem gemeint.

[17] *Such a one is a natural philosopher*: New Arden bezieht diese Feststellung auf den eben erwähnten Mann, der nichts gelernt hat; auch machen die meisten Hrsg. auf das Wortspiel mit *natural* 'Geistesschwacher' aufmerksam. Die Frage *Hast any philosophy in thee, shepherd?* kann aber auch darauf hinweisen, dass Touchstone den Schäfer für einen Naturphilosophen hält in dem Sinne, dass er sich auf natürlich-einfache Weise Gedanken über die Welt macht.

[18] *in court*: Sh. schreibt abwechselnd *in court*, *at court* (Z. 36) und *at the court* (Z. 43 und 45).

[19] *Nay, I hope*: Das *hope* bezieht sich auf das *nay*: 'Ich hoffe, [die Antwort sei] nein'.

tedious. As it is a spare life, look you, it fits my humor well; but as there is no [20] more plenty in it, it goes much against my stomach. Hast any philosophy in thee, shepherd?

CORIN. No more but that I know the more one sickens the worse at ease he is; and that he that wants money, means, and content is without three good friends; that [25] the property of rain is to wet and fire to burn; that good pasture makes fat sheep, and that a great cause of the night is lack of the sun; that he that hath learned no wit by nature nor art may complain of good breeding, or comes of a very dull kindred.

TOUCHSTONE. [30] Such a one is a natural philosopher. Wast ever in court, shepherd?

CORIN. No, truly.

TOUCHSTONE. Then thou art damned.

CORIN. Nay, I hope.

TOUCHSTONE. Truly thou art damned, like an [35] ill-roasted egg, all on one side.

CORIN. For not being at court? Your reason.

TOUCHSTONE. Why, if thou never wast at court, thou never saw'st good manners; if thou never saw'st good manners, then thy manners must be wicked; and [40] wickedness is sin, and sin is damnation. Thou art in a parlous state, shepherd.

CORIN. Not a whit, Touchstone. Those that are good manners at the court are as ridiculous in the country as [45] the behavior of the country is most mockable at the court. You told me you salute

---

[20] *damned ... on one side*: Die meisten Hrsg. umschreiben diesen Ausdruck mit dem modernen *half-baked* 'unfertig', 'nicht gar': Er bedeute, dass Corin zu seiner Bildung noch allerlei fehle. Indessen hat das Wort *damned* bei Sh. die Neben(Slang)bedeutung 'schwarz', was offenbar auf die Vorstellung zurückgeht, die Verdammten seien schwarz. *Damned* und *black* erscheinen zusammen in *Macb.* V.3.11, *Haml.* III.3.94, *Cymb.* III.2.19. Vgl. auch *Oth.*, ed. Engler (Studienausgabe), I.2.63: *damned as thou art, thou hast enchanted her!* 'schwarz / verdammt, wie du [der Mohr] bist, hast du sie verhext!'; vgl. Leisi, *Problemwörter*, unter *damned*.

[21] *good manners ... manners*: ein Wortspiel mit den beiden Bedeutungsaspekten von *manners*: 1) '[gutes] Benehmen', 2) 'Sittlichkeit', 'Moral'.

[22] *parlous*: Diese Nebenform von *perilous* 'gefährlich' war eine verbreitete elisabethanische Verstärkungspartikel, etwa deutsch 'schrecklich', 'grässlich' entsprechend; vgl. *Mids. N. D.* III.1.12: *a parlous fear.* Die korrektere Form *perilous* wird bei Sh. fast immer von Personen höheren Standes mit Bezug auf wirkliche Gefahr verwendet; vgl. *Meas. for M.* II.4.172 und *Hen. V* Prolog.22.

[23] *mockable*: 'Spott erregend' kommt bei Sh. sonst nirgends vor.

Hand küsst[24]. Diese Höflichkeit wäre unreinlich, wenn Höflinge Schäfer wären.

TOUCHSTONE. Den Beweis, in Kürze; los, den Beweis.

CORIN. [50] Ei, wir fassen[25] ständig unsere Mutterschafe an, und Ihr wisst ja, ihr Fell ist fettig[26].

TOUCHSTONE. Aber schwitzen[27] denn so Höflingshände[28] nicht? Und ist das Fett[29] eines Schafs[30] nicht ebenso zuträglich wie der Schweiß eines Menschen? Dürftig, dürftig[31]. Einen besseren Beweis, [55] sag ich; los.

CORIN. Außerdem sind unsere Hände hart.

TOUCHSTONE. Umso eher werden eure Lippen sie spüren. Wiederum dürftig. Los, einen schlagenderen Beweis.

CORIN. Und oft sind sie teerverklebt von der Wundpflege[32] [60] unserer Schafe her, und möchtet Ihr denn, dass wir Teer küssen? Die Hände des Höflings [dagegen] sind mit Zibet[33] parfümiert.

TOUCHSTONE. Allerdürftigster Mensch! Du wahrer Wurmfraß verglichen mit[34] einem frischen Stück Fleisch[35]! Lerne von den Weisen und erwäge[36]. Zibet ist gemeinerer Herkunft als Teer, die ganz [65] unreinliche Ausscheidung einer Katze. Gib eine bessere Begründung, Schäfer.

CORIN. Ihr habt mir einen zu höfischen Witz; ich will ruhen.

---

[24] *kiss your hands*: Das Küssen der eigenen Hand war eine verbreitete Höflichkeitsgeste; vgl. Leisi, *Problemwörter*, unter *kiss (one's own hand)*.

[25] *handle*: oft in erotischen Kontexten, z.B. *Meas. for M.* V.1.274.

[26] *greasy*: 'von Natur Öl oder Fett enthaltend' (OED 4). An anderen Stellen bedeutet das Wort bei Sh. entweder 'dick', 'korpulent' (vgl. II.1.55) oder 'fett- oder schweißverklebt' (vgl. *Merry W.* III.5.81). Die Elisabethaner betrachteten den Schweiß als aus dem Körper austretendes Fett; vgl. *Falstaff sweats to death and lards the lean earth* 'Falstaff schwitzt zu Tode und macht die magere Erde fett', *1 Hen. IV* II.2.99; *He's fat, and scant of breath* 'Er schwitzt und ist außer Atem', *Haml.* V.2.276.

[27] *hands sweat*: Schwitzende Hände sind bei Sh. ein Zeichen für erotische Begehrlichkeit; allgemein wird das Schwitzen öfters mit dem Geschlechtlichen in Beziehung gesetzt.

[28] *your courtier's hands*: *Your* bezieht sich auf etwas, das der Sprechende als allgemein bekannt voraussetzt; auch drückt es Vertrautheit mit dem Angesprochenen aus; vgl. III.4.10, V.1.42, V.4.58 und V.4.96.

[29] *grease*: Wie ihr Quasi-Synonym *sweat* bedeuten *grease* und *greasy* bei Sh. oft 'Geschlechtliches im Allgemeinen'; vgl. *Com. Err.* III.2.95: *she's the kitchen-wench, and all grease* 'sie ist das Küchenmädchen und strotzt von Fett', was aber auch heißen kann 'sie ist ... und ein Pummelchen mit erotischer Ausstrahlung'. Siehe auch die Stichwörter *grease, mutton, sweat, butterwomen* in *A.Y.L.*, ed. Trautvetter, Register.

[30] *mutton*: Sh. verwendet das Wort sowohl für das lebende Schaf, wie hier, als auch für das zur Nahrung dienende Schaffleisch; vgl. den ähnlichen Gebrauch von *venison*, II.1.21.

not at the court but you kiss your hands. That courtesy would be uncleanly if courtiers were shepherds.

TOUCHSTONE. Instance, briefly; come, instance.

CORIN. [50] Why, we are still handling our ewes, and their fells you know are greasy.

TOUCHSTONE. Why, do not your courtier's hands sweat? and is not the grease of a mutton as wholesome as the sweat of a man? Shallow, shallow. A better instance, I [55] say; come.

CORIN. Besides, our hands are hard.

TOUCHSTONE. Your lips will feel them the sooner. Shallow again. A more sounder instance, come.

CORIN. And they are often tarred over with the surgery of [60] our sheep, and would you have us kiss tar? The courtier's hands are perfumed with civet.

TOUCHSTONE. Most shallow man! Thou worms' meat in respect of a good piece of flesh indeed! Learn of the wise, and perpend. Civet is of a baser birth than tar, the very [65] uncleanly flux of a cat. Mend the instance, shepherd.

CORIN. You have too courtly a wit for me; I'll rest.

---

62 *shallow man*: F; Theobald *shallow man!*; Rowe *shallow; Man:*

Mutton hat überdies die Nebenbedeutung '(lockeres) Frauenzimmer'; vgl. *Meas. for M.* ed. Naef (Studienausgabe), III.2.170.

[31] *shallow*: wörtlich 'seicht', noch stärker als im Deutschen mit der Konnotation 'unzureichend'.

[32] *tarred ... surgery*: Wegen seiner antiseptischen Eigenschaften wurde Teer zur Wundbehandlung bei Tieren verwendet (vgl. *tar*, OED 1).

[33] *civet*: eine moschusartige Substanz, die aus der Afterdrüse von Zibetkatzen gewonnen und schon vor Sh.s Zeiten bei der Herstellung von Parfüms verwendet wurde. Man hielt diese Raubkatzen in Käfigen und fütterte sie fast ausschließlich mit Fleisch, um sie zur häufigen Ausscheidung des Duftstoffs anzuregen; den frei lebenden Katzen dient er wahrscheinlich zur Markierung ihres Reviers.

[34] *in respect of*: Dieser Ausdruck bedeutet bei Sh. entweder 'in Bezug auf' (OED 4 a) wie in Z. 13, oder 'im Vergleich mit', 'verglichen mit' (OED 3), wie hier; vgl. *Hector was but a Troyan in respect of this* 'Hector war in Bezug darauf nur ein Troyaner', *L.L.L.* V.2.628, und *in respect of a fine workman I am ... but a cobbler* 'im Vergleich mit einem zünftigen Handwerker bin ich ... nur ein Stümper', *Jul. Caes.* I.1.10.

[35] *a good piece of flesh*: Vgl. auch *as pretty a piece of flesh as ...* (*Much Ado* IV.2.75), *as witty a piece of Eve's flesh as ...* (*Twel. N.* I.5.25) und andere.

[36] *perpend*: 'bedenken', 'erwägen' (OED 1). Schmidt und fast alle Hrsg. weisen darauf hin, dass nur Pistol (*Hen. V* IV.4.8 und *Merry W.* II.1.104), Polonius (*Haml.* II.2.105), Feste (*Twel. N.* V.1.290) und Touchstone dieses gezierte Wort verwenden.

TOUCHSTONE. Willst du verdammt ruhen[37]? Gott steh dir bei, dürftiger Mensch! Gott mache Einschnitte in dich! Du bist [noch] roh.[38]

CORIN. Sir, ich bin ein ehrlicher Tagelöhner; ich verdiene, was ich esse, erwerbe, was ich [70] trage, empfinde gegen niemanden Hass, neide keinem sein Glück, freue mich am Wohl anderer, finde mich mit dem eigenen Übel ab; und mein größter Stolz ist es, meine Mutterschafe grasen und meine Lämmer saugen zu sehen.

TOUCHSTONE. Das ist bei dir auch so eine einfältige Sünde[39], dass du [75] die Schafe und Böcke zusammenbringst und dich dazu hergibst, deinen Lebensunterhalt mit der Kopulation von Vieh zu erwerben; dass du für einen Leithammel[40] den Kuppler machst und ein Zwölfmonatslämmchen[41] an einen krummschädligen alten Hahnrei von Widder verrätst, wider alle Regeln vernünftiger Paarung[42]. Wirst du deswegen nicht verdammt, so will der Teufel [80] selbst keine Schäfer haben; ich sehe nicht, wie du sonst entwischen solltest.

CORIN. Hier kommt der junge Herr Ganymed, der Bruder meiner neuen Herrin.

Rosalinde [mit einem beschriebenen Blatt] tritt auf.[43]

ROSALINDE. *[liest]* "Von Ostindien bis Westindien[44] gleicht kein Schmuckstück Rosalinden. [85] Ihr Ansehen, reitend auf dem Winde, trägt[45] durch die ganze Welt Rosalinde. Alle noch so

---

[37] *rest*: Touchstone tut wahrscheinlich so, als verstünde er 'ruhen', 'eine Pause machen' als 'im Tode ruhen'. Aber *rest* kann auch 'bleiben' bedeuten.

[38] *incision ... raw*: Die meisten Hrsg. schließen sich Wrights Vermutung an, *incision* 'Einschnitt' beziehe sich auf das früher sehr gebräuchliche Zur-Ader-Lassen; allein sie lässt das *raw* in diesem Zusammenhang unerklärt. Es gibt zwar eine Sonderbedeutung von *raw* 'an Verdauungsstörung leidend' (OED 6 d), doch ist sie bei Sh. nicht belegt. Einleuchtender ist Babcocks Deutung (zitiert in Players' Sh., S. 106), *may God make incision in thee* sei eine Metapher aus dem Bereich der Küche und bedeute 'Möge Gott in dich, der du als Verdammter auf höllischem Rost schmorst, Einschnitte machen, damit die Glut auch dem rohen Innern des Bratens zugute kommt'. Auch heute ist es durchaus üblich, das Fleisch vor dem Braten einzuschneiden. – Touchstone hat im Schein-Argumentieren gesiegt, indem er die in Z. 33 aufgestellte These, der Schäfer sei verdammt, hier "bewiesen" hat.

[39] *simple sin = sin of a simple man*: 'Sünde eines Einfältigen' oder: 'der Einfalt'. Vgl. die Parallelen *prodigal portion* I.1.35 und *youthful hose* II.7.160; sowie Leisi, *Problemwörter*, unter "Wortverbindungen".

[40] *bellwether*: der Leithammel einer Schafherde, der am Hals eine Glocke trägt; vgl. *Merry W.* III.5.97.

TOUCHSTONE. Wilt thou rest damned? God help thee, shallow man! God make incision in thee! thou art raw!
CORIN. Sir, I am a true laborer; I earn that I eat, get that I [70] wear, owe no man hate, envy no man's happiness, glad of other men's good, content with my harm; and the greatest of my pride is to see my ewes graze and my lambs suck.
TOUCHSTONE. That is another simple sin in you: to bring [75] the ewes and the rams together and to offer to get your living by the copulation of cattle, to be bawd to a bellwether and to betray a she-lamb of a twelvemonth to a crookèd-pated old cuckoldly ram, out of all reasonable match. If thou beest not damned for this, the devil [80] himself will have no shepherds; I cannot see else how thou shouldst 'scape.
CORIN. Here comes young Master Ganymede, my new mistress's brother.

Enter Rosalind [, with a writing].

ROSALIND. *[reads]*
>'From the east to western Inde,
>No jewel is like Rosalinde.
85 Her worth, being mounted on the wind,
>Through all the world bears Rosalinde.

---

84 BA Pelican *[, with a writing]*; *with a Paper* Rowe; Arden *with a paper, reading*. Nicht in F (vgl. Anm. 43).

---

[41] *betray a she-lamb ... ram*: Mit Widdern und Geißböcken verbindet Sh. nicht selten die Vorstellung von übermäßigen geschlechtlichen Trieben (vgl. *Oth.* I.1.88, III.3.403, *Cymb.* IV.4.37), mit den Hörnern dieser und anderer Paarhufer fast regelmäßig die Möglichkeit oder Tatsache eines Ehebruchs.

[42] *out of all reasonable match*: *Out of* bedeutet hier 'außerhalb bestimmter Grenzen' (OED 10); demnach wäre der wörtliche Sinn hier 'außerhalb dessen, was man noch als vernünftige Paarung bezeichnen kann'.

[43] *Enter Rosalind*: Manche Hrsg. lassen sie lesend hereinkommen; andere (New Cambridge) nehmen an, dass sie das von Orlando angeheftete Blatt abnimmt und liest. In F fehlt jeder Hinweis auf ein beschriebenes Blatt.

[44] *Inde*: Eine frühere Form von *India*, die Sh. hier wegen des Reims verwendet; vgl. *Inde / blind* in *L.L.L.* IV.3.217. Sowohl Ost- wie Westindien waren Sinnbilder von tropischer Pflanzenfülle und Goldreichtum. Auch *wind* reimt darauf; vgl. II.7 Anm. 105.

[45] *Her worth ... bears*: *Worth* heißt neben 'Wert' auch 'Wert in den Augen anderer', also 'Ansehen', 'Ruf'. – Ein ähnliches Reiterbild hat *Macb.* I.7.22.

schön gezeichneten[46] Bilder sind nur schwarz[47] gegenüber Rosalinde. Kein Angesicht möge im Geist bewahrt werden [90] als das schöne von Rosalinde."

TOUCHSTONE. So will ich Euch acht Jahre hintereinander Reime schmieden, Essens- und Schlafenszeit ausgenommen. Es ist ein richtiger Butterfrauen-Zug[48] zum Markt.

ROSALINDE. Pfui, Narr!

TOUCHSTONE. [95] Hier als Kostprobe: Fehlt einem Hirsch die Hindin, dann such er Rosalinden. Ist die Katze hinter ihresgleichen her[49], dann sicher auch Rosalinde. [100] Winterkleider[50] muss man füttern[51], ebenso die schlanke Rosalinde. Die Schnitter müssen das Korn zu Garben binden, dann hinauf auf den Wagen[52] mit Rosalinden. Die süßeste Nuss[53] hat [die] herbste[54] Schale; [105] solch eine Nuss ist Rosalinde. Wer [die] süßeste Rose[55] will finden,

---

[46] *lined*: 'in Linien dargestellt', d.h. 'gezeichnet' (OED 4). Dies ist die einzige Stelle, wo bei Sh. *line* in dieser Bedeutung vorkommt; überall sonst bedeutet es 'einfassen', 'auskleiden', 'füttern'; vgl. Anm. 51 sowie *Cymb.* II.3.67 und *Per.* IV.6.53.

[47] *black*: Das Wort wird oft dem Wort *fair*, das zugleich 'schön' und 'hellfarbig' bedeutet, entgegengesetzt und ist dann gleichbedeutend mit 'hässlich' oder, in übertragenem Sinn, mit 'böse'. Zu dieser Antithese und zum zeitgenössischen Frauenideal vgl. die Kommentare zu *Sonn.* 127, besonders in der Ausgabe von Ingram / Redpath.

[48] *butterwomen's rank to market*: Für das Wort *rank* wurden verschiedene Emendationen vorgeschlagen, z.B *rack* (eine Gangart des Pferdes zwischen Trott und Passgang) und *rate* 'Geschwindigkeit', 'Grad', beide gestützt durch Z. 108: *the very false gallop of verses*, aber ohne entsprechende Belege bei Sh.; Arden (Old and New) und New Cambridge behalten *rank* mit den Bedeutungen 'Reihe', 'Zug' bei und betrachten den ganzen Ausdruck (wie auch andere Hrsg.) als Bild, in dem die Monotonie der aufeinander folgenden Reime (*Inde, wind, lined, Rosalinde* usw.) dem schwerfälligen Trott eines Zuges von Butterfrauen gleichgesetzt werde. – Nicht zu übersehen sind die Nebenbedeutungen des Ausdrucks. Wie *grease* hat auch *butter* mit allem Geschlechtlichen zu tun (vgl. etwa *Merry W.* III.5.102), sodass mit *butterwoman* möglicherweise eine Prostituierte gemeint ist. *Rank*, als Adjektiv gebraucht, heißt im übertragenen Sinn 'begehrlich', 'brünstig'. Dass ein Markt nicht nur dazu diente, die Bordelle mit Kunden zu füllen, sondern auch dazu, Dirnen für die Bordelle anzuwerben, geht aus *Per.* IV.2 hervor. Möglicherweise liegt hier die assoziative Verbindung zwischen Orlandos Reimversuchen und den Butterfrauen: Sein Gedicht zu Rosalindes Rühmung könnte den Clown, dem zu allem etwas Obszönes einfällt, an dieses Ausrufen von Prostituierten auf dem Markt erinnert haben. Jedenfalls steckt das, was er in Nachahmung Orlandos zusammenreimt (Z. 95–107), voller erotischer Anspielungen. Vgl. *A.Y.L.*, ed. Trautvetter, S. 104–105.

[49] *Cat will after kind*: eine Redensart (vgl. Tilley, *Proverbs*, C 135), meist interpretiert als 'verhält sich ihrer Natur gemäß'. Doch ist *kind* nicht immer unterschieden von *kin* (OED II.2) und bedeutet auch 'seinesgleichen'; vgl. *kinde to kinde hathe appetible inclinations* 'Gleiches hat zu Gleichem eine begehrliche Neigung' (MED *kinde* 10 e). *Will* (Hilfsverb) mit Richtungspräposition und ohne Hauptverb kommt nur dann vor, wenn die Präposition (*after*) räumlich (und nicht übertragen im Sinne von 'gemäß') gebraucht wird (vgl. Jespersen MEG IV, 15, 23). Deshalb ist die Übersetzung 'hinter ihresgleichen her' wahrschein-

>   All the pictures fairest lined
>   Are but black to Rosalinde.
>   Let no face be kept in mind
> 90   But the fair of Rosalinde.'

TOUCHSTONE. I'll rhyme you so eight years together, dinners and suppers and sleeping hours excepted. It is the right butter-women's rank to market.

ROSALIND. Out, fool!

TOUCHSTONE. [95] For a taste:

>   If a hart do lack a hind,
>   Let him seek out Roasalinde.
>   If the cat will after kind,
>   So be sure will Rosalinde.
> 100   Wintred garments must be lined,
>   So must slender Rosalinde.
>   They that reap must sheaf and bind,
>   Then to cart with Rosalinde.
>   Sweetest nut hath sourest rind,
> 105   Such a nut is Rosalinde.
>   He that sweetest rose will find

---

93 *ranke* F; Hanmer *rate* (vgl. Anm. 48).
100 *Wintred* F; $F_{3,4}$ *Winter* (vgl. Anm. 50).

---

licher. Touchstone spielt überdies auf die erotische Nebenbedeutung von *kind* an: *to do the act / deed of kind* (OED sb. 3 c) 'den Geschlechtsakt ausüben'; vgl. *Merch. V.* I.3.81.

[50] *winter*: Die meisten Hrsg. setzen hier, nach dem Text von F_3 und F_4, *winter*. Hier wurde ebenfalls dieser Wortlaut gewählt, da *wintred* (so F_1) – ein von einem Subst. abgeleitetes Adj. mit aktiver Bedeutung – keine deutsche Entsprechung hat. Vgl. Franz, S. 554, Schmidt, Appendix I.3.

[51] *lined*: Vgl. Z. 87. Es ist nahe liegend, in diesem Wort eine anzügliche Nebenbedeutung zu vermuten, sofern man es mit *slender Rosalinde* in Beziehung setzt: Rosalinde soll, wie ein Winterkleid, gefüttert oder wattiert, d.h. in andere Umstände gebracht werden. Für eine Parallele mit *stuffed* anstelle von *lined* s. *Much Ado* III.4.58.

[52] *cart*: Touchstone hat zwei mögliche Benutzungsarten des zweirädrigen Fahrzeugs *cart* im Sinn: 1) als Erntewagen, 2) als Karren, auf dem straffällig gewordene Personen, insbesondere Zuhälter und Dirnen, durch die Straßen gezogen und öffentlicher Schande preisgegeben wurden (OED 2 c; vgl. *Tam. Shr.* I.1.55 und *1 Hen. IV* II.4.472).

[53] *nut*: möglicherweise auch mit sexueller Anspielung (das Knacken der Nuss würde dem Entjungfern gleichgesetzt). Die heutige Nebenbedeutung 'Hoden' ist wahrscheinlich erst nach Sh.s Zeit entstanden.

[54] *sourest*: *Sour* bezieht sich bei Sh. kaum je auf den Geschmack eines Dings; oft hat es als Gegenteil von *sweet* nur allgemein negative Bedeutung. Mit *sourest rind* meint Touchstone vermutlich Rosalindes Männertracht.

[55] *rose*: In der Bedeutung 'Jungfernschaft' (vgl. Goethe 'des Mädchens Blüten' in "Der Müllerin Verrat") kommt *rose* auch in *All's Well* IV.2.18 und *Per.* IV.6.31 vor.

suche den Liebesstachel[56] und Rosalinden. Diese Verse gehen durchaus im falschen Galopp[57]. Warum lasst Ihr Euch von ihnen ankränkeln[58]?
ROSALINDE. [110] Schweigt, langweiliger Narr! Ich habe sie an einem Baum gefunden.
TOUCHSTONE. Wahrlich, der Baum trägt schlechte Früchte.
ROSALINDE. [Zuerst] okuliere[59] ich ihn mit Euch, und dann okuliere ich ihn mit einer Mispel[60]. Nachher gibts die frühesten Früchte im ganzen Land; denn Ihr werdet schon faul sein, ehe Ihr noch halbreif seid, und [115] gerade dies zeichnet die Mispel aus.
TOUCHSTONE. Ihr habt gesprochen[61]; ob aber klug oder nicht, das mag der Wald entscheiden.
  Celia tritt mit einem beschriebenen Blatt auf.
ROSALINDE. Still! Hier kommt meine Schwester und liest etwas; tretet zur Seite.
CELIA. "Warum sollte dies eine Einöde[62] sein? [120] Weil[63] es [hier] menschenleer ist? Nein. Zungen hänge ich an jeden Baum[64], die Sprüche der Gesittung[65] verkünden sollen: Manche [davon sagen], in wie kurzer Zeit das Leben des Menschen seine[66] Irr-

---

[56] *prick*: Auch 'männliches Glied', wie öfters; vgl. *L.L.L.* IV.1.131 und 137, *Rom. and Jul.* II.4.107.

[57] *false gallop of verses*: Touchstone scheint mit *false gallop*, einem Galopp, der mit dem falschen Fuß des Pferdes beginnt, auf das Gekünstelte dieser Verse hinzuweisen; vgl. Hotspurs verächtliche Bemerkung in Bezug auf gezierte Poesie: *'Tis like the forced gait of a shuffling nag* 'sie gleicht dem erzwungenen Gang eines schlurfenden Kleppers', *1 Hen. IV* III.1.133; ferner *Much Ado* III.4.83: *What pace is this that thy tongue keeps?* 'Was ist das für eine Art Gang, in dem sich deine Zunge bewegt?' fragt Beatrice, worauf Margaret, die ihr soeben in Prosa tüchtig die Meinung gesagt hat, antwortet: *Not a false gallop*.

[58] *infect* bedeutet bei Sh. normalerweise 'anstecken', 'vergiften', wie heute; wenn bildlich gebraucht, haftet ihm stets noch die konkrete Vorstellung von 'Krankheit' an. Ein weiterer semantischer Schritt führt zur allgemeinen Bedeutung 'beeinflussen in unerwünschter Weise'.

[59] *graff* = *graft*: *Graft* ist die jüngere Form; vermutlich wurden Präteritum und Partizip von *graff*, nämlich *graffed*, *graft*, als Infinitiv angesehen; vgl. *to combind*. Sh. verwendet beide Formen; vgl. *Coriol.* II.1.179 und *Rich. III* III.7.127.

[60] *medlar*: Die Mispel, welche bekanntlich weich und beinahe faul wird, bevor sie ihre Reife erreicht hat, diente oft zu scherzhaften Vergleichen und Wortspielen (vgl. *Meas. for M.* IV.3.169 und Chaucer, *Reeve's Prologue*). Bei Sh. kommt *medlar* viermal vor, jedes Mal in einem Wortspiel mit *meddler*: dieses Wort bedeutet 1) 'einer, der sich einmischt'; 2) 'einer, der sich im Übermaß "vermischt"', d.h. sexuell betätigt' (OED 5); vgl. *Rom. and Jul.* II.1.36; s. auch Leisi, *Problemwörter*.

AS YOU LIKE IT III.2

       Must find love's prick, and Rosalinde.
       This is the very false gallop of verses. Why do you infect yourself with them?
ROSALIND. [110] Peace, you dull fool! I found them on a tree.
TOUCHSTONE. Truly the tree yields bad fruit.
ROSALIND. I'll graff it with you and then I shall graff it with a medlar. Then it will be the earliest fruit i'th'country; for you'll be rotten ere you be half ripe, and [115] that's the right virtue of the medlar.
TOUCHSTONE. You have said; but whether wisely or no, let the forest judge.
    Enter Celia, with a writing.
ROSALIND. Peace! Here comes my sister reading; stand aside.
CELIA.   'Why should this a desert be?
120   For it is unpeopled? No.
       Tongues I'll hang on every tree
       That shall civil sayings show:
       Some, how brief the life of man
       Runs his erring pilgrimage,

---

119 *Desert* F; Rowe *a Desart*; Steevens *desert silent* (vgl. Anm. 62).

[61] *You have said*: *Say* wird oft absolut gebraucht, meist mit einem beschreibenden Adv. wie *rightly* 'richtig', *boldly* 'sehr freimütig', *well* 'gut' usw. Eventuell Anklang an das biblische *Thou hast said* 'Du sagst es', z.B. Matth. 26.25.

[62] *this a desert be*: F hat *this desert be*. Die meisten Hrsg. folgen Rowe, der vor *desert* den unbestimmten Artikel eingefügt hat, eine begründete Emendation, da das Metrum der Zeile hier eine unbetonte Silbe verlangt. Was *desert* betrifft, vgl. II.1.23.

[63] *for = because*: 'weil', wie öfters. Vgl. Abbott, *A Shakespearian Grammar*, § 151.

[64] *Tongues ... tree*: *Tongues* 'Zungen', also 'etwas Sprechendes', ist eine poetische Bezeichnung für die Blättchen oder Zettel, auf die Orlando seine Gedichte geschrieben hat. Die ganze Zeile weist möglicherweise zurück auf die Worte des Herzogs zu Beginn von Akt II: 'Und unser Leben hier ... findet Zungen in Bäumen', Z. 15–16.

[65] *civil*: Die Grundbedeutung von *civil* ist 'der Gesamtheit einer Nation zugehörig oder auf sie bezüglich' (OED; vgl. Johnson, Wright). Wo das Wort bei Sh. keinen Bezug zu 'Krieg', 'Feindschaft', 'Kampf' usw. zwischen Angehörigen derselben Nation hat, wird es stets in der positiven Bedeutung 'zivilisiert', 'gesittet' im Gegensatz zu 'wild', 'roh', 'ungesittet' verwendet. Darüber hinaus besteht bei Sh. eine Beziehung zwischen Gesittetheit und dem Leben in Städten, sodass *civil* mit *of the city* 'städtisch' beinahe synonym wird, vgl. *Oth.* IV.1.63. Der Ausdruck *civil sayings* besagt also, dass es sich in Orlandos Gedicht um die Sprüche gesitteter Menschen handelt; sie bewirken, dass die Ödnis hier sich zu 'zivilisieren' beginnt. Vgl. auch Trautvetter und Leisi, "Some New Readings in *A.Y.L.*", S. 144.

[66] *his = its*: Vgl. II.7.163.

und Pilgerfahrt[67] beendet, [und] [125] dass eine Spannweite[68] die Summe seines Daseins umschließt[69]; manche [handeln] von gebrochenen Gelübden zwischen den Seelen von Freund und Freund; doch auf die schönsten Zweige [130] oder am Ende jedes Satzes will ich 'Rosalinda' hinschreiben und so allen, die es lesen, kundtun, dass der Himmel die Quintessenz[70] jeden Geistes[71] im Kleinen[72] aufzeigen wollte[73]. [135] Darum gab der Himmel der Natur Anweisung, es solle ein einziger Mensch[74] mit allen weitherum verstreuten[75] Gaben ausgestattet werden. Die Natur vereinigte sogleich in *einem* Destillat Helenas Wange, nicht aber ihr Herz[76], [140] Kleopatras Hoheit, Atalantas besseres

---

[67] *erring pilgrimage*: Bei Sh. kommt *err* sowohl im Sinne von 'wandern' wie auch von 'in die Irre gehen' vor: beide Bedeutungen sind hier möglich; 'in die Irre gehen' hat, in Bezug auf das menschliche Leben, vielleicht noch größere Wahrscheinlichkeit.

[68] *the stretching of a span*: Vgl. *Psalm* 39.6 (Wortlaut des Book of Common Prayer): *Thou hast made my days as it were a span long* 'Sieh, nur handbreit hast du meine Tage gemacht'.

[69] *buckles ... in age*: *to buckle* 'schnallen'; hier wohl das Bild von einem umspannenden Gürtel, der mit einer Schnalle geschlossen wird; ähnlich *Macb.* V.2.15: *his sum of age* = "the sum of his age"; ähnliche Umstellung z.B. in II.2.5, *Hen. V* I.2.275 (*my sail of greatness*) und *Sonn.* 109.12.

[70] *quintessence*: Gemeint ist die 'fünfte Essenz' der antiken und mittelalterlichen Philosophie, die Substanz, aus der, nach damaligen Anschauungen, die Himmelskörper bestanden und welche jedem Ding innewohnte. Von daher ergab sich die Bedeutung 'reinste und vollkommenste Erscheinungsform eines Dings' (OED); vgl. *Haml.* II.2.304 sowie Tillyard, *The Elizabethan World Picture*.

[71] *sprite*: Eine verkürzte Form von *spirit* (oft auch *spright* geschrieben); es bedeutet normalerweise 'Gespenst', 'Kobold'. Vgl. *Wint. T.* II.1.26 und *Tr. and Cr.* III.2.30. Wo das Metrum statt *spirit* ein einsilbiges Wort erfordert, wie hier, kann *sprite* mit jeder der möglichen Bedeutungen von *spirit* stehen; vgl. *Macb.* IV.1.127. Der Begriff *spirit* spielte in der Alchemie eine wichtige Rolle (vgl. OED *spirit* V).

[72] *in little*: Wo Sh. diesen Ausdruck in Verbindung mit Gemälden oder Zeichnungen gebraucht, bedeutet er 'in Miniatur'; vgl. *Twel. N.* III.4.79 und *Haml.* II.2.358. Da aber der Kontext hier mit Astrologischem zu tun hat, weist Furness wohl mit Recht darauf hin, dass sich *in little* auf den Mikrokosmos bezieht. Zur Idee des Mikrokosmos bei Sh. vgl. auch Leisi, "A Possible Emendation of Shakespeare's Sonnet 146", *English Studies* 47, (1966), S. 271–285 und *Naturwissenschaft bei Shakespeare* (München 1988), S. 60.

125	That the stretching of a span
	Buckles in his sum of age;
	Some, of violated vows
	'Twixt the souls of friend and friend;
	But upon the fairest boughs,
130	Or at every sentence end,
	Will I "Rosalinda" write,
	Teaching all that read to know
	The quintessence of every sprite
	Heaven would in little show.
135	Therefore heaven Nature charged
	That one body should be filled
	With all graces wide-enlarged.
	Nature presently distilled
	Helen's cheek, but not her heart,
140	Cleopatra's majesty,

---

[73] *would ... show*: *Would* hat oft indikativische Funktion: 'wünscht', 'möchte', 'wünschte'; vgl. I.2.234. Aus dem *charged* in der folgenden Zeile lässt sich schließen, dass *would* hier 'wünschte', 'wollte' bedeutet.

[74] *body*: Früher auch 'Mensch', 'Person' (OED II); vgl. *somebody, nobody* usw.

[75] *wide-enlarged*: Dieser Ausdruck ist auf zwei Arten gedeutet worden. Furness meint, *wide-enlarged* beziehe sich auf die Größe der Gaben, die von der Natur in einer einzigen Person vereinigt werden sollen. Schmidt, dem sich Old and New Arden anschließen, versteht es hingegen als 'weithin verstreut', nämlich in vielen Persönlichkeiten, wie Helena, Kleopatra, Atalanta und Lukrezia. Obschon 'enlarge' gelegentlich 'vermehren', 'vergrößern' bedeuten kann (von welcher Bedeutung Furness vermutlich ausgeht; vgl. *2 Hen. IV* I.1.204 und *1 Hen. VI* I.2.134), gebraucht es Sh. doch weitaus häufiger im Sinne von 'lösen', 'freilassen' (OED 6); vgl. *Enlarge the man committed yesterday* 'Setzt den gestern Verurteilten in Freiheit', *Hen. V* II.2.40. Das Subst. *enlargement* wird überhaupt nur in der Bedeutung 'Freisetzung' verwendet. Diesem häufigeren Gebrauch entsprechend wäre *with all graces wide-enlarged* zu verstehen als 'mit allen von der Natur weitherum freigesetzten oder verstreuten Gaben, die dann wieder für eine einzige Person gesammelt werden müssen'. – F$_1$ hat bloßes Komma nach *enlarged*, doch muss sinngemäß hier ein neuer Satz beginnen.

[76] *Helen's cheek ... heart*: 'Wange' steht stellvertretend für Helenas Antlitz, um dessen Schönheit willen der Trojanische Krieg entbrannte, *heart* für ihr Wesen, in welchem nachhomerische Zeiten nicht dieselbe Vollkommenheit zu finden vermochten.

Teil[77] und die Keuschheit der ernsthaften Lukretia[78]. So wurde denn Rosalinde durch himmlischen Ratschluss[79] aus vielen Teilen erschaffen; [145] aus vielen Gesichtern, Augen und Herzen, auf dass sie die am höchsten geschätzten Wesenszüge besitze. Der Himmel wünschte, dass sie diese Gaben besitze und [dass] ich als ihr Sklave lebe und sterbe."

ROSALINDE. O gütiger Jupiter[80], mit welch bemühender [150] Liebespredigt habt Ihr Eure Gemeinde ermattet und dabei nie gerufen: 'Habt Geduld, gute Leute'!

CELIA. Nanu?[81] Zurück, Freunde.[82] Schäfer, geh ein wenig zur Seite. Geh mit ihm, Bursche.

TOUCHSTONE. Komm, Schäfer, machen wir einen [155] ehrenvollen Rückzug; wenn auch nicht mit Sack und Pack, so doch mit Hirtentasche und Inhalt[83].

Ab [mit Corin].

CELIA. Hast du[84] diese Verse gehört?

---

[77] *Atalanta's better part*: Nach der griechischen Sage pflegte die von einer Bärin gesäugte jungfräuliche Jägerin Atalanta sich mit jedem ihrer Freier im Wettlauf zu messen. Ihre unerhörte Schnelligkeit verschaffte ihr regelmäßig den Sieg. Erst Milanion (nach einer anderen Version Hippomenes) gelang es mit Hilfe der Göttin Aphrodite, vor ihr am Ziel anzukommen. Dieser mythologische Hintergrund liefert keine Antwort auf die Frage, was Sh. mit *Atalanta's better part* gemeint haben könnte. Trautvetter und Leisi, "Some New Readings in *A.Y.L.*", S. 143, haben durch die Analyse einer Anzahl anderer Stellen, wo Sh. den Ausdruck *better part* oder *better parts* verwendet, nachweisen können, dass damit ohne Ausnahme *mind* oder *spirit*, also 'das Geistige im Menschen' gemeint ist. – Im Bestreben, Rosalinde alle Elemente der Vollkommenheit zu verleihen, musste ihr Orlando neben Schönheit, Hoheit und Keuschheit auch Geist zuerkennen.

[78] *Sad Lucretia's modesty*: Lucretia, die Gattin eines römischen Edelmannes, wurde von Sextus, dem Sohn des altrömischen Königs Tarquinius, entehrt, worauf sie sich, um lebenslanger Schmach zu entgehen, erdolchte. Diese Gewalttat des Sextus sowie das verhasste Regime seines Vaters führten zur Vertreibung der Tarquinier und der Einsetzung einer republikanischen Regierung in Rom. *Modesty* bedeutet bei Frauen stets 'Keuschheit'; vgl. *All's Well* III.5.26 und *Temp.* III.1.53. *Sad* vereinigt die alte Bedeutung 'ernst(haft)' mit der neueren 'traurig'.

[79] *synod*: ursprünglich und auch heute noch 'Zusammenkunft kirchlicher Würdenträger zur Beratung über Angelegenheiten der Kirche' (OED 1). Sh. verwendet das Wort – mit einer Ausnahme – stets im Zusammenhang mit Göttern; vgl. *Haml.* II.2.482 und *Coriol.* V.2.66. Der Wendung *shining synod* (*Cymb.* V.4.89) kann entnommen werden, dass auch der Gedanke an die (die Götter repräsentierenden) Planeten mitspielt. *Synod* bedeutete auch 'Konjunktion von Planeten' (OED 3; vgl. auch heute "synodischer Monat"), also die Konstellation bei Rosalindes Geburt; Alchemie und Astrologie sind zwei Seiten der alten Naturlehre und nicht zu trennen.

[80] *Jupiter*: Vgl. II.4.1, wo Rosalinde aus körperlicher Erschöpfung aufseufzt; hier tut sie es aus geistigem Überdruss. – Die von Spedding vorgeschlagene Emendation *pulpiter* 'Kanzelredner' ist unnötig; auch ist *pulpiter* vor 1681 nicht belegt.

[81] *How now?*: Celia ist, vom Lesen aufblickend, erstaunt, Corin und Touchstone – die von Rosalinde bereits (Z. 118) aufgefordert wurden, zurückzutreten, aber offenbar aus Neugier

>   Atalanta's better part,
>   Sad Lucretia's modesty.
>   Thus Rosalinde of many parts
>   By heavenly synod was devised,
> 145   Of many faces, eyes, and hearts,
>   To have the touches dearest prized.
>   Heaven would that she these gifts should have,
>   And I to live and die her slave.'

ROSALIND. O most gentle Jupiter, what tedious homily of [150] love have you wearied your parishioners withal, and never cried 'Have patience, good people'!

CELIA. How now? Back, friends. Shepherd, go off a little. Go with him, sirrah.

TOUCHSTONE. Come, shepherd, let us make an [155] honorable retreat; though not with bag and baggage, yet with scrip and scrippage.

Exit [with Corin].

CELIA. Didst thou hear these verses?

---

149 *Iupiter* F; Warburton *Juniper!*; Cambr. (Spedding) *pulpiter!* (vgl. Anm. 80).
152 *How now backe friends* F; Theobald *How now? Back – friends!*; Capell *How now! back friends?* Malone *how now! back friends*; Collier *How now? back, friends.* (vgl. Anm. 81 u. 82).

---

wieder näher herangekommen sind – so dicht neben sich zu finden. Nicht völlig ausgeschlossen ist auch folgende Interpretation: Rosalinde hat sich (Z. 118) mitversteckt, und Celia wird jetzt von allen dreien beim Lesen überrascht. *Back, friends* bezieht sich allerdings nur auf Corin und Touchstone.

[82] *Back, friends*: Cambridge, New Arden, Players' Sh. u.a. haben die Lesung *backfriends* oder *back-friends*; dieses Wort (belegt in *Com. Err.* IV.2.37) würde hier in der Bedeutung 'falsche Freunde' oder 'solche, die einen von hinten her überraschen' ebenfalls einen Sinn ergeben. *Back, friends!* scheint in der gegebenen Situation plausibler, da an Corin und Touchstone sogleich die Aufforderung ergeht, sich zurückzuziehen. Andererseits verwendet Sh. *back* kaum je als Befehlswort ohne ein zugehöriges Verb wie *stand, go* usw. Möglicherweise ist ein Wortspiel mit den beiden Bedeutungen beabsichtigt.

[83] *bag ... scrippage*: Touchstone bildet zu der Wendung *with bag and baggage* 'mit Sack und Pack' (ursprünglich militärisch gebraucht, vgl. *honorable retreat*) eine der Situation angepasste, wortspielerische Parallele *scrip and scrippage*. Das Bindeglied ist *scrip*: 1) ursprünglich 'kleiner Ranzen, Hirtentasche' (OED Sb. 1), d.h. gleichsam eine Verkleinerung von *bag*; 2) 'Schriftstück' (vgl. *Mids. N. D.* I.2.3; Nebenform von *scrap*, OED *scrap* Sb. 3). Es ist anzunehmen, dass Touchstone Celias Zettel an sich genommen hat (so Hulme, New Cambridge, New Arden). Analog zu *baggage* wird das sonst nicht vorhandene Wort *scrippage* ad hoc gebildet. Der Sinn ist also etwa: 'Zwar nicht mit Sack und Pack, aber wenigstens mit Säcklein und Päcklein' bzw. (mit der 2. Bedeutung von *scrip*) 'mit Zettel und Zettelchen'. Dazu kommen mögliche Nebenbedeutungen von *bag* 'Hoden' und *baggage* 'Dirne'.

[84] *Didst thou*: Im ganzen nachfolgenden Zwiegespräch wechselt die Anredeform zwischen *thou* und *you*; vgl. Anm. zu I.2.1.

ROSALINDE. O ja, ich habe sie alle gehört und mehrere dazu; denn manche hatten mehr Füße an sich, als die Verse tragen wollten[85].

CELIA. [160] Das macht nichts.[86] Die Füße könnten ja die Verse tragen.

ROSALINDE. Ja, aber die Füße waren lahm und konnten sich ohne[87] den Vers nicht aufrecht erhalten und standen deshalb lahm[88] im Vers.

CELIA. Doch hast du ohne zu staunen gehört, wie man deinen [165] Namen an diese Bäume gehängt und in sie eingekerbt hat?

ROSALINDE. Ich war schon sieben von den neun Tagen[89] aus dem Staunen heraus, ehe Ihr kamt; denn schaut her, was ich an einer Palme[90] gefunden habe. Ich bin nicht mehr so bereimt worden seit den Zeiten des Pythagoras[91], als ich noch eine irische Ratte[92] war, woran ich mich kaum erinnere.

CELIA. [170] Habt Ihr eine Ahnung, wer das getan hat?

ROSALINDE. Ist es ein Mann?

CELIA. Mit einer Kette um den Hals, die Ihr einst trugt. Verfärbt Ihr Euch?[93]

ROSALINDE. Ich bitte dich, wer?

CELIA. [175] O Herr [im Himmel], es muss viel geschehen, bis Freunde einander treffen; Berge aber können durch Erdbeben versetzt werden und so zusammenkommen[94].

ROSALINDE. Ja, aber wer ist es denn?

CELIA. Ists möglich?

ROSALINDE. [180] Also ich bitte dich jetzt mit ganz bittstellerischer Inständigkeit, sage mir, wer es ist.

---

[85] *more feet ... bear*: möglicherweise Anspielung auf die Zeile *Heaven would that she these gifts should have* in Orlandos Gedicht. Diese "längere" Zeile ist zwar Bestandteil eines End-Reimpaars (couplet), bei dem Reimschema und Metrum variieren dürfen; weil aber die zweite Zeile des Reimpaars *And I to live and die her slave* ins ursprüngliche Metrum zurückfällt, ergibt sich eben doch ein eher holpriges couplet.

[86] *That's no matter*: Da *matter* oft 'Sinn' bedeutet, z.B. in *full of matter* (II.1.68), *a material fool* (III.3.28) und *more matter, with less art* (*Haml.* II.2.95), könnte dies auch heißen 'das ist Unsinn'.

[87] *without*: 1) 'ohne', 2) 'außerhalb'; beide Bedeutungen in einem Wortspiel vermengt, sodass sich der Gegensatz *without - in* 'außerhalb - innerhalb' [des Verses] ergibt.

[88] *stood lamely*: Fortsetzung der Pferdemetapher.

[89] *seven ... wonder*: *A nine days' wonder* 'ein Neuntagewunder' ist eine Redensart, die sich auf eine Neuheit mit zeitlich beschränkter Wirkung bezieht; vgl. *3 Hen. VI* III.2.113. Wenn daher Rosalinde von 'sieben Tagen' spricht, meint sie, es mache ihr keinen besonderen Eindruck mehr, ihren Namen in Bäumen eingekerbt zu finden.

ROSALIND. O, yes, I heard them all, and more too; for some of them had in them more feet than the verses would bear.
CELIA. [160] That's no matter. The feet might bear the verses.
ROSALIND. Ay, but the feet were lame, and could not bear themselves without the verse, and therefore stood lamely in the verse.
CELIA. But didst thou hear without wondering how thy [165] name should be hanged and carved upon these trees?
ROSALIND. I was seven of the nine days out of the wonder before you came; for look here what I found on a palm tree. I was never so berhymed since Pythagoras' time that I was an Irish rat, which I can hardly remember.
CELIA. [170] Trow you who hath done this?
ROSALIND. Is it a man?
CELIA. And a chain that you once wore, about his neck. Change you color?
ROSALIND. I prithee who?
CELIA. [175] O Lord, Lord, it is a hard matter for friends to meet; but mountains may be removed with earthquakes, and so encounter.
ROSALIND. Nay, but who is it?
CELIA. Is it possible?
ROSALIND. [180] Nay, I prithee now with most petitionary vehemence, tell me who it is.

---

[90] *palm*: Von den frühesten Hrsg. haben manche sich mit dem Vorkommen von Palmen im Wald von Arden nicht abfinden können und deshalb geschlossen, es müsse sich um einen einheimischen Baum handeln, der volkstümlich ebenfalls "palm" hieß: eine Weidenart, deren Zweige als Palmsonntagsschmuck verwendet wurden. Indessen könnten in einem Wald, der Ölbäume (IV.3.78) und eine Löwin (IV.3.115) beherbergt, auch echte Palmbäume vorkommen.

[91] *Pythagoras*: Sein Name erscheint bei Sh. dreimal, jedes Mal im Zusammenhang mit der Lehre von der Seelenwanderung; vgl. *Twel. N.* IV.2.49 und *Merch. V.* IV.1.131.

[92] *berhymed ... Irish rat*: Nach irischem Volksglauben vermochten Sänger und Barden jedes beliebige Lebewesen, besonders Ratten und Mäuse, durch eine Beschwörung mit gereimten Zauberformeln zu töten. Die Hrsg. zitieren mehrere Stellen, aus denen hervorgeht, dass die Elisabethaner sich über diesen Glauben lustig machten. Zudem war Irland zur Zeit der Entstehung von *A.Y.L.* mehr als sonst im Gespräch wegen des Irischen Aufstandes von 1598.

[93] *Change you color?*: Eine Spiegelstelle: Vom Schauspieler nicht darstellbare Reaktionen werden dem Zuschauer durch direkte Hinweise anderer Bühnenfiguren – hier Celias – mitgeteilt. Vgl. *Oth.* V.1.104ff. Dazu Leisi, *Problemwörter*, unter "Bühnenanweisung, implizierte".

[94] *hard matter ... encounter*: eine spielerische Umkehrung der Redensart 'Berge können nicht zusammenkommen, aber Menschen'. *Encounter* oft 'erotisch begegnen'; vgl. *Meas. for M.* III.1.84.

CELIA. O erstaunlich, erstaunlich, und höchst erstaunlich erstaunlich, und abermals erstaunlich, und danach [erstaunlich] über jeden Erstaunensschrei[95] hinaus!

ROSALINDE. [185] Du meine Güte![96] Glaubst du, wenn ich schon ausstaffiert[97] bin wie ein Mann, ich hätte Wams und Hose [auch] im Gemüt? Noch ein Zoll breit mehr Aufschub, und es gibt eine [ganze] Südsee von Enthüllung.[98] Bitte sage mir schnell, wer es ist, und rede rasch. Könntest du doch [190] stottern, damit du diesen Versteckten so aus deinem Munde ausschütten könntest, wie Wein aus einer enghalsigen Flasche herauskommt; entweder zu viel auf einmal oder gar keiner. Zieh bitte den Kork aus deinem Munde, auf dass ich deine Botschaft trinke.

CELIA. So kannst du dir einen Mann einverleiben.[99]

ROSALINDE. [195] Hat ihn Gott erschaffen?[100] Ein Mann welcher Art? Ist sein Kopf einen Hut wert? Oder sein Kinn einen Bart wert?

CELIA. Nein, er hat nur wenig Bart.

ROSALINDE. Nun denn, Gott wird Zuwachs bescheren, wenn der Mann sich dankbar erweist. Lass mich das Wachsen seines Bartes abwarten, wenn du mir nur [200] die Kenntnis seines Kinns nicht zu lange vorenthältst.

CELIA. Es ist der junge Orlando, der dem Ringer und Euerm Herz im selben Augenblick ein Bein stellte[101].

ROSALINDE. Ach was, zum Teufel mit dem Spaßen! Sprich im Ernst und nach der Wahrheit.[102]

---

[95] *out of all hooping*: wörtlich 'außerhalb der Reichweite eines Schreis', bildlich 'durch keine Form des Erstaunens mehr auszudrücken' (Caldecott), wobei *to hoop* (auch *whoop* geschrieben) 'schreien vor Erstaunen' bedeutet (OED 2).

[96] *Good my complexion*: Sh. verwendet *complexion* in drei verschiedenen Bedeutungen: 1) 'Temperament, Wesensart'; 2) 'Beschaffenheit der Gesichtshaut (Teint)'; 3) 'Aussehen, Erscheinung' allgemein; jede dieser Bedeutungen könnte in Rosalindes Ausruf einen – wenn auch nicht restlos befriedigenden – Sinn ergeben. Im ersten Fall würde Rosalinde ihre weibliche Wesensart anrufen oder anklagen, die zu ihrer Männertracht im Gegensatz steht; im zweiten Fall würde sie (ärgerlich?) ihr Erröten zugeben, auf welches Celia angespielt hat (vgl. *change you color?*, Z. 173); im dritten Fall schließlich würde sie einfach auf ihre ganze Erscheinung als Mann hinweisen, wozu das folgende *caparisoned* passen würde. *Good my* ist eine bei Sh. häufige Inversion, die allerdings nur bei Personen vorkommt, z.B. *good my lord*, *good my mother*. – Eine weitere Möglichkeit der Deutung eröffnet Theobalds Emendation von *Good* zu *'od's*, einer euphemistischen Kurzform von *God's*, nach dem Muster von zwei anderen Ausrufen Rosalindes: *'Od's my little life*, III.5.43 und *'Od's my will*, IV.3.18. Aber auch *good* kommt als Euphemismus für *God* vor; vgl. *good gracious* (eigentlich *God gracious*). *Good* (oder *'Od's*) *my complexion* wäre dann einer von Rosalindes "harmlosen Flüchen".

[97] *caparisoned*: wörtlich 'mit einer Pferdedecke geziert', von *caparison* 'Pferdedecke', 'Schabracke'.

CELIA. O wonderful, wonderful, and most wonderful wonderful, and yet again wonderful, and after that, out of all hooping!
ROSALIND. [185] Good my complexion! Dost thou think, though I am caparisoned like a man, I have a doublet and hose in my disposition? One inch of delay more is a South Sea of discovery. I prithee tell me who is it quickly, and speak apace. I would thou couldst [190] stammer, that thou mightst pour this concealed man out of thy mouth as wine comes out of a narrow-mouthed bottle; either too much at once, or none at all. I prithee take the cork out of thy mouth, that I may drink thy tidings .
CELIA. So you may put a man in your belly.
ROSALIND. [195] Is he of God's making? What manner of man? Is his head worth a hat? or his chin worth a beard?
CELIA. Nay, he hath but a little beard.
ROSALIND. Why, God will send more, if the man will be thankful. Let me stay the growth of his beard, if thou [200] delay me not the knowledge of his chin.
CELIA. It is young Orlando, that tripped up the wrestler's heels and your heart both in an instant.
ROSALIND. Nay, but the devil take mocking! Speak sad brow and true maid.

---

[98] *One inch ... discovery*: Die meisten Hrsg. deuten diese Stelle so: 'Der kürzeste Aufschub erscheint Rosalinde jetzt so lang und beschwerlich wie einem Entdecker die Durchquerung der Südsee.' Nun kommt aber das Substantiv *discovery* bei Sh. als 'geographische Entdeckung' nirgends vor (das Verb *to discover* im geographischen Sinn nur in *Two Gent.* I.3.9); es bedeutet bei ihm in der Regel wörtlich 'Aufdeckung', 'Enthüllung', z.B. in *Hen. V* II.2.162: *the discovery of most dangerous treason* 'die Aufdeckung höchst gefährlichen Verrats'. Das an sich so suggestive Wort *South-sea* dient hier einfach dazu, die Dimension des zu Enthüllenden spürbar zu machen; vgl. *a sea of troubles* 'ein Meer von Plagen', *Haml.* III.1.59. Der Sinn des ganzen Satzes ist wohl: 'Zögerst du deine Mitteilung auch nur um einen Zoll hinaus, so kommt es zu einer ungeheuren Enthüllung (vom vorgetäuschten Jüngling zur Frau)'. So erstmals Trautvetter und Leisi, "Some New Readings in *A.Y.L.*", S. 144.

[99] *put ... belly*: Kulinarische Metaphern für Erotisches sind sehr häufig; vgl. III.3.31-32.

[100] *Is he of God's making?*: 'Ist er ein richtiger Mann im Gegensatz zu einem Wesen, das nur wegen seiner Männerkleidung als Mann erscheint'. Ähnlich *Twel. N.* I.5.223: *if God did all* 'wenn diese Schönheit nicht bloß auf Kosmetik beruht'.

[101] *tripped up*: Trip up enthält die Vorstellung des Zufallbringens eines Menschen, indem sein Fuß durch mechanische Behinderung an Spitze oder Ferse der Standfestigkeit beraubt wird; vgl. *Haml.* III.3.93. - Die rhetorische Figur des semantischen Zeugmas (vgl. Lausberg, *Elemente der literarischen Rhetorik*, § 325) vereinigt hier sehr Ungleiches – *wrestler's heels* und *heart* – mit dem Verb *trip up* und schafft so eine komische Wirkung.

[102] *Speak ... maid*: wörtlich etwa 'sprich mit ernsthafter Miene und als wahre Jungfrau'. Häufige Konstruktion; vgl. Z. 261 unten und *Hen. V* V.2.148: *I speak to thee plain soldier* 'ich rede zu dir als einfacher Soldat'.

CELIA. [205] Im Ernst, Bäschen, er ists.
ROSALINDE. Orlando?
CELIA. Orlando.
ROSALINDE. Du liebe Zeit! Was soll ich mit meinem Wams und [meinen] Hosen anfangen? Was machte er, als du ihn sahst? Was [210] sagte er? Wie sah er aus? Was hatte er an[103]? Was tut er hier? Hat er nach mir gefragt? Wo hält er sich auf? Wie schied er von dir? Und wann siehst du ihn wieder? Antworte mir mit *einem* Wort.
CELIA. Da müsst Ihr zuerst Gargantuas[104] Maul für mich entlehnen; [215] es wäre ein zu großes Wort für einen Mund von heutigem Ausmaß. Auf diese Einzelfragen ja und nein zu sagen ist mehr, als in einem Katechismus Antwort zu geben.
ROSALINDE. Aber weiß er, dass ich hier im Walde bin und in Männertracht? Sieht er so schmuck aus wie an dem [220] Tag, als er rang?
CELIA. Ebenso leicht lassen sich Atome[105] zählen wie den Fragestellungen einer Verliebten Genüge tun; doch nehmt eine Probe davon, wie ich ihn fand, und kostet sie mit voller Aufmerksamkeit aus. Ich fand ihn, wie eine abgefallene Eichel, unter einem Baum.
ROSALINDE. [225] Der heißt wohl zu Recht Jupiters Baum[106], wenn er solche Früchte fallen lässt.
CELIA. Leiht mir Gehör, wertes Fräulein.
ROSALINDE. Sprich weiter.
CELIA. Da lag er hingestreckt wie ein verwundeter Ritter.
ROSALINDE. [230] Mag solch ein Anblick auch Mitleid erregen, so steht er doch dem Erdboden gut an.
CELIA. Rufe deiner Zunge 'hüf'[107] zu, bitte; sie macht zur Unzeit Kapriolen[108]. Er war ausgestattet wie ein Jäger.
ROSALINDE. O böses Zeichen! Er kommt, um mein Herz[109] zu erlegen.

---

[103] *Wherein went he?*: *Go in* kann die Bedeutung 'in etwas gekleidet sein', 'etwas anhaben' (OED 6) haben; vgl. *Twel. N.* III.4.361: *and he went / Still in this fashion* 'und er war stets in dieser Art gekleidet'.

[104] *Gargantua's mouth*: Der menschenfreundliche Riese Gargantua ist eine Gestalt der französischen Volkssage, die auch in englischen Volksbüchern vorkam, woher sie Sh. vermutlich kannte. Von Rabelais' Erzählung "La vie très horrificque du Grand Gargantua" (1534) gab es zwar noch keine englische Übersetzung, doch Sh., dem das Französische nicht fremd war, könnte sie auch in der Originalsprache gelesen haben.

[105] *atomies*: 'nicht mehr teilbare (unsichtbare) Körper'. Der von Demokrit geschaffene Atombegriff – seine Lehre von den Atomen wirkte im Altertum fort bei Epikur und dessen Anhänger Lukrez (vgl. dessen Lehrgedicht "De Rerum Natura"), in der Renaissance bei Giordano Bruno – war den Elisabethanern geläufig.

CELIA. [205] I'faith, coz, 'tis he.
ROSALIND. Orlando?
CELIA. Orlando.
ROSALIND. Alas the day! what shall I do with my doublet and hose? What did he when thou saw'st him? What [210] said he? How looked he? Wherein went he? What makes he here? Did he ask for me? Where remains he? How parted he with thee? and when shalt thou see him again? Answer me in one word.
CELIA. You most borrow me Gargantua's mouth first; [215] 'tis a word too great for any mouth of this age's size. To say ay and no to these particulars is more than to answer in a catechism.
ROSALIND. But doth he know that I am in this forest, and in man's apparel? Looks he as freshly as he did the [220] day he wrestled?
CELIA. It is as easy to count atomies as to resolve the propositions of a lover; but take a taste of my finding him, and relish it with good observance. I found him under a tree, like a dropped acorn.
ROSALIND. [225] It may well be called Jove's tree when it drops such fruit.
CELIA. Give me audience, good madam.
ROSALIND. Proceed.
CELIA. There lay he stretched along like a wounded knight.
ROSALIND. [230] Though it be pity to see such a sight, it well becomes the ground.
CELIA. Cry 'holla' to thy tongue, I prithee; it curvets unseasonably. He was furnished like a hunter.
ROSALIND. O, ominous! he comes to kill my heart.

---

226 *forth fruite* F; F_2 *forth such fruit*; Capell, Hrsg. *such fruit*.

[106] *Jove's tree*: Die Eiche war dem Jupiter heilig; vgl. *Jove's stout oak* 'Jupiters stämmige Eiche', *Temp.* V.1.45. Aus *Jove's spreading tree 3 Hen. VI* V.2.14 geht Sh.s direkte Übernahme aus Ovid (*patula Jovis arbor*, 'Goldenes Zeitalter') hervor.

[107] *holla*: Dieses Wort – in zwei Fällen auch *holloa* geschrieben – kommt bei Sh. als Interjektion und als transitives Verb vor und dient in jedem Fall dazu, die Aufmerksamkeit eines lebenden Wesens hervorzurufen oder es zum Stillstehen zu veranlassen; hier, im Zusammenhang mit der Pferdemetapher, ist es als 'brr', 'hüf' etc. zu übersetzen. Sowohl Interjektion wie Verb stammen wohl ursprünglich aus der Jägersprache; vgl. den Schrei *view-halloo*, der beim Ausbrechen des Fuchses aus der Deckung üblich ist.

[108] *curvets*: Das Substantiv *curvet* bezeichnet eine bestimmte Sprungart des Pferdes (OED 1), dt. 'Kurbette', 'Bogensprung'; im weiteren Sinne einen übermütigen Luft- oder Bocksprung. Das hier verwendete dt. Wort 'Kapriole' enthält etymologisch das lat. Wort *caper* 'Bock'.

[109] *heart*: Das Wortspiel *heart* 'Herz' – *hart* 'Hirsch' kommt bei Sh. öfters vor, z.B. in *Twel. N.* I.1.18 und *Jul. Caes.* III.1.204ff.

CELIA. [235] Ich möchte mein Lied ohne zweite Stimme singen. Du bringst mich aus der Melodie[110].
ROSALINDE. Wisst Ihr nicht, dass ich eine Frau bin? Wenn ich denke, muss ich reden. Sprich weiter, Herzchen.
Orlando und Jaques treten auf.
CELIA. Ihr bringt mich aus dem Konzept![111] Still. Kommt er nicht hier?
ROSALINDE. [240] Er ists! Schleiche dich beiseite[112] und beobachte ihn.
JAQUES. Ich danke Euch für Eure Gesellschaft; doch ehrlich gesagt, wäre ich ebenso gern für mich allein gewesen.
ORLANDO. Ich ebenfalls; doch um der Sitte willen danke auch ich Euch für Eure Gesellschaft.
JAQUES. [245] Gott erhalte Euch; treffen wir einander so selten wie möglich.
ORLANDO. Ich wünsche recht sehr, wir wären bessere Unbekannte.[113]
JAQUES. Verderbt bitte keine Bäume mehr, indem ihr Liebeslieder in ihre Rinde einkerbt.
ORLANDO. Verderbt bitte keine Gedichte mehr von mir, indem Ihr sie absichtlich [250] schlecht[114] lest.
JAQUES. Rosalinde heißt Eure Liebste?
ORLANDO. Ja, genau.
JAQUES. Mir gefällt ihr Name nicht.
ORLANDO. Niemand dachte daran, Euch zu gefallen, als [255] man sie taufte.
JAQUES. Wie ist sie gewachsen?
ORLANDO. Gerade so hoch wie mein Herz.
JAQUES. Ihr seid voller artiger[115] Antworten. Habt Ihr etwa mit Goldschmiedsfrauen[116] Umgang gehabt und Euch [260] [solche] Sprüche aus Ringen heraus[117] gemerkt?
ORLANDO. Das nicht; doch ich antworte Euch genau nach Art bemalten Tuches[118], woher Ihr Euch Eure Fragen ausgedacht habt.

---

[110] *burden ... out of tune*: Musikalische Fachausdrücke. *Burden* 1) 'Refrain', 2) 'begleitende Stimme', 'Kontrapunkt'. Hier, wie in der sehr ähnlichen Stelle *Much Ado* III.4.40, ergibt 2) einen besseren Sinn. Celia wehrt sich dagegen, dass Rosalinde zugleich mit ihr spricht; *(sing) out of tune* 'falsch (singen)'.

[111] *You bring me out*: Ein Ausdruck aus der Sprache des Theaters: Ein Schauspieler ist *out*, wenn er bei dem zu sprechenden Text stecken bleibt; vgl. *Coriol.* V.3.41. Das hier zu Ende gehende Gespräch erinnert auch sonst an eine typische Theatersituation: Der Berichtende wird vom Zuhörer ständig unterbrochen.

[112] *Slink by*: Von hier an bleibt Celia, ohne zu sprechen, im Hintergrund; von Z. 318 an könnte sie sich allenfalls mehr im Vordergrund aufhalten; vgl. Anm. 134.

[113] *I do desire ... better strangers*: Die konventionelle Formel *I do desire we may be better acquainted* (vgl. IV.1.1) wird hier humoristisch in ihr Gegenteil verkehrt.

CELIA. [235] I would sing my song without a burden. Thou bring'st me out of tune.
ROSALIND. Do you not know I am a woman? When I think, I must speak. Sweet, say on.
  Enter Orlando and Jaques.
CELIA. You bring me out. Soft. Comes he not here?
ROSALIND. [240] 'Tis he! Slink by, and note him.
JAQUES. I thank you for your company; but, good faith, I had as lief have been myself alone.
ORLANDO. And so had I; but yet for fashion sake I thank you too for your society.
JAQUES. [245] God b' wi' you; let's meet as little as we can.
ORLANDO. I do desire we may be better strangers.
JAQUES. I pray you mar no more trees with writing love songs in their barks.
ORLANDO. I pray you mar no moe of my verses with [250] reading them ill-favoredly.
JAQUES. Rosalind is your love's name?
ORLANDO. Yes, just.
JAQUES. I do not like her name.
ORLANDO. There was no thought of pleasing you when [255] she was christened.
JAQUES. What stature is she of?
ORLANDO. Just as high as my heart.
JAQUES. You are full of pretty answers. Have you not been acquainted with goldsmiths' wives, and conned [260] them out of rings?
ORLANDO. Not so; but I answer you right painted cloth, from whence you have studied your questions.

---

[114] *ill-favoredly*: 'Hässlich, besonders im Gesicht'; vgl. Anm. zu I.2.37 (*fortune*) und III.3.25 (*hard-favored*).

[115] *pretty*: Das Wort vereinigt die ältere Bedeutung 'schlau' (z.B. *Sonn.* 41.1) und die jüngere 'hübsch'.

[116] *goldsmiths' wives*: Die Frauen von Goldschmieden gehörten zu den reichsten und bestgekleidesten des Bürgerstandes; junge Adlige pflegten gerne Bekanntschaften mit ihnen (New Swan Sh.).

[117] *conned ... out of rings*: Eine Anspielung auf die damalige Sitte, in die Innenseite von Ringen kurze Sprüche oder Verszeilen einzugravieren; vgl. *Merch. V.* V.1.148. *Con* 'auswendig lernen', 'memorieren', z.B. eine Theaterrolle.

[118] *answer ... painted cloth*: Was diese Konstruktion betrifft, vgl. Z. 203. Bemalter Stoff (Tuch oder Packleinwand) diente oft anstelle echter Gobelins zum Ausschmücken kahler Wände, etwa in Gasthäusern. Den darauf abgebildeten Figuren gingen Spruchbänder vom Munde aus; die Sprüche waren zumeist trivialen Inhalts.

JAQUES. Ihr habt einen flinken Witz; der ist wohl aus Atalantas Fersen[119] angefertigt. Wollt ihr Euch mit mir setzen? Dann wollen [265] wir beide über unsere Gebieterin die Welt und unser ganzes Elend losziehen.

ORLANDO. Ich mag kein lebendes Wesen[120] schelten als mich selber, dem ich die meisten Fehler vorzuwerfen weiß.

JAQUES. Der schlimmste Fehler, den Ihr habt, ist verliebt zu sein.

ORLANDO. [270] Das ist ein Fehler, den ich nicht gegen Eure beste Tugend eintauschen möchte. Ich bin Euer überdrüssig.

JAQUES. Fürwahr, ich hielt gerade Ausschau nach einem Narren, als ich Euch fand.

ORLANDO. Er ist im Bach ertrunken. Guckt nur hinein, [275] so werdet Ihr ihn sehen.

JAQUES. Da werde ich meine eigene Gestalt[121] sehen.

ORLANDO. Welche ich für einen Narren oder für eine Null halte.

JAQUES. Ich will nicht länger bei Euch verweilen. Lebt wohl, werter Signior Cupido.

ORLANDO. [280] Euer Scheiden ist mir lieb. Adieu, werter Monsieur Melancholie[122].

[Jaques ab].

ROSALINDE. Ich will zu ihm sprechen wie ein vorlauter Lakai und ihn in dieser Verkleidung[123] zum Besten haben. Hört Ihr, Jäger[124]?

ORLANDO. [285] Sehr gut. Was wollt Ihr?

ROSALINDE. Bitte sehr, wieviel Uhr ist es[125]?

ORLANDO. Ihr solltet mich fragen, welche Tageszeit. Im Walde gibts keine Uhr.

ROSALINDE. Dann gibts im Walde auch keinen wahren Liebenden, sonst würde [290] [ein] Seufzer zu jeder Minute und [ein] Stöhnen zu jeder Stunde den trägen Fuß der Zeit ebenso gut aufzeigen wie eine Uhr.[126]

ORLANDO. Warum denn nicht den flinken Fuß der Zeit? Wäre das nicht ebenso passend gewesen?

---

[119] *Atalanta's heels*: Vgl. Anm. zu Z. 141.

[120] *breather*: wörtlich 'Atmender'.

[121] *figure*: Einerseits 'Gestalt', andererseits 'Zahl'; auf dieses Wortspiel lässt sich aus dem Wort *cipher* 'Null' in Z. 277 schließen.

[122] *Signior Love ... Monsieur Melancholy*: *Love* bedeutet einerseits abstrakt 'Liebe'; das Wort wird aber auch vielfach als Wiedergabe von lat. 'Amor' und 'Cupido' personifiziert verwendet und meint dann den Liebesgott. In dieser Bedeutung ist *Love* Maskulinum. *Monsieur Melancholy* kann ebenfalls als allegorische Figur aufgefasst werden. Vgl. Zimmermann, *Die Personifikation im Drama Sh.s*, S. 115.

[123] *habit*: Wörtlich 'Kleidung' (vgl. *Meas. for M.* I.3.46) oder 'äußere Erscheinung', 'Auf-

JAQUES. You have a nimble wit; I think 'twas made of Atalanta's heels. Will you sit down with me? and we [265] two will rail against our mistress the world and all our misery.

ORLANDO. I will chide no breather in the world but myself, against whom I know most faults.

JAQUES. The worst fault you have is to be in love.

ORLANDO. [270] 'Tis a fault I will not change for your best virtue. I am weary of you.

JAQUES. By my troth, I was seeking for a fool when I found you.

ORLANDO. He is drowned in the brook. Look but in and [275] you shall see him.

JAQUES. There I shall see mine own figure.

ORLANDO. Which I take to be either a fool or a cipher.

JAQUES. I'll tarry no longer with you. Farewell, good Signior Love.

ORLANDO. [280] I am glad of your departure. Adieu, good Monsieur Melancholy.

[Exit Jaques.]

ROSALIND. I will speak to him like a saucy lackey, and under that habit play the knave with him. Do you hear, forester?

ORLANDO. [285] Very well. What would you?

ROSALIND. I pray you, what is't o'clock?

ORLANDO. You should ask me, what time o'day. There's no clock in the forest.

ROSALIND. Then there is no true lover in the forest, else [290] sighing every minute and groaning every hour would detect the lazy foot of Time as well as a clock.

ORLANDO. And why not the swift foot of Time? Had not that been as proper?

---

treten' (vgl. *Com. Err.* IV.3.47); beide Bedeutungen gehen, wie im vorliegenden Fall, meist ineinander über. Die moderne Bedeutung von *habit* 'Gewohnheit' ist bei Sh. selten.

[124] *forester*: 'Jäger'; vgl. BA II.1. Möglicherweise hat Orlando sein Äußeres der Gesellschaft des Herzogs angepasst. Jedenfalls spricht Rosalinde zu ihm gleichsam wie zum Vertreter eines niedrigeren Standes.

[125] *what is't o'clock*: Diese zum Anknüpfen eines Gesprächs seit jeher geeignete Frage führt im Folgenden zu einer scheinbar spielerischen Erörterung der Zeit und ihrer Gangarten. Tatsächlich entspringen aber Rosalindes Reden ihrem stets wachen Zeitbewusstsein: der Ungeduld, mit dem Geliebten vereint zu werden; vgl. III.4.17 und IV.1.35. Dies steht im Gegensatz zu der Zeitlosigkeit des Waldes von Arden, allgemein der arkadischen Gefilde. Wie im Kommentar (vgl. II.7, III.2) ausgeführt, bringen erst die höfischen Flüchtlinge die messbare Zeit mit sich. – *o'clock* ist die Kurzform von *on the clock* oder *of the clock*: Die genaue Übersetzung 'auf der Uhr' zeigt noch deutlicher, dass Rosalindes Frage hier im Wald absurd ist.

[126] *sighing ... clock*: Eine ähnliche Vorstellung (Seufzer als Stundenschläge) findet sich in *Rich. II* V.5.50ff.

ROSALINDE. Keineswegs, mein Herr. Die Zeit hat verschiedene Gangarten[127] bei verschiedenen Menschen. Ich will Euch sagen, bei wem die Zeit [295] im Passgang geht, bei wem die Zeit im Trott geht, bei wem die Zeit im Galopp geht und bei wem sie stillsteht.

ORLANDO. Bitte schön, bei wem geht sie im Trott?

ROSALINDE. Ei, sie geht in mühseligem Trott bei einem jungen Mädchen [300] zwischen ihrem Ehekontrakt und dem Tag der [kirchlichen] Einsegnung.[128] Sind dazwischen auch nur sieben Nächte, dann schleppt sich die Zeit so mühselig hin, als dauerten sie[129] sieben Jahre[130].

ORLANDO. Bei wem geht die Zeit im Passgang?

ROSALINDE. Bei einem Priester, dem das Latein fehlt, und einem Reichen, der keine Gicht hat; denn der eine schläft unbeschwert, weil [305] er nicht studieren kann, und der andere lebt vergnügt, weil er keinen Schmerz verspürt; insofern [also] der eine frei ist von der Bürde hagerer und verzehrender Gelehrsamkeit und der andere keine Bürde drückenden und lästigen Darbens kennt. Bei diesen geht die Zeit im Passgang.

ORLANDO. [310] Bei wem galoppiert sie?

ROSALINDE. Bei einem Dieb[131] auf dem Weg zum Galgen; denn mag er[132] auch so langsam gehen, als der Fuß sich aufsetzen lässt, so glaubt er sich doch zu schnell angekommen.

ORLANDO. Bei wem steht sie still?

ROSALINDE. Bei den Rechtsgelehrten in den Gerichtsferien; denn sie schlafen [315] von einer Sitzungsperiode zur anderen und da merken sie nicht, wie die Zeit weitergeht.

ORLANDO. Wo wohnt Ihr, hübscher Junge[133]?

ROSALINDE. Bei der Schäferin dort[134], meiner Schwester; hier am Waldrand, wie ein Schmucksaum an einem Weiberrock[135].

---

[127] *paces*: 'Gangarten'. Hier beginnt nochmals eine Metapher aus der Reitkunst; vgl. *Meas. for M.*, ed. Naef (Studienausgabe), IV.3.130 und Anmerkung.

[128] *contract ... solemnized*: Der (zivile) Ehekontrakt gab gewisse Rechte, doch erst die kirchliche Einsegnung erlaubte den Vollzug der Ehe. Diese Regelung und ihre Problematik ist ein Hauptthema von *Meas. for M.* (vgl. Ausgabe von W. Naef, Anmerkung zu III.1.211, mit weiterer Literatur, sowie Kommentar S. 281).

[129] *that it seems*: Wie E. Leisi, "Ein zweites Verb *to seem* bei Shakespeare?", in *Festschrift Herbert Koziol* (Wien 1973), S. 188–192, gezeigt hat, könnte es möglich sein, dass AE *seomian / siomian* 'bleiben', 'dauern' bis ins Früh-Neuenglische weiterlebt und bedeutungsmäßig mit *seem* 'scheinen' verschmilzt. Jedenfalls sind bei Sh. die 'janusköpfigen' Fälle nicht selten, wo sich bei *seem* sowohl die Bedeutung 'scheinen' wie die Bedeutung 'dauern' einsetzen lässt, etwa in *Rom. and Jul.* I.1.159 *sad hours seem long*, wo 'schei-

ROSALIND. By no means, sir. Time travels in divers paces with divers persons. I'll tell you who Time ambles [295] withal, who Time trots withal, who Time gallops withal, and who he stands still withal.

ORLANDO. I prithee, who doth he trot withal?

ROSALIND. Marry, he trots hard with a young maid [300] between the contract of her mariage and the day it is solemnized. If the interim be but a se'nnight, Time's pace is so hard that it seems the lenght of seven year.

ORLANDO. Who ambles Time withal?

ROSALIND. With a priest that lacks Latin and a rich man that hath not the gout; for the one sleeps easily because [305] he cannot study, and the other lives merrily because he feels no pain; the one lacking the burden of lean and wasteful learning, the other knowing no burden of heavy tedious penury. These Time ambles withal.

ORLANDO. [310] Who doth he gallop withal?

ROSALIND. With a thief to the gallows; for though he go as softly as foot can fall, he thinks himself too soon there.

ORLANDO. Who stays it still withal?

ROSALIND. With lawyers in the vacation; for they sleep [315] between term and term, and then they perceive not how time moves.

ORLANDO. Where dwell you, pretty youth?

ROSALIND. With this shepherdess, my sister; here in the skirts of the forest, like fringe upon a petticoat.

---

nen' den objektiven, 'dauern' den subjektiven Aspekt des Verbs ausdrückt. – Im vorliegenden, ganz ähnlichen Fall ergibt sich ebenfalls ein befriedigender Sinn, wenn *seems* mit 'scheint' wiedergegeben wird.

[130] *seven year*: ein altes Neutrum mit ursprünglich endungslosem Plural, wie *pound* 'Pfund'. Vgl. auch Franz, *Die Sprache Shakespeares*, § 190 und *Meas. for M.*, ed. Naef (Studienausgabe), Anm. zu II.1.246.

[131] *thief*: oft allgemein 'Verbrecher'.

[132] *he ... he*: Das erste *he* könnte sich auf das – im Englischen männliche – Substantiv 'Zeit' beziehen; es ergibt sich aber ein besserer Sinn, wenn man es mit 'Dieb' gleichsetzt.

[133] *pretty youth*: Vgl. oben Anm. 115.

[134] *this shepherdess, my sister*: Diese Worte weisen auf einen gestischen Impuls hin, nämlich eine Zeigbewegung von Seiten Rosalindes; zugleich lassen sie den Regisseur bedenken, wie weit Celia, die ja nach der Aufforderung 'Schleiche dich beiseite' (Z. 240) halb versteckt im Hintergrund zu bleiben hatte, im Lauf des Gesprächs wieder in den Vordergrund treten soll.

[135] *fringe upon a petticoat*: Da *fringe*, außer 'Franse', 'Schmucksaum' auch 'Mitläufer', 'Schmarotzer' bedeuten kann, *petticoat* außer 'Rock' auch 'Frauensperson', ist ein Wortspiel möglich, das Rosalinde zu ihrer Rolle als junger Mann passend erscheint (Players' Sh.).

WIE ES EUCH GEFÄLLT III.2

ORLANDO. [320] Seid Ihr in dieser Gegend gebürtig[136]?
ROSALINDE. So wie das Kaninchen[137], das Ihr da hausen seht, wo es zur Welt kam.
ORLANDO. Eure Sprechweise ist etwas feiner, als Ihr sie in solch entlegener Wohnstatt erwerben konntet.
ROSALINDE. [325] Das haben mir schon viele gesagt. Aber mich hat eben ein alter geistlicher[138] Onkel von mir sprechen gelehrt, der verlebte seine Jugend nahe bei Hofe[139], verstand sich auch allzu gut aufs Hofmachen, denn dort verliebte er sich[140]. Ich habe ihn in so mancher erbaulichen Rede vor der Liebe warnen gehört; und ich danke Gott, dass ich keine [330] Frau bin, die für so viele Verkehrtheiten[141] anfällig ist, wie er sie dem [weiblichen] Geschlecht samt und sonders vorgeworfen hat.
ORLANDO. Könnt Ihr Euch an eine von den hauptsächlichen Untugenden erinnern, die er den Frauen zur Last legte?
ROSALINDE. Keine waren die hauptsächlichen. Sie glichen [335] einander wie Halbpence-Stücke[142], und jeder einzelne Fehler wirkte ungeheuerlich, bis sein Mit-Fehler sich ihm zugesellte.
ORLANDO. Zählt doch bitte einige davon auf.
ROSALINDE. Nein, ich will mein Heilmittel[143] nicht wegwerfen außer an Kranke. Es treibt sich da ein Mann im Wald herum, der [340] misshandelt unsere jungen Gewächse, indem er 'Rosalinde' in ihre Rinden einkerbt, Oden an Heckenrosen und Elegien an Brombeersträuchern aufhängt; und alle, fürwahr, vergöttern den Namen Rosalindes. Könnte ich mit diesem Liebeskrämer nur einmal zusammentreffen, dann würde ich ihm einen guten Rat geben, denn er scheint vom Quotidianfieber[144] [345] der Liebe befallen.

---

[136] *native*: Sh. verwendet das Wort immer als Adjektiv, obschon das entsprechende Substantiv durchaus gebräuchlich war.

[137] *cony*: Rosalinde, die sich alle Mühe gibt, Orlando hinters Licht zu führen, spielt hier möglicherweise auf das Verb *cony-catch* 'betrügen' an; es war zu Sh.s Zeit en vogue; vgl. *Tam. Shr.* IV.1.38, V.1.88 und *Merry W.* I.1.113, I.3.30.

[138] *religious*: Hier wohl eher 'einem Mönchsorden angehörend' als 'fromm', 'religiös', vgl. *Rich. II* V.1.23: *And cloister thee in some religious house* 'Und schließe dich in einem Ordenshaus ein'.

[139] *inland*: Vgl. II.7.96.

[140] *fell in love*: Geschickt hat Rosalinde das Gespräch auf das ergiebige Thema von Liebe und Frauen gelenkt: Einerseits kann sie Orlando damit zu persönlichen Geständnissen anregen, andererseits ihre Rolle als "flotter" junger Mann noch überzeugender spielen.

[141] *to be touched ... giddy offenses*: *To be touched* ist ein "freier" Infinitiv, der auf eine Möglichkeit – hier das Berührtwerden, das Anfälligsein für – hinweist; vgl. *Sonn.* 66.14. Bei *giddy offenses* entspricht die Konstruktion derjenigen von *youthful wages* (II.3.67),

ORLANDO. [320] Are you native of this place?

ROSALIND. As the cony that you see dwell where she is kindled.

ORLANDO. Your accent is something finer than you could purchase in so removed a dwelling.

ROSALIND. [325] I have been told so of many. But indeed an old religious uncle of mine taught me to speak, who was in his youth an inland man; one that knew courtship too well, for there he fell in love. I have heard him read many lectures against it; and I thank God I am not a [330] woman, to be touched with so many giddy offenses as he hath generally taxed their whole sex withal.

ORLANDO. Can you remember any of the principal evils that he laid to the charge of women?

ROSALIND. There were none principal. They were all like [335] one another as halfpence are, every one fault seeming monstrous till his fellow-fault came to match it.

ORLANDO. I prithee, recount some of them.

ROSALIND. No, I will not cast away my physic but on those that are sick. There is a man haunts the forest that [340] abuses our young plants with carving 'Rosalind' on their barks, hangs odes upon hawthorns, and elegies on brambles; all, forsooth, deifying the name of Rosalind. If I could meet that fancy-monger, I would give him some good counsel, for he seems to have the quotidian [345] of love upon him.

---

342 *defying* F; F_{2-4}, Hrsg. *deifying*.

---

ist also zu lesen als *offenses of giddiness*; s. Leisi, *Problemwörter*, unter "Wortverbindungen". *Giddy* 'unstet', 'unbesonnen' wird von Sh. meist bildlich gebraucht, doch gelegentlich bleibt der reale Sinn 'schwindlig' erhalten; vgl. *I am giddy; expectation whirls me round* 'Mir ist schwindlig; die Erwartung wirbelt mich herum', *Tr. and Cr.* III.2.16. Oft hat das Wort die Nebenbedeutung 'ausschweifend'; vgl. *more giddy in my desires than a monkey* 'ausschweifender in meinen Gelüsten als ein Äffchen', *A.Y.L.* IV.1.139.

[142] *halfpence*: Während der Regierungszeit Elisabeths I. wurden von 1561 an keine Halfpence-Münzen geprägt; erst 1582 kamen neu geprägte silberne Halfpence-Stücke in Umlauf. Ihre Neuheit und die sorgfältige Prägung bewirkten, dass sie untereinander völlig gleich waren – im Gegensatz zu der bunten Menge anderer Münzen in verschiedenen Stadien der Abgenutztheit (Hrsg.).

[143] *physic* bedeutet bei Sh. entweder 'Medizin', 'Heilmittel' oder – seltener – 'Heilkunst'. Hier sind beide Bedeutungen möglich.

[144] *quotidian*: Nach OED 'ein Wechselfieber, bei dem der Fieberanfall täglich wiederkehrt'; nach New Arden 'eine malaria-artige Erkrankung, gekennzeichnet durch dauernde Fieberschauer, im Gegensatz zur Tertiana und Quartana, bei welchen der Fieberschub am 1., 3. und 5. Tag bzw. am 1., 4. und 7. Tag auftritt. Vgl. auch Leisi, *Problemwörter*, unter "Malaria".

ORLANDO. Ich bins, den die Liebe so schüttelt.[145] Ich bitte Euch, nennt mir Euer Heilmittel.

ROSALINDE. Ihr habt [aber] keins von meines Onkels Merkmalen an Euch. Er lehrte mich, woran ein Verliebter zu erkennen sei; in diesem [350] Binsenkäfig[146] seid Ihr sicherlich nicht gefangen.

ORLANDO. Welches waren seine Merkmale?

ROSALINDE. Eine eingefallene Wange, welche Ihr nicht habt; ein dunkel umrandetes[147], hohles Auge, welches Ihr nicht habt; ein unansprechbares[148] Gemüt, welches Ihr nicht habt; ein ungepflegter Bart, welchen Ihr [355] nicht habt, doch das sehe ich Euch nach, denn einfach gesagt, was Ihr an Bart habt[149], ist das Einkommen eines jüngeren Bruders[150]. Ferner sollte Eure Hose unzugebunden sein, Euer Hut[151] ohne Band, Euer Ärmel unzugeknöpft, Euer Schuh ungeschnürt[152] und alles an Euch auf gleichgültige [360] Trübsal hindeuten. Aber ein solcher Mann seid Ihr nicht: Ihr seid vielmehr adrett[153] in Eurer Ausstattung[154], so als liebtet Ihr eher Euch selbst, als dass Ihr wie der Liebende einer anderen [Person] wirktet.

ORLANDO. Schöner Jüngling, könnte ich dich doch glauben machen, dass ich liebe!

ROSALINDE. Mich das glauben machen? Das mögt Ihr ebenso gut diejenige, die [365] Ihr liebt, glauben machen, was sie bestimmt bereitwilliger tun[155] als zugeben wird; das ist einer von den Punkten, in denen die Frauen stets ihr Gewissen als Lügner hinstellen. Doch in vollem Ernst, seid Ihr es, der die Gedichte an die Bäume hängt, in denen Rosalinde so bewundert wird?

---

[145] *I am ... love-shaked*: Rosalinde hat Orlando so weit gebracht, dass er von seiner Liebe spricht. Der ironische Reiz des nun folgenden Dialogs besteht vor allem in dem, was man im Englischen *discrepant awareness* nennt, verschiedene Grade des Wissens bei Zuschauer und Dramenfiguren. Rosalinde – und mit ihr der Zuschauer – weiß, dass sie Orlando vor sich hat, muss aber das eigene Gefühl verschweigen und leichtfertig von Liebeskuren reden, während Orlando ahnungslos der Geliebten sein Herz eröffnet.

[146] *rushes*: Binsen galten als der Inbegriff des Kraftlosen und Nachgiebigen; ein aus Binsen verfertigter Käfig ist also ein Gefängnis, aus dem sich leicht ausbrechen lässt. Eine Grillenfalle aus Binsen erscheint schon bei Theokrit, *Thyrsis*, 52; vgl. E. Staiger, Hrsg., *Griechische Lyrik* (Zürich 1961), S. 120f. Der Binsenkäfig ist deshalb wohl ein traditionell bukolisches Requisit.

[147] *a blue eye*: *Blue* bezieht sich hier nicht auf die Augenfarbe, sondern auf die dunklen Ringe, die durch Schlaflosigkeit oder häufige Tränen um die Augen herum entstehen; vgl. *Lucr.* 1587.

[148] *unquestionable*: 'Unansprechbar', das Wort kommt nur hier vor. Auch das Positivum *questionable* 'zum Sprechen einladend', 'ansprechbar', findet sich nur einmal, bei der Begegnung Hamlets mit dem Geist seines Vaters: *Thou com'st in such a questionable shape / That I will speak to thee* 'Du kommst in einer so zum Sprechen bereiten Gestalt, dass ich

ORLANDO. I am he that is so love-shaked. I pray you tell me your remedy.
ROSALIND. There is none of my uncle's marks upon you. He taught me how to know a man in love; in which cage [350] of rushes I am sure you are not a prisoner.
ORLANDO. What were his marks?
ROSALIND. A lean cheek, which you have not; a blue eye and sunken, which you have not; an unquestionable spirit, which you have not; a beard neglected, which you [355] have not: but I pardon you for that, for simply your having in beard is a younger brother's revenue. Then your hose should be ungartered, your bonnet unbanded, your sleeve unbuttoned, your shoe untied, and everything about you demonstrating a careless [360] desolation. But you are no such man: you are rather point-device in your accoustrements, as loving yourself than seeming the lover of any other.
ORLANDO. Fair youth, I would I could make thee believe I love.
ROSALIND. Me believe it? You may as soon make her that [365] you love believe it, which I warrant she is apter to do than to confess she does; that is one of the points in the which women still give the lie to their consciences. But in good sooth, are you he that hangs the verses on the trees wherein Rosalind is so admired?

---

mit dir reden will', *Haml.* I.4.43. Was das Substantiv *question* 'Gespräch' betrifft, vgl. *A.Y.L.* III.4.32, V.4.155 und Leisi, *Problemwörter*.

[149] *having*: Wörtlich 'Habe', 'Besitz', vgl. *our content is our best having* 'unsere Zufriedenheit ist unsere beste Habe', *Hen. VIII* II.3.22.

[150] *a younger brother's revenue*: Da nach mittelalterlicher Erbfolge dem ältesten Sohn außer dem Adelstitel der Hauptteil des väterlichen Besitztums zufiel, war die finanzielle Lage der jüngeren Söhne fast sprichwörtlich prekär (vgl. auch Kommentar zu I.1). Dass Rosalindes Bemerkung genau den wirklichen Status Orlandos trifft, trägt zum Erheiternden der Szene bei.

[151] *bonnet*: In Sh.s Zeit ausschließlich eine Kopfbedeckung für Männer; vgl. *Merch. V.* I.2.70 und *Rich. II* 1.4.31.

[152] *hose ... ungartered, shoe ... untied*: Die hier aufgezählten Symptome der Verliebtheit finden sich ähnlich beim überraschenden Besuch Hamlets in Ophelias Stube (*Haml.* II.1.78ff.); siehe auch Kommentar sowie Leisi, *Problemwörter*, unter "Melancholie".

[153] *point-device*: geht auf die adverbiale Bestimmung *at point device* 'peinlich genau' zurück, diese auf ein altfranzösisches *à point devis* 'einem errechneten oder gedachten Punkt der Genauigkeit entsprechend'.

[154] *accoustrements*: 'Kleidung', 'Ausstattung', 'Putz'. Der Ausdruck leitet sich her von altfranzösisch *coustre* 'Küster'; dieser war den Geistlichen beim Einkleiden (in Messgewänder usw.) behilflich. Die moderne Schreibung ist *accoutrements*.

[155] *apter to do*: *apt* bei Sh. 'eifrig', 'bereitwillig'. Das *do* bezieht sich auf *believe* 'glauben'.

ORLANDO. [370] Ich schwöre dir, Jüngling, bei Rosalindes weißer Hand, ich bin dieser Er, dieser unglückselige Er.

ROSALINDE. Aber seid Ihr so sehr verliebt, wie Eure Reime es aussprechen?

ORLANDO. Weder Reim noch Vernunft[156] kann ausdrücken, wie [375] sehr.

ROSALINDE. Die Liebe ist reiner[157] Wahnsinn und verdient, sag ich Euch, ebenso gut ein Dunkelhaus und eine Peitsche[158] wie die Wahnsinnigen; und dass sie [die Verliebten] nicht so bestraft und kuriert werden, kommt daher, dass die Verrücktheit so verbreitet ist, dass die Auspeitscher selbst [380] verliebt sind. Doch ich erkläre mich fähig, sie mit gutem Rat zu heilen.

ORLANDO. Habt Ihr schon irgendwen so geheilt?

ROSALINDE. Ja, einen, und zwar so. Er musste sich vorstellen, ich wäre seine Liebste, seine Herrin; und jeden Tag hielt ich ihn an, um mich zu werben. Woraufhin ich – da ich ja nur ein launenhafter[159] [385] Junge bin – in Klagen ausbrach, mich weibchenhaft launisch, sehnend und geneigt, stolz, überspannt[160], äffisch, seicht, unstet, voller Tränen, voller Lächeln zeigte; von jeder Leidenschaft[161] etwas und im Grunde von keiner Leidenschaft etwas Rechtes, wie denn Knaben und Frauen meist Vieh von dieser Farbe sind; bald [390] mochte ich ihn gern, bald konnte ich ihn nicht ausstehen; bald gab ich mich mit ihm ab[162], dann wieder wollte ich nichts von ihm wissen; bald weinte ich um ihn, dann spuckte ich ihn an; so dass ich meinen Anbeter aus seinem Anfall von Liebeswahn in einen richtigen[163] Anfall von Wahnsinn trieb, der darin bestand, dem vollen Strom der Welt zu entsagen und in einem Winkel völlig mönchisch zu leben[164]. Und dergestalt [395] heilte ich ihn; und ebenso anerbiete ich

---

[156] *Neither rhyme nor reason*: Redensart (Tilley, *Proverbs*, R 98) mit der Bedeutung '(auf) keine vernünftige Weise'; es kann aber, mit Bezug auf Orlandos Verse, auch wörtlich genommen werden. Vgl. die Übersetzung 'Weder Gereimtes noch Ungereimtes' bei Schlegel-Tieck, wobei hier 'Ungereimtes' auch 'Widersinniges' bedeuten kann.

[157] *merely*: 'vollständig', 'gänzlich' (OED 2). Die moderne Bedeutung 'bloß', 'nur' ist bei Sh. etwa gleich häufig.

[158] *a dark house and a whip*: Auf diese Weise versuchte man sich in elisabethanischer Zeit vor der Gewalttätigkeit Geistesgestörter zu schützen; vgl. die Behandlung Malvolios in *Twel. N.* III.4.127 und V.1.332.

[159] *being but a moonish youth*: moonish 'dem Mond ähnlich', also wohl 'unbeständig', 'wechselhaft'. Das Wort kommt bei Sh. sonst nirgends vor. – Die ganze Aussage bedeutet, dass das Launische, Wechselhafte zum Wesen des Jünglingsalters gehört, dass es also

ORLANDO. [370] I swear to thee, youth, by the white hand of Rosalind, I am that he, that unfortunate he.

ROSALIND. But are you so much in love as your rhymes speak?

ORLANDO. Neither rhyme nor reason can express how [375] much.

ROSALIND. Love is merely a madness, and, I tell you, deserves as well a dark house and a whip as madmen do; and the reason why they are not so punished and cured is that the lunacy is so ordinary that the whippers are in [380] love too. Yet I profess curing it by counsel.

ORLANDO. Did you ever cure any so?

ROSALIND. Yes, one, and in this manner. He was to imagine me his love, his mistress; and I set him every day to woo me. At which time would I, being but a moonish [385] youth, grieve, be effeminate, changeable, longing and liking, proud, fantastical, apish, shallow, inconstant, full of tears, full of smiles; for every passion something and for no passion truly anything, as boys and women are for the most part cattle of this color; would now like [390] him, now loathe him; then entertain him, then forswear him; now weep for him, then spit at him; that I drave my suitor from his mad humor of love to a living humor of madness, which was, to forswear the full stream of the world and to live in a nook merely monastic. And thus I [395] cured him; and this

---

392 *living* F; Collier, Johnson *loving* (vgl. Anm. 163).

---

keiner großen Verstellung bedurfte, um die verschiedenen Gemütslagen glaubhaft zu machen. Zur folgenden Aufzählung von Stimmungen siehe Kommentar.

[160] *fantastical*: 'Närrisch', 'überspannt', oft mit dem Beiklang 'grotesk'; vgl. das Substantiv *fantasy* 'Einbildung', 'Hirngespinst'.

[161] *passion*: auch das 'Überborden der Leidenschaft', 'Ausbruch'. Vgl. *Merch. V.* II.8.12.

[162] *entertain*: Die bei Sh. vorwiegende Bedeutung ist 'empfangen', z.B. als Gast.

[163] *living*: Um in dem Ausdruck *from his mad humor of love to a living humor of madness* antithetisches Gleichgewicht herzustellen, hat Johnson die Emendation von *living* zu *loving* vorgeschlagen (zitiert in New Variorum). Stilistisch wäre sie zu befürworten; dem Sinn nach ist sie jedoch unnötig, da *living* in der Bedeutung 'wirklich', 'tatsächlich' hier gut passt. Vgl. *give me a living reason she's disloyal* 'gib mir einen wirklichen Grund [zu der Annahme], sie sei untreu', *Oth.* III.3.409.

[164] *to live ... merely monastic*: Bisher wurde allgemein das *merely monastic* auf *nook* bezogen, sodass sich 'in einem völlig mönchischen Winkel' als Sinn ergab. Doch ist Nachstellung von Adjektiven bei Sh. relativ selten: Sie kommt nur bei Begriffen der Rechtssprache vor, z.B. *heir apparent* oder da, wo ein Adjektiv hervorgehoben werden soll, z.B. *I fear no uncles dead* 'ich fürchte keine toten Onkel', *Rich. III* III.1.146. Deshalb scheint es richtiger, *merely monastic* auf *live* zu beziehen. "Endungslose" Adverbien sind bei Sh. nicht selten; *monastic* statt *monastically* ist also beim Verb *live* möglich, und 'völlig mönchisch zu leben' ergibt hier einen ebenso guten Sinn.

mich, Eure Leber[165] sauber zu waschen wie ein gesundes Schafsherz, dass kein Fleckchen Liebe mehr daran sein soll.

ORLANDO. Ich möchte nicht geheilt werden, Junge.

ROSALINDE. Ich wollte Euch heilen, wenn Ihr mich nur [400] Rosalinde nennen und täglich zu meiner Hütte kommen und um mich werben wolltet.

ORLANDO. Nun, so wahr ich liebe, das will ich. Sagt mir, wo sie ist.

ROSALINDE. Begleitet mich dorthin, dann zeige ich sie Euch; und unterwegs sollt Ihr mir sagen, wo im Walde Ihr haust. [405] Kommt Ihr?

ORLANDO. Von Herzen gern, guter Junge.

ROSALINDE. Nicht doch, Ihr müsst mich Rosalinde nennen. Kommt, Schwester[166], geht Ihr mit?

Alle ab.

III.3 *[Touchstone] der Narr, Audrey und [für sich] Jaques treten auf.*

TOUCHSTONE. Kommt geschwind, gute Audrey. Ich will Eure Ziegen herbeiholen[1], Audrey. Also wie, Audrey, bin ich noch der Mann?[2] Behagt Euch meine einfache Erscheinung[3]?

AUDREY. Eure Erscheinungen, Gott steh uns bei! Was für Erscheinungen?

TOUCHSTONE. [5] Ich bin hier bei dir und deinen Ziegen, so wie der kapriziöse[4] Dichter, der ehrliche Ovid, unter den Goten[5] war.

---

[165] *liver ... love*: Die Leber galt in der alten Physiologie als Ursprungsort der Leidenschaften und Affekte, besonders des Mutes und der Liebe.

[166] *sister, will you go?* Erst durch diese Frage wird die Aufmerksamkeit wieder auf Celia gelenkt, die sich während des ganzen Gesprächs zwischen Orlando und Ganymed zwar allenfalls zeigen (vgl. Anm. 134), aber nicht mitreden durfte. Wie sie dennoch – etwa durch Wechsel ihres Standorts auf der Bühne, durch Blicke und Gesten von Seiten Ganymeds – in die Szene miteinbezogen werden kann, wird die Regie entscheiden müssen.

[1] *up*: 'Hierher', 'herbei', ohne Bewegung nach oben; vgl. *bring up the brown bills* 'bring die braunen Zettel her', *Lear* IV.6.90.

[2] *Come apace ... the man yet*: Überall als Prosa notiert. Der Rhythmus der Stelle (Dreitakt) kehrt aber wieder in *Trip Audrey, trip Audrey* (V.1.61), also möglicherweise Bezug auf ein damals bekanntes Lied; *the man*, d.h. der Mann, den Audrey heiraten will. *Yet* kann auch 'jetzt' heißen.

way will I take upon me to wash your liver as clean as a sound sheep's heart, that there shall not be one spot of love in't.
ORLANDO. I would not be cured, youth.
ROSALIND. I would cure you, if you would but call me [400] Rosalind and come every day to my cote and woo me.
ORLANDO. Now, by the faith of my love, I will. Tell me where it is.
ROSALIND. Go with me to it, and I'll show it you; and by the way you shall tell me where in the forest you live. [405] Will you go?
ORLANDO. With all my heart, good youth.
ROSALIND. Nay, you must call me Rosalind. Come, sister, will you go?
Exeunt.

III.3 *Enter [Touchstone the] Clown, Audrey; and Jaques [apart].*
TOUCHSTONE. Come apace, good Audrey. I will fetch up your goats, Audrey. And how, Audrey, am I the man yet? Doth my simple feature content you?
AUDREY. Your features, Lord warrant us! What features?
TOUCHSTONE. [5] I am here with thee and thy goats, as the most capricious poet, honest Ovid, was among the Goths.

---

1 BA Pelican *apart*; *behind* Dyce, Grant White, Arden; Johnson *watching them*; Capell *at a Distance, observing them*; nicht in F (vgl. Anm. 32).

---

³ *feature ... features*: Feature bedeutet bei Sh. stets 'Gestalt', 'Erscheinung eines Menschen'. Es ist möglich, dass Audrey das Wort weder kennt noch versteht und es darum fragend wiederholt. Nach Kökeritz, *Shakespeare's Pronunciation*, S. 106, wäre es ebenso möglich, dass sie das Wort mit dem Wort *faitors* 'Verbrecher' verwechselt; beide wurden damals noch gleich ausgesprochen. Numerus-Inkongruenz (*hath ... features*) ist häufig.
⁴ *capricious*: Das Wort geht zurück auf lateinisch *caper* 'Ziegenbock' und bedeutet wörtlich 'ziegenhaft', 'böckisch'. Eine Anspielung auf Ovids freizügige Liebesdichtungen ist wahrscheinlich.
⁵ *Goths*: Ovid lebte von 8 n.Chr. an als Verbannter in Tomi, heute Constanza, im Gebiet der Donaumündung; die befestigte, ursprünglich griechische kleine Siedlung hatte eine Bevölkerung von Skythen, Geten und griechischen Mischlingen. Die Ostgoten haben sich erst gut 300 Jahre später am Schwarzen Meer festgesetzt. – *Goths* wurde von den Elisabethanern noch annähernd wie *goats* ausgesprochen; den Gleichklang benutzt Touchstone, zusammen mit *capricious*, zu einem komplizierten Wortspiel.

JAQUES. *[beiseite]* O schlecht behaustes Wissen, schlechter als Jupiter in einer Strohhütte[6].

TOUCHSTONE. Wenn eines Mannes Verse [10] nicht verstanden werden noch eines Mannes reger Geist von dem frühreifen Kinde Verstand unterstützt [wird], dann schlägt das einen Mann noch toter als eine große Rechnung in einem kleinen Zimmer[7]. Wahrlich, ich wollte, die Götter hätten dich poetisch gemacht.

AUDREY. Ich weiß nicht, was poetisch ist. Ist es ehrlich in [15] Tat und Wort? Ist es etwas Echtes?

TOUCHSTONE. Nein, wahrhaftig nicht; denn die echteste Poesie erdichtet[8] am meisten, und Liebhaber sind der Poesie ergeben, und was sie in Versen schwören, davon kann man sagen, sie erdichten[9] es als Liebhaber.

AUDREY. Wollt Ihr dann, die Götter hätten mich [20] poetisch gemacht?

TOUCHSTONE. Das will ich wahrlich; denn du schwörst mir, du seiest keusch[10]. Wärest du nun aber eine Poetin, so hätte ich einige Hoffnung, du habest [das] erdichtet[11].

AUDREY. Wolltet Ihr denn nicht, ich wäre keusch?

TOUCHSTONE. [25] Nein, wahrhaftig nicht, es sei denn du wärest hässlich[12]; denn Keuschheit mit Schönheit verbunden ist so, als würde Zucker mit Honig nachgesüßt[13].

JAQUES. *[beiseite]* Ein geistreicher Narr[14].

AUDREY. Nun, schön bin ich nicht, darum bete ich, die Götter [30] möchten mich keusch machen[15].

TOUCHSTONE. Gewiss, und Keuschheit an eine hässliche[16] Schlampe[17] wegwerfen hieße gutes Essen in eine unsaubere Schüssel[18] tun.

---

[6] *Jove ... thatched house*: Ein Hinweis auf die bekannte Erzählung (vgl. Ovid, *Metamorphosen*, VIII, 626ff.) von Jupiter und Merkur, die trotz ihrer Verkleidung von den armen Eheleuten Philemon und Baucis in deren strohgedeckter Hütte liebevoll aufgenommen wurden.

[7] *it strikes ... room*: Die meisten heutigen Hrsg. sehen in diesen Worten eine Anspielung auf Christopher Marlowes Tod im Jahre 1593: Er wurde – möglicherweise im Verlauf einer Auseinandersetzung wegen einer zu hohen Rechnung – in Elinor Bulls Schenke ermordet; vgl. Leslie Hotson, *The Death of Christopher Marlowe* (London 1925).

[8] *faining*: Das Verb *fain (feign)* kommt bei Sh. mit und ohne den Nebensinn von 'täuschen', 'sich verstellen' vor. Hier spielt Touchstone mit beiden Bedeutungen: Echte Poesie schafft mit Hilfe der Imagination eine höhere Wahrheit, zugleich aber täuscht sie etwas vor. – In der elisabethanischen Zeit kam es häufig zu Streitgesprächen über die Frage, ob Dichter Lügner seien.

[9] *they do feign*: Dieser Satz kann grammatisch auf zweierlei Art aufgefasst werden: 1) mit *do* als Hilfsverb und *feign* als Hauptverb, 2) mit *do* als Hauptverb und *feign (fain)* als Adverb; 'sie tun es gern'. Da das Verb *do* häufig 'beschlafen' bedeutet (OED 16 b; vgl. *Meas. for M.* I.2.83), wird es hier von Touchstone wohl auch in diesem Sinne verwendet; nur so erklärt sich Audreys Frage: *Would you not have me honest?*

JAQUES. *[aside]* O knowledge ill-inhabited, worse than Jove in a thatched house!
TOUCHSTONE. When a man's verses cannot be [10] understood, nor a man's good wit seconded with the forward child, understanding, it strikes a man more dead than a great reckoning in a little room. Truly, I would the gods had made thee poetical.
AUDREY. I do not know what poetical is. Is it honest in [15] deed and word? Is it a true thing?
TOUCHSTONE. No, truly; for the truest poetry is the most faining, and lovers are given to poetry, and what they swear in poetry may be said, as lovers, they do feign.
AUDREY. Do you wish then that the gods had made me [20] poetical?
TOUCHSTONE. I do truly; for thou swear'st to me thou art honest. Now if thou wert a poet, I might have some hope thou didst feign.
AUDREY. Would you not have me honest?
TOUCHSTONE. [25] No, truly, unless thou wert hard-favored; for honesty coupled to beauty is to have honey a sauce to sugar.
JAQUES. *[aside]* A material fool.
AUDREY. Well, I am not fair, and therefore I pray the gods [30] make me honest.
TOUCHSTONE. Truly, and to cast away honesty upon a foul slut were to put good meat into an unclean dish.

---

[10] *honest*: bei Frauen fast immer 'ehrbar', 'keusch'.

[11] *thou didst feign*: mit dem gleichen Nebensinn 'du tätest (es) gern' wie Z. 18; wie es Audrey ihrer Antwort nach offenbar versteht.

[12] *unless ... hard-favored*: *favour* 'Gesicht'. Die Stelle zeigt, dass Audrey hübsch genug ist, um von dem städtisch-verwöhnten Narren beachtet zu werden.

[13] *sauce to sugar*: *sauce* oft allgemein '(pikante) Zutat'. *Sugar*, insbesondere das zugehörige Partizip *sugared*, hat bei Sh. oft den Beigeschmack von Verstellung, Hinterlist. Vgl. *Your grace attended to their sug'red words* 'Euer Gnaden schenkten ihren zuckersüßen (= falschen) Worten Gehör', *Rich. III* III.1.13.

[14] *a material fool*: Da *matter* oft 'Gehalt einer Rede' bedeutet (vgl. *More matter, with less art, Haml.* II.2.95), kann *a material fool* als Narr, der 'gehaltvoll' redet, gedeutet werden.

[15] *make me honest*: In Z. 21 heißt es von Audrey: 'du schwörst mir, du seiest keusch'; sie müsste also die Götter eher bitten, sie keusch zu erhalten.

[16] *foul*: in Bezug auf das Äußere das Gegenteil von 'schön', in Bezug auf den Charakter 'schlecht'. Das Wortspiel mit *foul* in III.5.62 enthält diese beiden Bedeutungen.

[17] *slut*: Bei Sh. bedeutet das Wort einerseits 'Schlampe', andererseits 'Flittchen'. Touchstone verwendet es in der ersten Bedeutung; Audrey versteht es in der zweiten.

[18] *meat ... dish*: Sprichwörtlich; vgl. Tilley, *Proverbs*, M 834. Mit *meat* 'Speise' und *dish* 'Schüssel' werden oft in abschätzigem Sinne Frauen bezeichnet, mit *dish* insbesondere der weibliche Geschlechtsteil; vgl. *Meas. for M.*, ed. Naef (Studienausgabe), Anm. zu II.1.90. *Meat* als der neutralere Ausdruck ist wohl auch auf Männer angewandt worden; vgl. *2 Hen. IV* Epilog.23, wo *fat meat* deutlich auf die Person Falstaffs hinweist.

AUDREY. Ich bin keine Schlampe, obschon ich den Göttern danke, dass ich hässlich bin.

TOUCHSTONE. Wohlan, gepriesen seien die Götter für deine Hässlichkeit! [35] Die Schlampigkeit kann noch kommen. Doch sei dem, wie ihm wolle, ich will dich heiraten; und zu diesem Zweck war ich bei Sir[19] Oliver Mar-text[20], dem Hilfspfarrer des nächsten Dorfes, der versprochen hat, mich an diesem Platz im Walde zu treffen und uns zusammenzugeben.

JAQUES. *[beiseite]* [40] Dieses Treffen möchte ich wohl gerne sehen.

AUDREY. Schön, mögen uns die Götter Glück bescheren.[21]

TOUCHSTONE. Amen. Es möchte ein Mann, wenn er ängstlichen Gemütes wäre, bei diesem Vorhaben schwankend werden; denn hier haben wir keinen Tempel als den Wald, keine Gemeinde als Hornvieh[22]. [45] Allein, was tuts? Nur Mut! Sind Hörner auch abscheulich, so sind sie [doch] unvermeidlich. Es heißt 'Mancher Mann weiß kein Ende seiner Güter'[23]. Richtig! Mancher Mann hat gute Hörner und weiß ihrer kein Ende. Nun, das ist die Mitgift seiner Frau; selbst hat er nichts davon erworben[24]. Hörner. So ists nun einmal, einzig die armen Männer.[25] Nein, [50] nein, der edelste Hirsch trägt sie so mächtig wie der geringe[26]. Ist der ledige Mann darum gesegnet? Nein; so wie eine ummauerte Stadt vornehmer ist als ein Dorf, ist die Stirn eines Verheirateten ehrwürdiger als die bare Stirn eines Junggesellen; und in eben dem Maße, wie Fechtenkönnen besser ist als [55] Unvermögen, ist ein Horn wertvoller als keins[27].

---

[19] *Sir*: Dieser Titel, der dem lateinischen *dominus* entspricht, wurde üblicherweise dem Vornamen eines Vertreters der niederen Geistlichkeit vorangestellt; diese Geistlichen hatten an einer Universität das Baccalaureat erworben, waren aber noch nicht ordiniert. Da Touchstone Sir Oliver *vicar of the next village* nennt, ist anzunehmen, dass er ordiniert war (New Arden).

[20] *Mar-text*: Zu *mar* 'verderben' – ein Übername, der bei Schlegel-Tieck mit 'Textdreher' wiedergegeben wird. *Text* bezieht sich bei Sh. häufig auf die Bibel. Nicht ausgeschlossen ist eine Anspielung auf *Martin Marprelate*, das Pseudonym eines puritanischen Pamphletschreibers, der 1588–1589 die Staatskirche, namentlich die Bischöfe, angriff (New Cambridge).

[21] *the gods give us joy*: Ausrufe solcher Art kommen bei Sh. wiederholt im Zusammenhang mit einer Heirat vor; sie scheinen die Funktion einer Glückwunschformel zu haben, welche die Heirat als sicher bevorstehend ansieht und dadurch die Heiratswilligen gesellschaftlich noch fester bindet. Vgl. *Name the day of marriage, and God give thee joy!* 'Bestimme den Hochzeitstag, und Gott schenke dir Glück!', *Much Ado* II.1.269.

[22] *horn-beasts*: Touchsteine meint zugleich die gehörnten Wildtiere und gehörnten d.h. von ihren Frauen betrogenen Ehemänner.

[23] *no end ... goods*: d.h. 'manchen Mannes Güter sind nicht abzusehen'. Sprichwörtlich; vgl. Tilley, *Proverbs*, E 122.

AUDREY. I am not a slut, though I thank the gods I am foul.
TOUCHSTONE. Well, praised be the gods for thy foulness! [35] Sluttishness may come hereafter. But be it as it may be, I will marry thee; and to that end I have been with Sir Oliver Martext, the vicar of the next village, who hath promised to meet me in this place of the forest and to couple us.
JAQUES. [40] *[aside]* I would fain see this meeting.
AUDREY. Well, the gods give us joy!
TOUCHSTONE. Amen. A man may, if he were of a fearful heart, stagger in this attempt; for here we have no temple but the wood, no assembly but horn-beasts. But what [45] though? Courage! As horns are odious, they are necessary. It is said, 'Many a man knows no end of his goods.' Right! Many a man has good horns and knows no end of them. Well, that is the dowry of his wife; 'tis none of his own getting. Horns. Even so, poor men alone. No, [50] no; the noblest deer hath them as huge as the rascal. Is the single man therefore blessed? No; as a walled town is more worthier than a village, so is the forehead of a married man more honorable than the bare brow of a bachelor; and by how much defense is better than no [55] skill, by so much is a horn more precious than to want.

---

49 *hornes, euen so poore men alone* F; Rowe *Hornes? even so – poor Men alone*; Theobald *Horns? even so – poor men alone?*; Singer *Horns! never for poor men alone?* Dyce *Horns? ever to poor men alone?*; Grant White (nach Collier) *[are] horns given to poor men alone?* (vgl. Anm. 25).

---

[24] *of his own getting*: Wortspiel: 1) 'selbst erworben', 2) 'selbst gezeugt'.

[25] *Horns ... poor men alone*: F₁ hat *hornes, euen so poore men alone*. Ältere Hrsg. schlagen für diese nicht ganz verständliche Stelle Emendationen vor, etwa: *Horns! never for poor men alone?* oder *Horns? ever to poor men alone?* Moderne Hrsg. ziehen es vor, nichts am Text zu ändern und ihn nur durch veränderte Interpunktion (z.B. die von Theobald) verständlicher zu machen: *Horns? even so – poor men alone?*, dem unsere Übersetzung folgt. *Even so* steht bei Sh. für eine resignierte Anerkennung: 'sei es denn'. Da der Sinn trotzdem unbefriedigend bleibt, ist nicht auszuschließen, dass beim F-Text an dieser Stelle (zuunterst auf einer Seite) eine Zeile fehlt. *Poor men* kann heißen 'die armen (bedauernswerten) Menschen / Männer' oder 'die armen (nicht reichen) Männer'.

[26] *rascal*: die weidmännische Bezeichnung für einen jungen oder schwächlichen Rehbock oder Hirsch, im Gegensatz zu den ausgewachsenen, mit Geweihen gekrönten Exemplaren einer Herde (OED 4). Touchstone sieht hier auch die Schwächlinge mit mächtigem Geweih, da er zeigen will, dass auch in der Tierwelt das Hörnertragen d.h. vom Weibchen Betrogenwerden normal ist.

[27] *to want*: Manche Hrsg. deuten durch Punkte an, dass der Satz nach *want* weitergehen sollte, dass also Touchstone sich unterbricht. Dies ist möglich, aber nicht nötig, da *want* 'Mangel leiden' auch ohne Objekt verwendet wird.

Sir Oliver Mar-text tritt auf.
Da kommt Sir Oliver. Sir Oliver Mar-text, seid willkommen. Wollt Ihr uns hier unter diesem Baum[28] abfertigen[29], oder sollen wir Euch zu Eurer Kapelle begleiten?
OLIVER MAR-TEXT. Ist keiner hier, um die Frau zu geben[30]?
TOUCHSTONE. [60] Ich nehme sie nicht als Gabe von irgendeinem Mann[31].
OLIVER MAR-TEXT. Im Ernst, sie muss gegeben werden, sonst ist die Heirat nicht gesetzmäßig.
JAQUES. *[tritt hervor]*[32] Nur zu, nur zu; ich gebe sie.
TOUCHSTONE. Guten Abend, werter Herr 'Wie-heißt-das-schon'[33]. [65] Wie gehts, mein Herr? Ihr seid hochwillkommen. Gott lohne[34] Euch Eure Gesellschaft letzthin; ich freue mich sehr, Euch zu sehen. Nur eine Kleinigkeit, was wir hier vorhaben. Nicht doch, bedeckt Euch.[35]
JAQUES. Wollt Ihr Euch verheiraten, Narrenrock[36]?
TOUCHSTONE. Wie der Ochse sein Joch hat, mein Herr, das Pferd seine [70] Kinnkette und der Falke[37] seine Schellen[38], so hat der Mensch sein Verlangen; und wie sich Tauben schnäbeln, möchte der Ehestand knabbern.
JAQUES. Wollt Ihr denn, als ein Mann von Eurer Bildung, unter einem Busch vermählt werden wie ein Bettler? Macht, dass Ihr in die Kirche kommt, und nehmt einen rechten Geistlichen[39], der Euch sagen kann, was die Ehe [75] ist. Der Mensch hier wird Euch nur

---

[28] *under this tree*: Vgl. Habicht, "Becketts Baum und Shakespeares Wälder", S. 77–98.

[29] *dispatch*: Mit *dispatch* verbindet sich die Vorstellung von Eile und von etwas zu Ende Geführtem. Die spezielle Bedeutung 'erledigen = töten' schwingt hier möglicherweise mit.

[30] *give the woman*: Nach englischem Heiratsritual muss die Braut von ihrem Vater, Bruder oder einem anderen männlichen Angehörigen dem Bräutigam zugeführt werden. Vgl. *Oth.*, ed. Engler (Studienausgabe), I.3.192–193 und Anm.

[31] *gift ... man*: d.h.: Touchstone würde die von einem anderen im Stich gelassene Liebste oder Frau verschmähen.

[32] *Jaques [comes forward]*: Diese BA könnte auch mit 'kommt nach vorn' übersetzt werden, je nachdem, ob die BA *[apart]* zu Beginn der Szene als 'für sich', 'abseits' oder 'im Hintergrund' verstanden wird.

[33] *What-ye-call't*: Touchstone lässt es offen, ob er den Namen *Jaques* (der auch einsilbig ausgesprochen werden konnte und dann gleich lautend war wie *jakes* 'Abort') vergessen hat oder aus Zartgefühl nicht aussprechen will. Ein ähnliches Wortspiel mit *Ajax* und *jakes* findet sich in *L.L.L.* V.2.572.

Enter Sir Oliver Mar-text.
Here comes Sir Oliver. Sir Oliver Mar-text, you are well met. Will you dispatch us here under this tree, or shall we go with you to your chapel?

OLIVER MAR-TEXT. Is there none here to give the woman?

TOUCHSTONE. [60] I will not take her on gift of any man.

OLIVER MAR-TEXT. Truly, she must be given, or the marriage is not lawful.

JAQUES. *[comes forward]* Proceed, proceed; I'll give her.

TOUCHSTONE. Good even, good Master What-ye-call't. [65] How do you, sir? You are very well met. Goddild you for your last company; I am very glad to see you. Even a toy in hand here, sir. Nay, pray be covered.

JAQUES. Will you be married, motley?

TOUCHSTONE. As the ox hath his bow, sir, the horse his [70] curb, and the falcon her bells, so man hath his desires; and as pigeons bill, so wedlock would be nibbling.

JAQUES. And will you, being a man of your breeding, be married under a bush like a beggar? Get you to church, and have a good priest that can tell you what marriage [75] is. This fellow will but join

---

[34] *Goddild*: Der Ausdruck ist eine verwaschene Form von *God yield* 'Gott lohne [Euch]', von 1400–1600 eine gebräuchliche Dankesformel; vgl. V.4.52 *God 'ild you* und dt. 'Vergelt's Gott'.

[35] *pray be covered*: Während Jaques aus Ehrerbietung vor dem Geistlichen und der Vermählungszeremonie den Hut abgenommen hat, glaubt Touchstone, diese Höflichkeit gelte ihm und Audrey und wehrt sie betulich ab, als wäre er selbst ein Höhergestellter (New Cambridge). Sein Schwall von Höflichkeitsformeln mag im Übrigen der Verlegenheit entspringen, sich von Jaques bei einer ungesetzmäßigen Vermählung ertappt zu sehen.

[36] *motley*: S. Anm. zu II.7.13. Das auffallendste Kleidungsstück des Narren dient hier zur Bezeichnung seiner ganzen Person.

[37] *falcon*: Die Bezeichnung *falcon* wird in der englische Falknerei nur für den weiblichen Vogel verwendet; das kleinere und zum Jagen weniger geschickte Männchen wird *tercel* oder *tiercel* genannt. Vgl. auch *Wint. T.* IV.4.15 und *Macb.* II.4.12.

[38] *bells*: Den Falken wurde an jedem Bein eine kleine Schelle angebunden, um feststellen zu können, wo in der Luft sie sich befanden. Überdies glaubte man, der Schellenklang scheuche das Beutetier aus seinem Versteck auf (*Sh. 's England* II, S. 357–358). Vgl. *Lucr.* 511: *With trembling fear, as fowl hear falcons' bells* 'Mit zitternder Angst, wie Wildhühner Falkenschellen hören'.

[39] *a good priest*: Wie sein Name andeutet, war Sir Oliver Mar-text vermutlich als puritanischer Geistlicher gedacht, und als solcher taugte er nach Jaques' Meinung nicht zur Einsegnung eines gültigen Ehebundes.

zusammenfügen, wie man eine Täfelung zusammenfügt; nachher wird sich eins von Euch als eingetrocknete Tafel[40] erweisen und sich, wie frisches Holz, werfen, werfen[41].

TOUCHSTONE. *[beiseite]* [42] Ich bin gar nicht so sicher, dass ich nicht besser von ihm vermählt würde als von einem anderen; denn er wird mich [80] wohl kaum richtig vermählen; und wenn ich nicht richtig vermählt bin, wird mir dies dereinst ein guter Vorwand sein, meine Frau zu verlassen.

JAQUES. Geh du mit mir und lass mich dir raten.[43]

TOUCHSTONE. Kommt, liebste Audrey. Wir müssen heiraten oder in Unzucht leben. Lebt wohl, guter Herr [85] Oliver: Nicht

    O liebster Oliver[44],
    O mutiger Oliver,
    Lass mich nicht zurück;
    sondern [90]
    Pack[45] dich fort,
    Geh, sag ich;
    Ich will nicht zur Hochzeit mit dir.

    [Jaques, Touchstone und Audrey] ab.

OLIVER MAR-TEXT. Hat nichts zu bedeuten. Keiner von all diesen überspannten Schelmen soll mich aus meinem Amt wegspotten.

    [Ab.]

---

[40] *panel*: Nach Hilda Hulme, *Explorations in Sh.'s Language* (London 1962), S. 104–105, könnte hier ein Wortspiel mit *parnel* 'Konkubine' 'Dirne' beabsichtigt sein (was den Ausfall des *r* betrifft, vgl. Kökeritz, *Shakespeare's Pronunciation*, S. 252); dieses Wort kommt aber bei Sh. nicht vor.

[41] *warp*: Da das Wort außer der technischen Bedeutung 'sich werfen', 'verkrümmen' die bildliche Bedeutung 'vom rechten Pfad abweichen' hat, ist wiederum ein Wortspiel möglich: Jaques weist damit bereits auf Touchstones Unbeständigkeit hin.

[42] *Touchstone [aside]*: Es ist schwer zu entscheiden, ob die folgende Äußerung Touchstones ein echtes Für-sich-Sprechen (Selbstgespräch) oder ein Vor-sich-Hinsprechen ist, das von einem Dabeistehenden – hier Jaques – verstanden werden könnte. Vgl. Wolfgang Riehle, *Das Beiseitesprechen bei Shakespeare* (München 1964), S. 81.

[43] *Go thou ... thee*: F unterteilt in *Go thou with me / And let me counsel thee*, wie wenn es sich um Vers handelte. In der Tat könnte Touchstones Aufforderung *Come, sweet Audrey ... bawdry* mit der Halbzeile *And let me counsel thee* zu einem rhythmisch nahezu stimmigen gereimten Zweizeiler ergänzt werden. Überdies fällt auf, dass Jaques hier, im Gegensatz zum vorhergehenden Teil der Szene, Touchstone duzt. New Cambridge schließt aus alledem auf Spuren eines ursprünglichen, z.T. in Blankversen verfassten Textes.

you together as they join wainscot; then one of you will prove a shrunk panel, and like green timber warp, warp.

TOUCHSTONE. *[aside]* I am not in the mind but I were better to be married of him than of another; for he is not [80] like to marry me well; and not being well married, it will be a good excuse for me hereafter to leave my wife.

JAQUES. Go thou with me and let me counsel thee.

TOUCHSTONE. Come, sweet Audrey. We must be married, or we must live in bawdry. Fare well, good Master [85] Oliver: not

    O sweet Oliver,
    O brave Oliver,
    Leave me not behind thee;

but

90   Wind away,
    Be gone, I say;
    I will not to wedding with thee.

Exeunt [Jaques, Touchstone, and Audrey].

OLIVER MAR-TEXT. 'Tis no matter. Ne'er a fantastical knave of them all shall flout me out of my calling.

[Exit.]

---

82 *Goe ... mee, / And ... thee.* Vers F; Hrsg. *Go ... thee.* Prosa.

84 Pelican, Pope *Come ... bawdry.* Prosa; *Come ... Audrey, / We ... baudreye /* Vers F (vgl. Anm. 43).

85 *Not O sweet ... with thee* Prosa F; Hrsg. Vers (vgl. Anm. 44).

92 BA *Jaques, Touchstone, and Audrey* Hrsg.; nicht in F, F statt dessen *Exeunt* nach 94.

[44] *O sweet Oliver*: Teile eines zu Sh.s Zeit gern gesungenen Volkslieds, dessen Text 1584 im Stationers' Register eingetragen wurde; vgl. W. Chappell, *Old English Popular Music*, ed. H. E. Woolridge (London 1893), I, S. 86–90 und Naef, *Die Lieder in Sh.s Komödien*, S. 167–168. In der F sind diese Liedzeilen fortlaufend gedruckt; vielleicht sollten sie nicht gesungen, sondern gesprochen werden (New Arden). Die meisten Hrsg. nehmen an, Touchstone füge einfach zwei einander widersprechende Stellen des Liedes zusammen ('Lass mich nicht zurück' und 'Pack dich fort'), doch Capells Vermutung, Touchstone habe den zweiten Teil des Liedchens für seine besonderen Zwecke frei variiert – er möchte ja Sir Oliver los sein – hat mehr für sich, da er auch die von Orlando an Rosalinde gerichteten Verse auf eigene Weise 'fortsetzt'. Was eine ähnliche 'persönliche' Variation eines Liedtexts betrifft, vgl. *Hen. V* III.2.16–17, zu lesen: *As duly (But not:) As truly ...*

[45] *wind*: sinnverwandt mit *wend* 'sich wenden nach', 'seinen Weg gehen'.

III.4 *Rosalinde und Celia treten auf.*

ROSALINDE. Sprich nicht mehr zu mir; ich möchte weinen.

CELIA. Nur zu, bitte; aber geruhe dennoch zu bedenken, dass sich Tränen für einen Mann nicht schicken.

ROSALINDE. Doch habe ich nicht Grund zum Weinen?

CELIA. [5] So guten Grund, wie man nur wünschen möchte; darum weine.

ROSALINDE. Selbst noch sein Haar ist von der falschen Farbe.

CELIA. Etwas brauner als das von Judas.[1] Ja, seine Küsse sind echte Judaskinder[2].

ROSALINDE. Ehrlich gesagt, sein Haar ist von guter Farbe.

CELIA. [10] Von ausgezeichneter Farbe. Es geht nichts über Kastanienbraun[3].

ROSALINDE. Und wenn er küsst[4], ists voller Heiligkeit, wie die Berührung von geweihtem Brot[5].

CELIA. Er hat sich von Diana ein abgeworfenes[6] Lippenpaar gekauft. Eine Nonne [15] aus der Schwesternschaft vom Winter[7] küsst nicht so geistlich-streng; auf ihnen ist das Eis der Keuschheit selbst.

ROSALINDE. Aber warum hat er beteuert, er werde heute morgen kommen und kommt nicht?

CELIA. Nun, gewiss ist keine Treue in ihm.

ROSALINDE. [20] Glaubst Du?

CELIA. Ja; ich glaube [zwar], er ist kein Taschendieb oder Pferdedieb, doch was seine Wahrhaftigkeit in der Liebe betrifft, halte ich ihn für so hohl wie einen Deckelbecher[8] oder eine wurmstichige Nuss[9].

---

[1] *dissembling ... Judas's*: Früher glaubte man, die Haarfarbe eines Menschen zeige seinen Charakter an; Rothaarige z.B. galten als falsch, weil nach einer alten Tradition Judas Ischariot, der Jesus verriet, stets mit rotem Haar und Bart dargestellt wurde.

[2] *Judas's own children*: d.h. verräterisch. Vgl. *A kissing traitor* 'ein küssender Verräter', *L.L.L.* V.2.593.

[3] *your chestnut ... only color*: Wörtlich 'so ein Kastanienbraun war schon immer die einzige Farbe'; *your*, wie sehr häufig, als Hinweis auf Bekanntes; vgl. III.2.52, *the only* häufig im Sinn von 'das Beste'. Für beide s. Leisi, *Problemwörter*.

[4] *his kissing*: Furness (New Variorum) wirft die Frage auf, ob die Mädchen hier nur von imaginären Küssen sprechen; es ist aber durchaus vorstellbar, dass Rosalinde in der Zwischenzeit das Spiel mit Orlando weitergespielt hat und dabei geküsst wurde. – In der elisabethanischen Zeit war der Kuss als Begrüßung auch zwischen einander vorher unbekannten Personen verschiedenen Geschlechts üblich; vgl. *Macb.* I.6.31, *Wint. T.* I.2.285 und Leisi, *Problemwörter*, unter *kiss*.

[5] *holy bread*: Angespielt wird auf das Brot, das nach der Abendmahlsfeier gesegnet und an jene verteilt wurde, die nicht an ihr teilgenommen hatten (OED). – Die Wirkung von Lie-

III.4 *Enter Rosalind and Celia.*
ROSALIND. Never talk to me; I will weep.
CELIA. Do, I prithee; but yet have the grace to consider that tears do not become a man.
ROSALIND. But have I not cause to weep?
CELIA. [5] As good cause as one would desire; therefore weep.
ROSALIND. His very hair is of the dissembling color.
CELIA. Something browner than Judas's. Marry, his kisses are Judas's own children.
ROSALIND. I'faith, his hair is of a good color.
CELIA. [10] An excellent color. Your chestnut was ever the only color.
ROSALIND. And his kissing is as full of sanctity as the touch of holy bread.
CELIA. He hath bought a pair of cast lips of Diana. A nun [15] of winter's sisterhood kisses not more religiously; the very ice of chastity is in them.
ROSALIND. But why did he swear he would come this morning, and comes not?
CELIA. Nay, certainly there is no truth in him.
ROSALIND. [20] Do you think so?
CELIA. Yes; I think he is not a pickpurse nor a horse-stealer, but for his verity in love, I do think him as concave as a covered goblet or a worm-eaten nut.

---

14 *cast* F; F$_{2-4}$ *chast*; Rowe *chaste* (vgl. Anm. 6).

---

besbekundungen ist oft so stark, dass nur Bilder aus dem religiösen Bereich in fast blasphemischer Weise von ihr aussagen können; vgl. *Rom. and Jul.* I.5.93ff.

[6] *cast*: Eher 'abgeworfen' als 'weggeworfen'; so wie ein Reptil seine Haut abwirft. Bei *cast* als 'wertlos weggeworfen' steht bei Sh. stets eine Präposition: *cast off, cast out, cast away*. Die F$_{2-4}$ haben *chast*, weshalb viele Hrsg. die Lesung *chaste* 'keusch' vorziehen, welche Eigenschaft an sich gut zu Dianas Lippen passen würde – nur könnte Orlando sie in diesem Falle nicht kaufen.

[7] *winter's sisterhood*: Theobald hat die Lesung *Winifred's sisterhood* vorgeschlagen, da die heilige Winifred um ihrer Keuschheit willen den Tod erlitt. Diese Emendation ist aber unnötig, denn Sh. verbindet den Begriff der Keuschheit oft mit Kälte, Winter, Schnee usw. Vgl. *As chaste as unsunned snow* 'Keusch wie Schnee, auf den nie Sonne fällt', *Cymb.* II.5.13.

[8] *concave ... covered goblet*: Die gewölbten Deckel der meist reich verzierten Becher oder Pokale wurden abgenommen, wenn man Wein in sie einschenkte und aus ihnen trank; ein aufgesetzter Deckel bedeutet also, dass der Becher leer oder 'hohl' ist (New Cambridge). Mit 'hohl' assoziiert Celia natürlich Falschheit, Untreue. Zu *hollow* vgl. auch *Meas. for M.*, ed. Naef (Studienausgabe), II.3.23.

[9] *worm-eaten nut*: *Nut* kann hier, wie in III.2.104, 'Frauensperson' bedeuten; *eaten* scheint dieselbe Bedeutung zu haben wie *covered*, nämlich 'beschlafen', während *worm* nur in unbestimmt abschätzigem Sinn auf den 'Mann' anspielt.

ROSALINDE. Nicht treu in der Liebe?

CELIA. [25] Doch, wenn er verliebt ist, aber ich glaube, er ist es nicht[10].

ROSALINDE. Du hast gehört, wie er hoch und heilig geschworen hat, er sei es.

CELIA. 'Sei' ist nicht 'ist'. Außerdem ist der Schwur eines Liebhabers nicht gültiger als das Wort eines Schankburschen; beide geben sie eine falsche Rechnung[11] für richtig aus[12]. Er begleitet hier im [30] Walde den Herzog, Euren Vater.

ROSALINDE. Gestern[13] bin ich mit dem Herzog zusammengetroffen und hatte ein langes Gespräch mit ihm[14]. Er fragte mich, welcher Abstammung ich wäre. Ich sagte ihm, einer ebenso guten wie er selbst; da lachte er und ließ mich gehen. Doch was reden wir von Vätern, wenn es solch einen [35] Mann gibt wie Orlando?

CELIA. O, das ist ein prächtiger[15] Mann; er macht prächtige Gedichte, spricht prächtige Worte, schwört prächtige Schwüre und bricht sie prächtig, ganz von der Seite her, quer[16] vor dem Herzen seiner Liebsten, so wie ein kümmerlicher[17] Turnierreiter, der sein Ross nur auf einer [40] Seite spornt, seine Lanze zerbricht wie ein edler Gänserich[18]. Aber da ist ja alles prächtig, wo die Jugend reitet[19] und die Torheit die Zügel führt. Wer kommt denn da?

---

[10] *when he is in ... not in*: Zu ergänzen wäre *in love*. Im genauen Wortlaut 'wenn er drin ist ... nicht drin ist' versteckt sich vielleicht eine obszöne Nebenbedeutung (coitus).

[11] *tapster ... false reckonings*: Die Versuchung, dem Gast eine zu hohe Rechnung zu stellen, war für die Schankburschen groß, da ein elisabethanischer Edelmann es für unter seiner Würde hielt, die Rechnung zu prüfen (vgl. *Meas. for M.* II.1.193 und *Sh.'s England*, II, S. 175).

[12] *they ... reckonings*: wörtlich 'sie sind beide Bestätigungen falscher Rechnungen'.

[13] *yesterday*: Zum Zeitschema vgl. den Kommentar zu II.7.

[14] *question*: 'Gespräch'; vgl. *unquestionable* 'nicht zum Reden geneigt', III.2.353. – Wie aus dem Folgenden, z.B. dem Wort *fathers* (Z. 34), hervorgeht, hat Rosalinde ihren herzoglichen Vater erkannt; dass sie sich ihm ihrerseits nicht zu erkennen gibt, mag gefühllos erscheinen, ist aber für das dramatische dénouement am Schluss des Spiels notwendig.

[15] *brave ... bravely*: Vgl. *Jul. Caes.* III.2.82ff., wo Antonius sich der berühmten ironischrhetorischen Wiederholung *For Brutus is an honorable man* bedient. – Auf das Stichwort *such a man as Orlando* hin entwirft Celia ein parodistisches Bild von ihm als Mann, um Rosalinde mit Scherz über ihre Enttäuschung hinwegzuhelfen.

ROSALIND. Not true in love?
CELIA. [25] Yes, when he is in, but I think he is not in.
ROSALIND. You have heard him swear downright he was.
CELIA. 'Was' is not 'is'. Besides, the oath of a lover is no stronger than the word of a tapster; they are both the confirmer of false reckonings. He attends here in the [30] forest on the Duke your father.
ROSALIND. I met the Duke yesterday and had much question with him. He asked me of what parentage I was. I told him, of as good as he; so he laughed and let me go. But what talk we of fathers when there is such a [35] man as Orlando?
CELIA. O, that's a brave man; he writes brave verses, speaks brave words, swears brave oaths, and breaks them bravely, quite traverse, athwart the heart of his lover, as a puisny tilter, that spurs his horse but on one [40] side, breaks his staff like a noble goose. But all's brave that youth mounts and folly guides. Who comes here?

---

28 *of Louver* F; F_{2-4}, Hrsg. *of a Lover*.
40 *noble goose* F; Singer *notable goose*; Becket (Konj.) *noble joust*; Cambr. (Konj.) *noble goofe* (vgl. Anm. 18).

---

[16] *traverse, athwart*: Ausdrücke, die den Spielregeln der mittelalterlichen Turnierkämpfe (tilting) entstammen. Das Ziel dabei war, den Gegner aus dem Sattel zu heben, indem man scharf auf ihn zuritt und mit der vorgestreckten Lanze seinen Schild in der Mitte traf; dabei zersplitterte oft die Lanze. Einem ungeschickten Kämpfer, der seinem Ross ungleichmäßig die Sporen gab, sodass es seitlich auswich, konnte es passieren, dass seine Lanze *traverse* oder *athwart* d.h. quer, über den Körper oder Schild des Gegners hin, landete und so ebenfalls zerbrach. Solches Ungeschick war schimpflicher, als selbst vom Pferde gestürzt zu werden (New Swan Sh.). Später war *traverse* auch als Fecht-Ausdruck möglich; vgl. *Oth.*, ed. Engler (Studienausgabe), I.3.366 und *Merry W.* II.3.21–22.

[17] *puny*: ursprünglich *puis né*, 'später geboren', 'kleiner', dann (Amtssprache) 'untergeordnet' und allgemein 'klein', 'kümmerlich'.

[18] *goose*: Sh. gebraucht das Wort gelegentlich in der Bedeutung 'Dummkopf', 'Kindskopf', 'dummer Kerl', wie hier; vgl. *Go, ye giddy goose* 'Geht weg, Ihr närrischer Kindskopf' (Lady Percy zu ihrem Mann Percy Hotspur), *1 Hen. IV* III.1.227; ferner *Lear* II.2.78.

[19] *mounts*: Mit *mounts* und *guides* setzt Celia die Reit-Metapher fort; *mount* 'besteigen' hat hier einen klaren sexuellen Nebensinn; vgl. *Cymb.* II.5.17.

Corin tritt auf.

CORIN. Herrin und Herr, schon oft habt Ihr Euch nach dem Schäfer erkundigt[20], der über Liebesweh klagte[21] [und] den Ihr neben mir auf dem Rasen sitzen saht, [45] wo er die stolze, hochmütige Schäferin pries, die seine Gebieterin war.

CELIA. Nun, und was ist mit ihm?

CORIN. Wollt Ihr ein Schauspiel[22] sehen, lebenswahr gespielt, zwischen dem blassen Antlitz treuer Liebe[23] und der roten Glut von Hohn und stolzer Unnahbarkeit, [50] dann geht ein Stückchen weiter, und ich führe Euch, wenn Ihrs mitansehen wollt.

ROSALINDE. O, kommt, wir wollen dahin: Der Anblick Verliebter nährt Verliebte. Verschaffe uns diesen Anblick, und ihr werdet sagen, dass ich bei ihrem Spiel[24] kräftig mitwirke.

[Alle] ab.

III.5 *Silvius und Phoebe treten auf.*

SILVIUS. Liebste Phoebe, verhöhnt mich nicht; tut es nicht, Phoebe! Sagt, dass Ihr mich nicht liebt, doch sagt es nicht in herzloser Art. Der öffentliche Scharfrichter, dem der gewohnte Anblick des Todes das Herz verhärtet, [5] fällt[1] das Beil nicht auf den gesenkten Nacken, ohne zuvor um Vergebung zu bitten.[2] Wollt

---

[20] *Mistress ... enquired*: In diesem, seinem vorletzten, Auftritt redet Corin, wie in II.4, die beiden Mädchen in Blankvers, also in gehobener Form, an. Man könnte darin seine Ehrerbietung vor Respektspersonen ausgedrückt finden: Da aber auch die Schäfer untereinander in Versen sprechen (vgl. II.4.19ff. und III.5.1ff.), liegt es näher, anzunehmen, dass die eigentlichen Schäferszenen in *A.Y.L.* dem traditionellen Pastoralstil angeglichen wurden. Vgl. Elisabeth Tschopp, *Zur Verteilung von Vers und Prosa in Shakespeares Dramen* (Bern 1956), S. 92.

[21] *that complained of love*: Freier übersetzt heißt dies annähernd: 'der an Liebe litt, der Liebeskranke'. Die Nebenbedeutung von *complain* 'leiden an' beginnt im 17. Jh. eben erst zu entstehen; vgl. OED *complain* 3, 1607. Bei Sh. scheint die neue Nuance in *Rich. III* IV.1.87 bereits angedeutet: *Poor heart adieu! I pity thy complaining* 'Lebe wohl, armes Herz! Mich dauert dein Leiden'.

[22] *pageant ... disdain*: Corin drückt sich hier so aus, als wären die Gefühle – treue Liebe und stolze Verachtung – selbst die Schauspieler in dieser Szene. Dies erinnert an die Moralitä-

Enter Corin.

CORIN. Mistress and master, you have oft enquired
　　　　After the shepherd that complained of love,
　　　　Who you saw sitting by me on the turf,
　45　Praising the proud disdainful shepherdess
　　　　That was his mistress.
CELIA. 　　　　　　　　Well, and what of him?
CORIN. If you will see a pageant truly played
　　　　Between the pale complexion of true love
　　　　And the red glow of scorn and proud disdain,
　50　Go hence a little, and I shall conduct you,
　　　　If you will mark it.
ROSALIND. 　　　　　O, come, let us remove:
　　　　The sight of lovers feedeth those in love.
　　　　Bring us to this sight, and you shall say
　　　　I'll prove a busy actor in their play.

Exeunt.

III.5　*Enter Silvius and Phebe.*

SILVIUS. Sweet Phebe, do not scorn me; do not, Phebe!
　　　　Say that you love me not, but say not so
　　　　In bitterness. The common executioner,
　　　　Whose heart th'accustomed sight of death makes hard,
　5　Falls not the axe upon the humbled neck

1　BA *and Corin* F; Collier *and Corin behind*; Capell *at a Distance, Corin leading them.*

---

　　ten, bei denen jeder Schauspieler eine bestimmte moralische Haltung darzustellen hatte
　　und mit ihr identifiziert wurde (New Swan Sh.).
²³ *pale complexion of true love*: Vgl. *pale cast of thought*, *Haml.* III.1.85.
²⁴ *play*: Die folgende, von Corin und den Mädchen belauschte Szene (II.5.1ff.), in welche
　　Rosalinde dann eingreift, kann als Spiel im Spiel aufgefasst werden; es zeigt den Gegen-
　　satz zwischen den stilisierten Gefühlsäußerungen des Liebespaars Silvius-Phoebe und der
　　spontaneren Redeweise des Liebespaars Orlando-Rosalinde. Zwischen dieser und der
　　nächsten Szene wechselt – da die Mädchen "ein Stückchen" weitergehen – der fiktive Ort.

¹ *falls*: *Fall* wird gelegentlich transitiv gebraucht; vgl. *Mids. N. D.* V.1.141 und Abbott,
　　A Shakespearian Grammar, § 291.
² *executioner ... begs pardon*: Es war gebräuchlich, dass der Scharfrichter den Hinzurich-
　　tenden um Vergebung bat; vgl. *Meas. for M.* IV.2.44–46.

Ihr gefühlloser sein als jener, der mit Blutstropfen sein Leben bis zum Tode fristet[3]?
Rosalinde, Celia und Corin treten [abseits] auf.

PHOEBE. Ich möchte nicht dein Scharfrichter sein. Ich fliehe dich, denn ich möchte dir kein Leid antun. [10] Du sagst mir, in meinem Auge sei Mord.[4] Es ist sicher hübsch und sehr einleuchtend, dass [die] Augen, die die verletzlichsten und zartesten Dinge sind, die ihre ängstlichen Pforten vor Stäubchen[5] verschließen, Tyrannen, Schlächter, Mörder genannt werden sollten. [15] Jetzt sehe ich dich von ganzem Herzen finster an, und können meine Augen verwunden, so mögen sie dich jetzt töten. Jetzt tu, als schwänden dir die Sinne; ei, jetzt stürze zu Boden; oder kannst dus nicht, o pfui, pfui, lüge nicht, indem du behauptest, meine Augen seien Mörder. [20] Zeige nun die Wunde, die mein Auge dir beigebracht hat; ritze dich nur mit einer Stecknadel, so bleibt ein kleines Mal zurück; stütze[6] dich auf eine Binse, so behält deine Handfläche einen Augenblick lang den Einschnitt und den empfänglichen[7] Abdruck davon; nun aber verletzen dich meine Blicke, [25] die ich auf dich abgeschossen habe, nicht; auch ist in den Augen sicherlich keine Kraft zum Verletzen.

SILVIUS. O liebe Phoebe, wenn Ihr jemals, wie denn dieses Jemals vielleicht schon nahe[8] ist, auf einer frischen Wange der Macht der Liebe begegnet, [30] dann werdet Ihr die unsichtbaren Wunden erkennen, welche die scharfen Liebespfeile reißen.

PHOEBE. Doch bis es so weit ist, komm du mir nicht nahe; und wenn es so weit ist, plage mich mit deinem Gespött, bedaure mich nicht, so wie ich bis dahin dich nicht bedauern werde.

---

[3] *dies and lives*: Frühere Hrsg. haben sich an dem Wort *dies* 'stirbt' gestoßen, das wörtlich genommen hier unverständlich ist und statt seiner die Emendationen *deals* und *dyes* vorgeschlagen. Sein Sinn wird jedoch klar, wenn man es als Teil der Redensart "to live and die" 'leben bis ans Ende' betrachtet. Hier ist die Redensart umgestellt, sodass *dies* mehr Betonung erhält; möglicherweise war zugleich ein Wortspiel mit *dyes* 'färbt' beabsichtigt; vgl. dasselbe Wortspiel in *K. John* II.1.323.

[4] *you tell me ... murder in mine eye*: Phoebe konfrontiert Silvius' Reden, die den zeitgenössischen konventionell-poetischen Metaphern entsprechen (vgl. etwa Thomas Carew: *Ingrateful beauty threatned*, Z. 7–8 und Ben Jonson, *A Song*, aus "*Underwoods*", Z. 5–6), mit ihrer realistischen Ansicht; eine ähnliche Gegenüberstellung findet sich in den Zeilen 46ff. und im *Sonn.* 130.

[5] *atomies*: Vgl. III.2.221.

[6] *lean upon*: Die F_{2-4} haben *lean but upon*, welchen Wortlaut manche Hrsg. übernommen haben, da er den Rhythmus der Verszeile verbessert und zugleich eine Parallele zu *scratch thee but* in Z. 21 liefert. – Auf die sprichwörtliche Schwäche der Binse wurde schon in III.2.350 angespielt.

AS YOU LIKE IT III.5

But first begs pardon. Will you sterner be
Than he that dies and lives by bloody drops?
Enter [apart] Rosalind, Celia, and Corin.

PHEBE. I would not be thy executioner.
    I fly thee, for I would not injure thee.
10   Thou tell'st me there is murder in mine eye:
    'Tis pretty, sure, and very probable
    That eyes, that are the frail'st and softest things,
    Who shut their coward gates on atomies,
    Should be called tyrants, butchers, murderers.
15   Now I do frown on thee with all my heart,
    And if mine eyes can wound, now let them kill thee.
    Now counterfeit to swound; why, now fall down;
    Or if thou canst not, O, for shame, for shame,
    Lie not, to say mine eyes are murderers.
20   Now show the wound mine eye hath made in thee;
    Scratch thee but with a pin, and there remains
    Some scar of it; lean upon a rush,
    The cicatrice and capable impressure
    Thy palm some moment keeps; but now mine eyes,
25   Which I have darted at thee, hurt thee not,
    Nor I am sure there is no force in eyes
    That can do hurt.

SILVIUS.   O dear Phebe,
    If ever, as that ever may be near,
    You meet in some fresh cheek the power of fancy,
30   Then shall you know the wounds invisible
    That love's keen arrows make.

PHEBE.   But till that time
    Come thou not near me; and when that time comes,
    Afflict me with thy mocks, pity me not,
    As till that time I shall not pity thee.

---

11 *pretty sure* F; Hrsg. *pretty, sure.*
22 *Leane vpon* F; F_{2-4}, Hrsg. *Leane but upon* (vgl. Anm. 6).

[7] *capable*: Die bei Sh. übliche Bedeutung des Wortes ist 'empfänglich'; vgl. *2 Hen. IV* I.1.172, ferner *Haml.* III.4.128, wo *capable* absolut gebraucht ist. In unserem Text bezieht sich *capable* offensichtlich auf *palm*; der Sinn von *capable impressure* wäre also 'der Abdruck, für den deine Handfläche empfänglich ist'. Subjektvertauschung liegt auch vor bei *plausible* 'zustimmend', *Meas. for M.* III.1.238.

[8] *as that ever may be near*: *As* in dieser Stellung kann auch heißen: 'so wahr als'; der Sinn könnte demnach auch sein: 'So wahr (ich wünsche, dass) dieses Jemals nahe sei.'

ROSALINDE. [35] Und warum[9], ich bitt Euch? Wer ist wohl Eure Mutter[10], dass Ihr über den Unglückseligen frohlockt, Euch seiner überhebt, und beides zugleich[11]? Habt Ihr auch keine Schönheit (wie ich denn wahrlich nicht mehr in Euch sehe, als was ohne Kerze im Dunkeln zu Bett[12] gehen kann), [40] müsst Ihr darum stolz und herzlos[13] sein? Nanu? Was bedeutet das?[14] Warum blickt Ihr mich [so] an? Ich sehe nicht mehr in Euch als Dutzendware[15] der Natur, wie sie überall vorkommt. Gott behüte[16], ich glaube, sie will auch meine Augen ins Garn locken[17]! [45] Nein, wahrhaftig, stolze Dame, macht Euch keine Hoffnungen; es sind nicht Eure tintenschwarzen Brauen, Euer schwarzes Seidenhaar, Eure dunklen Kulleraugen[18], auch nicht Eure rahmweiße Wange, die meinen Geist so weit unterwerfen können, dass er Euch anbetet. Ihr närrischer Schäfer, warum lauft Ihr hinter ihr her [50] wie dampfiger Süd[wind], Wind und Regen pustend? Ihr seid als Mann tausendmal hübscher denn sie als Frau. Es sind Narren wie Ihr, die die Welt voll mit hässlichen Kindern machen.[19] Nicht ihr Spiegel ists, der ihr schmeichelt,

---

[9] *And why ...*: Hier tritt Rosalinde, die bis jetzt von den beiden unbeachtet war, Phoebe gegenüber. Hrsg. geben entsprechende BA.

[10] *Who might ... mother*: 1) Anspielung auf die Redensart "Like mother, like daughter" 'Wie die Mutter, so die Tochter' (Players' Sh.); 2) 'Stammt ihr aus einem so stolzen, vornehmen Elternhause ...?'. Eine der seltenen Stellen bei Sh., wo die Mutter eine genetische Rolle spielt; s. Leisi, *Problemwörter*, unter *mother*, "Genetik".

[11] *insult, exult ... all at once*: Geht man auf die lat. Form der beiden Verben zurück, so stehen sich "insultare" und "ex(s)ultare" gegenüber; beiden gemeinsam ist die Vorstellung des Springens: 'gegen oder auf etwas springen' und 'in die Höhe springen'. Beide Sprünge auf einmal zu leisten ist kaum möglich: Das *all at once* erhält also bei dieser etymologischen Betrachtungsweise, die Sh. hier spielerisch angewandt haben mag, einen besonders ironischen Sinn.

[12] *without candle ... bed*: Der Ausdruck kann bedeuten: 1) Phoebe ist so wenig schön, dass es sich (für den künftigen Gatten) nicht lohnt, sie bei Kerzenlicht zu sehen; sie kann also ebenso gut im Dunkeln ins Bett gehen (Players' Sh.); 2) sie hat ebenso wenig Schönheit, wie an einer Frau zu bemerken wäre, wenn sie im Dunkeln ins Bett geht (Players' Sh.); 3) ihre Schönheit reicht nicht aus, um ihr auf dem Weg ins Bett voranzuleuchten (Yale, New Penguin). Vgl. Leisi, *Problemwörter*, unter "Schönheitsideal".

[13] *What though ... pitiless*: Die Stelle scheint wenig logisch: Sollte Phoebe gerade darum, weil ihr Schönheit mangelt, stolz und herzlos sein? Die von Singer vorgeschlagene Lesart (in New Variorum S. 203 zitiert) *What though! You have no beauty ...* versucht den Sinn klarer zu machen: Der elliptische Ausruf *What though!*, etwa 'je nun' (III.3.44-45), ist von der folgenden Aussage abgetrennt, die nun lautet: 'Ihr habt keine Schönheit (wie ich denn nicht mehr in Euch sehe als ...), habt Ihr also Ursache, stolz und herzlos zu sein?'

[14] *what means this?*: Dies, wie der folgende Satz, ist eine Spiegelstelle, die verlangt und verdeutlicht, dass Phoebe den "Jüngling" Rosalinde mit erwarteter Liebe anblickt, allenfalls eine entsprechende Gebärde macht. Im Folgenden wird die Augen-Metaphorik wieder aufgenommen.

ROSALIND. [35] And why, I pray you? Who might be your mother,
   That you insult, exult, and all at once,
   Over the wretched? What though you have no beauty
   (As, by my faith, I see no more in you
   Than without candle may go dark to bed)
40 Must you be therefore proud and pitiless?
   Why, what means this? Why do you look on me?
   I see no more in you than in the ordinary
   Of nature's sale-work. 'Od's my little life,
   I think she means to tangle my eyes too!
45 No, faith, proud mistress, hope not after it;
   'Tis not your inky brows, your black silk hair,
   Your bugle eyeballs, nor your cheek of cream
   That can entame my spirits to your worship.
   You foolish shepherd, wherefore do you follow her,
50 Like foggy south, puffing with wind and rain?
   You are a thousand times a properer man
   Than she a woman. 'Tis such fools as you
   That makes the world full of ill-favored children.
   'Tis not her glass, but you, that flatters her,

---

[15] *sale-work*: wohl 'auf Vorrat hergestellte Ware im Gegensatz zur besseren, auf Bestellung angefertigten'.

[16] *'Od's*: *Od* ist eine korrupte Form von *God*, die um 1600 aufkam. Es ist nicht sicher, ob das *-s* den Genitiv oder den Anlaut des Wortes *save* 'behüte' ausdrückt; vgl. Anm. zu III.2.185.

[17] *tangle*: 'Einfangen', 'verstricken', 'umgarnen', besonders von Vögeln; vgl. *Ven. and Ad.* 67: *Look how a bird lies tangled in a net*. Häufig ist *tangle* Teil einer Vogelfang-Metapher, z.B. in *Two Gent*. III.2.68: *You must lay lime to tangle her desires* 'Ihr müsst Vogelleim auslegen, um ihr Verlangen festzuhalten', ferner in *1 Hen. VI* IV.2.22 und *2 Hen. VI* II.4.55. Auch das hier verwendete Bild zeigt Rosalindes Augen als Vögel, die ins Garn gelockt, d.h. in Phoebes Augen verstrickt werden sollen. Eine ähnliche Vorstellung – ineinander verschlungene Augen von Liebenden – findet sich im Gedicht *The Extasie*, Z. 7–8, des zeitgenössischen Dichters John Dunne.

[18] *bugle eyeballs*: *bugle* nach OED Sb. 3 eine meist schwarze, röhrenförmige Glasperle, daher wohl – auf die Augen bezogen – stark hervortretend. – Zu dieser Kritik – alle die genannten Merkmale Phoebes widersprechen dem zeitgenössischen Schönheitsideal – vgl. Anm. 12.

[19] *fools ... That makes*: Abbott, *A Shakespearian Grammar*, § 247, verzeichnet weitere Relativsätze, wo das Subjekt des Hauptsatzes im Plural steht, das darauf bezügliche Verb des Nebensatzes aber Singular-Form hat. – Hier ist die Wichtigkeit einer schönen Mutter zur Hervorbringung schöner Nachkommen betont, während sonst, nach den Anschauungen der Zeit, der Vater der wichtigere Teil bei der Zeugung ist. Vgl. *Meas. for M.*, ed. Naef (Studienausgabe), Anm. zu III.1.144; Leisi, *Problemwörter*, unter "Genetik", sowie Hans Stubbe, *Geschichte der Genetik bis zur Wiederentdeckung der Vererbungsregeln Gregor Mendels* (Jena 1965).

sondern Ihr, [55] und aus Euren Augen[20] sieht sie sich hübscher, als irgendeiner ihrer Züge ihr es zeigen kann. Nun aber erkennt Euch selbst, Fräulein. Nieder auf die Knie, und dankt dem Himmel mit Fasten für die Liebe eines guten Mannes; denn ich muss Euch freundschaftlich ins Ohr sagen, [60] verkauft, solange Ihr könnt, Ihr findet nicht auf allen Märkten Absatz[21]. Bittet den Mann um Vergebung[22], liebt ihn, nehmt seinen Antrag an; hässlich ist am hässlichsten in der Hässlichkeit des Spötters[23]; nimm sie also zu dir, Schäfer. Lebt beide wohl.[24]

PHOEBE. Holder Jüngling, ich bitte Euch, scheltet ein Jahr lang so; [65] lieber höre ich Euch schelten als diesen Mann werben.

ROSALINDE. *[beiseite]*[25] Er hat sich in Eure Hässlichkeit verliebt, und sie wird sich noch in meinen Zorn verlieben. Wenn dem so ist, dann will ich sie ebenso schnell, wie sie dir mit finsteren Blicken antwortet, mit harten Worten beizen[26]. *[Zu Phoebe]* Warum schaut ihr mich so an?

PHOEBE. [70] Aus keinem bösen Willen gegen Euch.

ROSALINDE. Verliebt Euch bitte nicht in mich, denn ich bin falscher als in Wein[laune] getane Gelübde. Außerdem mag ich Euch nicht. Wollt Ihr etwa wissen, wo mein Haus ist[27], so steht es bei der Ölbaumgruppe[28] nahe bei. [75] Wollt Ihr gehen, Schwester?[29] Schäfer, setzt ihr tüchtig zu. Kommt, Schwester. Schäferin, blickt gnädiger auf ihn und seid nicht stolz. Könnte die ganze Welt sehen, so könnte doch keinen der Augenschein so trügen wie ihn.[30] Kommt, zu unserer Herde.

Ab [mit Celia und Corin].

---

[20] *out of you*: 'Aus Euch heraus', d.h. Silvius wird mit einem Spiegel verglichen. Zur Spiegelsymbolik vgl. Herbert Grabes, *Speculum, Mirror and Looking-Glass* (Tübingen 1973).

[21] *Sell ... all markets*: Dieselbe Heiratsmarkt-Terminologie wie in I.2.89 *(marketable)*.

[22] *Cry ... mercy*: Der Ausdruck *to cry someone mercy* ist bei Sh. häufig und hat bereits etwas Formelhaftes; er bedeutet 'jemanden um Verzeihung bitten' oder einfach 'Verzeihung!'.

[23] *Foul ... scoffer*: Rosalinde bezieht sich auf beide Bedeutungen von *foul*: 'hässlich' und 'moralisch hässlich'; vgl. III.3.33.

[24] *Fare you well*: Während sich Rosalinde im Verlauf ihrer langen Ansprache abwechselnd an Phoebe und an den Schäfer gewandt hat – was gestisch noch deutlicher zum Ausdruck kommt – gilt nun ihr Abschiedsgruß beiden.

[25] *[aside]*: So einige Hrsg. New Arden, New Swan, Cambridge u.a. haben statt dessen *[to Phebe]* bis *your foulness*, *[to Silvius]* bis *bitter words*. Es kann aber auch sein, dass die ganze Bemerkung sich zugleich an Silvius und Phoebe richtet: Rosalinde wäre dann einem Regisseur zu vergleichen, der bei den Schauspielern Handlungsdirektiven festlegt.

AS YOU LIKE IT III.5

55 And out of you she sees herself more proper
    Than any of her lineaments can show her.
    But mistress, know yourself. Down on your knees,
    And thank heaven, fasting, for a good man's love;
    For I must tell you friendly in your ear,
60 Sell when you can, you are not for all markets.
    Cry the man mercy, love him, take his offer;
    Foul is most foul, being foul to be a scoffer;
    So take her to thee, shepherd. Fare you well.
PHEBE. Sweet youth, I pray you chide a year together;
65 I had rather hear you chide than this man woo.
ROSALIND. *[aside]* He's fall'n in love with your foulness, and she'll fall
    in love with my anger. If it be so, as fast as she answers thee
    with frowning looks, I'll sauce her with bitter words. *[to Phebe]*
    Why look you so upon me?
PHEBE. [70] For no ill will I bear you.
ROSALIND. I pray you do not fall in love with me,
    For I am falser than vows made in wine.
    Besides, I like you not. If you will know my house,
    'Tis at the tuft of olives, here hard by.
75 Will you go, sister? Shepherd, ply her hard.
    Come, sister. Shepherdess, look on him better
    And be not proud. Though all the world could see,
    None could be so abused in sight as he.
    Come, to our flock.

                              Exit [with Celia and Corin].

---

79 BA Pelican *Exit [with Celia and Corin]*; *Exit* F; Theobald *Exeunt Rosalind, Celia and Corin.*

---

[26] *sauce her*: Möglicherweise ist dem Verb die Nuance 'frech', 'vorlaut' vom Adjektiv *saucy* her beigemischt.

[27] *know my house*: Rosalindes 'Adresse' zu kennen, ist für Phoebe wichtig im Hinblick auf den Brief, den sie ihr d.h. dem Jüngling Ganymed zu schreiben gedenkt.

[28] *tuft of olives*: Eine weitere Wortkulisse zum Aufbau des Waldes von Arden; vgl. u.a. II.6.6, II.7.110–111, IV.3.77–78.

[29] *Will you go, sister?*: Auch hier ist Celia während der ganzen Szene stumm geblieben, wohl im Hintergrund; vgl. Anm. 112 und 134 zu III.2.

[30] *Though all ... as he*: Eines der üblichen Abgangs-Couplets, die den Gehalt einer Szene sentenzartig zusammenfassen.

PHOEBE. [80] Toter Schäfer[31], jetzt finde ich deinen Ausspruch bewahrheitet, 'Wer liebte je, der nicht beim ersten Blick liebte?'.[32]

SILVIUS. Liebste Phoebe.

PHOEBE. Hm[33]! was sagst du, Silvius?

SILVIUS. Liebste Phoebe, habt Erbarmen mit mir.

PHOEBE. Nun ja, du tust mir leid, guter Silvius.

SILVIUS. [85] Wo Leid[34] ist, findet sich immer auch Trost. Wenn Ihr über meinen Liebeskummer Leid empfindet, so würden, indem Ihr Liebe gebt, Euer Leid und mein Kummer zugleich ausgelöscht.

PHOEBE. Du hast [ja] meine Liebe. Ist das nicht nachbarlich?[35]

SILVIUS. [90] Ich möchte *Euch* haben.

PHOEBE. Ei, das wäre Begehrlichkeit. Es gab eine Zeit, Silvius, da ich dich hasste; und noch ist es nicht [so], dass ich Liebe für dich empfinde, doch da du so gut von Liebe zu sprechen weißt, will ich deine Gesellschaft, die mir vorher lästig war, [95] aushalten; und ich habe auch Verwendung für dich; doch erwarte keinen weiteren Lohn als deine eigene Freude, dass du mir dienen darfst.

SILVIUS. So heilig und so vollkommen ist meine Liebe[36], und ich bin in solcher Bedürftigkeit der Gnade, [100] dass es mich eine überreiche Ernte dünken wird, auch nur die abgebrochenen Ähren zu lesen hinter dem Manne, der die volle Ernte[37] einbringt. Setzt dann und wann ein flüchtiges Lächeln frei, davon will ich leben.

PHOEBE. Kennst du den Jüngling, der eben zu mir sprach?

SILVIUS. [105] Nicht besonders gut, aber ich bin ihm oft begegnet, und er hat die Hütte und die Weidegründe gekauft, die früher dem alten Raubein[38] gehörten.

---

[31] *Dead shepherd*: Ein Hinweis auf den am 1. Juni 1593 ums Leben gekommenen Dichter Marlowe – vgl. John Edwin Bakeless, *The Tragicall History of Christopher Marlowe* (Cambridge, Mass. 1942), II, Kap. 16 –, insbesondere auf sein berühmtes Schäferlied *"The Passionate Shepherd to His Love"*. – In der Schäferpoesie kommt dem Schäfer oft auch die Rolle des Dichters zu; es ist deshalb nicht abwegig, wenn eine Schäferin einen Dichter als *shepherd* bezeichnet.

[32] *"Who ever ... sight?"*: Ein wörtliches Zitat aus Marlowes *Hero and Leander*, I, Z. 176. Dieses Gedicht erschien zwar erst 1598 im Druck, doch besteht Grund zur Annahme, dass Sh. es schon vorher im MS kannte (Hrsg.).

[33] *Ha*: Nicht pathetisch wie dt. 'ha!'; oft als geistesabwesende Gegenfrage nach einer Frage gebraucht, wie Neuenglisch "eh?", dt. 'hm?'. Vgl. Leisi, *Problemwörter*.

[34] *sorrow*: Silvius stellt zwischen *sorry* (Z. 84) und *sorrow* eine etymologische Verbindung her, die in Wirklichkeit nicht besteht; vgl. *Meas. for M.* V.1.470: *I am sorry that such sorrow I procure* (Paronomasie).

PHEBE. [80] Dead shepherd, now I find thy saw of might,
  'Who ever loved that loved not at first sight?'
SILVIUS. Sweet Phebe.
PHEBE.   Ha! what say'st thou, Silvius?
SILVIUS. Sweet Phebe, pity me.
PHEBE. Why, I am sorry for thee, gentle Silvius.
SILVIUS. [85] Wherever sorrow is, relief would be.
  If you do sorrow at my grief in love,
  By giving love your sorrow and my grief
  Were both extermined.
PHEBE. Thou hast my love. Is not that neighborly?
SILVIUS. [90] I would have you.
PHEBE.   Why, that were covetousness.
  Silvius, the time was that I hated thee;
  And yet it is not that I bear thee love,
  But since that thou canst talk of love so well,
  Thy company, which erst was irksome to me,
95 I will endure; and I'll employ thee too;
  But do not look for further recompense
  Than thine own gladness that thou art employed,
SILVIUS. So holy and so perfect is my love,
  And I in such a poverty of grace,
100 That I shall think it a most plenteous crop
  To glean the broken ears after the man
  That the main harvest reaps. Loose now and then
  A scatt'red smile, and that I'll live upon.
PHEBE. Know'st thou the youth that spoke to me erewhile?
SILVIUS. [105] Not very well, but I have met him oft,
  And he hath bought the cottage and the bounds
  That the old carlot once was master of.

---

107 Pelican, Arden *carlot*; *Carlot* F (vgl. Anm. 38).

---

[35] *love ... neighborly*: Im Sinne der Bibel eine Liebe, die dem Nächsten (*neighbour*), also jedem, zukommt. Weitere biblische Anklänge sind *covetousness* 'Begehrlichkeit', Z. 90, und *poverty of grace* 'Bedürftigkeit an Gnade', Z. 99.

[36] *So holy ... love*: Vergöttlichung der Geliebten, "Petrarkismus"; vgl. Kommentar sowie Einl., S. 22.

[37] *crop ... harvest*: Diese Metapher ist sehr wahrscheinlich auch in erotischem Sinne aufzufassen; vgl. *Meas. for M.* I.4.44, *Ant. and Cl.* II.2.229 und *Sonn.* 3.5–6.

[38] *carlot*: In F *Carlot* – doch handelt es sich weniger um einen Eigennamen als um den Diminutiv von *carl* oder *churl* 'Mann von gröblichen Manieren und unedler Gesinnung'.

PHOEBE. Denk nicht, ich liebe ihn, obschon ich nach ihm frage; er ist nur ein nörgelnder Junge; doch spricht er gut. [110] Aber was liegt mir an Worten? Doch Worte wirken, wenn, wer sie spricht, den Zuhörern gefällt. Es ist ein hübscher Jüngling; nicht besonders hübsch; aber stolz ist er bestimmt; und doch kleidet ihn sein Stolz. Er wird einmal ein rechter Mann. Das Beste an ihm [115] ist sein Teint; und schneller, als seine Zunge verletzte, heilte sein Auge [alles] wieder zu. Er ist nicht sehr groß; doch für seine Jahre ist er groß. Sein Bein ist nur so-so[39]; und dennoch ist es recht.[40] Es war eine reizende Röte auf seinen Lippen, [120] ein etwas reiferes und lebhafteres Rot als das, welches seiner Wange beigemischt ist; es war genau der Unterschied zwischen gleichmäßigem Rot und dem übergänglichen der Damaszenerrose[41]. Es gibt Frauen, Silvius, wenn die ihn Stück für Stück, wie ich, betrachtet hätten[42], wären sie bald nahe daran gewesen, [125] sich in ihn zu verlieben; aber, was mich betrifft, so liebe ich ihn nicht und hasse ihn auch nicht; und dennoch habe ich mehr Grund, ihn zu hassen, als ihn zu lieben; denn wieso kam er dazu, mich auszuschelten? Er sagte, meine Augen wären schwarz und [auch] mein Haar schwarz; [130] und, jetzt fällt es mir ein, er hat mich verhöhnt. Ich wundere mich, warum ich ihm nicht entgegnete. Doch einerlei; nicht getan ist nicht abgetan[43]. Ich werde ihm einen schnippischen Brief schreiben, und du sollst ihn überbringen. Willst du, Silvius?

SILVIUS. [135] Phoebe, von Herzen gern.

---

[39] *leg ... so, so*: Da bei der elisabethanischen Männerkleidung die Form des Beins sichtbar blieb, galt ein wohlgeformtes Bein (*good leg*) als besonders erstrebenswert. Phoebes ein wenig abschätziges Urteil bezieht sich natürlich auf ein vermeintliches Männerbein. S. Leisi, *Problemwörter*, unter "Schönheitsideal".

[40] *Think not ... yet 'tis well*: In ihren monologartigen Betrachtungen entkräftet Phoebe mit gewandter Liebeskasuistik jeden Einwand gegen Ganymed, indem sie sogleich einen entsprechenden Vorzug an ihm hervorhebt.

[41] *mingled damask*: Vom gesamten Kontext her – das Lippenrot wird mit *constant red* 'gleichmäßiges oder einfaches Rot' und das Wangenrot, welches weniger *ripe* und *lusty* ist, mit *mingled damask* bezeichnet – dürfte *mingled damask* etwa die Bedeutung von 'rosa' oder 'zartrosa' haben. Eine ähnliche Bedeutung findet sich in *Pilgr.* VII.5, wo von einer *lily pale, with damask dye, to grace her*, etwa 'weiß, mit zartrosa Schattierung', die Rede ist. Die Damaszenerrose (urspr. rosa) war wegen ihres Duftes und Aussehens hochgeschätzt; es ist indessen nicht ausgeschlossen, dass Sh. mit dem Wort *damask* eine andere Rose meint. Offen bleibt die Frage, wie *mingled*, wörtlich 'gemischt', zu übersetzen ist. Es könnte sich beziehen 1) auf eine geflammte Rose (z.B. rosa damascena versicolor);

PHEBE. Think not I love him, though I ask for him;
'Tis but a peevish boy; yet he talks well.
110 But what care I for words? Yet words do well
When he that speaks them pleases those that hear.
It is a pretty youth; not very pretty;
But sure he's proud; and yet his pride becomes him.
He'll make a proper man. The best thing in him
115 Is his complexion; and faster than his tongue
Did make offense, his eye did heal it up.
He is not very tall; yet for his years he's tall.
His leg is but so so; and yet 'tis well.
There was a pretty redness in his lip,
120 A little riper and more lusty red
Than that mixed in his cheek; 'twas just the difference
Betwixt the constant red and mingled damask.
There be some women, Silvius, had they marked him
In parcels as I did, would have gone near
125 To fall in love with him; but, for my part,
I love him not nor hate him not; and yet
I have more cause to hate him than to love him;
For what had he to do to chide at me?
He said mine eyes were black and my hair black;
130 And, now I am rememb'red, scorned at me.
I marvel why I answered not again.
But that's all one: omittance is no quittance.
I'll write to him a very taunting letter,
And thou shalt bear it. Wilt thou, Silvius?
SILVIUS. [135] Phebe, with all my heart.

---

2) auf einen Rosenbusch, der sowohl rosa wie weiße Rosen trägt, wie die sog. York und Lancaster Rose, vgl. *Sonn.* 130: *I have seen roses damasked, red and white*; 3) auf eine gleichmäßige Mischung zwischen Rot und Weiß, also schlicht Hellrosa; tatsächlich wird die Damaszenerrose von zeitgenössischen Botanikern als schlicht rosa oder hellrosa geschildert. Vgl. den ausführlichen Kommentar zu *Sonn.* 130 in Ingram and Redpath, *Shakespeare's Sonnets* (London 1964), S. 298, sowie *Twel. N.*, ed. Therese Steffen (Studienausgabe), II.4.112, wo starke Argumente für die Lesung 3) gegeben werden.

[42] *marked him in parcels*: Durch die scheinbar sachliche Aufzählung von Ganymeds Reizen bringt Phoebe ihre plötzliche Liebe noch stärker zum Aufflammen; Silvius gegenüber spielt sie damit ein Doppelspiel.

[43] *omittance is no quittance*: Manche Hrsg. halten dies für eine sprichwörtliche Redensart, wofür allerdings keine Anhaltspunkte bestehen; dennoch hat der Satz Epigrammcharakter: Kürze, Reim, konzentrierter Gedanke.

PHOEBE. Ich schreibe ihn sogleich; der Inhalt liegt mir schon im Kopf und Herz bereit; ich werde unfreundlich gegen ihn sein und überaus[44] kurz angebunden. Komm mit mir, Silvius.

Beide ab.

---

[44] *passing*: eigentlich 'übertreffend', also 'überaus', 'über die Maßen'.

PHEBE. I'll write it straight;
　　The matter's in my head and in my heart;
　　I will be bitter with him and passing short.
　　Go with me, Silvius.

Exeunt.

IV.1 *Rosalinde und Celia sowie Jaques treten auf.*

JAQUES. Hübscher Junge, erlaube mir, bitte, dich näher kennen zu lernen.

ROSALINDE. Man sagt, Ihr seiet ein melancholischer Geselle.

JAQUES. Das bin ich; ich mag es[1] lieber [sein] als lachen.

ROSALINDE. [5] Die, welche das eine oder andere übertreiben[2], sind widerwärtige[3] Gesellen und setzen sich dem allgemeinen Tadel[4] ärger aus als Trunkenbolde[5].

JAQUES. Ei, es ist gut, schwermütig[6] zu sein und nichts zu sagen.

ROSALINDE. Ei, dann ist es gut, ein Pfosten[7] zu sein.

JAQUES. [10] Ich habe weder die Melancholie[8] des Gelehrten, die Streberei ist; noch die des Musikers, die überspannt[9] ist; noch die des Höflings, die hoffärtig ist; noch die des Soldaten, die ehrsüchtig ist; noch die des Rechtsgelehrten, die berechnend ist; noch die der Dame, die zimperlich[10] ist; noch die des Liebenden, die dies alles zusammen ist: [15] Vielmehr ist es eine nur mir eigene Melancholie, aus vielen Ingredienzen[11] komponiert, aus vielen Dingen extrahiert und überhaupt die mannigfache Betrachtung meiner Reisen[12], die mich durch öfteres[13] Grübeln in eine höchst launische[14] Schwermut einhüllt.

ROSALINDE. Ein Reisender! Fürwahr, Ihr habt guten [20] Grund, schwermütig zu sein. Ich fürchte, Ihr habt Eure eigenen Ländereien verkauft, um die [Länder] anderer Leute zu sehen. Viel gesehen haben und nichts besitzen heißt dann allerdings reiche Augen und arme Hände haben.

---

[1] *it*: Diesem Pronomen fehlt das zugehörige Nomen, doch bezieht es sich offensichtlich auf den Zustand des Melancholischseins. Vgl. Anm. 12 zu *Meas. for M.*, ed. Naef, IV.1.13.

[2] *in extremity of*: 'Beim Äußersten', 'am äußersten Rande'; vgl. IV.3.24: *turned into the extremity of love* 'in das Äußerste an Liebe hineingeraten'.

[3] *abominable*: In F *abhominable*, die damals übliche Schreibung, bei der auf die – unrichtige – Etymologie 'ab homine' angespielt wurde; vgl. *L.L.L.* V.1.19ff.

[4] *modern censure*: Was *modern* 'gewöhnlich', 'alltäglich' betrifft, vgl. II.7.156. *Censure* hat bei Sh. zumeist die neutrale Bedeutung 'Urteil', 'Meinung'; vgl. *How blest am I in my just censure, in my true opinion!* 'wie gereicht mir mein richtiges Urteil, meine wahre Meinung zum Segen!', *Wint. T.* II.1.37. In manchen Fällen ist dem Wort jedoch die pejorative Bedeutung 'Tadel' beigemischt, wie hier und in IV.1.180; vgl. auch *Cymb.* IV.2.272: *Fear no slander, censure rash* 'Fürchte nicht Verleumdung, vorschnellen Tadel'.

[5] *worse than drunkards*: Dieser Ausdruck könnte sich grammatisch sowohl auf *abominable fellows* als auch auf *betray themselves* beziehen; letzteres ist wahrscheinlicher, da Sh. *worse* häufig als Adverb verwendet; vgl. *I do hate thee worse than a promise-breaker* 'du bist mir ärger verhasst als ein Wortbrüchiger', *Coriol.* I.8.1–2. – Der Anblick von Betrunkenen auf den Straßen Londons gehörte in Sh.s Zeit zum Alltäglichen (New Cambridge); vgl. auch *Shakespeare's England*; F. G. Emmison, *Elizabethan Life: Disorder* (Chelmsford 1970).

[6] *sad*: Wie in *Sad Lucretia's modesty*, III.2.142, bedeutet *sad* hier auch 'ernsthaft', 'gesetzt'.

IV.1   *Enter Rosalind and Celia and Jaques.*

JAQUES. I prithee, pretty youth, let me be better acquainted with thee.

ROSALIND. They say you are a melancholy fellow.

JAQUES. I am so; I do love it better than laughing.

ROSALIND. [5] Those that are in extremity of either are abominable fellows, and betray themselves to every modern censure worse than drunkards.

JAQUES. Why, 'tis good to be sad and say nothing.

ROSALIND. Why then, 'tis good to be a post.

JAQUES. [10] I have neither the scholar's melancholy, which is emulation; nor the musician's, which is fantastical; nor the courtier's, which is proud; nor the soldier's, which is ambitious; nor the lawyer's, which is politic; nor the lady's, which is nice; nor the lover's, which is all these: [15] but it is a melancholy of mine own, compounded of many simples, extracted from many objects, and indeed the sundry contemplation of my travels, which, by often rumination, wraps me in a most humorous sadness.

ROSALIND. A traveller! By my faith, you have great [20] reason to be sad. I fear you have sold your own lands to see other men's. Then to have seen much and to have nothing is to have rich eyes and poor hands.

---

17   in which by F; F$_2$ in which my; Konj. Malone[1] and which, by; Collier which, by.

---

[7]   *a post*: Für den "sprachlosen Pfosten" s. auch I.2.232; über die modische Schweigepose vgl. *Merch. V.* I.1.83ff.

[8]   *melancholy*: Jaques versteht hier unter *melancholy* eher eine bestimmte Geisteshaltung als eigentliche Schwermut; s. Leisi, *Problemwörter*. Einen ähnlichen Katalog von Menschentypen gibt er in *All the world's a stage*, II.7.139ff.

[9]   *fantastical*: Möglicherweise nähert sich hier *fantastical* den sinnverwandten Wörtern *fantasy* oder *fancy* 'Liebe'; vgl. *Twel. N.* I.1.14: *So full of shapes is fancy / That it alone is high fantastical.* Da Musik und Liebe bei Sh. oft eng verknüpft sind (vgl. *Meas. for M.* IV.1.10ff., *Twel. N.* I.1.1 und *Ant. and Cl.* II.5.1), könnte hier *fantastical* beschrieben werden als 'durch Liebe über sich selbst hinausgehoben, vom Wirklichen entfernt und darum überspannt'.

[10]   *nice*: ursprünglich 'unwissend' (<lat. *nescius*). Zu Sh.s Zeit bedeutete das Wort 'fähig oder geneigt, feine (oder zu feine) Unterschiede zu machen', im negativen Sinn 'wählerisch', 'heikel' und, besonders von Frauen, 'zimperlich'.

[11]   *simples*: 'einfache, nicht zusammengesetzte Drogen'.

[12]   *the sundry contemplation of my travels*: Falls man diesen Ausdruck als einen Fall der bei Sh. häufigen Hypallage auffasst, ergibt sich mit klarerem Sinn: *the contemplation of my sundry travels* 'die Betrachtung meiner mannigfachen Reisen'.

[13]   *often rumination*: Eine der wenigen Stellen, wo Sh. *oft(en)* als Adjektiv verwendet; vgl. *Sonn.* 14.8.

[14]   *humorous*: Zur Bedeutung 'launisch' vgl. I.2.247.

JAQUES. Ja, ich habe mir Erfahrung erworben.
 Orlando tritt auf.[15]
ROSALINDE. Und Eure Erfahrung macht Euch schwermütig. Mir [25] wäre ein Narr lieber, der mich fröhlich macht, als Erfahrung, die mich schwermütig macht: und noch dazu deswegen zu reisen[16].
ORLANDO. Glück und Willkommen, liebe Rosalinde.
JAQUES. Nanu, Gott befohlen, wenn Ihr in Blankvers[17] redet.
ROSALINDE. [30] Lebt wohl, Monsieur Reisender. Seht zu, dass Ihr lispelt[18] und ausländische Kleidung[19] tragt, [dass] Ihr alle Wohltaten Eures Vaterlandes herabsetzt, von Eurer Herkunft[20] nichts mehr wissen wollt und beinahe Gott scheltet, dass er Euch so gemacht hat, wie Ihr seid[21]; sonst glaube ich kaum, dass Ihr [je] in einer Gondel geschwommen seid[22].

[Jaques ab.]

[35] Ei, sieh da, Orlando, wo seid Ihr die ganze Zeit gewesen? Ihr ein Liebender? Wenn Ihr mich noch einmal so zum Besten habt, dann kommt mir nicht mehr unter die Augen.
ORLANDO. Meine schöne Rosalinde, ich komme noch keine Stunde später, als ich versprochen habe[23].
ROSALINDE. [40] In der Liebe das Versprechen einer [bestimmten] Stunde brechen? Wer in Liebesdingen eine Minute in tausend Teile zerlegt und nur einen Teil vom Tausendstel einer Minute bricht, von dem kann man sagen, Cupido habe ihm auf die Schulter

---

[15] *Enter Orlando*: In F sind die BA oft sehr früh angegeben; vgl. Anm. zu der BA *Enter [Touchstone, the] Clown*, I.2.40. So gut wie sicher wird er von Rosalinde erst wahrgenommen, als er (in Blankvers) zu sprechen beginnt.

[16] *travel*: Auch 'schwer arbeiten'; vgl. *Meas. for M.* IV.2.62.

[17] *in blank verse*: Diese Reaktion weist darauf hin, dass Orlandos Begrüßungsworte deutlich als Vers zu sprechen sind; vgl. Tschopp, *Zur Verteilung von Vers und Prosa in Shakespeares Dramen*, S. 3. Zahlreiche Hrsg. lassen Jaques – nach Vorschrift der F_{2-4} – schon nach dem Wort *verse* von der Bühne abtreten. Da aber Rosalinde immer noch zu ihm spricht, ist es natürlicher, wenn er sich zunächst nur zum Gehen wendet und erst nach *swam in a gundello* ganz abgeht.

[18] *lisp*: Mit fremdländischem Akzent, in gezierter Art sprechen; vgl. Chaucer, General Prologue, wo (Z. 264) vom Frere (Laienbruder) gesagt wird: *Somwhat he lipsed for his wantownesse* ('aus Ziererei').

[19] *strange suits*: Zur ausländischen Modelkleidung vgl. auch *Merch.* V. I.2.68ff.

JAQUES. Yes, I have gained my experience.
Enter Orlando.

ROSALIND. And your experience makes you sad. I had [25] rather have a fool to make me merry than experience to make me sad: and to travel for it too.

ORLANDO. Good day and happiness, dear Rosalind.

JAQUES. Nay then, God b' wi' you, an you talk in blank verse.

ROSALIND. [30] Farewell, Monsieur Traveller. Look you lisp and wear strange suits, disable all the benefits of your own country, be out of love with your nativity, and almost chide God for making you that countenance you are; or I will scarce think you have swam in a gundello.

[Exit Jaques.]

[35] Why, how now, Orlando, where have you been all this while? You a lover? An you serve me such another trick, never come in my sight more.

ORLANDO. My fair Rosalind, I come within an hour of my promise.

ROSALIND. [40] Break an hour's promise in love? He that will divide a minute into a thousand parts and break but a part of the thousandth part of a minute in the affairs of love, it may be said of

---

34 BA *Exit Jaques* Dyce; F$_2$ nach 29; nicht in F (vgl. Anm. 17).

---

[20] *nativity*: 'Geburt', 'Sternstunde zur Zeit der Geburt'; hier 'Geburtsort', 'Herkunft' (OED 5).

[21] *for making you the countenance you are*: Wörtlich 'dass er Euch zu der Erscheinung gemacht hat, die Ihr seid'; von den vielen Bedeutungsnuancen von *countenance*, z.B. 'Gesicht', 'Miene', 'Benehmen', 'äußere Erscheinung', 'Ansehen', würde hier auch 'Aussehen' passen. Vgl. Werner Habicht, "Zur Bedeutungsgeschichte des englischen Wortes *countenance*", *Archiv für das Studium der neueren Sprachen und Literaturen* 203 (1967), S. 32–51, sowie *Meas. for M*. V.1.118.

[22] *swam in a gundello*: Das Partizip *swum* kommt bei Sh. nicht vor. *Gundello* (nach F, welche auch *Gondilo* schreibt) 'Gondel' ist ein direkter Hinweis auf Venedig, schon damals ein besonders beliebtes Reiseziel, auch unrühmlich berühmt wegen seiner Prostituierten (New Penguin). Die fremdartigen Sitten und Gewohnheiten, welche viele Reisende vom Ausland her mitbrachten und als Zeichen feinerer Lebensart beibehielten, wurden zu Sh.s Zeit viel bespöttelt oder gar verurteilt, wie schon 1570 in Roger Aschams *Schoolemaster* (New Cambridge). – In dem hier zu Ende gehenden Gespräch mit Jaques tritt Rosalinde, wie schon gegenüber Phoebe im 3. Akt, mit scharfer Kritik hervor; sie macht dabei von einer Autorität Gebrauch, die ihr erst die Männerkleidung und das Hochgefühl der Liebe zu Orlando verliehen haben. Vgl. ihre frühere Stimmung in II.4.1ff.

[23] *within an hour of my promise*: wörtlich 'innerhalb einer Stunde meines Versprechens', d.h. 'noch innerhalb der Stunde, die auf die Zeit folgt, zu der ich zu kommen versprach'.

geklopft[24], doch ich verbürge mich dafür, dass sein Herz unversehrt ist[25].

ORLANDO. [45] Vergebt mir, liebe Rosalinde.

ROSALINDE. Nein, wenn Ihr so saumselig seid, so kommt mir nicht mehr unter die Augen. Ebenso gern ließe ich mich von einer Schnecke umwerben.

ORLANDO. Von einer Schnecke?

ROSALINDE. Jawohl, von einem Schneckenmann[26]; denn kommt er auch langsam, so [50] trägt er doch sein Haus auf dem Kopf; ein besseres Leibgedinge[27], mein ich, als ihr [Männer] einer Frau aussetzt[28]. Außerdem bringt er sein Schicksal mit.

ORLANDO. Was für eins?

ROSALINDE. Nun, Hörner; wofür solche wie Ihr ihren Frauen [55] noch dankbar[29] sein müssen; doch er kommt mit seinem Schicksal bewehrt[30] und nimmt voraus[31], was man seiner Frau Übles nachsagen wird.

ORLANDO. Tugend lässt keine Hörner wachsen, und meine Rosalinde ist tugendhaft.

ROSALINDE. Und ich bin Eure Rosalinde.

CELIA. [60] Es beliebt ihm, Euch so zu nennen; aber er hat eine Rosalinde von schönerem Angesicht[32], als Ihr [es] habt.

ROSALINDE. Auf, werbt um mich, werbt um mich; denn jetzt bin ich in Festtagslaune und könnte wohl einwilligen. Was würdet Ihr jetzt zu mir sagen, wenn ich ganz Eure wahre Rosalinde wäre?

ORLANDO. [65] Ich würde küssen, bevor ich redete.

ROSALINDE. Nein, Ihr tätet besser, zuerst zu reden, und wenn Ihr stockt[33] aus Mangel an Stoff[34], könntet Ihr die Gelegenheit zum

---

[24] *clapped ... shoulder*: Die zwei Bedeutungen von *to clap sb. on the shoulder* – 1) als Aufmunterung, 2) bei polizeilicher Festnahme – sind hier beide möglich; die zweite würde noch durch das rechtssprachliche *warrant* gestützt. Trotzdem ist sie weniger wahrscheinlich, da nach Rosalindes Überzeugung ein solcher Mann von Liebe unberührt, also nicht Cupidos Gefangener ist. Der Sinn ist eher: 'Cupido hat ihn nur berührt, nicht ins Herz geschossen'.

[25] *heart-whole*: Vgl. die Aufzählung der bei Orlando mangelnden Verliebtheitssymptome in III.2.352–362.

[26] *snail*: Da das Folgende keinen Sinn ergibt, wenn *snail* nicht männlichen Geschlechts ist, haben wir uns mit 'Schneckenmann' beholfen.

[27] *jointure*: Gemeint ist das 'Leibgedinge' d.h. das Vermögen, das der Ehemann seiner Frau noch zu Lebzeiten für den Fall seines Todes aussetzt.

[28] *than you make*: Das *you* kann sich hier sowohl auf Orlando wie auf die Männer im Allgemeinen – auf Menschenwesen im Gegensatz zu den Schnecken – beziehen.

[29] *beholding*: die – anstelle des heute üblichen *beholden* 'verpflichtet', 'dankbar' – im 17. Jh. allgemein gebräuchliche und auch von Sh. sehr häufig verwendete Form. Zur Verschiebung zwischen passivischem und aktivischem Sinn insbesondere von Adjektiven bei

him that Cupid hath clapped him o'th'shoulder, but I'll warrant him heart-whole.

ORLANDO. [45] Pardon me, dear Rosalind.

ROSALIND. Nay, an you be so tardy, come no more in my sight. I had as lief be wooed of a snail.

ORLANDO. Of a snail?

ROSALIND. Ay, of a snail; for though he comes slowly, he [50] carries his house on his head; a better jointure, I think, than you make a woman. Besides, he brings his destiny with him.

ORLANDO. What's that?

ROSALIND. Why, horns; which such as you are fain to be [55] beholding to your wives for; but he comes armed in his fortune and prevents the slander of his wife.

ORLANDO. Virtue is no horn-maker, and my Rosalind is virtuous.

ROSALIND. And I am your Rosalind.

CELIA. [60] It pleases him to call you so; but he hath a Rosalind of a better leer than you.

ROSALIND. Come, woo me, woo me; for now I am in a holiday humor and like enough to consent. What would you say to me now, and I were your very very Rosalind?

ORLANDO. [65] I would kiss before I spoke.

ROSALIND. Nay, you were better speak first, and when you were gravelled for lack of matter, you might take occasion to kiss.

---

55 *beholding* F; Pope *beholden* (vgl. Anm. 29).

Sh. vgl. die Anm. zu *plausible* in *Meas. for M.*, ed. Naef (Studienausgabe), III.1.238. Was *be fain* 'angewiesen sein' etc. betrifft, vgl. *Meas. for M.* IV.3.150.

[30] *armed ... fortune*: 'bewehrt mit dem, was zu tragen bald sein Schicksal sein wird', nämlich mit Hörnern. Das Wort *armed* mag außerdem darauf anspielen, dass die Hörner gleichsam als Helmzier auf dem Wappen (*arms*) getragen werden; vgl. *Meas. for M.* II.4.16ff. und *Com. Err.* III.2.123.

[31] *prevents*: *Prevent* hier im ursprünglichen Sinn von 'zuvorkommen'; vgl. *so shall my anticipation prevent your discovery* 'so soll meine Voraussicht Eurer Entdeckung zuvorkommen', *Haml.* II.2.290.

[32] *leer*: Hier in der Bedeutung des mittelenglischen *lere* 'Wange', 'Gesicht', 'Gesichtsfarbe' gebraucht; vgl. *Here's a young lad framed of another leer* 'Da haben wir ein Bürschlein, das aus anderer (Gesichts)farbe verfertigt ist', *Tit. A.* IV.2.119. – Celia könnte mit *of a better leer* 'von schönerem Angesicht' auf den dunkleren, also weniger schönen Farbton hinweisen, den Rosalindes Gesicht durch das Umbra (vgl. I.3.108) angenommen hat.

[33] *gravelled*: 'im Sand oder Kies stecken geblieben' besonders von Schiffen.

[34] *matter*: Das Wort hat vermutlich die Nebenbedeutung 'männlicher Same'; vgl. *Open your purse, that the money and the matter may be both at once delivered* 'Tut Euren Beutel auf, damit das Geld und der Stoff beide auf einmal herausgegeben werden', *Two Gent.* I.1.124; was die obszöne Bedeutung von *purse* und *money* betrifft, vgl. II.4.12. Die Bedeutung 'Samen' wird durch das *spit* 'ejakulieren' in Z. 69 gestützt.

Küssen ergreifen. Sehr gute Redner räuspern sich[35], wenn sie stecken bleiben[36]; und wenn Liebenden – was Gott verhüte[37]! – [70] der Stoff ausgeht, ist Küssen die sauberste Lösung[38].
ORLANDO. Wenn nun aber der Kuss verweigert wird?
ROSALINDE. Dann zwingt sie Euch zum Bitten, und so entsteht neuer Stoff.
ORLANDO. Wer könnte stecken bleiben vor seiner geliebten [75] Herrin?
ROSALINDE. Ei, das würdet Ihr, wenn ich Eure Herrin wäre, sonst müsste ich meine Züchtigkeit für ausschweifender halten als meinen Witz[39].
ORLANDO. Wie, in meiner Werbung [stecken bleiben]?[40]
ROSALINDE. Nicht in Eurem Anzug[41], und trotzdem in Eurer [80] Werbung [stecken bleiben]. Bin ich nicht Eure Rosalinde?
ORLANDO. Es macht mir einige Freude zu sagen, Ihr seid es, weil ich gerne von ihr sprechen möchte.
ROSALINDE. Nun, in ihrer Person sage ich, dass ich Euch nicht will.
ORLANDO. Dann, in meiner eigenen Person, sterbe ich.
ROSALINDE. [85] Nein, wahrlich, sterbt durch [einen] Stellvertreter[42]. Die arme Welt ist schon beinahe sechstausend Jahre alt[43], und während dieser ganzen Zeit ist kein Mann gewesen, der in eigener Person gestorben wäre, videlicet[44] in einer Liebessache. Dem Troilus[45] wurde mit einer griechischen Keule der Schädel eingeschlagen[46]; aber er tat sein Möglichstes, um [schon] vorher

---

[35] *spit*: 'Spucken', 'sich räuspern', 'fauchen'; bildlich (obszön) 'ejakulieren'; vgl. Anm. zu V.3.11.

[36] *be out*: 'den Faden verloren haben', 'stecken bleiben' (besonders von Schauspielern) häufig bei Shakespeare. Da hier mit dem Ausdruck gespielt wird, hat er wohl einen (noch unklaren) Nebensinn.

[37] *God warn us*: Das Wort steht vermutlich für *God warrant us* 'Gott behüte (bewahre) uns'; vgl. *Mids. N. D.* V.1.311: *God warr'nt us!* und *A.Y.L.* III.3.4: *Lord warrant us!*, ferner *Haml.* I.2.243: *I warr'nt it will*.

[38] *shift*: 'Trick', 'Ausweg' konnte zu Sh.s Zeit auch 'Hemd' bedeuten (OED 10); eine Anspielung auf diese Bedeutung liegt wegen des begleitenden *cleanliest* nahe.

[39] *my honesty ... wit*: Dieses Paradox lässt sich etwa so auflösen: Rosalindes Schamhaftigkeit oder Züchtigkeit würde – wenn sie größer (wörtlich 'üppiger ausgebildet') wäre als ihr Verstand (der den Bewerber in Schranken zu halten weiß) – Orlando gerade *nicht* zum Steckenbleiben bei seiner Werbung veranlassen und so den Anschein erwecken, als ermuntere sie ihn in unzüchtiger Weise. Vgl. *Meas. for M.* II.2.168-170: *Can it be / That modesty may more betray our sense / Than woman's lightness?* 'Ist es möglich, dass Sittsamkeit unsere Sinne mehr zu verführen vermag als weibliche Leichtsinn?'

[40] *What, ... suit?*: Orlandos Frage bezieht sich einerseits auf *Who could be out* (Z. 74), andererseits auf *that should you* (Z. 76).

Very good orators, when they are out, they will spit; and for
lovers, lacking – God warn us! – [70] matter, the cleanliest shift
is to kiss.

ORLANDO. How if the kiss be denied?

ROSALIND. Then she puts you to entreaty, and there begins new matter.

ORLANDO. Who could be out, being before his beloved [75] mistress?

ROSALIND. Marry, that should you, if I were your mistress, or I should
think my honesty ranker than my wit.

ORLANDO. What, of my suit?

ROSALIND. Not out of your apparel, and yet out of your [80] suit. Am
not I your Rosalind?

ORLANDO. I take some joy to say you are, because I would be talking of
her.

ROSALIND. Well, in her person, I say I will not have you.

ORLANDO. Then, in mine own person, I die.

ROSALIND. [85] No, faith, die by attorney. The poor world is almost six
thousand years old, and in all this time there was not any man
died in his own person, videlicet, in a love cause. Troilus had
his brains dashed out with a Grecian club; yet he did what he

---

[41] *apparel ... suit*: Ein Spiel mit den zwei Bedeutungen von *suit*: 1) Werbung, Wunsch;
2) Kleidung, Anzug; vgl. I.2.227 und II.7.44. *Apparel*, eigentl. 'Kleidung', wird häufig
zweideutig verwendet: 'Ausstattung des Mannes / der Frau'; s. Leisi, *Problemwörter*. –
Mit *suit* beginnt in F eine neue Zeile, die aber im Übrigen leer bleibt, denn die Frage *Am
not I your Rosalind?* bildet schon die nächste Zeile. Einige Hrsg. vermuten deshalb, dass
nach *suit* einige Wörter verloren gegangen sind.

[42] *attorney*: Das Wort scheint hier im allgemeinen Sinn von 'Stellvertreter', 'Bevollmächtigter' verwendet zu sein (OED 1). Immerhin machen es die juristischen Termini *videlicet*
(Z. 87) und *found it was* (Z. 95) wahrscheinlich, dass die juristische Bedeutung 'Anwalt'
anklingt.

[43] *six thousand years*: in Anlehnung an die biblisch-jüdische Zeitrechnung, nach der die Welt
um 1600 gut 5300 Jahre alt war.

[44] *videlicet*: 'Das heißt', 'nämlich' (< lat. *videre licet*), ein Wort, das vor allem in amtlichen
und gerichtlichen Schriftstücken verwendet wurde.

[45] *Troilus*: Ein – in der Ilias nicht erwähnter – griechischer Held, dessen Geschichte im Versroman 'Roman de Troie' des Benoît de Sainte Maure (12. Jh.) erzählt wird. Als Vorlage
dienten Benoît das (angeblich von Dictys Cretensis verfasste) Tagebuch über den Trojanischen Krieg und das im Mittelalter sehr bekannte Werk *De Excidio Trojae*. In der Folge
ist das Troilus-Motiv u.a. von Geoffrey Chaucer in seinem Epos *Troylus and Cryseide*
(zwischen 1372 und 1380) wieder aufgenommen worden. Näheres in der Einleitung zu
Troilus und Cressida, ed. W. Brönnimann-Egger (Studienausgabe). – Die griechische
Keule als Todesursache bei Troilus ist von Rosalinde frei erfunden; möglicherweise hat
club überdies die sexuelle Nebenbedeutung 'männliches Glied'; vgl. *Much Ado* III.3.128.

[46] *brains dashed out*: wörtlich 'das Gehirn herausgeschlagen'.

zu sterben, [90] und er gilt als ein Muster der Liebe. Leander[47], der hätte noch manch schönes Jahr gelebt, wäre auch Hero Nonne geworden, wenn nicht eine heiße Sommernacht schuld gewesen wäre; denn – guter Junge! – er ging nur hin, um sich im Hellespont zu baden, und als ihn dabei ein Krampf befiel, [95] ertrank er; und die albernen Chronisten jener Zeit fanden[48] dann, es sei 'Hero von Sestos' gewesen. Aber das sind alles Erfindungen. Männer sind von Zeit zu Zeit gestorben[49], und die Würmer haben sie verzehrt, aber nicht aus Liebe.

ORLANDO. Ich möchte meine richtige Rosalinde nicht von dieser [100] Sinnesart, denn ich beteure, ihr Stirnrunzeln könnte mich töten.

ROSALINDE. Bei dieser Hand[50], sie wird nicht [einmal] eine Fliege töten. Doch kommt, nun will ich Eure Rosalinde in einer entgegenkommenderen[51] Stimmung[52] sein; bittet mich also, worum Ihr wollt, ich will es gewähren.

ORLANDO. Dann liebe[53] mich, Rosalinde.

ROSALINDE. [105] Ja, wahrhaftig will ich [das], freitags und samstags[54] und immerzu.

ORLANDO. Und willst du mich [zum Manne] haben?

ROSALINDE. Jawohl, und noch zwanzig von dieser Sorte.

ORLANDO. Was sagst du?

ROSALINDE. Seid Ihr nicht gut?

ORLANDO. [110] Das hoffe ich.

---

[47] *Leander*: Der griechischen Sage nach schwamm der Jüngling Leander Nacht für Nacht von Abydos (heute Türkei) aus über den Hellespont, um Hera, die Aphrodite-Priesterin in Sestos, zu besuchen; doch in einer Sturmnacht ertrank er, worauf sich die verzweifelte Hera ins Meer stürzte. – In Sh.s Zeit haben sich C. Marlowe (in einem berühmten Versepos) und T. Nashe (in possenhafter Weise) mit dem Leander-Thema befasst. – Dass Leander beim Schwimmen vom Krampf befallen wurde, ist ebenfalls eine Erfindung Rosalindes.

[48] *chroniclers ... found it was*: Diese für deutschsprachige Leser unproblematische Stelle ist von englischen Hrsg. juristisch gedeutet worden, indem das Verb *to find* in der Konstruktion *found it was* für sie heute nur die exakte juristische Bedeutung 'erkennen auf (schuldig oder unschuldig)' hat. Hanmer hat darum die Emendation von *chroniclers* (F *chronoclers*) zu *coroners* 'Kronanwälte' vorgeschlagen, und die aus der Rechtssprache stammenden Wörter *attorney* (Z. 85) und *videlicet* (Z. 87) scheinen sie auch zu stützen. Das Schriftbild von *coroners* ist jedoch demjenigen von *chronoclers* zu unähnlich, als dass diese Emendation überzeugen könnte; zudem ist *coroner* bei Sh. nirgends sonst belegt; es gibt nur einige Belege für *crowner* (vgl. *Haml.* V.1.4). Wir verstehen daher *found* (wie Arden)

could to die before, [90] and he is one of the patterns of love. Leander, he would have lived many a fair year though Hero had turned nun, if it had not been for a hot midsummer night; for, good youth, he went but forth to wash him in the Hellespont, and being taken with the cramp, was [95] drowned; and the foolish chroniclers of that age found it was 'Hero of Sestos'. But these are all lies. Men have died from time to time, and worms have eaten them, but not for love.

ORLANDO. I would not have my right Rosalind of this [100] mind, for I protest her frown might kill me.

ROSALIND. By this hand, it will not kill a fly. But come, now I will be your Rosalind in a more coming-on disposition; and ask me what you will, I will grant it.

ORLANDO. Then love me, Rosalind.

ROSALIND. [105] Yes, faith, will I, Fridays and Saturdays and all.

ORLANDO. And wilt thou have me?

ROSALIND. Ay, and twenty such.

ORLANDO. What sayest thou?

ROSALIND. Are you not good?

ORLANDO. [110] I hope so.

---

95 *Chronoclers* F; Hanmer *coroners*; Hrsg. *chroniclers* (vgl. Anm. 48).

---

im näher liegenden Sinn von 'entdeckten', 'fanden heraus'; in genau demselben Sinn verwendet Sh. das Wort in IV.3.121: *And found it was his brother* 'Und entdeckte, dass es sein Bruder war'.

[49] *Men have died*: Obschon hier *men* in erster Linie 'Männer' bedeutet, können damit auch die Menschen im Allgemeinen gemeint sein.

[50] *By this hand*: eine häufige Bekräftigungsformel. Rosalinde könnte dabei ihre Hand hochheben oder ausstrecken.

[51] *coming-on*: Das Verb *come on* bedeutet bei Sh. 'herankommen', 'sich nähern'; vgl. *Meas. for M.* III.1.43 und *Lear* II.4.295: *the night comes on* 'die Nacht kommt heran'. Das Partizip *coming-on* wird nur hier als Adjektiv gebraucht, und der Kontext macht es wahrscheinlich, dass es '(jemandes Wünschen) entgegenkommend' bedeutet.

[52] *disposition*: 'Stimmung'; vgl. I.1.116.

[53] *love me*: Die Situation – Orlando ist nahe daran zu glauben, seine wirkliche Rosalinde wolle ihm einen Wunsch erfüllen – und das *thou*, mit dem er sie in Z. 106 anredet, sprechen dafür, dass der Imperativ *love* schon hier mit 'liebe', nicht mit 'liebt', zu übersetzen ist.

[54] *Fridays and Saturdays*: Möglicherweise 'an Fasttagen wie an gewöhnlichen Tagen'; vgl. Arden und *Meas. for M.* III.2.170.

ROSALINDE. Nun also, kann man sich des Guten zu viel[55] wünschen? Kommt, Schwester, Ihr sollt der Priester[56] sein und uns trauen. Gebt mir Eure Hand, Orlando. Was sagt Ihr, Schwester?
ORLANDO. Ich bitte dich, traue uns.
CELIA. [115] Ich weiß die Worte nicht.
ROSALINDE. Ihr müsst anfangen: 'Wollt Ihr, Orlando' –
CELIA. Schon gut. Wollt Ihr, Orlando, die Rosalinde hier zur Frau[57] nehmen?
ORLANDO. Ja.
ROSALINDE. [120] Ja, aber wann?
ORLANDO. Nun, jetzt, so schnell sie uns trauen kann.
ROSALINDE. Dann müsst Ihr sagen: 'Ich nehme dich, Rosalinde, zur Frau.'
ORLANDO. Ich nehme dich, Rosalinde, zur Frau.
ROSALINDE. [125] Ich könnte Euch nach Eurer Vollmacht[58] fragen; doch hiermit nehme ich dich, Orlando, zum Manne. Da kommt ein Mädchen dem Priester zuvor[59], und der Gedanke einer Frau eilt ja auch ihren Taten voraus.
ORLANDO. Das tun alle Gedanken; sie sind beflügelt.[60]
ROSALINDE. [130] Nun sagt mir, wie lange Ihr sie haben wollt, nachdem Ihr sie in Besitz genommen habt.
ORLANDO. Für immer und einen Tag.
ROSALINDE. Sagt 'einen Tag' ohne das 'für immer'. Nein, nein, Orlando; Männer sind April[61], wenn sie werben, Dezember, wenn sie [135] heiraten. Mädchen sind Mai, wenn sie Mädchen sind, doch der Himmel verändert sich, wenn sie Frauen sind. Ich will eifersüchtiger über dir wachen als ein Berber-Täuberich[62] über sein Weibchen, lärmender sein als ein Papagei, wenn

---

[55] *good thing*: Von *thing* ausgehend vermuten Everyman Shakespeare und andere Edd. eine Penis-Anspielung, doch ist dies schlecht gesichert.
[56] *you shall be the priest*: Bei Lodge: *And thereupon (quoth Aliena) Ile play the priest* (Bullough, *Sources*, S. 214); der Vorschlag geht dort also von Celia aus.
[57] *to wife*: Sh. verwendet die Präposition *to* öfters im Sinne von 'in der Eigenschaft, Stellung eines ..., als, zum'; vgl. *Rich. II* IV.1.308: *I have a king here to my flatterer* 'habe ich hier einen König zum Schmeichler'.
[58] *commission*: Das Wort kann bei Sh. konkret und abstrakt sein: '(schriftliche) Vollmacht' und 'Auftrag', 'Befugnis'. – Orlando hat "seine" Rosalinde noch nicht gefragt, ob sie ihn zum Manne haben wolle; er hat also ihren Auftrag oder ihre Vollmacht nicht, wenn er jetzt Ganymed per proxi heiratet (New Arden). Nach New Cambridge ist er nicht befugt zur Eheschließung, weil kein Vater oder Verwandter da ist, um die Braut zu geben; vgl.

ROSALIND. Why then, can one desire too much of a good thing? Come, sister, you shall be the priest and marry us. Give me your hand, Orlando. What do you say, sister?

ORLANDO. Pray thee marry us.

CELIA. [115] I cannot say the words.

ROSALIND. You must begin, 'Will you, Orlando' –

CELIA. Go to. Will you, Orlando, have to wife this Rosalind?

ORLANDO. I will.

ROSALIND. [120] Ay, but when?

ORLANDO. Why now, as fast as she can marry us.

ROSALIND. Then you must say, 'I take thee, Rosalind, for wife.'

ORLANDO. I take thee, Rosalind, for wife.

ROSALIND. [125] I might ask you for your commission; but I do take thee, Orlando, for my husband. There's a girl goes before the priest, and certainly a woman's thought runs before her actions.

ORLANDO. So do all thoughts; they are winged.

ROSALIND. [130] Now tell me how long you would have her after you have possessed her.

ORLANDO. For ever and a day.

ROSALIND. Say 'a day,' without the 'ever.' No, no, Orlando; men are April when they woo, December when they [135] wed. Maids are May when they are maids, but the sky changes when they are wives. I will be more jealous of thee than a Barbary cock-pigeon

---

III.3.59 und *Oth.* I.3.191ff. Dass der Satz *I might ask ... commission* an Celia gerichtet ist (einige Edd.), ist unwahrscheinlich. Zur Verbindlichkeit der "mock ceremony" vgl. Anhang B in New Arden.

[59] *a girl ... priest*: Rosalinde kommt dem Priester (Celia) zuvor, indem sie die vorgeschriebene Frage "Willst du, Rosalinde, den Orlando hier zum Manne nehmen?" nicht abwartet.

[60] *thoughts ... winged*: ein in vielen europäischen Sprachen traditioneller Topos. Vgl. Tilley, *Proverbs*, T 240: *As swift as thought*.

[61] *April* hat zur Sh.-Zeit ähnliche Konnotationen wie *May* (vgl. *Sonn.* 3.10), also etwa: 'voll erblühter Frühling'; das Element 'unbeständig' spielt eine geringere Rolle.

[62] *Barbary cock-pigeon*: Mit *barb* oder *barbary* 'Berber' wurde eine bestimmte schwarze oder graubraune Taubenart, andererseits auch eine Pferderasse bezeichnet, die aus dem Berberland (Nordafrika) eingeführt worden war (OED *barb* sb. 3). Bei Sh. findet sich sonst kein Hinweis, dass diese Art besonders eifersüchtig war, es sei denn, man fasse die Bezeichnung *a Barbary horse* für Othello (*Oth.* I.1.111) als Hinweis auf seine spätere Eifersucht auf. Arden glaubt indessen, dass mit *barbary pigeon* die domestizierte Türkentaube (bräunlich-beige, mit dunklem Halsring) gemeint sei; ihr Herkunftsland, die Türkei, evoziere Vorstellungen von orientalischen Herrschern, die ihre Frauen eifersüchtig bewachen.

Regen droht⁶³, modesüchtiger als ein Affe, ausschweifender in meinen Gelüsten als eine Meerkatze⁶⁴. [140] Ich will um ein Nichts weinen wie Diana im Brunnen⁶⁵ und dies gerade dann, wenn Ihr froher Laune sein möchtet; ich will lachen wie eine Hyäne⁶⁶, und dies, wenn du zum Schlafen geneigt bist.

ORLANDO. Wird aber meine Rosalinde das tun?

ROSALINDE. [145] Bei meinem Leben, sie wird dasselbe tun wie ich.

ORLANDO. O, sie ist aber klug⁶⁷.

ROSALINDE. Sonst hätte sie nicht den Witz dazu; je klüger, desto unberechenbarer. Verriegelt die Türen vor dem Witz einer Frau, so wird er durchs Fenster⁶⁸ entwischen; macht dieses zu, [150] dann entwischt er durchs Schlüsselloch; verstopft dieses, so fliegt er mit dem Rauch zum Kamin hinaus.

ORLANDO. Einer, der eine Frau mit solchem Witz hätte, der könnte sagen: 'Witz, wo hinaus?'.⁶⁹

ROSALINDE. Nein, Ihr könntet mit dieser hindernden Frage zuwarten, [155] bis Ihr den Witz Eurer Frau auf dem Wege zu Eures Nachbarn Bett anträfet.

ORLANDO. Und hätte der Witz Witz genug, um dafür eine Ausrede zu erfinden?

ROSALINDE. Ei, indem er behauptet, sie habe Euch dort aufsuchen wollen. Ihr werdet sie nie ohne Antwort ertappen, es sei denn, Ihr ertappt sie ohne Zunge. O, die Frau, die ihren Fehltritt [160] nicht dem Ehemann in die Schuhe schieben kann⁷⁰, die möge ihr Töchterchen⁷¹ nicht selber säugen, denn sie wird es zu einer Närrin aufziehen.

ORLANDO. Für die nächsten zwei Stunden will ich dich verlassen, Rosalinde.

ROSALINDE. Ach, Liebster, ich kann dich nicht zwei Stunden lang entbehren!

---

[63] *clamorous ... parrot against rain*: Vgl. *Brehms Tierleben*, Bd. 8 (Leipzig und Wien 1911), S. 8-9, Kuckucksvögel, zweite Unterordnung: Papageien: "Auch die Graupapageien [...] sind viel ausgelassener und lauter, wenn Regen zu erwarten ist. Sie sind deswegen recht gute Wetterpropheten." Wie ebenfalls Brehm zu entnehmen ist (S. 15), schmückten schon zur Zeit der Kreuzzüge Papageien die Käfige in den Häusern reicher Leute Mitteleuropas. In *Grzimeks Tierleben* (1979) fehlen diesbezügliche Angaben. Für *against* 'auf ... hin' s. Leisi, *Problemwörter*.

[64] *ape ... monkey*: Da im Dt. *ape* und *monkey* unter denselben Begriff 'Affe' fallen, wurde zur besseren Unterscheidung das anschauliche Wort 'Meerkatze' von Schlegel-Tieck übernommen. Zu *more giddy ... monkey* vgl. etwa *lecherous as a monkey, 2 Hen. IV* III.2.293 und *as hot as monkeys, Oth.* III.3.403.

over his hen, more clamorous than a parrot against rain, more newfangled than an ape, more giddy in my desires than a monkey. [140] I will weep for nothing, like Diana in the fountain, and I will do that when you are disposed to be merry; I will laugh like a hyen, and that when thou art inclined to sleep.

ORLANDO. But will my Rosalind do so?

ROSALIND. [145] By my life, she will do as I do.

ORLANDO. O, but she is wise.

ROSALIND. Or else she could not have the wit to do this; the wiser, the waywarder. Make the doors upon a woman's wit, and it will out at the casement; shut that, [150] and 'twill out at the keyhole; stop that, 'twill fly with the smoke out at the chimney.

ORLANDO. A man that had a wife with such a wit, he might say, 'Wit, whither wilt?'

ROSALIND. Nay, you might keep that check for it till you [155] met your wife's wit going to your neighbor's bed.

ORLANDO. And what wit could wit have to excuse that?

ROSALIND. Marry, to say she came to seek you there. You shall never take her without her answer unless you take her without her tongue. O, that woman that cannot [160] make her fault her husband's occasion, let her never nurse her child herself, for she will breed it like a fool.

ORLANDO. For these two hours, Rosalind, I will leave thee.

ROSALIND. Alas, dear love, I cannot lack thee two hours!

---

[65] *Diana in the fountain*: Nach New Cambrige eine Anspielung auf Jorge de Montemayors Schäferromanze *Diana Enamorada*, deren englische Übersetzung (von Bartholomew Young) 1598 erschien. Die Heldin Diana – so berichtet einer ihrer Verehrer – habe ihm ewige Treue geschworen und dabei Tränen in den Brunnen geweint, an dem sie saß. Möglicherweise ist auch an Wasser speiende Brunnenfiguren zu denken; besonders beliebt scheint die Figur der Diana gewesen zu sein (New Var.).

[66] *like a hyen*: Im Englischen ist das Lachen der Hyänen sprichwörtlich, nicht das Aasfressen.

[67] *wise*: Wenn *wise* für ein Mädchen gebraucht wird, verbindet sich mit dem Wort die Vorstellung der *wise virgins* 'klugen Jungfrauen' der Bibel.

[68] *casement*: wörtlich 'Fensterflügel'.

[69] *Wit, whither wilt?*: Sprichwörtlich; vgl. I.2.52.

[70] *occasion*: eine Gelegenheit zum Angriff, zur Beschuldigung, zum Beleidigen oder Beleidigtsein, eine 'Handhabe' in Bezug auf einen Menschen (OED *occasion* I.7). Die Genitivkonstruktion *someone's occasion* kommt bei Sh. sonst nirgends vor.

[71] *child*: In englischen Dialekten insbesondere verwendet im Sinne von 'weibliches Kleinkind' (bis etwa 1611, OED); vgl. auch *Wint. T.* III.3.68: *a boy or a child ...?* Die Übersetzung 'Töchterchen' wurde hier als die im Zusammenhang logischere gewählt. Über "Vererbung durch Stillen" s. Leisi, *Problemwörter*, S. 448 (zu *Wint. T.* II.1.56).

ORLANDO. Ich muss dem Herzog beim Mittagessen[72] aufwarten. Um zwei [165] Uhr bin ich wieder bei dir.

ROSALINDE. Jawohl, geht nur, geht nur! Ich habe ja gewusst, was von Euch zu halten ist[73]. Meine Freunde sagten mirs schon, und ich dachte es ebenfalls[74]. Diese Eure Schmeichlerzunge hat mich erobert. Es ist ja nur eine Verstoßene, drum Tod, komm herbei![75] Zwei [170] Uhr ist Eure Stunde?

ORLANDO. Ja, holde Rosalinde.

ROSALINDE. Bei meiner Treu, und in vollem Ernst, und so wahr mir Gott helfe, und bei allen hübschen Eiden, die harmlos[76] sind, [175] wenn Ihr auch nur ein Pünktchen Eures Versprechens brecht oder eine Minute nach Eurer Stunde kommt, dann halte ich Euch für den erbärmlichsten Wortbrecher und den falschesten[77] Liebhaber und derjenigen, die Ihr Rosalinde nennt, Unwürdigsten, den man aus der großen[78] Schar der Ungetreuen aussuchen kann. [180] Deshalb hütet Euch vor meinem Tadel und haltet Euer Versprechen.

ORLANDO. Mit nicht weniger Gewissenhaftigkeit[79], als wenn du in der Tat meine Rosalinde wärest. So leb denn wohl

ROSALINDE. Nun, die Zeit ist die alte Richterin[80], die alle Fehlbaren solcher Art verhört[81], also möge die Zeit das Urteil sprechen[82]. Lebt wohl.

[Orlando] ab.

---

[72] *dinner. By two o'clock*: Das Mittagessen, die Hauptmahlzeit, wurde zur Sh.-Zeit von der Oberschicht gewöhnlich um elf Uhr begonnen und konnte sich bis zwei oder drei Uhr nachmittags hinziehen. Vgl. *Shakespeare's England*, I, S. 15.

[73] *prove*: vermutlich ein Wortspiel mit den beiden Bedeutungen von *prove*: 1) 'sich erweisen als', 2) 'behaupten', 'überreden'. Auf die zweite Bedeutung weist die Stelle 'Diese Eure Schmeichlerzunge hat mich erobert' (Z. 168) hin. Vgl. *Meas. for M.* III.2.27–29 und Anm.

[74] *as much ... no less*: wörtlich 'so viel ... nicht weniger', ein inhaltlicher Parallelismus mit entgegengesetzten Formen.

[75] *'Tis but ...death*: Hrsg. vermuten hinter diesem Ausdruck Fragmente einer zeitgenössischen Ballade von einem verlassenen Mädchen. Vgl. *Come away, death* 'Komm mit mir, Tod', *Twel. N.* II.4.50.

[76] *pretty oaths ... dangerous*: Harmlose kleine Eide, die Rosalindes Seele nicht in Gefahr bringen, wenn sie sie bricht; ähnlich in *1 Hen. IV* III.1.246 (New Swan, Players' Sh.).

ORLANDO. I must attend the Duke at dinner. By two [165] o'clock I will be with thee again.
ROSALIND. Ay, go your ways, go your ways; I knew what you would prove. My friends told me as much, and I thought no less. That flattering tongue of yours won me. 'Tis but one cast away, and so, come death! Two [170] o'clock is your hour?
ORLANDO. Ay, sweet Rosalind.
ROSALIND. By my troth, and in good earnest, and so God mend me, and by all pretty oaths that are not dangerous, [175] if you break one jot of your promise or come one minute behind your hour, I will think you the most pathetical break-promise, and the most hollow lover, and the most unworthy of her you call Rosalind, that may be chosen out of the gross band of the unfaithful. [180] Therefore beware my censure and keep your promise.
ORLANDO. With no less religion than if thou wert indeed my Rosalind. So adieu.
ROSALIND. Well, Time is the old justice that examines all such offenders, and let Time try. Adieu.

Exit [Orlando].

Manche Hrsg. halten diese Stelle für einen Hinweis auf ein 1605 erlassenes Gesetz, welches lästerliche Reden, wie Schwören und Fluchen, auf der Bühne untersagte. In diesem Falle würde es sich um einen späteren Zusatz handeln. Zu *pretty* (schwankend zwischen 'hübsch' und 'schlau') vgl. Leisi, *Problemwörter*.

[77] *hollow*: 'Hohl'; das Wort hat oft die Bedeutung 'falsch', 'untreu', wahrscheinlich ohne genaue Vorstellung von etwas Konkavem; vgl. *Rom. and Jul.* III.3.128 und *Temp.* III.1.70.

[78] *gross*: Das Wort bedeutet normalerweise 'groß', 'deutlich sichtbar'; vgl. *Lear* IV.6.13–14: *the crows ... show scarce so gross as beetles* 'die Krähen ... wirken kaum so groß wie Käfer'; es kann den Nebensinn 'dumm', 'schwerfällig' haben, zuweilen auch 'grob-sinnlich'; vgl. *Haml.* III.3.80.

[79] *religion*: hier 'Gewissenhaftigkeit', 'Ehrfurcht'.

[80] *Time is the old justice*: Wörtlich 'die Zeit ist *der* alte Richter', da *time* im E. ein Maskulinum ist.

[81] *that examines*: 'die verhört und zugleich die Schuld aufdeckt'.

[82] *let Time try*: Das Wort *try* hat hier wegen des Bildes von der Zeit als Richterin die engere, juristische Bedeutung 'untersuchen und Urteil sprechen'. Vgl. *Meas. for M.* II.1.21 und *Wint. T.* III.2.2, ferner Tilley, *Proverbs*, T 336: "Time tries all things". In dem hier zu Ende gehenden Gespräch mit Orlando wendet Rosalinde, indem sie sich kapriziös gibt und brüsk ihre Stimmungen wechselt, einen Teil der Kur für liebeskranke Jünglinge an, wie sie sie Orlando in III.2.382ff. geschildert hat.

CELIA. [185] Ihr habt unser Geschlecht bei Eurem Liebesgeschwätz geradezu verleumdet. Wir müssen Euch Wams und Hosen über den Kopf ziehen und der Welt zeigen, was der Vogel[83] mit dem eigenen Nest angestellt hat.[84]

ROSALINDE. O Bäschen, Bäschen, Bäschen, mein hübsches kleines Bäschen, dass du doch [190] wüsstest, wie viele Klafter[85] tief ich verliebt bin! Aber sie [meine Liebe] ist nicht auszuloten. Meine Zuneigung ist bodenlos[86] wie die Bucht von Portugal[87].

CELIA. Oder [sie ist] vielmehr ohne Boden, sodass ebenso rasch, wie Ihr Zuneigung hineingießt, sie wieder ausrinnt[88].

ROSALINDE. [195] Nein, möchte doch dieser schlimme Bastard der Venus[89], den Gedankenschwere[90] zeugte, Launenhaftigkeit[91] empfing und Tollheit gebar, dieser blinde, nichtsnutzige Bube[92], der jedermanns Augen betört, weil er selbst keine mehr hat, darüber urteilen, wie tief ich verliebt bin. Ich sage dir, Aliena, ich halte es nicht aus [200] ohne Orlandos Anblick. Ich will mir ein schattiges Plätzchen[93] suchen und seufzen, bis er kommt.

CELIA. Und ich will schlafen.

Beide ab.

---

[83] *plucked ... bird*: Nach dem Wort *bird* in Z. 187 zu schließen, hat *pluck* hier die Nebenbedeutung 'rupfen'; vgl. *Ant. and Cl.* III.12.3. Der Sinn: 'Wenn man dich auszöge, würde man sehen, dass du (mit deinem Schelten auf die Frauen) eine Nestbeschmutzerin bist.'

[84] *hath done ... nest*: Sh. kommt hier Lodge (Bullough, *Sources*, S. 181) ungewöhnlich nahe: *And I pray you (quoth Aliena) if your roabes were off, what mettall are you made off that you are so satyricall against women? Is it not a foule bird defiles the owne nest?* (sprichwörtlich; vgl. auch Tilley, *Proverbs*, B 377).

[85] *fathom*: Wörtlich 'Faden', ein seemännisches Tiefenmaß. Hier beginnt die Metapher 'Meer' für 'Liebe'.

[86] *bottom*: Wörtlich 'Grund'.

[87] *Bay of Portugal*: Ein Meeresteil im Westen Portugals, etwa zwischen Porto und dem Vorgebirge von Cintra, wo das Meer zu einer Tiefe von 4–5000 Metern absinkt. Außer Sh. hat nur Sir Walter Raleigh diese Bezeichnung (in einem Brief) verwendet; auf zeitgenössischen Seekarten ist sie nicht angegeben (Wright; Angaben in New. Var.).

[88] *it runs out*: Rosalindes Bild: Liebe als Meer von nicht auszulotender Tiefe (ähnlich *Twel. N.* I.1.11) wandelt sich bei Celia zum Bild eines Gefäßes ohne Boden, aus dem die hineingegossene Zuneigung immer wieder ausrinnt.

CELIA. [185] You have simply misused our sex in your love-prate. We must have your doublet and hose plucked over your head, and show the world what the bird hath done to her own nest.

ROSALIND. O coz, coz, coz, my pretty little coz, that thou [190] didst know how many fathom deep I am in love! But it cannot be sounded. My affection hath an unknown bottom, like the Bay of Portugal.

CELIA. Or rather, bottomless, that as fast as you pour affection in, it runs out.

ROSALIND. [195] No, that same wicked bastard of Venus that was begot of thought, conceived of spleen, and born of madness, that blind rascally boy that abuses every one's eyes because his own are out, let him be judge how deep I am in love. I'll tell thee, Aliena, I cannot be out of the [200] sight of Orlando. I'll go find a shadow, and sigh till he come.

CELIA. And I'll sleep.

Exeunt.

---

[89] *bastard of Venus*: Gemeint ist Cupido, den Venus nicht von ihrem Gatten Vulkan, sondern von Merkur empfing.

[90] *thought*: Das Wort bezeichnet zuweilen einen schwermütigen, zur Liebe neigenden Gemütszustand; vgl. *Twel. N.* II.4.109ff. und *Two Gent.* I.1.66ff.; ferner *Haml.* IV.5.186, wo *thought* geradezu als 'Schmerz', 'Trauer' erscheint.

[91] *spleen*: Anatomisch 'Milz'; diese wurde einerseits als Sitz des Lachens und der Heiterkeit (OED 1 c) betrachtet (vgl. *Meas. for M.* II.2.122), andererseits als Ursprungsort plötzlicher Aufwallungen. *Spleen* bedeutet daher bei Sh. im übertragenen Sinn oft 'Launenhaftigkeit', 'Anfall'.

[92] *that blind rascally boy*: Man stellte sich Cupido oft blind (oder mit verbundenen Augen) vor. Eine anmutige Erklärung dafür gibt *Mids. N. D.* I.1.233.

[93] *shadow*: 'Schattige Stelle', 'kühles Dunkel', wie öfters; vgl. *Temp.* IV.1.66-67 und *Lear* V.2.1. Dem Vorbild des antiken Hirtengedichts entsprechend, dessen Schauplatz in heißen Mittelmeergegenden war, wo Schatten stets erwünscht war, wurde in den Schäferromanzen eine schattige Stelle oft zum Lustort; über diesen als literarischen Topos s. Ernst Robert Curtius, *Europäische Literatur und lateinisches Mittelalter* (Bern 1948).

IV.2 *Jaques und Edelleute [als] Jäger¹ treten auf.*
JAQUES. Wer ists, der den Hirsch erlegte?²
[1.] EDELMANN. Ich war es, mein Herr.
JAQUES. Wir wollen ihn dem Herzog wie einen römischen Eroberer
präsentieren; und dabei wäre es angebracht, ihm das Hirsch-
geweih wie einen Siegeskranz [5] aufzusetzen. Habt Ihr kein
Lied, Jäger, für diese Gelegenheit?³
[2.] JÄGER. Doch, mein Herr.
JAQUES. Singt es. Es kommt nicht darauf an, ob es richtig klingt, wenn
es nur genug Lärm macht.
Musik.

Lied.

[10] Was soll der erhalten, der den Hirsch erlegte?
Seine Lederhaut und sein Geweih⁴ zum Tragen.
Drum besingt ihn tüchtig.
[Die Übrigen sollen folgenden Refrain⁵ singen.⁶]
Verschmäh es nicht, das Horn zu tragen,
Es war schon, ehe du zur Welt kamst, eine Helmzier,
[15] Deines Vaters Vater hat es getragen,
Und dein Vater hat es [auch] getragen.
Das Horn, das Horn, das muntere Horn
Ist kein Ding, das man schnöde verlachen soll.

Alle ab.

---

[1] *Enter Jaques; and Lords [as] Foresters*: F hat *Enter Jaques and Lords, Forresters* 'Es treten auf Jaques und Edelleute, Jäger'. Da die Edelleute im Walde stets als Jäger gekleidet sind und da von weiteren Jägern sonst nicht die Rede ist, korrigieren die meisten Hrsg. dem Sinne nach zu 'Es treten auf Jaques und Edelleute als Jäger gekleidet', wobei in den englischen Texten entweder das moderne *as foresters* oder das Shakespearesche *like foresters* erscheint.

[2] *Which ... deer?*: Schon diese Frage hat den Rhythmus eines Liedanfangs.

[3] *Let's present ... purpose?*: Im Gegensatz zu II.1.26 ist Jaques hier durchaus nicht schmerzlich berührt vom traurigen Schicksal des Hirschs, vielmehr voller Übermut. – Was er den Jägern vorschlägt, mag auf alte Jagdbräuche und Opferriten (s. Kommentar) oder auf die Morris dances (altertümliche Frühlings- und Vegetationstänze) zurückgehen. Was das Tragen von Tierköpfen oder Tierhäuten betrifft, vgl. Edmund K. Chambers, *The Mediaeval Stage*, Vol. I (London 1903), S. 166, 258 (New Cambridge).

[4] *horns*: wie zumeist, eine Anspielung auf das Merkmal des betrogenen Ehemannes. In Z. 13 und 17, wo *horn* im Singular steht, könnte mit dem Wort auch 'männliches Glied' gemeint sein. Vgl. Partridge, *Shakespeare's Bawdy* und E. A. M. Colman, *The Dramatic Use of Bawdy in Shakespeare* (London 1974).

IV.2 *Enter Jaques; and Lords, [as] Foresters.*

JAQUES. Which is he that killed the deer?

[1.] LORD. Sir, it was I.

JAQUES. Let's present him to the Duke like a Roman conqueror; and it would do well to set the deer's horns [5] upon his head for a branch of victory. Have you no song, forester, for this purpose?

[2.] LORD. Yes, sir.

JAQUES. Sing it. 'Tis no matter how it be in tune, so it make noise enough.

Music.

Song.

10　　　What shall he have that killed the deer?
　　　　His leather skin and horns to wear:
　　　　　Then sing him home. *(The rest shall bear this burden.)*
　　　　Take thou no scorn to wear the horn,
　　　　It was a crest ere thou wast born,
15　　　　Thy father's father wore it,
　　　　　And thy father bore it.
　　　　The horn, the horn, the lusty horn,
　　　　Is not a thing to laugh to scorn.

Exeunt.

1　BA *and Lords, Forresters* F; Rowe *Lords, and Foresters*; Capell *and Others, Foresters*; Collier *and lords, like foresters*; Steevens³ *and Lords, in the habit of Foresters* (vgl. Anm. 1).

7　LORD F; Malone 2. LORD; Cambr. AMIENS.

12　*Then sing ... burthen* F; Theobald, Hrsg. BA *The rest ... Burthen;* Knight, Collier etc. BA *Then sing ... burthen*; Wilson, Arden *Then sing ... bear / This burden. /* (vgl. Anm. 6).

---

[5] *burden:* (OED 7 und 8) von altfranzösisch *bourdon*: der (gedämpfte) Grundton, allenfalls eine einfache, stets wiederkehrende Tonfolge, auf welche eine Melodie aufgebaut ist und die während des ganzen Liedes gesungen oder gesummt wird; im erweiterten Wortgebrauch ein (meist) einfacher Refrain; dazu Naef, *Die Lieder in Shakespeares Komödien.*

[6] *Then sing ... burden*: Es ist schwer zu entscheiden, ob der zweite Teil dieser Zeile (*the rest shall bear this burden*) eine Bühnenanweisung ist oder zum Text des Liedes gehört. Es kommt in F häufig vor, dass eine BA versehentlich nicht als solche gekennzeichnet ist; vgl. *Read* IV.3.41 und Anm. 18 sowie *Rom. and Jul.* III.5.173. Manche Hrsg. fassen sogar den ersten Teil der Zeile (*Then sing him home*) als BA auf. Das Problem ist eingehend dargelegt bei Naef, *Die Lieder in Shakespeares Komödien*, S. 156-159 und Leisi, *Problemwörter*, unter "Bühnenanweisung oder Sprechtext?" – *Home:* 'gründlich', eigentlich 'ins Ziel'; vgl. *Meas. for M.* IV.3.141.

WIE ES EUCH GEFÄLLT IV.3

IV.3 *Rosalinde und Celia treten auf.*

ROSALINDE. Was sagt Ihr jetzt, ist es nicht zwei Uhr vorüber? Und von Orlando keine Spur![1]

CELIA. Ich könnte schwören, er hat mit reiner Liebe und verwirrtem Hirn Bogen und Pfeile genommen und [5] ist schlafen gegangen[2].
Silvius tritt auf.
Schaut, wer da kommt.[3]

SILVIUS. Mein Botengang gilt Euch, schöner Jüngling. Meine liebe Phoebe hat mich geheißen[4], Euch dies zu geben. *[Übergibt einen Brief.]* Zwar kenne ich den Inhalt nicht, doch wie ich [10] aus der finstern Stirn und den gereizten[5] Gebärden[6], die sie machte, während sie ihn schrieb, erraten kann, ist er zornig im Ton. Verzeiht; ich bin nur ein schuldloser Bote.[7]

ROSALINDE. Die Geduld selbst würde bei diesem Brief auffahren[8] [15] und große Worte machen[9]. Wer dies hinnimmt, nimmt alles hin! Sie sagt, ich sei nicht schön, es mangle mir an Manieren; sie nennt mich hochmütig, und sie könnte mich nicht lieben, wären auch [die] Männer so selten wie der Phoenix[10]. Potz Wetter![11] Ihre Liebe ist nicht der Hase[12], den ich jage. [20] Warum schreibt sie mir so? Hört, Schäfer, hört, dies ist ein Brief, den Ihr selbst Euch ausgedacht habt.

SILVIUS. Nein, ich schwöre, ich kenne den Inhalt nicht. Phoebe hat ihn geschrieben.

---

[1] *And here much Orlando*: wörtlich 'Und hier viel Orlando', natürlich ironisch gemeint: 'wenig, klein'.

[2] *he hath ta'en ... sleep*: New Arden fasst den ganzen Satz als zeitgenössisches Schlagwort (*catchphrase*) auf und verweist auf T. Nashe, *Lenten Stuffe*, III (1599), S. 167 sowie auf R. Greene, *Menaphon* (1589), wo es heißt: "amongst these swaines there was such melodie, that Menaphon tooke his bow and arrowes and went to bedde."

[3] *How say you ... comes here*: Nach New Cambridge hätte dieses Gespräch zwischen Rosalinde und Celia ursprünglich aus Blankvers bestanden und größeren Umfang gehabt. Dies ist bloße Vermutung.

[4] *did bid*: Manche Hrsg. folgen hier der Lesart der F_{2-4} und lassen das *did* weg, was dem Blankvers zugute kommt, falls der Name *Phebe* – wie überall außer in V.4.21 – zweisilbig ausgesprochen wird.

[5] *waspish*: wörtlich 'wespenhaft'.

[6] *action*: 'Gebärden', 'Gestik' (aus der Rhetorik und Schauspielkunst) ist bei Sh. vielfach belegt; vgl. etwa *Haml.* III.2.16-17.

[7] *guiltless messenger*: Nach diesen Worten von Silvius ist auf der Bühne eine kurze Pause nötig, um Rosalinde Zeit zu geben, den Brief wenigstens zu überfliegen.

[8] *Patience ... startle*: *Patience* 'die Geduld' ist hier personifiziert; vgl. *like Patience on a monument*, *Twel. N.* II.4.113. – Sh. gebraucht *startle* sowohl transitiv wie im heutigen

IV.3   *Enter Rosalind and Celia.*

ROSALIND. How say you now, is it not past two o'clock? And here
much Orlando!

CELIA. I warrant you, with pure love and troubled brain, he hath ta'en
his bow and arrows and is gone forth to [5] sleep.
   Enter Silvius.
   Look who comes here.

SILVIUS. My errand is to you, fair youth.
   My gentle Phebe did bid me give you this.
      [Gives a letter.]
   I know not the contents, but, as I guess
10   By the stern brow and waspish action
   Which she did use as she was writing of it,
   It bears an angry tenor. Pardon me;
   I am but as a guiltless messenger.

ROSALIND. Patience herself would startle at this letter
15   And play the swaggerer. Bear this, bear all!
   She says I am not fair, that I lack manners;
   She calls me proud, and that she could not love me
   Were man as rare as phoenix. 'Od's my will!
   Her love is not the hare that I do hunt.
20   Why writes she so to me? Well, shepherd, well,
   This is a letter of your own device.

SILVIUS. No, I protest, I know not the contents.
   Phebe did write it.

---

8   *did* F; nicht in F₂ (vgl. Anm. 4).

Englisch (vgl. *K. John* IV.2.25) als auch intransitiv wie hier; vgl. auch *Rom. and Jul.*
V.3.194.

[9] *play the swaggerer*: wörtlich 'den Prahler spielen'. Der Prahler war eine typische Theater-
figur, hervorgegangen aus dem *Miles gloriosus* der lateinischen Komödie.

[10] *rare as phoenix*: Der arabischen Sage nach war der Phoenix der einzige seiner Art; er lebte
fünfhundert Jahre lang, worauf er sich selbst auf seinem Nest verbrannte und aus der
Asche verjüngt wieder auferstand (Players' Sh.). Im christlichen Sinne ist der Phoenix ein
Symbol der Unsterblichkeit; in Sh.s Gedicht *The Phoenix and the Turtle* steht er für
Treue. Vgl. H. Straumann, *Phönix und Taube* (Zürich 1953), sowie "*The Phoenix and the
Turtle* in its Dramatic Context", *English Studies* 58 (1977), S. 494–500.

[11] *'Od's my will!*: "As God is my will!"; vgl. Anm. zu III.5.43.

[12] *hare*: Der Hase (im Engl. oft als weiblich aufgefasst) gehört zu den Tieren, die mit Venus
zusammengebracht wurden; eine Hasenjagd kann daher symbolisch eine Jagd nach Liebe
bedeuten (Players' Sh.).

ROSALINDE. Geht, geht, Ihr seid ein Narr und in das Äußerste[13] an Liebe hineingeraten. [25] Ich habe ihre Hand gesehen. Sie hat eine lederige Hand, eine gelblichbraune[14] Hand. Ich glaubte wahrhaftig, sie hätte ihre alten Handschuhe an, doch es waren ihre Hände. Sie hat die Hand einer Hausfrau; doch gleichviel: Ich sage, niemals hat sie diesen Brief erdacht; [30] er ist die Erfindung und Hand[schrift] eines Mannes.

SILVIUS. Es ist bestimmt die ihrige.

ROSALINDE. Das ist doch ein rauer und herzloser Stil, ein Stil wie zwischen Streithähnen. Sie sagt mir ja Fehde an[15] wie der Türke dem Christen. Sanfter weiblicher Sinn [35] könnte nicht solch riesenhaft-derbe Erfindung auswerfen, solch äthiopische[16] Wörter, schwärzer in ihrer Bedeutung als in ihrem Aussehen. Wollt Ihr den Brief hören?

SILVIUS. Wenns Euch beliebt, denn ich habe ihn noch nicht gehört; doch habe ich zu viel von Phoebes Herzlosigkeit gehört.

ROSALINDE. [40] Sie phöbt[17] mich. Passt auf, wie die Tyrannin schreibt.

[Liest.][18]

'Bist du [ein] Gott in Schäfergestalt,
Der eines Mädchens Herz versengt hat?'
Kann eine Frau so höhnen?

SILVIUS. Nennt Ihr das höhnen?

ROSALINDE. *[Liest.]*

[45] 'Warum bekriegst du, deiner Göttlichkeit entblößt[19],
Das Herz einer Frau?'
Habt Ihr je solches Höhnen gehört?
'Während das Mannes-/Menschenauge um mich warb
Und mir doch keinen Schaden zufügen konnte.'
[50] Mich hält sie also für ein Tier[20].
'Hat [schon] die Verachtung Eurer leuchtenden
Augen[21] Macht, solche Liebe in mir zu wecken,

---

[13] *extremity*: Vgl. Anm. zu IV.1.5.

[14] *freestone-colored*: 'graugelb' (New Arden); 'gelblichbraun' (New Swan), d.h. wie Sandstein. Kontrast zum zeitgenössischen (weißen) Ideal. Vgl. Leisi, *Problemwörter*, unter "Schönheitsideal".

[15] *defies me*: Sh. verwendet das Wort *defy* oft im Sinne von 'zum Kampf herausfordern', 'den Krieg erklären'; vgl. *Meas. for M.* III.1.143.

[16] *Ethiop*: bei Sh. stets für schwärzestes Schwarz gebraucht. Steht *Ethiop* im Gegensatz zu *fair*, so bedeutet es zudem 'denkbar hässlich'.

[17] *She Phebes me*: 'sie spielt auch mit mir die (herzlose) Phoebe'. Ein ebenfalls aus einem Eigennamen (dem Namen des Tyrannen Herodes der Miracle Plays) gebildetes Wort

AS YOU LIKE IT IV.3 237

ROSALIND. Come, come, you are a fool,
And turned into the extremity of love.
25 I saw her hand. She has a leathern hand,
A freestone-colored hand. I verily did think
That her old gloves were on, but 'twas her hands.
She has a housewife's hand; but that's no matter:
I say she never did invent this letter;
30 This is a man's invention and his hand.
SILVIUS. Sure it is hers.
ROSALIND. Why, 'tis a boisterous and a cruel style,
A style for challengers. Why, she defies me
Like Turk to Christian. Women's gentle brain
35 Could not drop forth such giant-rude invention,
Such Ethiop words, blacker in their effect
Than in their countenance. Will you hear the letter?
SILVIUS. So please you, for I never heard it yet;
Yet heard too much of Phebe's cruelty.
ROSALIND. [40] She Phebes me. Mark how the tyrant writes.
　　[Read.] 'Art thou god, to shepherd turned,
　　　　That a maiden's heart hath burned?'
Can a woman rail thus?
SILVIUS. Call you this railing?
ROSALIND. [45] *[Read.]* 'Why, thy godhead laid apart,
　　　　Warr'st thou with a woman's heart?'
Did you ever hear such railing?
　　　'Whiles the eye of man did woo me,
　　　That could do no vengeance to me.'
50 Meaning me a beast.
　　　'If the scorn of your bright eyne
　　　Have power to raise such love in mine,

---

41 BA *Read* F; Rowe *Reads* (vgl. Anm. 18).

kommt in *Haml*. III.2.13 vor: *it out-herods Herod* 'es geht über Herodes hinaus, übertrifft ihn'.
[18] *[Read.]*: Eine BA, in F versehentlich als Text gesetzt; vgl. IV.2.12. Nach Furness (New Var.) soll der hier und in Z. 45 verwendete Imperativ 'lest' oder 'zu lesen' darauf hindeuten, dass F der zum Gebrauch der Schauspieler bestimmte Text war. Doch ist der Imperativ bei BA nicht selten; vgl. *Enter*.
[19] *thy godhead laid apart*: wörtlich 'nachdem deine Göttlichkeit abgelegt ist'.
[20] *Meaning me a beast*: Rosalinde sieht den Gegensatz Mensch-Gott, von dem Phoebes Gedicht spricht, absichtlich als Gegensatz Mensch-Tier.
[21] *eyne*: Diese Form – ein alter Plural – ist schon bei Sh. archaisch und wird fast immer als Reimwort oder sonst in poetischem Kontext verwendet.

> Ach, welch unerhörte Wirkung
> Würde dann ihr günstiger Schein[22] in den meinen
> hervorrufen!
> [55] Als Ihr mich schaltet, liebte ich;
> Wie könnte dann [erst] Euer Flehen [mich] bewegen!
> Der, welcher dir diese Liebe bringt,
> Kennt diese meine Liebe nicht[23];
> Und durch ihn lass mich versiegelt deine Entscheidung[24] wissen,
> [60] Ob deine Jugend und Natur
> Das ehrliche Angebot meiner selbst
> Und aller meiner Gaben[25] annehmen will,
> Oder aber weise durch ihn meine Liebe zurück[26],
> Und dann will ich [nur noch] auf meinen Tod sinnen.'

SILVIUS. [65] Nennt Ihr dies Schelten?

CELIA.   Ach armer Schäfer![27]

ROSALINDE. Habt Ihr Mitleid mit ihm? Nein, er verdient kein Mitleid. So eine Frau willst du lieben? Wie, dich zu einem Instrument zu machen und falsche Weisen auf dir zu spielen[28]? Nicht [70] zu ertragen! Nun, fort mit Euch zu ihr, denn ich sehe, die Liebe hat dich in eine zahme Schlange[29] verwandelt, und sage ihr dies: dass, wenn sie mich liebt, ich ihr befehle, dich zu lieben; will sie nicht, dann will ich sie [auch] nicht, es sei denn, du legest ein gutes Wort für sie ein. Seid Ihr ein treuer Liebender, dann fort und kein Wort [weiter]; denn hier kommt schon wieder [75] jemand[30].

Silvius ab.

---

[22] *aspect*: Hrsg. sind einhellig der Meinung, *aspect* sei hier im astrologischen Sinne als 'Stellung und Einfluss eines Planeten' (Schmidt 4) zu verstehen. Bei Sh. kommt *aspect* stets als Teil eines größeren astrologischen Bildes vor; vgl. *Wint. T.* II.1.105ff. und *Tr. and Cr.* I.3.89ff. Bei unserer Stelle könnte der astrologische Sinn zwar gestützt sein durch *bright* (Z. 51), ein oft, wenn auch nicht ausschließlich auf Himmelskörper bezügliches Attribut, ferner durch *strange effect*, welcher Ausdruck in *Meas. for M.* III.1.24 Teil einer astrologischen Feststellung bildet. Primär ist jedoch hier die übliche Bedeutung von *aspect* als 'Aussehen', 'Anblick', 'Miene', wobei die astrologische Bedeutung mitschwingt.

[23] *Little knows ... in me*: In Initialstellung und mit *know* verbunden hat das Adverb *little* die Bedeutung eines emphatischen Negativs; vgl. OED *little* C. I.6.

[24] *And ... thy mind*: New Cambridge und Schmidt wollen hier *seal up thy mind* gleichsetzen mit *make up thy mind* 'entschließe, entscheide dich', doch ist eine solche Gleichsetzung bei Sh. nicht belegt, und überdies bliebe dann *by him* 'durch ihn' unerklärt. Wahrscheinlicher ist, dass der ganze Ausdruck Folgendes elliptisch aussagt: 'Entscheide dich, und lass mir deine Entscheidung in einem versiegelten Brief durch ihn [Silvius] zukommen' (New Arden). Vgl. *L.L.L.* III.1.157: *And to her white hand see thou do command / This sealed-*

	Alack, in me what strange effect
	Would they work in mild aspect!
55	Whiles you chid me, I did love;
	How then might your prayers move!
	He that brings this love to thee
	Little knows this love in me;
	And by him seal up thy mind,
60	Whether that thy youth and kind
	Will the faithful offer take
	Of me and all that I can make,
	Or else by him my love deny,
	And then I'll study how to die.'

SILVIUS. [65] Call you this chiding?
CELIA.   Alas, poor shepherd!
ROSALIND. Do you pity him? No, he deserves no pity. Wilt thou love such a woman? What, to make thee an instrument, and play false strains upon thee? Not to be [70] endured! Well, go your way to her, for I see love hath made thee a tame snake, and say this to her: that if she love me, I charge her to love thee; if she will not, I will never have her unless thou entreat for her. If you be a true lover, hence, and not a word; for here comes more [75] company.

Exit Silvius.

---

up counsel 'Und sieh zu, dass du ihrer weißen Hand diese versiegelte Meinung anvertraust'.

[25] *all that I can make*: Wörtlich: 'alles dessen, was ich leisten kann'. *Make* ist hier wohl im Sinne von *do* 'tun', 'leisten' gebraucht, wie öfters.

[26] *deny*: Die übliche Bedeutung 'abstreiten' lässt sich durch das Bindeglied 'als unwahr zurückweisen' zu der Bedeutung 'nicht annehmen', 'zurückweisen' erweitern, die der Kontext hier verlangt (OED 10, Schmidt 5 b).

[27] *Alas, poor shepherd!*: Möglicherweise eine "Spiegelstelle": Celia reagiert mit diesen Worten auf eine Gebärde des Schäfers (Weinen, Zusammenbrechen etc.). Der Seufzer, der jetzt von Celia kommt, kam früher (vgl. II.4.40) von Rosalinde: Damals, als sie für ihre eigene Liebe noch keine Erfüllung erhoffen durfte, erregte das Schicksal des Schäfers Mitleid mit ihm und zugleich mit ihr selbst, während sie jetzt (Z. 67-68) Celias Mitgefühl ärgerlich zurückweist.

[28] *make thee ... upon thee*: Zum "Spielen" auf einem Menschen wie auf einem Instrument vgl. auch *Haml.* III.2.350ff.

[29] *tame snake*: Eine Schlange, die ihre Giftzähne und damit die Gefährlichkeit eingebüßt hat, wodurch andere Merkmale, etwa das Kriechende, Niedrige, deutlicher in Erscheinung treten. New. Var. gibt mehrere zeitgenössische Belege, bei denen mit *snake* allein ein niedrig gesinnter Mensch, ein 'Kriecher', bezeichnet wird.

[30] *more company*: Da *more* auch 'größer', 'bedeutender' bedeutet, ist auch die Übersetzung 'bedeutendere Gesellschaft' möglich.

Oliver tritt auf.

OLIVER. Guten Morgen, [Ihr] Schönen[31]. Ich bitte Euch [sagt], wenn Ihr es wisst, wo am Saum[32] dieses Waldes eine Schäferhütte steht, rundum von Ölbäumen eingezäunt?

CELIA. Westlich von hier, drunten in der nächsten Talmulde. [80] Wenn Ihr die Reihe von Korbweiden[33] am murmelnden Bach rechts liegen lasst[34], kommt Ihr an den Ort. Doch zu dieser Stunde hütet das Haus sich selbst; es ist niemand darin.

OLIVER. Wenn ein Auge aus einer Zunge Nutzen ziehen kann, [85] dann sollte ich Euch der Beschreibung nach kennen, solche Kleidung und solche Jahre: 'Der Junge ist blond, mit weiblichen Zügen, und benimmt sich wie eine ältere Schwester[35]; das Mädchen klein und brünetter[36] als ihr Bruder.' Seid Ihr nicht [90] Eigentümer des Hauses, nach dem ich fragte?

CELIA. Da man uns [schon] fragt, ist es keine Prahlerei, wenn wir sagen, wir sind es.

OLIVER. Orlando lässt sich Euch beiden empfehlen, und dem jungen Mann, den er seine Rosalinde nennt, schickt er dieses blutige Tuch[37]. Seid Ihrs?

ROSALINDE. [95] Ja. Was sollen wir daraus ersehen?

OLIVER. Etwas, was mir zur Schande gereicht, wenn Ihr von mir erfahren wollt, was für ein Mensch ich bin, und wie, und warum, und wo dieses Taschentuch befleckt wurde.

CELIA. Ich bitte Euch, erzählt.

OLIVER. Als sich der junge Orlando jüngst von Euch trennte, [100] hinterließ er das Versprechen, innerhalb einer Stunde[38] wieder-

---

[31] *fair ones*: *Fair* ist nicht auf weibliche Wesen beschränkt; vgl. II.4.70, wo Corin die verkleidete Rosalinde mit *Fair sir* anredet; ferner IV.3.16: *She says I am not fair*.

[32] *purlieus*: Ursprünglich 'ein Streifen Land am Saum eines Walds' (OED 1); vgl. Rosalindes Beschreibung ihres und Celias Wohnorts, III.2.319. Dass Sh. den Zusatz *of this forest* für nötig hält, könnte ein Hinweis darauf sein, dass *purlieus* schon die allgemeine Bedeutung 'Umgebung' anzunehmen begann (für welche das OED freilich keinen Beleg vor 1650 anführt).

[33] *osiers*: Dass im Waldland von Arden zugleich Korbweiden und Ölbäume, zwei in verschiedenen europäischen Vegetationsgürteln heimische Gewächse, gedeihen, weist wiederum auf den märchenhaften Raum von Arden hin. Vgl. Anm. zu I.1.107.

[34] *Left on your right hand*: *Left* steht für *being left*; wörtlich heißt der Ausdruck also 'liegen gelassen auf Eurer Rechten'.

[35] *ripe sister*: Verschiedene frühere Hrsg. halten die Bezeichnung für unverständlich und schlagen die Emendation *right foster* oder *right forester* vor. Es ist jedoch wahrscheinlich, dass Orlando – der ja unterdessen seinem Bruder die Geschwister Ganymed und Aliena beschrieben hat – in Gedanken an 'seine' Rosalinde für Ganymed den Vergleich *sister* wählte. Problematisch bleibt das Wort *ripe*, weil es sonst bei Sh. nur selten in attributiver Stellung vorkommt; s. aber *Sonn.* 1.3: *riper* = 'älter'. Die von manchen Hrsg. vorge-

AS YOU LIKE IT IV.3

Enter Oliver.

OLIVER. Good morrow, fair ones. Pray you, if you know,
    Where in the purlieus of this forest stands
    A sheepcote, fenced about with olive trees?
CELIA. West of this place, down in the neighbor bottom.
80   The rank of osiers by the murmuring stream
    Left on your right hand brings you to the place.
    But at this hour the house doth keep itself;
    There's none within.
OLIVER. If that an eye may profit by a tongue,
85   Then should I know you by description.
    Such garments and such years: 'The boy is fair,
    Of female favor, and bestows himself
    Like a ripe sister; the woman low,
    And browner than her brother.' Are not you
90   The owner of the house I did inquire for?
CELIA. It is no boast, being asked, to say we are.
OLIVER. Orlando doth commend him to you both,
    And to that youth he calls his Rosalind
    He sends this bloody napkin. Are you he?
ROSALIND. [95] I am. What must we understand by this?
OLIVER. Some of my shame, if you will know of me
    What man I am, and how and why and where
    This handkercher was stained.
CELIA.   I pray you tell it.
OLIVER. When last the young Orlando parted from you,
100   He left a promise to return again
    Within a hour; and pacing through the forest,

---

88   *ripe sister* F; Lettsom *right forester*; Konj. Gould *ripe forester* (vgl. Anm. 35).

schlagene Emendation *right* empfiehlt sich dadurch, dass *right* oft als attributives Adjektiv gebraucht wird (vgl. III.2.93, III.2.115 und IV.1.99) und die Bedeutung 'wahr', 'recht', 'richtig' in etwa in den Kontext passen würde. Da indessen *ripe sister* 'ältere Schwester' mindestens ebenso viel Sinn ergibt, haben wir es bei der Übersetzung beibehalten.

[36] *browner*: Es muss offen bleiben, ob Celia von Natur eine bräunliche Haut (und dunkleres Haar) hat als ihre Cousine oder ob sie ihr Gesicht, wie bei der Flucht vom Hofe, noch immer mit Umbra einreibt. – Die Beschreibung der beiden Mädchen entspricht wohl dem Wuchs und Aussehen der beiden Knaben-Schauspieler, die Sh. innerhalb seiner Truppe zur Zeit der Abfassung von *A.Y.L.* zur Verfügung standen; vgl. *Sh.-Handbuch* (Stuttgart 1972), S. 117.

[37] *napkin*: 'Taschentuch' (OED 2), wie stets bei Sh.; vgl. Z. 98. Auch in *Oth.* III.3.290 und III.3.305 wird dasselbe Tuch einmal *napkin*, einmal *handkerchief* genannt.

[38] *within a hour*: In IV.1.162 spricht Orlando von *these two hours,* während denen er Rosalinde fern sein muss.

zukommen; und als er so durch den Wald schritt, die Kost der süßen und bitteren Liebe[39] kauend, siehe da, was geschah! Er warf die Blicke seitwärts, und, merkt auf, welcher Gegenstand sich ihm darbot: [105] Unter einer alten Eiche[40], deren Äste bemoost vom Alter und [deren] Wipfel kahl von dürrer Bejahrtheit waren, lag ein elender, zerlumpter, über und über behaarter Mann[41] schlafend auf dem Rücken; um seinen Hals hatte sich eine grüngoldene Schlange gewunden, [110] die sich mit dem Kopf, in Drohungen behende, der Öffnung seines Mundes näherte; doch plötzlich, Orlandos ansichtig geworden, machte sie sich los und schlüpfte, im Zickzack dahingleitend[42], in einen Busch. Im Schatten dieses Busches hatte [115] eine Löwin[43], die Zitzen ganz ausgesogen, den Kopf am Boden, sich gelagert und lauerte katzengleich, wann der Schlafende sich regen würde; denn es ist die königliche Natur dieses Tieres, nichts zur Beute zu wählen, was wie tot erscheint[44]. [120] [Als er] dies wahrgenommen, ging Orlando näher zu dem Manne hin und entdeckte, dass es sein Bruder, sein älterer Bruder war.

CELIA. O, ich habe ihn von besagtem Bruder sprechen hören, und er stellte ihn als den Unnatürlichsten[45] dar, der unter Menschen lebt.

OLIVER. Und wohl durfte er das, [125] denn wohl weiß ich, dass er [der Bruder] unnatürlich war.

ROSALINDE. Doch zu Orlando: Ließ er ihn dort zurück als Fraß für die ausgesogene und hungrige Löwin?

OLIVER. Zweimal wandte er sich ab und hatte solches im Sinn;[46] doch

---

[39] *fancy*: auch 'Phantasie'.

[40] *an old oak*: Viele Hrsg. verbessern Z. 105 metrisch und inhaltlich, indem sie das *old* weglassen. Hypermetrische Zeilen sind jedoch bei Sh. an sich keine Seltenheit.

[41] *A wretched ragged man ... hair*: Oliver hat jetzt auch äußerlich die Gestalt eines Büßers; seine innere Bekehrung muss einige Zeit zurückliegen, wie bei Lodge: [...] *in penaunce of my former follies, I goe thus pilgrime like to seeke out my Brother* [...] (Bullough, *Sources*, S. 219).

[42] *indented*: wörtlich 'gezähnt', d.h. 'eine Zickzacklinie bildend' (OED 9), wie in der einzigen anderen Belegstelle bei Sh., *Ven. and Ad.* 704.

[43] *lioness*: Bei Lodge ist es ein männlicher Löwe (Bullough, *Sources*, S. 215ff.). Indem Sh. Oliver von einer hungrigen Löwenmutter belauern lässt, erhöht er die Gefahr für ihn.

[44] *royal ... dead*: Oliver spielt auf eine alte Vorstellung an, von der schon bei Plinius die Rede ist. Auch Lodge erklärt das Zögern der Löwin damit, dass *Lions hate to pray on dead carkasses* (Bullough, *Sources*, S. 215). Vgl. Text und Abbildung in J. W. Zincgref, *Emblematum ethico-politicorum centuria* (Heidelberg 1664, Neudruck Heidelberg 1986). –

Chewing the food of sweet and bitter fancy,
Lo, what befell! He threw his eye aside,
And mark what object did present itself:
105 Under an old oak, whose boughs were mossed with age
And high top bald with dry antiquity,
A wretched ragged man, o'ergrown with hair,
Lay sleeping on his back; about his neck
A green and gilded snake had wreathed itself,
110 Who with her head, nimble in threats, approached
The opening of his mouth; but suddenly,
Seeing Orlando, it unlinked itself
And with indented glides did slip away
Into a bush, under which bush's shade
115 A lioness, with udders all drawn dry,
Lay couching, head on ground, with catlike watch
When that the sleeping man should stir; for 'tis
The royal disposition of that beast
To prey on nothing that doth seem as dead.
120 This seen, Orlando did approach the man
And found it was his brother, his elder brother.

CELIA. O, I have heard him speak of that same brother,
And he did render him the most unnatural
That lived amongst men.

OLIVER.   And well he might so do,
125 For well I know he was unnatural.

ROSALIND. But, to Orlando: did he leave him there,
Food to the sucked and hungry lioness?

OLIVER. Twice did he turn his back and purposed so;

---

105 *old* F; nicht bei Pope (vgl. Anm. 40).

Doth seem: möglicherweise 'verharrt', vgl. Leisi, "Ein zweites Verb *to seem* bei Sh.?", in *FS Koziol*, S. 188–192.

[45] *unnatural*: Das Wort hat bei Sh. oft die spezifische Bedeutung 'der natürlichen Zuneigung unter Angehörigen derselben Familie ermangelnd oder widersprechend'; es findet sich besonders häufig in *Lear*.

[46] *Twice ... purposed so*: Bei Lodge (Bullough, *Sources*, S. 216ff.) entfernt sich Rosader nur einmal; von seinem besseren Ich zurückgerissen, kehrt er schon nach wenigen Schritten um, greift den Löwen aber erst an, als sich dieser bei einer Bewegung des Bruders selbst zu regen beginnt. – Wie schon die Schilderung von Olivers Aussehen (*wretched*, etc.) ist auch dieser Vorgang ganz aus der Perspektive Orlandos erzählt, denn der schlafende Oliver kann Orlandos Zögern nicht bemerkt haben.

die Bruderliebe[47], edler stets als Rache, [130] und die Natur, stärker als sein gerechter Beweggrund, hießen ihn die Löwin angreifen, die rasch vor ihm zusammenbrach; bei diesem Kampfeslärm[48] erwachte ich aus dem Schlummer eines Elenden[49].

CELIA. Seid Ihr sein Bruder?[50]

ROSALINDE. Wart Ihr es, den er errettet hat?

CELIA. [135] Wart Ihrs, der so oft plante, ihn zu töten?[51]

OLIVER. Ich wars. Doch ich bins nicht. Ich schäme mich nicht[52], Euch zu sagen, was ich war, da meine Bekehrung so süß mundet, seit ich das bin, was ich bin.

ROSALINDE. Aber das blutige Tuch!

OLIVER. Sogleich. [140] Als nun Tränen unseren gegenseitigen Bericht von Anfang bis Ende aufs Mildeste gebadet hatten, [etwa] wie ich in diese Einöde gelangt war: Kurz, da führte er mich dem edlen Herzog zu, der mir frische Kleidung und Bewirtung gab [145] und mich der Liebe meines Bruders empfahl; der führte mich sogleich in seine Höhle[53], zog sich dort aus, und hier an seinem Arm[54] hatte die Löwin Fleisch weggerissen, das die ganze Zeit über geblutet[55] hatte; und nun sank er in Ohnmacht [150] und rief noch im Umsinken nach Rosalinde[56]. Kurz, ich brachte ihn wieder zu sich, verband seine Wunde: Und [schon] nach einer kleinen Weile[57], da er kräftig von Natur ist, sandte er mich, fremd wie ich bin, hierher, um von diesem Vorfall zu berichten, auf dass Ihr [155] den Bruch seines Versprechens ver-

---

[47] *kindness*: Das Wort scheint hier antithetisch zu *unnatural* (Z. 123 und 125) im ursprünglichen Sinne von 'natürliche Zuneigung unter Blutsverwandten' (OED 1) zu stehen. Gut belegt ist bei Sh. der Gebrauch der Adjektive *kind* und häufiger *unkind* in dieser ursprünglichen Bedeutung; vgl. *Tit. A.* V.3.48: *What hast thou done, unnatural and unkind?* 'Was hast du getan, Unnatürlicher und Unväterlicher?' (Titus hat seine Tochter Lavinia getötet.).

[48] *hurtling*: Dem Verb *hurtle* liegt die Vorstellung eines heftigen Zusammenpralls zu Grunde (OED). Sh. gebraucht es nur noch in *Jul. Caes.* II.2.22: *The noise of battle hurtled in the air*, wo es den Klang aufeinander stoßender Waffen wiedergibt.

[49] *miserable slumber*: hier eher 'Elendsschlaf' als 'elender Schlaf'; wohl ein ähnlicher Fall von Hypallage wie bei *prodigal portion*, I.1.35 und *youthful hose*, II.7.160.

[50] *Are you his brother?*: In dieser Szene gelten Celias Fragen stets der Person Olivers, Rosalindes derjenigen Orlandos.

[51] *Are you ... kill him?*: Diese drei rasch aufeinander folgenden Fragen werden ausgelöst durch die Ich-Form in Olivers Aussage *From miserable slumber I awaked* und geben der Szene nach dem ziemlich langen Bericht neue Bewegtheit.

AS YOU LIKE IT IV.3

            But kindness, nobler ever than revenge,
130   And nature, stronger than his just occasion,
            Made him give battle to the lioness,
            Who quickly fell before him; in which hurtling
            From miserable slumber I awaked.
CELIA. Are you his brother?
ROSALIND.   Was it you he rescued?
CELIA. [135] Was't you that did so oft contrive to kill him?
OLIVER. 'Twas I. But 'tis not I. I do not shame
            To tell you what I was, since my conversion
            So sweetly tastes, being the thing I am.
ROSALIND. But, for the bloody napkin?
OLIVER.   By and by.
140   When from the first to last, betwixt us two,
            Tears our recountments had most kindly bathed,
            As how I came into that desert place:
            In brief, he led me to the gentle Duke,
            Who gave me fresh array and entertainment,
145   Committing me unto my brother's love,
            Who led me instantly unto his cave,
            There stripped himself, and here upon his arm
            The lioness had torn some flesh away,
            Which all this while had bled; and now he fainted,
150   And cried, in fainting, upon Rosalind.
            Brief, I recovered him, bound up his wound;
            And after some small space, being strong at heart,
            He sent me hither, stranger as I am,
            To tell this story, that you might excuse
155   His broken promise, and to give this napkin,

---

[52] *I do not shame*: Hier ist das Sb. *shame*, wie öfters, als Verb gebraucht. Vgl. *Com. Err.* V.1.323 und *Wint. T.* II.1.91.

[53] *cave*: ein weiteres in den Text eingebautes Landschaftselement.

[54] *here upon his arm*: Oliver zeigt seinen Zuhörerinnen die betreffende Stelle am eigenen Arm.

[55] *Which ... bled*: Das *which* bezieht sich zwar grammatisch auf das weggerissene Fleisch, sinngemäß aber auf die so entstandene Wunde.

[56] *cried ... upon Rosalind*: *to cry upon sb.*: 'jemanden mit Gefühlsbewegung rufen oder anrufen' (Schmidt 5 d). Vgl. *Hen. V* IV.1.131ff. und *Rom. and Jul.* III.3.101.

[57] *space*: Bei Sh. ist dieses Wort ebenso oft zeitlich wie räumlich gebraucht; vgl. *To-morrow, or at further space* 'morgen, oder zu einer späteren Zeit', *Lear* V.3.53.

gebt, und um dieses mit seinem Blut gefärbte Tuch dem Schäferjüngling zu bringen, den er zum Spaß seine Rosalinde nennt.
[Rosalinde wird ohnmächtig.]
CELIA. Holla, was ist denn, Ganymed[58], süßer Ganymed!
OLIVER. Viele fallen regelmäßig in Ohnmacht, wenn sie Blut sehen.
CELIA. [160] Das hat tiefere Gründe. Vetter Ganymed![59]
OLIVER. Schaut, er kommt wieder zu sich.
ROSALINDE. Wäre ich nur zu Hause!
CELIA. Wir führen Euch hin. Ich bitte Euch, wollt Ihr ihn unterm Arm fassen?
OLIVER. Nur munter, Junge. Ihr ein Mann! Euch fehlt [165] ein Männerherz.
ROSALINDE. Das stimmt, ich geb es zu. Ach, Mensch[60], man könnte [wirklich] denken, es war gut nachgemacht. Bitte erzählt Eurem Bruder, wie gut ich es nachmachte. O weh![61]
OLIVER. Das war nicht nachgemacht. Eure Gesichtsfarbe [170] bezeugt zu deutlich, dass es eine echte Gemütsbewegung war.
ROSALINDE. Nachgemacht, versichere ich Euch.
OLIVER. Nun denn, fasst guten Mut und macht einen Mann nach.
ROSALINDE. Das tue ich ja; aber, meiner Treu, [175] von Rechts wegen hätte ich eine Frau sein sollen.[62]
CELIA. Kommt, Ihr seht immer blasser aus. Wendet Euch bitte heimzu. Lieber Herr, kommt mit uns.
OLIVER. Das will ich, denn ich muss Bescheid mitbringen, wie Ihr meinen Bruder entschuldigt, Rosalinde[63].
ROSALINDE. [180] Ich will mir etwas ausdenken. Doch bitte, lobt vor ihm mein Nachmachen. Kommt Ihr?[64]

Alle ab.

---

[58] *how now, Ganymede*: *How now* (s. Leisi, *Problemwörter*) erscheint bei Sh. häufig als "Ohnmachtssignal"; die BA *[Rosalinde wird ohnmächtig]* fehlt in F und wurde erst später hinzugesetzt.

[59] *Cousin Ganymede*: Celia müsste ihrer Rolle gemäß Rosalinde mit *brother* anreden. Dr. Johnsons Annahme, sie sei im ersten Schrecken aus der Rolle gefallen und unwillkürlich zur früheren Anrede zurückgekehrt, worauf sie, sich rasch fassend, noch 'Ganymede' beigefügt habe, hat einiges für sich. – Wie in der Anm. zu I.2.140 dargelegt, ist *cousin* in älterer Zeit nicht auf direkte Vettern und Basen beschränkt – obschon Sh. es nie für Geschwister verwendet –; vielmehr ist das Wort *cousin* ausgeweitet zur Bezeichnung verschiedener anderer verwandtschaftlicher Beziehungen, bis es schließlich die Funktion einer freundschaftlich-herzlichen Anrede unter Nahestehenden erhält. Dass Celia den ohnmächtigen Ganymed hier in diesem Sinne, voll liebender Besorgnis, anruft, ohne dabei an irgendein Verwandtschaftsverhältnis zu denken, scheint nicht unmöglich.

[60] *Ah, sirrah*: *sirrah*, Anrede an Männer niederen Standes. Bei den drei anderen Stellen, wo *sirrah* mit vorangestelltem *Ah* vorkommt (2 Hen. IV V.3.16, Rom. and Jul. I.5.29 und

Dyed in his blood, unto the shepherd youth
That he in sport doth call his Rosalind.
[Rosalind swoons.]

CELIA. Why, how now, Ganymede, sweet Ganymede!

OLIVER. Many will swoon when they do look on blood.

CELIA. [160] There is more in it. Cousin Ganymede!

OLIVER. Look, he recovers.

ROSALIND. I would I were at home.

CELIA.   We'll lead you thither.
I pray you, will you take him by the arm?

OLIVER. Be of good cheer, youth. You a man! You lack a [165] man's heart.

ROSALIND. I do so, I confess it. Ah, sirrah, a body would think this was well counterfeited. I pray you tell your brother how well I counterfeited. Heigh-ho!

OLIVER. This was not counterfeit. There is too great [170] testimony in your complexion that it was a passion of earnest.

ROSALIND. Counterfeit, I assure you.

OLIVER. Well then, take a good heart and counterfeit to be a man.

ROSALIND. So I do; but, i'faith, I should have been a [175] woman by right.

CELIA. Come, you look paler and paler. Pray you draw homewards. Good sir, go with us.

OLIVER. That will I, for I must bear answer back
How you excuse my brother, Rosalind.

ROSALIND. [180] I shall devise something. But I pray you commend my counterfeiting to him. Will you go?

                                                                               Exeunt.

---

156   *this blood* F; F_{2-4}, Hrsg. *his blood*.

I.5.126) lässt der Kontext erkennen, dass der Sprechende sich selbst etwas zuruft, was am ehesten dem deutschen 'Ach, Mensch!' entspricht. Man darf daher annehmen, dass auch hier Rosalinde sich selbst anredet und sich dabei in ihrer 'Männlichkeit' bestärkt.

[61] *Heigh-ho!*: Vgl. Anm. zu II.7.180. Offenbar sinkt Rosalinde hier nochmals in die Knie.

[62] *Well then ... right*: Wirkungsvolle dramatische Ironie, da Rosalinde sich bereits alle Mühe gibt, Männlichkeit vorzutäuschen.

[63] *Rosalind*: Beim Gedanken an Orlando gebraucht auch Oliver im Scherz diese Anrede (dazu auch Kommentar).

[64] *Why, how now ... go?*: In diesem letzten Teil von Szene 3 finden sich einige Stellen, die als Blankverse gelten können: Z. 158-159, 162-163 und 176-177. New Cambridge schließt daraus – wie aus anderen Stellen –, dass *A.Y.L.* ursprünglich ganz in Blankvers verfasst war. Diese Hypothese ist aber von der Forschung nicht aufgenommen worden.

V.1 *Der Narr [Touchstone] und Audrey treten auf.*

TOUCHSTONE. Wir finden schon noch eine passende Zeit, Audrey. Geduld, liebe Audrey.

AUDREY. Also der Pfarrer war ja ganz gut[1], was immer der alte Herr sagen mochte.[2]

TOUCHSTONE. [5] Ein ganz schlimmer Sir Oliver, Audrey, ein ganz abscheulicher Textverdreher[3]. Doch, Audrey[4], es ist hier im Walde ein junger Mann, der auf Euch Anspruch erhebt.

AUDREY. Ja, ich weiß, wer es ist. Er hat ganz und gar kein Anrecht[5] auf mich. Hier kommt der Mann, den Ihr meint.

William tritt auf.

TOUCHSTONE. [10] Einen Tölpel[6] zu sehen, ist Speis und Trank[7] für mich; meiner Treu, wir, die wir gute Geistesgaben besitzen, haben viel zu verantworten. Wir müssen[8] einfach spotten; wir können uns nicht enthalten[9].

WILLIAM. Guten Abend, Audrey.

AUDREY. Gott geb Euch einen guten Abend[10], William.

WILLIAM. [15] Auch Euch, Herr, guten Abend.

TOUCHSTONE. Guten Abend, lieber Freund. Bedecke den Kopf, bedecke den Kopf. Nicht doch, bedecke dich[11], bitte. Wie alt seid Ihr[12], Freund?

WILLIAM. Fünfundzwanzig, Herr.

TOUCHSTONE. [20] Ein reifes Alter. Ist William dein Name?

WILLIAM. William, Herr.

TOUCHSTONE. Ein schöner Name. Bist hier im Walde geboren?

WILLIAM. Ja, Herr, Gott sei Dank.

TOUCHSTONE. 'Gott sei Dank.' Eine gute Antwort. Bist reich?

---

[1] *good enough*: Idiomatisch 'recht', 'ganz gut'; möglich ist aber auch die wörtliche Bedeutung 'gut genug'.

[2] *for all ... saying*: Audrey erinnert sich an Jaques' abschätzige Bemerkungen über Sir Oliver Mar-text; vgl. III.3.74ff. Dass sie Jaques, der sonst nirgends als alt bezeichnet wird, einen 'alten Herrn' nennt, zeugt von ihrer großen Jugend.

[3] *a most vile Mar-text*: Während Touchstone in III.3.37 und 56 den Namen *Mar-text* noch ganz sachlich gebraucht hat, zerlegt er ihn hier in seine Bedeutungselemente ('verdreh' und 'Text'), womit er sich berechtigt fühlt, den Hilfspfarrer auch seinerseits zu schmähen. – Was den Bezug auf *Martin Marprelate* betrifft, vgl. Anm. zu III.3.37.

[4] *But, Audrey*: Wie schon zu Beginn von III.3 redet Touchstone Audrey hier in jedem neuen Satz mit ihrem Namen an. Es ist zu vermuten, dass er sich damit den Anschein höfischer Lebensart gibt, um seine soziale Überlegenheit zu betonen und sich damit Audrey unterwürfig zu machen.

[5] *hath no interest in me*: Wahrscheinlich 'Anrecht', 'Anspruch auf' (OED I.1); vgl. *1 Hen. VI* V.4.167 und *2 Hen. VI* III.1.84. An anderen Stellen, wo Sh. *interest* im selben Sinne gebraucht, kommt die Konstruktion *interest to* vor; vgl. *1 Hen. IV* III.2.98 und *K. John* V.2.89.

V.1   *Enter [Touchstone the] Clown and Audrey.*

TOUCHSTONE. We shall find a time, Audrey. Patience, gentle Audrey.

AUDREY. Faith, the priest was good enough, for all the old gentleman's saying.

TOUCHSTONE. [5] A most wicked Sir Oliver, Audrey, a most vile Martext. But, Audrey, there is a youth here in the forest lays claim to you.

AUDREY. Ay, I know who 'tis. He hath no interest in me in the world. Here comes the man you mean.
   Enter William.

TOUCHSTONE. [10] It is meat and drink to me to see a clown; by my troth, we that have good wits have much to answer for. We shall be flouting; we cannot hold.

WILLIAM. Good ev'n, Audrey.

AUDREY. God ye good ev'n, William.

WILLIAM. [15] And good ev'n to you, sir.

TOUCHSTONE. Good ev'n, gentle friend. Cover thy head, cover thy head. Nay, prithee be covered. How old are you, friend?

WILLIAM. Five-and-twenty, sir.

TOUCHSTONE. [20] A ripe age. Is thy name William?

WILLIAM. William, sir.

TOUCHSTONE. A fair name. Wast born i' th' forest here?

WILLIAM. Ay, sir, I thank God.

TOUCHSTONE. 'Thank God.' A good answer. Art rich?

---

9   BA *Enter William* F; Dyce, Grant White nach 12; Sisson nach *world* in Z. 9.

---

[6] *clown*: Zur Bedeutung vgl. II.4.61.

[7] *meat and drink*: redensartlich; etwa 'ein gefundenes Fressen'. Im gleichen Sinne verwendet in *Merry W.* I.1.265. Ursprünglich wohl eine wortspielerische Erweiterung von *It is meet for* 'es ist passend für'; das Adjektiv *meet* 'passend', 'schicklich' war schon zu Sh.s Zeit biblisch-altertümlich und wurde zu *meat* umgedeutet.

[8] *shall be flouting*: Wie in I.1.119 bedeutet *shall* hier 'muss, müssen'; vgl. Abbott, *A Shakespearian Grammar*, § 315. Zu *flout* vgl. III.3.94.

[9] *hold*: 'sich enthalten' (OED *hold* II.11, Schmidt 2 b).

[10] *God ye good ev'n*: eine gekürzte Form von *God give you a good even(ing)* 'Gott gebe Euch einen guten Abend'. Vgl. *God-den* und *God gi' go-den* in *Rom. and Jul.* I.2.56-57.

[11] *be covered*: Wie in III.3.67 gegenüber Jaques betont Touchstone gegenüber William seinen höheren sozialen Status. Eine ähnliche aggressive Höflichkeit zeigt Hamlet gegen Osric, z.B. auch in der Aufforderung, seinen Hut wieder aufzusetzen; vgl. *Haml.* V.2.93ff. – Nach Hotson, *Shakespeare's Motley*, S. 79, wird Touchstone von William wegen seines langen Rocks für eine höher stehende Person gehalten.

[12] *How old are you*: Hier, wie im ganzen folgenden Gespräch, wechselt Touchstone bei der Anrede an William ständig zwischen *you* und *thou*, vielleicht, um William seine Überlegenheit spüren zu lassen.

WILLIAM. [25] Ehrlich[13], Herr, so, so.

TOUCHSTONE. 'So, so' ist gut, sehr gut, ganz hervorragend[14] gut; ists aber trotzdem nicht, es ist nur so, so[15]. Bist du weise?

WILLIAM. Jawohl, Herr, ich habe einen hübschen[16] Verstand.

TOUCHSTONE. Sieh da, das sagst du gut. Da [30] fällt mir gerade ein Ausspruch ein: 'Der Narr hält sich für weise, doch der Weise erkennt, dass er ein Narr ist.'[17] Der heidnische Philosoph[18] öffnete jedes Mal, wenn er Lust hatte, eine Traube zu essen, die Lippen, wenn er sie sich in den Mund steckte; damit wollte er sagen, Trauben seien zum Essen geschaffen und Lippen zum Sichöffnen.[19] [35] Ihr liebt dieses Mädchen?

WILLIAM. Ja, Herr.

TOUCHSTONE. Reicht mir die Hand. Bist du gelehrt?

WILLIAM. Nein, Herr.

TOUCHSTONE. Dann lerne Folgendes von mir: Haben ist haben; [40] denn es ist eine rhetorische Figur, dass ein Getränk, aus einem Becher in ein Glas gegossen, das eine entleert[20], indem es das andere füllt; denn alle Autoren[21] sind sich darin einig, dass *ipse*[22] 'er' bedeutet. Nun seid Ihr aber nicht *ipse*, denn ich bin er.

WILLIAM. Welcher Er, Herr?

TOUCHSTONE. [45] Der Er, Herr, der diese Frau heiraten soll. Also meidet (was in der Mundart[23] "lasst sein" bedeutet), Ihr Tölpel, den

---

[13] *Fair, sir, so so*: Bei diesem Wortlaut der Pelican-Ausgabe bezieht sich *fair* nicht auf *sir*, sondern hat adverbielle Funktion, indem es das Adjektiv *rich* (in der vorhergehenden Frage) qualifiziert. Doch kommt *fair* als Adverb bei Sh. sonst nur in festen Fügungen, wie *stand fair, speak fair*, vor. Außerdem ist die Verbindung *fair sir* bei Sh. mehrfach bezeugt; s. Bartlett s.v. – Der Lesung *Faith, sir* in F₁ entsprechend haben die meisten modernen Ausgaben entweder *Faith sir* oder *Faith, sir*, wobei *(in) faith* eine bekannte und häufige Bekräftigungsformel ist. Unsere Übertragung 'ehrlich' folgt deshalb der Lesung *faith*.

[14] *excellent good*: Sh. gebraucht *excellent* oft als Adverb, meist zur näheren Bestimmung von *good* oder *well*; vgl. *Oth.* II.3.111 und *Haml.* II.2.174.

[15] *so so*: Indem Touchstone Williams vage Formel *so so* 'einigermaßen', 'leidlich' zuerst lobend und gleich darauf höhnisch wiederholt, macht er sich über William lustig.

[16] *pretty* wechselt zwischen der alten Bedeutung 'schlau' (vgl. *Sonn.* 41.1) und der neuen 'hübsch'.

[17] *knows himself ... fool*: Wordsworth (zitiert in Var. S. 249) sieht eine mögliche Beziehung dieses Sprichworts (vgl. Tilley, *Proverbs*, M 425) zu *1 Korinther* 3.18, wo es heißt: 'Wenn sich jemand unter euch weise zu sein dünkt in dieser Welt, so werde er töricht, damit er weise werde.' Ebenso erinnert das Sprichwort an den Inbegriff der sokratischen Weisheit: zu wissen, dass man nichts wisse.

[18] *The heathen philosopher*: Hrsg. sind sich einig, dass damit kein bestimmter antiker Philosoph gemeint ist, dass Touchstone vielmehr ein gelehrt klingendes Brimborium von sich gibt um William einzuschüchtern.

[19] *desire ... lips to open*: Capell, dem die meisten Hrsg. folgen, nimmt an, Touchstone sei

WILLIAM. [25] Fair, sir, so so.

TOUCHSTONE. 'So so' is good, very good, very excellent good; and yet it is not, it is but so so. Art thou wise?

WILLIAM. Ay, sir, I have a pretty wit.

TOUCHSTONE. Why, thou say'st well. I do now [30] remember a saying, 'The fool doth think he is wise, but the wise man knows himself to be a fool.' The heathen philosopher, when he had a desire to eat a grape, would open his lips when he put it into his mouths, meaning thereby that grapes were made to eat and lips to open. [35] You do love this maid?

WILLIAM. I do, sir.

TOUCHSTONE. Give me your hand. Art thou learned?

WILLIAM. No, sir.

TOUCHSTONE. Then learn this of me: to have is to have; [40] for it is a figure in rhetoric that drink, being poured out of a cup into a glass, by filling the one doth empty the other; for all your writers do consent that *ipse* is he. Now, you are not *ipse*, for I am he.

WILLIAM. Which he, sir?

TOUCHSTONE. [45] He, sir, that must marry this woman. Therefore, you clown, abandon (which is in the vulgar, leave) the society

---

31 *wiseman* F; Rowe, Hrsg. *wise man*.

---

durch William, den man sich mit offenem Munde dastehend vorzustellen hätte, zu dieser Bemerkung veranlasst worden. Vermutlich wolle er aber andeuten, Audrey sei keine Traube, von der William naschen dürfe. Im Übrigen findet sich bei Lodge eine ähnliche Stelle (Bullough, *Sources*, S. 231): 'Phebe ist kein Salat für Eure Lippen, und ihre Trauben hängen so hoch, dass Ihr sie wohl anschauen dürft, aber nicht anfassen könnt.' Tilley, *Proverbs*, W 617, zitiert ferner aus Giovanni Torriano: 'Eine Frau am Fenster gleicht [den] Trauben an der Landstraße', d.h. jeder streckt die Hand nach ihr aus (nach New Arden).

[20] *drink ... empty the other*: Was Touchstone mit rhetorischem Tiefsinn ausspricht, ist natürlich ein Gemeinplatz; immerhin gibt er William zu verstehen, dass er mit leeren Händen zurückbleiben wird. – Sh. nimmt hier mit der Nachahmung des euphuistischen Stils wiederum Lyly und Lodge aufs Korn; vgl. Anm. zu III.2.11, Kommentar zu III.1, III.2 sowie Einleitung: 2. Quellen.

[21] *all your writers*: Vgl. *your chestnut*, III.4.10.

[22] *ipse*: lat. 'er selbst', ein Begriff der Logik. In Lylys *Euphues* wird mit *Ipse, hee* ein erfolgreicher Bewerber bezeichnet (New Arden, Pelican).

[23] *the vulgar*: 'Die Landessprache', 'Mundart' (OED 1); vgl. *L.L.L.* IV.1.68–69. An anderen Stellen bedeutet *the vulgar* 'das gewöhnliche Volk'; vgl. *Jul. Caes.* I.1.70 und *Hen. V* IV.7.72. Von hier bis Z. 55 beeindruckt und "erledigt" Touchstone seinen einfältigen Rivalen mit einem Feuerwerk von *hard words*, d.h. Wörtern lat. oder griech. Herkunft, die dem weniger Gebildeten nicht oder nur unsicher bekannt waren: *abandon, society, female, perish* etc. Über die Hard Words als soziales Problem vgl. Ernst Leisi, *Das heutige Englisch* (Heidelberg [7]1985), besonders § 13.

Umgang (was in der Bauernsprache "Gesellschaft" heißt) dieser Frauensperson (was in der Umgangssprache "Frau" heißt); was zusammengefasst lautet: Meide den Umgang dieser Frauensperson, oder [50] du kommst um, Tölpel; oder, zu deinem besseren Verständnis, du stirbst; sonst nämlich bringe ich dich um, schaffe dich aus der Welt, verwandle[24] dein Leben in Tod, deine Freiheit in Knechtschaft. Ich will bei dir von Gift, von Stockschlägen oder von [dem] Stahl[25] Gebrauch machen[26]; ich will mich in Gegnerschaft[27] mit dir herumschlagen[28]; ich will dich mit List[29] überrumpeln; ich will dich auf hundertfünfzig Arten [55] umbringen. Deshalb zittere und scheide [von mir].
AUDREY. Tu das, guter William.
WILLIAM. Gehabt Euch wohl[30], Herr.

Ab.

Corin tritt auf.

CORIN. Unsere Herrschaft sucht Euch[31]. Kommt, [60] kommt!
TOUCHSTONE. Lauf[32], Audrey, lauf, Audrey. Gleich stehe ich zu Diensten, gleich.

Alle ab.

---

[24] *translate*: 'Überführen', 'verwandeln' (OED 4); vgl. *Mids. N. D.* III.1.107 und III.2.32. Die moderne Bedeutung 'in eine andere Sprache übertragen' ist bei Sh. seltener; vgl. *A.Y.L.* II.1.19 und *2 Hen. IV* IV.1.47.

[25] *steel*: 'Stahl', d.h. 'stählerne Waffe', 'Degen' usw.

[26] *deal in*: hier 'Gebrauch machen'. An anderen Stellen bei Sh. nähert sich *deal in* bedeutungsmäßig an *deal with* 'behandeln', 'erledigen' an; vgl. *Much Ado* IV.1.245.

[27] *faction* bedeutet bei Sh. normalerweise 'Partei', 'Seite', gelegentlich mit negativem Beiklang; vgl. *Thou and thy faction shall repent this rape* 'Du und deine Partei werden diese Vergewaltigung noch bereuen', *Tit. A.* I.1.407. Wird *faction* jedoch im Singular und ohne Artikel gebraucht, dann hat es stets die abstrakte Bedeutung 'Gegnerschaft', 'Streit'; vgl. *1 Hen. IV* IV.1.66-67.

[28] *bandy*: 'Kämpfen', 'sich schlagen'; vgl. *Rom. and Jul.* III.1.87. Die ursprüngliche Bedeutung des transitiven Verbs ist 'einen Ball – wie beim Tennisspiel – hin- und zurückschlagen'; Sh. gebraucht es in diesem Sinn auch bildlich; vgl. *Lear* I.4.80: *Do you bandy looks with me, you rascal?*

[29] *policy*: 'Verfahren', 'Taktik', 'Politik'; hier, wie öfters, mit der negativen Konnotation 'Schlauheit', 'List'; vgl. *All's Well* I.1.117 und *Timon* III.2.86, sowie *politic A.Y.L.* V.4.44.

(which in the boorish is, company) of this female (which in the common is, woman); which together is, abandon the society of this female, or, clown, [50] thou perishest; or to thy better understanding, diest; or, to wit, I kill thee, make thee away, translate thy life into death, thy liberty into bondage. I will deal in poison with thee, or in bastinado, or in steel; I will bandy with thee in faction; I will o'errun thee with policy; I will [55] kill thee a hundred and fifty ways. Therefore tremble and depart.
AUDREY. Do, good William.
WILLIAM. God rest you, merry sir.

Exit.

Enter Corin.

CORIN. Our master and mistress seeks you. Come away, [60] away!
TOUCHSTONE. Trip, Audrey, trip, Audrey. I attend, I attend.

Exeunt.

---

54 *police* F; F₂ *policy*.
57 *seeks* F; Rowe *seek*.
59 *Trip ... attend,* / *I attend* F; Pope, Hrsg. Prosa (vgl. Anm. 32).

---

[30] *God rest you merry*: 'Gott erhalte Euch munter, glücklich', eine mit faktitivem *rest* = 'erhalten' gebildete Grußformel, besonders beim Abschied; noch häufiger sind die gekürzten Formen *Rest you well, Meas. for M.* IV.3.170 und *Rest you happy, Ant. and Cl.* I.1.62. Im Gegensatz zu den meisten anderen Hrsg. hat Pelican *God rest you, merry sir*, 'Gott erhalte Euch, munterer Herr', was auf Unverständnis des Idioms zurückgeht.

[31] *Our master and mistress seeks you*: Nach Abbott, *A Shakespearian Grammar*, § 412, wird das Verb, hier *seek*, öfters vom unmittelbar benachbarten Substantiv, hier *mistress*, regiert, sodass es im Singular statt im logisch zu erwartenden Plural steht.

[32] *Trip* im Sinne von 'leicht und graziös laufen' braucht Sh. nur für weibliche Wesen; vgl. *Merry W.* V.4.1: *Trib, trib, fairies.* – Vom Rhythmus her könnte *Trip, Audrey* Stück eines unbekannten Liedes sein.

V.2   *Orlando und Oliver treten auf.*

ORLANDO. Ists möglich, dass Ihr auf so geringe Bekanntschaft hin von ihr angetan seid? Dass Ihr sie vom bloßen Sehen liebt?[1] Und, liebend, [um sie] werbt? Und, werbend, von ihr erhört werdet?[2] Und besteht Ihr darauf, sie zu besitzen?

OLIVER. [5] Redet [jetzt][3] weder über das Unbesonnene daran noch über ihre Armut, die kurze Bekanntschaft, mein plötzliches Werben, noch über ihr plötzliches Einwilligen; sagt vielmehr mit mir, ich liebe Aliena; sagt mit ihr, dass sie mich liebt; seid mit beiden einig[4], dass wir einander besitzen dürfen. Es soll zu Eurem [10] Besten sein; denn meines Vaters Haus und alle Einkünfte, die der alte Sir Roland hatte, will ich auf Euch überschreiben und hier als Schäfer leben und sterben.

Rosalinde tritt auf.

ORLANDO. Ihr habt mein Einverständnis. Lasst Eure Hochzeit morgen sein; dazu will ich den Herzog und sein ganzes [15] vergnügtes Gefolge einladen. Geht nun und bereitet Aliena vor; denn schaut, hier kommt meine Rosalinde.

ROSALINDE. Gott mit Euch, Schwager.[5]

OLIVER. Und auch mit Euch, schöne Schwägerin.[6]

[Ab.]

ROSALINDE. Ach, mein lieber Orlando, wie bekümmert es mich, zu sehen, [20] dass du dein Herz in einer Binde[7] trägst!

ORLANDO. Das ist mein Arm.

ROSALINDE. Ich dachte, dein Herz wäre von den Klauen einer Löwin verwundet worden.

ORLANDO. Verwundet ist es, aber von den Augen[8] einer Dame.

ROSALINDE. [25] Hat Euer Bruder Euch erzählt, wie ich mich stellte, als würde ich ohnmächtig, als er mir Euer Taschentuch zeigte?

ORLANDO. Ja, und noch größere Wunder als dieses.

---

[1] *so little acquaintance ... love her?*: Diskrete dramatische Ironie: Orlando vergisst, dass er seinerzeit ebenso plötzlich von Rosalinde angetan war. Bei Lodge ist Celias Liebe zu Oliver noch dadurch motiviert, dass dieser mitgeholfen hat, sie aus Räuberhand zu befreien (vgl. Bullough, *Sources*, S. 222).

[2] *seeing ... loving ... wooing ... grant*: eine rhetorische *Climax*. Im weiteren Sinne ist die *Climax* jede Steigerung, im engeren eine Verbindung von Anadiplosen (Anadiplosis = Wortverdoppelung an der Satzgrenze, z.B. *love / loving, woo / wooing*).

[3] *call ... in question*: *Question* bedeutet bei Sh. oft 'Diskussion', 'Gespräch' (vgl. *I had much question with him*, *A.Y.L.* III.4.31). *Call in question* heißt demnach 'zur Sprache bringen', nicht notwendig in fragender Weise; vgl. *Jul. Caes.* IV.3.165.

[4] *consent* bedeutet hier nicht, wie aus dem Kontext hervorzugehen scheint, 'zustimmen', 'erlauben', sondern 'mit jemandem einig gehen', 'derselben Meinung sein'; vgl. *all your writers do consent* 'alle Autoren sind sich darin einig', V.1.42.

AS YOU LIKE IT V.2

V.2 *Enter Orlando and Oliver.*

ORLANDO. Is't possible that on so little acquaintance you should like her? that but seeing, you should love her? and loving, woo? and wooing, she should grant? And will you persever to enjoy her?

OLIVER. [5] Neither call the giddiness of it in question, the poverty of her, the small acquaintance, my sudden wooing, nor her sudden consenting; but say with me, I love Aliena; say with her that she loves me; consent with both that we may enjoy each other. It shall be to your [10] good; for my father's house, and all the revenue that was old Sir Rowland's, will I estate upon you, and here live and die a shepherd.

Enter Rosalind.

ORLANDO. You have my consent. Let your wedding be to-morrow: thither will I invite the Duke and all's [15] contented followers. Go you and prepare Aliena; for look you, here comes my Rosalind.

ROSALIND. God save you, brother.

OLIVER. And you, fair sister.

[Exit.]

ROSALIND. O my dear Orlando, how it grieves me to see [20] thee wear thy heart in a scarf!

ORLANDO. It is my arm.

ROSALIND. I thought thy heart had been wounded with the claws of a lion.

ORLANDO. Wounded it is, but with the eyes of a lady.

ROSALIND. [25] Did your brother tell you how I counterfeited to sound when he showed me your handkercher?

ORLANDO. Ay, and greater wonders than that.

---

7 *nor sodaine consenting* F; Rowe *nor her ... consenting*.

12 BA *Enter Rosalind* F; Dyce, Grant White nach 16.

---

[5] *God save you, brother*: *God save you* = 'God keep you safe', 'Gott behüte Euch', eine häufige Grußformel; vgl. *Much Ado* III.2.70. – *Brother*: Rosalinde begrüßt den künftigen Gatten ihrer "Schwester" mit 'Schwager', vielleicht denkt sie sogar daran, dass er – als Bruder ihres eigenen künftigen Gatten – in doppeltem Sinn ihr Schwager ist.

[6] *sister*: Oliver geht auf das Spiel zwischen Orlando und Ganymed-Rosalinde ein, indem er – wie schon in IV.3.179, wo er den vermeintlichen Jüngling 'Rosalinde' nennt – jetzt die Anrede 'Schwägerin' gebraucht, was auch in Wirklichkeit die korrekte Anrede wäre.

[7] *scarf*: 'ornamentales Band', 'Schärpe', 'Binde', 'Schal'; hier speziell 'Schlinge oder Binde zum Schutz eines verletzten Gliedes'.

[8] *Wounded ... with the eyes*: Die Redensart, dass Augen verwunden können – vgl. III.5.11ff., wo Phoebe diese Fähigkeit der Augen energisch in Abrede stellt –, wird hier erneut von Orlando aufgenommen.

ROSALINDE. O, ich weiß, worauf Ihr anspielt! Allerdings, es ist wahr! Nie geschah etwas so plötzlich, außer etwa der Kampf zwischen zwei Widdern [30] und Caesars thrasonisches[9] Prahlen 'Ich kam, sah, und siegte'[10]; denn kaum begegneten Euer Bruder und meine Schwester einander, als sie schauten; kaum schauten [sie], als sie liebten; kaum liebten [sie], als sie seufzten; kaum seufzten [sie], als sie einander nach der Ursache fragten; kaum kannten [sie] die Ursache, als [35] sie auf Abhilfe sannen:[11] Und in dieser Stufenfolge[12] haben sie einen Treppenlauf zur Heirat hin gebaut, auf dem sie unaufhaltsam hinaufsteigen oder sonst unenthaltsam[13] vor der Heirat sein werden: Sie sind in der rechten Liebeswut drin und sie wollen zueinander; Knüppel können sie nicht trennen[14].

ORLANDO. [40] Morgen sollen sie verheiratet werden, und ich will den Herzog zur Hochzeit einladen. Aber ach, wie schmerzlich ist es, durch die Augen eines anderen Mannes / Menschen ins Glück hineinzuschauen! Um desto mehr werde ich morgen auf dem Höhepunkt des Herzeleids sein, je mehr ich meinen [45] Bruder glücklich schätzen werde, dass er hat, was er ersehnt.

ROSALINDE. Wie denn, kann ich Euch morgen nicht als Rosalinde dienen?

ORLANDO. Ich kann nicht länger vom [bloßen] Denken leben.

ROSALINDE. Dann will ich Euch nicht länger mit müßigen [50] Reden ermüden. Wisst also von mir, denn jetzt spreche ich in einem bestimmten Sinn, dass ich weiß, Ihr seid ein Edelmann von Verstand[15]. Ich sage das nicht, damit Ihr von meinen Kenntnissen eine gute Meinung habt, insofern ich sage, ich wisse, dass Ihr das seid; ebenso wenig strebe ich nach einer größeren Achtung als einer, die Euch einigermaßen Glauben [55] entlocken kann, zu Eurem eigenen Wohl, nicht um mich ins Licht zu setzen. Glaubt also, wenn es Euch beliebt, dass ich wunderbare Dinge zu tun vermag. Ich habe seit meinem dritten Lebensjahr Umgang

---

[9] *thrasonical*: Anspielung auf Thraso, einen Großtuer aus der Komödie *Eunuchus* des Terenz.

[10] *I came ... overcame*: Lat. *veni, vidi, vici*, ein Ausspruch, der Julius Caesar (nach seinem Sieg über den Rebellen Pharnaces, 47 v.Chr.) zugeschrieben wurde; vgl. Sueton, *Das Leben der Caesaren* und Plutarch, *Das Leben Caesars*.

[11] *No sooner ... sought the remedy*: Wiederum eine rhetorische Climax; vgl. Z. 2-4.

[12] *degrees*: Ein Spiel mit der übertragenen und der wörtlichen Bedeutung von *degree* scheint

ROSALIND. O, I know where you are! Nay, 'tis true. There was never anything so sudden but the fight of two rams [30] and Caesar's thrasonical brag of 'I came, saw, and overcame'; for your brother and my sister no sooner met but they looked; no sooner looked but they loved; no sooner loved but they sighed; no sooner sighed but they asked one another the reason; no sooner knew the reason but [35] they sought the remedy: and in these degrees have they made a pair of stairs to marriage, which they will climb incontinent, or else be incontinent before marriage: they are in the very wrath of love, and they will together; clubs cannot part them.

ORLANDO. [40] They shall be married to-morrow, and I will bid the Duke to the nuptial. But, O, how bitter a thing it is to look into happiness through another man's eyes! By so much the more shall I to-morrow be at the height of heart-heaviness, by how much I shall think my [45] brother happy in having what he wishes for.

ROSALIND. Why then, to-morrow I cannot serve your turn for Rosalind?

ORLANDO. I can live no longer by thinking.

ROSALIND. I will weary you then no longer with idle [50] talking. Know of me then, for now I speak to some purpose, that I know you are a gentleman of good conceit. I speak not this that you should bear a good opinion of my knowledge, insomuch I say I know you are; neither do I labor for a greater esteem than may in some little measure [55] draw a belief from you, to do yourself good, and not to grace me. Believe then, if you please, that I can do strange things. I have, since I was three years old, conversed

---

53   *you* F; Rowe *what you.*

hier beabsichtigt: Aus den "Stufen" der Climax ('Leiter') machen sich beide Liebenden eine "Treppe" zur Heirat.

[13] *incontinent*: 1) 'Sogleich', von lat. *in contenenti* (tempore) 'ohne zeitliche Unterbrechung'; vgl. *Oth.* IV.3.11: *He says he will return incontinent*; 2) '(sexuell) unenthaltsam', von lat. *incontinens*; vgl. *Timon* IV.1.3: *Matrons, turn incontinent!* Die beiden Bedeutungen ergeben ein Wortspiel.

[14] *clubs ... part them*: Beim Ausbruch einer Rauferei scheint in London zur Zeit Sh.s der Ruf "clubs, clubs!" 'Knüppel, Knüppel!' üblich gewesen zu sein, um Vorübergehende zur Trennung der Raufenden aufzufordern (New Arden). Was die Nebenbedeutung von *club* 'männliches Glied' betrifft, vgl. IV.1.89. Hierzu passt auch *reason*: homophon mit *raising*, oft im Sinne von '(sexuell) aufstehen' gebraucht und auch *serve* (Z. 46), häufig in der Bedeutung '(Tiere) decken', 'Liebesdienste tun', ist zweideutig.

[15] *conceit*: 'Verstand', 'Intelligenz', 'Idee'.

mit einem Zauberer, höchst tiefgründig in seiner Kunst und doch nicht verdammenswert[16]. Wenn Ihr Rosalinde so nahe am Herzen liebt, [60] wie Euer Benehmen[17] es laut verkündet, dann sollt Ihr zur selben Zeit, da Euer Bruder Aliena heiratet, sie heiraten. Ich weiß, in welche Zwangslage des Schicksals sie geraten ist; und es ist mir nicht unmöglich, falls Euch dies nicht unpassend erscheint, sie Euch morgen vor die Augen zu stellen, als Menschenwesen, das sie ist, und ohne jede [65] Gefahr[18].

ORLANDO. Sprichst du in nüchternem Sinne?

ROSALINDE. Das tue ich, bei meinem Leben, das ich sehr wert halte, obschon ich sage, ich sei ein Zauberer.[19] Werft Euch also in Euren besten Staat, ladet Eure Freunde ein; denn wollt Ihr [70] morgen verheiratet werden, so sollt Ihrs; und mit Rosalinde, wenn Ihr wollt.

Silvius und Phoebe treten auf.

Schaut, da kommt eine, die in mich verliebt ist, und einer, der in sie verliebt ist.

PHOEBE. Ihr habt sehr unzart an mir gehandelt, junger Mann, indem Ihr den Brief [anderen] zeigtet, den ich Euch schrieb.[20]

ROSALINDE. Das kümmert mich nicht. Es ist mein Bestreben / meine Rolle, [75] Euch gegenüber boshaft und unzart zu erscheinen. Euch folgt dort ein treuer Schäfer nach: Ihn beachtet[21], ihn liebt[22]; er betet Euch an.

PHOEBE. Guter Schäfer, sagt diesem jungen Mann, was Lieben heißt.

SILVIUS. Es heißt, ganz aus Seufzern und Tränen gemacht sein; [80] und so bin ich für Phoebe.

PHOEBE. Und ich für Ganymed.

ORLANDO. Und ich für Rosalinde.

ROSALINDE. Und ich für keine Frau.[23]

---

[16] *damnable*: 'Zu verdammen', 'verdammenswert', wie jemand, der schwarze Magie betreibt, d.h. mit dem Teufel im Bunde ist.

[17] *gesture*: 'Gebärde', 'Geste', 'Gebärdensprache'; vgl. *Temp.* III.3.37. Als Singular hat *gesture* bei Sh. überdies die Bedeutung 'Haltung', 'Verhalten', 'Benehmen'; vgl. *Wint. T.* V.2.13: *There was speech in their dumbness, language in their very gesture.*

[18] *without any danger*: Ohne jene Gefahren, die, wie man glaubte, mit Beschwörungen verbunden waren. – Die hier zu Ende gehende lange Rede Rosalindes wirkt unnatürlich und kompliziert. New Cambridge vermutet, sie sei von einem anderen Dramatiker als Sh. verfasst. Vgl. aber die stilistisch ähnliche, mit geheimnisvollen Hinweisen durchsetzte Voraussage einer Lösung in *Meas. for M.* III.1.246ff.

with a magician, most profound in his art and yet not damnable.
If you do love Rosalind so near the heart [60] as your gesture
cries it out, when your brother marries Aliena shall you marry
her. I know into what straits of fortune she is driven; and it is
not impossible to me, if it appear not inconvenient to you, to set
her before your eyes to-morrow, human as she is, and without
any [65] danger.

ORLANDO. Speak'st thou in sober meanings?

ROSALIND. By my life, I do, which I tender dearly, though I say I am a
magician. Therefore put you in your best array, bid your
friends; for if you will be married [70] to-morrow, you shall; and
to Rosalind, if you will.

Enter Silvius and Phebe.

Look, here comes a lover of mine and a lover of hers.

PHEBE. Youth, you have done me much ungentleness
To show the letter that I writ to you.

ROSALIND. I care not if I have. It is my study
75 To seem despiteful and ungentle to you.
You are there followed by a faithful shepherd:
Look upon him, love him; he worships you.

PHEBE. Good shepherd, tell this youth what 'tis to love.

SILVIUS. It is to be all made of sighs and tears;
80 And so am I for Phebe.

PHEBE. And I for Ganymede.

ORLANDO. And I for Rosalind.

ROSALIND. And I for no woman.

---

[19] *By my life ... magician*: Diese Stelle spielt möglicherweise auf die unter Elisabeth I. erlassene Verordnung in Bezug auf das Hexenwesen an ("An Act agaynst Conjuracons, Inchantmentes and Witchcraftes"), welche für Zauberei und Hexerei strenge Strafen, in manchen Fällen sogar die Todesstrafe vorsah (Hrsg.).

[20] *Youth ... to you*: Hier, wo die Schäfer auftreten, setzt von neuem Blankvers ein; vgl. Anm. 20 zu III.4.42.

[21] *Look upon*: 'Beachten', 'Aufmerksamkeit schenken'; vgl. III.5.76.

[22] *him, love him*: Hrsg. merken an, dass das *him* aus metrischen Gründen beide Male die Betonung tragen muss; dies ist aber auch für den Sinn der Zeile nötig: Phoebe soll nicht Ganymed lieben, sondern ihren Silvius.

[23] *for no woman*: Mit dieser Aussage will Rosalinde Phoebe abermals entmutigen, zugleich aber die Möglichkeit offen lassen, dass auch sie jemanden liebt.

SILVIUS. Es heißt, ganz aus Treue und Hingabe gemacht sein; [85] und so bin ich für Phoebe.[24]
PHOEBE. Und ich für Ganymed.
ORLANDO. Und ich für Rosalinde.
ROSALINDE. Und ich für keine Frau.
SILVIUS. Es heißt, ganz aus Phantasie[25], [90] ganz aus Leidenschaft und ganz aus Wünschen gemacht sein, ganz [aus] Anbetung, Ehrfurcht und Gehorsam, ganz [aus] Demut, ganz [aus] Geduld und Ungeduld, ganz [aus] Reinheit, ganz [aus] Bewährung, ganz [aus] Gehorsam[26]; und so bin ich für Phoebe.
PHOEBE. [95] Und so bin ich für Ganymed.
ORLANDO. Und so bin ich für Rosalinde.
ROSALINDE. Und so bin ich für keine Frau.
PHOEBE. *[zu Rosalinde]* Wenn dem so ist, warum tadelt Ihr mich denn, dass ich Euch liebe[27]?
SILVIUS. *[zu Phoebe]* Wenn dem so ist, warum tadelt Ihr mich denn, dass ich Euch liebe?
ORLANDO. [100] Wenn dem so ist, warum tadelt Ihr mich denn, dass ich Euch liebe?
ROSALINDE. Warum sagt Ihr ebenfalls[28] 'Warum tadelt Ihr mich, dass ich Euch liebe'?
ORLANDO. [Ich sage es] zu der, die weder hier ist, noch [mich] hört.
ROSALINDE. Bitte, lasst es genug sein; es ist, als heulten irische Wölfe den Mond[29] an. *[zu Silvius]* Ich will [105] Euch helfen, wenn ich kann. *[zu Phoebe]* Ich wollte Euch lieben, wenn ich könnte. Findet Euch morgen alle bei mir ein. *[zu Phoebe]* Ich will Euch heiraten, wenn ich je eine Frau heirate, und ich heirate morgen.

---

[24] *and so am I for Phebe*: An diesen Satz schließt in dreifacher Wiederholung ein ähnliches Satzmuster an (*And I for Ganymede*), wobei *for no woman* noch einen besonderen Sinn enthält. Dieses Muster erscheint in den Zeilen 85-88 und 94-97 von neuem. Hierauf folgt eine weitere Parallelkonstruktion, die endlich (Z. 101-102) unterbrochen wird. So hat dieser ganze Szenenteil etwas Formelhaftes und Abschließendes, was möglicherweise auf die künftigen Ehebündnisse vorausweist. Erst in den das Schema verändernden Sätzen von Rosalinde und Orlando (Z. 101-102) kommt das Spielerische wieder zur Geltung.

[25] *fantasy* kann hier nicht, wie oft bei Sh., 'Liebe', 'Verliebtheit' bedeuten, da Silvius *fantasy* als Bestandteil der Liebe aufzählt; vermutlich hat das Wort die allgemeinere Bedeutung 'Phantasie', 'Einbildungskraft'; vgl. Imagination als Komponente der Liebe in *Mids. N. D.* V.1.7-8.

[26] *observance*: 'Befolgung', 'Heilighalten (einer Regel)', 'Gehorsam'. Da das Wort im selben Zusammenhang schon in Z. 91 vorkommt, schließen die meisten Hrsg. auf eine Unachtsamkeit des Setzers und emendieren das zweite *observance* zu *perseverance, deservance, endurance, obeisance, obedience*.

SILVIUS. It is to be all made of faith and service;
  85   And so am I for Phebe.
PHEBE. And I for Ganymede.
ORLANDO. And I for Rosalind.
ROSALIND. And I for no woman.
SILVIUS. It is to be all made of fantasy,
  90   All made of passion, and all made of wishes,
       All adoration, duty, and observance,
       All humbleness, all patience, and impatience,
       All purity, all trial, all observance;
       And so am I for Phebe.
PHEBE. [95] And so am I for Ganymede.
ORLANDO. And so am I for Rosalind.
ROSALIND. And so am I for no woman.
PHEBE. *[to Rosalind]* If this be so, why blame you me to love you?
SILVIUS. *[to Phebe]* If this be so, wy blame you me to love you?
ORLANDO. [100] If this be so, why blame you me to love you?
ROSALIND. Why do you speak too, 'Why blame you me to love you?'
ORLANDO. To her that is not here, nor doth not hear.
ROSALIND. Pray you, no more of this; 'tis like the howling of Irish wolves against the moon. *[to Silvius]* I will help [105] you if I can. *[to Phebe]* I would love you if I could. To-morrow meet me all together. *[to Phebe]* I will marry you if ever I marry woman, and I'll be married to-morrow. *[to Orlando]* I will satisfy you if

---

93 *observance* F; Konj. Malone *obedience*; Singer[1], Ritson *obeisance*; Konj. Heath *perseverance*; Singer[2], Konj. Harness *endurance* (vgl. Anm. 26).
101 *Why ... too* F; Rowe, Hrsg. *Who ... to* (vgl. Anm. 28).

---

[27] *blame ... to love*: Sh. verwendet oft Infinitivkonstruktion, wo nach heutigem Sprachgebrauch das Gerundium erforderlich wäre; vgl. Abbott, *A Shakespearian Grammar*, § 356.
[28] *Why do you speak too*: Die meisten modernen Hrsg. emendieren wie Rowe zu "Who do you speak too", da nach ihrer Meinung Orlandos Antwort (*To her ...*) sich nicht logisch aus dem *why* 'warum' ergibt. Die Stelle ist jedoch ohne Emendation durchaus verständlich, wenn man Orlandos elliptisches *To her* 'zu ihr' mit 'Ich sage es' ergänzt.
[29] *howling Irish wolves ... moon*: Dass Wölfe oder Hunde den Vollmond erfolglos anheulen, ist sprichwörtlich; vgl. Tilley, *Proverbs*, M 119, 123. Auch Lodge (Bullough, *Sources*, S. 242) vergleicht Montanus' vergebliches Werben um Phoebe mit solchem Wolfsgeheul, während sich Rosalinde hier mit demselben Vergleich über die Monotonie der diversen Liebesschwüre lustig macht. Mit 'Irische Wölfe' würde nach New Cambridge auf den irischen Aufstand von 1598 angespielt, bei welchem die Iren wie Wölfe die jungfräuliche Königin = Diana = Mond anheulten. – Diese Stelle ist gleichzeitig eine indirekte Bühnenanweisung (vgl. Leisi, *Problemwörter*, unter "Bühnenanweisung, implizierte"); sie zeigt, dass sich die Sprecher an Emphase überbieten, bis sie geradezu "heulen".

[zu Orlando] Ich will Euch Genüge tun[30], wenn ich je einem Manne / Menschen Genüge getan habe, und Ihr sollt morgen heiraten. [zu [110] Silvius] Ich will Euch zufrieden stellen, wenn das, was Euch gefällt, Euch zufrieden stellt, und Ihr sollt morgen heiraten. [zu Orlando] So wahr Ihr Rosalinde liebt, findet Euch ein. [zu Silvius] So wahr Ihr Phoebe liebt, findet Euch ein. Und so wahr ich keine Frau liebe, will ich mich einfinden. So lebt wohl. Ich habe Euch Befehle zurückgelassen.[31]

SILVIUS. [115] Ich bleibe nicht aus, wenn ich am Leben bin.
PHOEBE. Ich auch nicht.
ORLANDO. Ich auch nicht.

Alle Ab.

V.3   *[Touchstone] der Narr und Audrey treten auf.*

TOUCHSTONE. Morgen ist der Freudentag, Audrey; morgen wollen wir heiraten.

AUDREY. Ich sehne mich von ganzem Herzen danach; und ich hoffe, es sei kein unehrbares[1] Sehnen, wenn ich mich sehne, eine Frau[2] zu werden. [5] Hier kommen zwei Pagen des verbannten Herzogs.

Zwei Pagen treten auf.

1. PAGE. Willkommen, ehrenwerter Herr.

TOUCHSTONE. Meiner Treu, willkommen. Kommt, setzt Euch, setzt Euch, und ein Lied!

2. PAGE. Wir sind Euch ganz zu Diensten. Setzt Euch in die Mitte.

---

[30] *satisfy*: 'zufrieden stellen', 'Genüge tun', hier allenfalls mit erotischer Nebenbedeutung.
[31] *I have left you commands*: 'Was ich euch gesagt habe, sind Befehle, keine bloßen Mitteilungen.'

[1] *dishonest*: Bei Frauen stets: 'unkeusch', 'unehrbar'. Vgl. *Hen. V* I.2.49 und *Merry W.* III.3.161.

ever I satisfied man, and you shall be married to-morrow. *[to
[110] Silvius]* I will content you if what pleases you contents you,
and you shall be married to-morrow. *[to Orlando]* As you love
Rosalind, meet. *[to Silvius]* As you love Phebe, meet. And as I
love no woman, I'll meet. So fare you well. I have left you commands.

SILVIUS. [115] I'll not fail if I live.
PHEBE. Nor I.
ORLANDO. Nor I.

Exeunt.

V.3   *Enter [Touchstone the] Clown and Audrey.*

TOUCHSTONE. To-morrow is the joyful day, Audrey; to-morrow will we
be married.

AUDREY. I do desire it with all my heart; and I hope it is no dishonest
desire to desire to be a woman of the world. [5] Here come two
of the banished Duke's pages.

Enter two Pages.

1. PAGE. Well met, honest gentleman.
TOUCHSTONE. By my troth, well met. Come, sit, sit, and a song!
2. PAGE. We are for you. Sit i' th' middle.

---

[2] *a woman of the world*: 'Eine verheiratete Frau'; vgl. den entsprechenden Ausdruck *to go to the world* 'heiraten' in *Much Ado* II.1.285–287 und *All's Well* I.3.17–18. Der Kontext (*dishonest*) sowie die Art des Dialogs zwischen Touchstone und Audrey lassen vermuten, dass in *a woman of the world* doch eine Doppeldeutigkeit steckt, nämlich im Sinne des "An-die-Öffentlichkeit-Gehen", "Allen-zugänglich-Sein". – Die moderne Bedeutung 'eine Frau von Welt' ist erst im 19. Jh. belegt (vgl. OED *world* 20 f).

1. PAGE. [10] Sollen wir frisch loslegen[3], ohne uns zu räuspern[4] oder zu verheddern[5] oder zu behaupten, wir seien heiser[6], was nur[7] die Vorreden zu einer schlechten Stimme[8] sind?
2. PAGE. Gewiss, gewiss! Und beide nach derselben Melodie[9], wie zwei Zigeuner auf einem Pferd[10].

Lied.[11]

[15] Es war ein Liebster und sein Mädchen
Mit heisa und he und heisajuheh[12],
Die wanderten über das grüne Kornfeld
Zur Frühlingszeit, der einzigen schönen Ringzeit[13],
Wenn Vögel singen, heisa tirelireli.
[20] Zärtlich Liebende lieben den Frühling.

Zwischen den Roggenfeldern[14],
Mit heisa und he und heisajuheh,

---

[3] *clap into*: 'Anstimmen' (vgl. *Much Ado* III.4.39); sonst allgemeiner 'anfangen', 'beginnen', stets mit der Nuance des Unvermittelten, Raschen, weshalb hier das Verb 'loslegen' gewählt wurde.

[4] *without hawking*: 'ohne [uns] zu räuspern'. *Hawk* in dieser Bedeutung ist nur hier belegt, während das gleich lautende andere Verb *to hawk* 'mit einem Habicht jagen', 'im Flug jagen [nach Art der Schwalben]', 'niederstoßen auf' bei Sh. einige Male vorkommt, meist in der Form *hawking*. Das Substantiv *hawk* 'Habicht' erscheint gelegentlich in obszöner Umgebung und bedeutet dann 'männliches Glied'; vgl. *Merry W.* III.3.204-205, *Hen. V* III.7.15.

[5] *spitting*: Vgl. Anm. 35 zu IV.1.69.

[6] *hoarse*: 'Heiser' gibt Anlass zu einem doppelten Wortspiel wegen des Gleichklangs mit *whores* 'Huren' und *horse* 'Pferd'; vgl. *Hen. V* III.7.56.

[7] *the only*: möglicherweise eine Umkehrung von *only the* 'nur die'. Solche Umkehrungen sind bei Sh. nicht selten; vgl. I.2.174 sowie Abbott, *A Shakespearian Grammar*, § 420.

[8] *voice*: 'Stimme'. Die Aussprache des Wortes fiel zu Sh.s Zeit mehr oder weniger zusammen mit *vice*: 1) 'Laster', 'Untugend'; 2) 'Schraubstock', 'Klammer' (auch mit sex. Nebenbedeutung); Kökeritz, *Shakespeare's Pronunciation*, S. 151, vermutet daher ein Wortspiel. – Die beiden Pagen, möglicherweise ausgebildete Chorknaben (vgl. New Cambridge, S. 120), machen sich über die Umstände und Ausflüchte von Amateur-Sängern lustig. Ihre eigene Leistung erhöht sich dadurch, dass sie ohne Begleitung singen.

[9] *in a tune* = "in one tune": 'in (nach) derselben Melodie'. *To tune* '[ein Instrument] stimmen' hat bei Sh. zuweilen den Nebensinn von 'erotisch erregen'; vgl. *Oth.* II.1.197-198: *O, you are well tuned now!* (Jago beobachtet, wie Othello und Desdemona einander küssen.)

[10] *like two gipsies on a horse*: 'Wie zwei Zigeuner(innen), die hintereinander auf demselben Pferd reiten'; dieser Vergleich lässt vermuten, dass die beiden Pagen dieselbe Stimme singen – allenfalls "gestaffelt" in Form eines Kanons. *Gipsy* kann bei Sh. den Nebensinn 'leichtfertige Frau', 'Dirne' haben; vgl. *Ant. and Cl.* I.1.10 und IV.12.28; *horse* spielt wie *hoarse* (Z. 11) auf *whores* 'Huren' an. Vgl. Kökeritz, *Shakespeare's Pronunciation*, S. 115-116.

1. PAGE. [10] Shall we clap into't roundly, without hawking or spitting
or saying we are hoarse, which are the only prologues to a bad
voice?
2. PAGE. I' faith, i' faith! and both in a tune, like two gypsies on a
horse.

Song.

15   It was a lover and his lass,
            With a hey, and a ho, and a hey nonino,
        That o'er the green cornfield did pass
            In springtime, the only pretty ringtime,
        When birds do sing, hey ding a ding, ding.
20   Sweet lovers love the spring.

        Between the acres of the rye,
            With a hey, and a ho, and a hey nonino,

---

18 *rang* F; Rann, Konj. Steevens, Hrsg. *ring*; Johnson *rank*; Konj. Whiter *range* (vgl. Anm. 13).

---

[11] *Song*: Das nachfolgende Lied steht (mit geringfügigen textlichen Abweichungen) in Thomas Morleys Liederbuch *The First Booke of Ayres, Or Little Short Songs, to sing and play to the Lvte* (1600) und stellt möglicherweise die Originalkomposition für die Bühne dar; vgl. Irene Naef, *Die Lieder in Shakespeares Komödien*, S. 170, sowie New Arden, Introduction, S. XXV–XXVI.

[12] *hey ... nonino*: Solche Ausrufe ohne bestimmten Sinn hat (in anderer Kombination und Schreibung) schon das Lied in II.7.180ff. (*heigh-ho*); wie das *nonino* (vgl. OED *nonnyno* 1) sind sie refrainbildend. In *Much Ado* II.3.67 und *Haml.* IV.5.165 finden sich die Refrain-Variationen *Hey nonny nonny* bzw. *Hey non nony, nony, hey nony*.

[13] *ringtime*: In F₁ *rang time*, sehr wahrscheinlich ein Druckfehler, der von den meisten Hrsg. zu *ringtime* 'die Zeit zum Austauschen von Ringen als Liebespfand oder bei der Eheschließung' emendiert worden ist. Nach New Arden könnte sich das Wort auch auf *ring dances* 'Rundtänze' beziehen. Für *only* 'einzig', 'richtig' s. Leisi, *Problemwörter*.

[14] *Between the acres*: So viel an der Stelle ist klar, dass sich ein Paar in oder zwischen dem *green cornfield* niederlässt. Schwierigkeiten macht indessen die Wendung *between the acres*. *Acre* bedeutet normalerweise 'Acker' (nur noch biblisch) oder ein Flächenmaß. An zwei Stellen bei Sh.: *My bosky acres and my unshrubbed down* (*Temp.* IV.1.81) und *in those holy fields / Over whose acres walked those blessed feet* (*1 Hen. IV* I.1.25) ist *acre* möglicherweise 'Wege zwischen den Äckern', 'Raine (Ackerränder)', 'Wendestreifen' (vgl. auch W. Ridgeway, zitiert bei Arden).

Noch einfacher wäre es, von der biblischen Bedeutung von *acre* 'Acker' auszugehen (die vielleicht auch bei der Stelle *Search every acre in the high-grown field, Lear* IV.4.7 vorliegt, wo das Flächenmaß unvermerkt in ein konkretes Ackerstück übergeht) und das Wort als 'Acker', 'Feld', also als Teil eines größeren Landstückes anzusehen; *between the acres of the rye* würde dann 'zwischen den Roggenfeldern' bedeuten.

Lagerten sich dann diese hübschen Landleute[15]
Zur Frühlingszeit, usw.

[25] Diese Weise[16] begannen sie zur selben Stunde,
Mit heisa und he und heisajuhe,
Wie ein Leben nur eine Blume[17] sei
Zur Frühlingszeit, usw.

Und darum ergreift die Gegenwart
[30] Mit heisa und he und heisajuhe,
Denn die Liebe wird gekrönt mit der ersten Blüte[18]
Zur Frühlingszeit, usw.

TOUCHSTONE. Wahrhaftig, junge Herren, mag auch das Liedchen von bescheidenem Gehalt gewesen sein, so war doch der Klang sehr [35] unmelodisch[19].

1. PAGE. Ihr täuscht Euch, Herr. Wir haben Takt gehalten, wir sind nicht aus dem Takt gefallen[20].

TOUCHSTONE. Meiner Treu, ja; ich finde es bloß verlorene Zeit, solch einfältiges Lied anzuhören. Gott behüte Euch[21], und Gott [40] mache Euch bessere Stimmen[22]. Kommt, Audrey.

Alle ab.

---

[15] *pretty country folks*: *Pretty* auch 'schlau', *country* (wegen des Anklangs an *cunt* 'weiblicher Geschlechtsteil') im Slang auch 'Geschlechtliches betreffend', 'sexy'; vgl. *country matters, Haml.* III.2.111 und Kökeritz. *Would* impliziert, dass der Grund im Charakter liegt, also etwa: 'das war so ihre Art.'

[16] *carol*: ursprünglich 'ein Rundtanz mit begleitendem Lied' (OED 1); hier 'Lied' im Allgemeinen. Die einzige Stelle, wo *carol* bei Sh. die moderne Bedeutung 'Weihnachtslied' hat, ist *Mids. N. D.* II.1.102. Der scheinbar unlogische Anschluss ist wohl als humoristischer Überraschungseffekt beabsichtigt. Zu lesen: 'Dann legten sie sich zusammen im Korn nieder. Und was taten sie da? Sie sangen ein frommes Lied.'

[17] *life ... but a flower*: Die zum Verwelken bestimmte Blume oder Pflanze als Sinnbild des menschlichen Lebens ist ein alter Topos; vgl. etwa *Hiob* 14.1–2 und *1 Petrus* 1.24. Besonders in der Renaissance verbindet sich mit diesem Vergänglichkeitsbild oft die Aufforderung, die kurze Gegenwart zu weltlichem Genuss zu nutzen.

[18] *prime* vereinigt die Vorstellung von dem, 'was zuerst kommt' (OED II) und dem, 'was erster Güte ist' (OED III); es wird am häufigsten auf das Lebensalter und auf das Jahr bezogen und bedeutet dann 'Jugend', 'frühes Mannesalter' und 'Frühling'. Nicht selten sind, wie hier, beide Bedeutungen verbunden; vgl. *the lovely April of her prime, Sonn.* 3.10.

> These pretty country folks would lie
>   In springtime, & c.
>
> 25 This carol they began that hour,
>   With a hey, and a ho, and a hey nonino,
> How that a life was but a flower
>   In springtime, & c.
>
> And therefore take the present time,
> 30 With a hey, and a ho, and a hey nonino,
> For love is crownèd with the prime,
>   In springtime, & c.

TOUCHSTONE. Truly, young gentlemen, though there was no great matter in the ditty, yet the note was very [35] untuneable.

1. PAGE. You are deceived, sir. We kept time, we lost not our time.

TOUCHSTONE. By my troth, yes; I count it but time lost to hear such a foolish song. God b' wi' you, and God [40] mend your voices. Come, Audrey.

Exeunt.

---

27   *a life* F; Hanmer *our life*; Steevens *life*.
34–35   *untunable* F; Theobald *untimeable* (vgl. Anm. 19).

---

[19] *untuneable*: 'missklingend', 'unmelodisch'. Manche Hrsg. emendieren mit Theobald zu "untimeable" 'ohne Takt', um die Antwort der Pagen (Z. 36), die sich auf Takt oder Tempo bezieht, verständlich zu machen; doch ist *untimeable* bei Sh. nirgends belegt. Die Emendation scheint überdies unnötig, da *untuneable* allgemein 'nicht wohllautend wegen mangelhafter musikalischer Ausführung' bedeuten, sich also auch auf schlechtes Zeitmaß beziehen kann.

[20] *we lost not our time*: Gemeint ist 'wir haben unser Zeitmaß nicht verloren' (vgl. auch *beat time* 'den Takt schlagen'), sodass sich ein Wortspiel mit *time* ergibt, wenn Touchstone in der folgenden Zeile sagt: *I count it but time lost* 'ich finde es bloß verlorene Zeit'.

[21] *God b' wi' you*: Vgl. III.2.245.

[22] *God mend your voices*: Vgl. dasselbe Wortspiel mit *voice* und *vice* in Z. 12. – Touchstones unmutige Kritik an dem etwas anzüglichen Liedchen entspringt vielleicht seinem schlechten Gewissen wegen seiner vorwiegend sinnlichen Beziehung zu Audrey.

V.4   *Der [rechtmäßige] Herzog, Amiens, Jaques, Orlando, Oliver und Celia treten auf.*[1]

HERZOG. Glaubst du, Orlando, dass der Junge all das zustande bringen kann, was er versprochen hat?

ORLANDO. Manchmal glaube ich es und manchmal nicht, wie jene, die fürchten, dass sie [nur] hoffen und wissen, dass sie fürchten.[2]

Rosalinde, Silvius und Phoebe treten auf.

ROSALINDE. [5] Noch einmal Geduld, indes unser Vertrag[3] dargelegt wird[4]. Ihr sagt[5], wenn ich Eure Rosalinde herbeischaffe, werdet Ihr sie dem Orlando hier geben?

HERZOG. Das wollte ich, hätte ich ihr [auch] Königreiche mitzugeben.

ROSALINDE. Und Ihr sagt, Ihr wollt sie nehmen, wenn ich sie bringe?

ORLANDO. [10] Das wollte ich, wäre ich [auch] König aller Königreiche.

ROSALINDE. Ihr sagt, Ihr wollt mich heiraten, wenn ich einverstanden bin?

PHOEBE. Das will ich, sollte ich auch in der Stunde darauf sterben.

ROSALINDE. Doch falls Ihr mich nicht heiraten wollt, werdet Ihr Euch diesem überaus treuen Schäfer geben?

PHOEBE. [15] So ist es abgemacht.

ROSALINDE. Ihr sagt, Ihr wollt Phoebe nehmen, wenn sie will?

SILVIUS. Selbst dann, wenn sie nehmen und der Tod dasselbe wären.

ROSALINDE. Ich habe versprochen, diese ganze Angelegenheit zu schlichten[6]. Haltet Ihr Euer Wort[7], o Herzog, Eure Tochter zu geben; [20] Ihr Eures, Orlando, seine Tochter zu empfangen; haltet Ihr Euer Wort, Phoebe, mich zu heiraten, oder aber, falls Ihr mich zurückweist, Euch dem Schäfer zu vermählen; haltet Euer Wort, Silvius, sie zu heiraten, falls sie mich zurückweist; und [nun] gehe ich fort, [25] um diese Zweifel ganz zu zerstreuen.

Rosalinde und Celia ab.

---

[1] Man hat sich diese Szene einen Tag später vorzustellen; vgl. *to-morrow* in V.2.14, V.2.40 und V.2.46.

[2] *As those that fear ... fear*: Frühere Hrsg. haben für diese Stelle verschiedene Emendationen vorgeschlagen, Heath z.B. "As those that fear their hope, and know their fear", während die Mehrzahl der modernen Hrsg. den Text in seiner ursprünglichen Form belässt, die auch durchaus verständlich ist: 'wie jene, die fürchten, dass sie nur hoffen (oder 'zu sehr hoffen'), weil sie im Grunde wissen, dass das Schlimmste befürchten'.

[3] *compact*: 'Vertrag', 'Abmachung'; vgl. *Haml.* I.1.86. Das Wort wurde damals auf der zweiten Silbe betont; diese Betonung hat auch Sh. in vielen Fällen.

V.4   *Enter Duke Senior, Amiens, Jaques, Orlando, Oliver, Celia.*
DUKE SENIOR. Dost thou believe, Orlando, that the boy
   Can do all this that he hath promisèd?
ORLANDO. I sometimes do believe, and sometimes do not,
   As those that fear they hope, and know they fear.
   Enter Rosalind, Silvius, and Phebe.
ROSALIND. [5] Patience once more, whiles our compact is urged.
   You say, if I bring in your Rosalind,
   You will bestow her on Orlando here?
DUKE SENIOR. That would I, had I kingdoms to give with her.
ROSALIND. And you say you will have her when I bring her?
ORLANDO. [10] That would I, were I of all kingdoms king.
ROSALIND. You say you'll marry me, if I be willing?
PHEBE. That will I, should I die the hour after.
ROSALIND. But if you do refuse to marry me,
   You'll give yourself to this most faithful shepherd?
PHEBE. [15] So is the bargain.
ROSALIND. You say that you'll have Phebe, if she will?
SILVIUS. Though to have her and death were both one thing.
ROSALIND. I have promised to make all this matter even.
   Keep you your word, O Duke, to give your daughter;
20 You yours, Orlando, to receive his daughter;
   Keep you your word, Phebe, that you'll marry me,
   Or else, refusing me, to wed this shepherd;
   Keep your word, Silvius, that you'll marry her
   If she refuse me; and from hence I go,
25 To make these doubts all even.
                                        Exeunt Rosalind and Celia.

---

[4] *is urged*: 'Vorgetragen', 'dargelegt wird'; wie hier oft ohne das Motiv der Eile oder Dringlichkeit.

[5] *You say*: Mit dieser Anrede, die durch ihre Wiederholung formelhaft wirkt, wendet sich Rosalinde der Reihe nach an den Herzog, Orlando, Phoebe und Silvius. Das *You say* bezieht sich auf Aussagen, die man sich zwischen den Szenen, z.B. im Anschluss an V.2.103, vorzustellen hat.

[6] *make ... even*: 'Ebnen', 'glätten'; genau dieselbe Grundbedeutung hat das ältere deutsche Wort 'schlichten'.

[7] *Keep your word*: Wie mit dem formelhaften *You say* spricht auch hier Rosalinde jeden einzelnen "Vertragspartner" persönlich an; das – beim Imperativ unnötige – *you* gibt den szenischen Hinweis, dass sie die betreffende Person ins Auge fasst oder sie mit einer Handbewegung bezeichnet.

HERZOG. Bei diesem Schäferjungen erinnern mich manche Züge[8] lebhaft[9] an das Gesicht[10] meiner Tochter.[11]

ORLANDO. Mein Fürst, als ich ihn zum ersten Mal sah, dünkte mich, er sei ein Bruder Eurer Tochter. [30] Allein, mein werter Fürst, dieser Junge ist im Walde geboren und wurde in den Anfangsgründen vieler gefährlicher[12] Wissenschaften unterwiesen durch seinen Onkel, der, wie er sagt, ein großer Zauberer ist [und] verborgen[13] im Bezirk[14] dieses Waldes lebt.

[Touchstone] der Narr und Audrey treten auf.

JAQUES. [35] Da ist sicherlich eine neue Sintflut im Anzug[15], und diese Paare kommen zu der Arche. Hier kommt ein Paar von ganz absonderlichen Tieren, die man in allen Zungen Narren nennt.

TOUCHSTONE. Gruß und Empfehlung[16] Euch allen!

JAQUES. Mein werter Fürst, heißt ihn willkommen. Dies ist der Mann im [40] geistigen Narrenkleid[17], den ich so oft im Walde getroffen habe. Er war früher ein Höfling, beteuert er.

TOUCHSTONE. Falls irgendein Mensch daran zweifelt, so möge er mich auf die Probe stellen[18]. Ich bin im Tanz geschritten; ich habe einer Dame geschmeichelt; ich bin mit meinem Freund berechnend, mit [45] meinem Feind verbindlich umgegangen; ich habe drei Schneider ruiniert[19]; ich habe vier Händel gehabt und war nahe daran, einen [weiteren] auszufechten[20].

JAQUES. Und wie wurde der geschlichtet[21]?

TOUCHSTONE. Nun, wir traten gegeneinander an und fanden, der Handel beruhe auf dem siebenten Grund.

---

[8] *touches*: 'Einzelheiten', 'einzelne Züge', z.B. eines Gemäldes.

[9] *lively* heißt bei Sh. entweder 'lebendig', 'lebend' (vgl. *lively veins*, Sonn. 67.10) oder 'lebenswahr', 'naturgetreu', wenn es sich um ein Gemälde oder eine schauspielerische Darstellung handelt (vgl. *Two Gent.* IV.4.167: *Which I so lively acted ... / That my poor mistress ... / Wept bitterly*).

[10] *favor*: 'Gesicht'; wie IV.3.87 und öfters.

[11] *I do remember ... favor*: wörtlich: 'Bei diesem Schäferjungen erinnere ich mich einiger lebendiger Züge im Gesicht meiner Tochter'. Zur Vererbung s. Leisi, *Problemwörter*, unter "Genetik".

[12] *desperate*: Die Grundbedeutung 'verzweifelt', 'hoffnungslos' lässt sich erweitern zu 1) auf eine Person bezogen: 'tollkühn', 'mögliche Gefahren nicht achtend'; 2) auf eine Handlung oder Sache bezogen: 'gefährlich', 'verboten' (OED A. 4 und 5); vgl. *Twel. N.* V.1.58: *desperate of shame and state* 'der Schande und [seines] Standes nicht achtend', und *Tam. Shr.* II.1.328-329: *I ... venture madly on a desperate mart* 'Ich ... wage mich in verrückter Weise auf einen gefährlichen Markt'. – Die Wissenschaften, von denen hier die Rede ist, sind deswegen gefährlich, weil sie mit Magie zu tun haben.

[13] *obscured*: 'Verborgen' (OED 3); vgl. *Hen. V* I.1.63 und *Rom. and Jul.* I.3.85. Die ursprüngliche Bedeutung 'verdunkelt', 'verdüstert' ist bei Sh. weniger häufig.

[14] *circle*: 'Kreis', 'Bezirk' enthält, da von einem Zauberer die Rede ist, wohl die Assoziation 'Zauberkreis', 'Bannkreis'.

DUKE SENIOR. I do remember in this shepherd boy
　　Some lively touches of my daughter's favor.
ORLANDO. My lord, the first time that I ever saw him
　　Methought he was a brother to your daughter.
30　But, my good lord, this boy is forest-born,
　　And hath been tutored in the rudiments
　　Of many desperate studies by his uncle,
　　Whom he reports to be a great magician,
　　Obscurèd in the circle of this forest.
　　　Enter [Touchstone the] Clown and Audrey.
JAQUES. [35] There is, sure, another flood toward, and these couples are coming to the ark. Here comes a pair of very strange beasts, which in all tongues are called fools.
TOUCHSTONE. Salutation and greeting to you all!
JAQUES. Good my lord, bid him welcome. This is the [40] motley-minded gentleman that I have so often met in the forest. He hath been a courtier, he swears.
TOUCHSTONE. If any man doubt that, let him put me to my purgation. I have trod a measure; I have flattered a lady; I have been politic with my friend, smooth with [45] mine enemy; I have undone three tailors; I have had four quarrels, and like to have fought one.
JAQUES. And how was that ta'en up?
TOUCHSTONE. Faith, we met, and found the quarrel was upon the seventh cause.

---

[15] *flood toward*: *Toward* bedeutet, prädikativ gebraucht, 'nahe bevorstehend', 'im Anzug' (OED 2 b); vgl. *Lear* II.1.10 und III.3.17: *There is strange things toward*. – Hilda Hulme findet in diesem Bild von der Sintflut Jaques' Abneigung gegen die allgemeine Heiratslust ausgedrückt; in *Yours That Read Him. An Introduction to Shakespeare's Language* (London 1972).

[16] *salutation and greeting*: Mit diesem Synonympaar begrüßt Touchstone in etwas preziöser Weise die Anwesenden, um als Mann von Welt zu erscheinen. – Das nachfolgende Geplänkel Touchstones ist technisch nötig, um Rosalinde Zeit zu geben, sich umzuziehen.

[17] *motley-minded*: 'nach geistiger Art und Anlage ein Narrenkleid tragend'. Das Wort *motley* wird im ganzen Schauspiel nur von Jaques gebraucht, für den der Narrenrock eine merkwürdige Anziehungskraft hat; vgl. II.7.34 und II.7.43.

[18] *put me to my purgation*: 'unterwerft mich einer Probe oder Prüfung, welche die Wahrheit meiner Behauptung vor Augen führt'.

[19] *undone three tailors*: 'drei Schneider ruiniert'; wohl ein satirischer Seitenhieb gegen die Kleidernarren und Schuldenmacher in Sh.s eigener Zeit. Im Übrigen hat *tailor* bei Sh. fast überall eine obszöne Nebenbedeutung (*tail – tailor*).

[20] *(had) ... like to have fought*: eine Variante der Form *(I) was like to have fought* 'ich war nahe daran zu fechten' (OED *like* 9 b).

[21] *ta'en up*: 'Beigelegt', 'geschlichtet'; vgl. *Twel. N.* III.4.273 und *A.Y.L.* V.4.93.

JAQUES. [50] Wieso siebenten Grund? Mein werter Fürst, findet Gefallen an diesem Burschen!

HERZOG. Ich finde großen Gefallen an ihm.

TOUCHSTONE. Gott vergelte Euch[22] das, Herr; ich erbitte mir dasselbe von Euch[23]. Ich dränge mich hier ein, Herr, unter die übrigen ländlichen[24] Eheschließer[25], um zu schwören und abzuschwören, je nachdem die Heirat [55] bindet und das Blut [den Schwur] bricht[26]. Eine arme Jungfrau, Herr, ein unansehnliches[27] Ding, Herr, doch mein eigen[28]; eine bescheidene Laune von mir, Herr, das zu nehmen, was kein anderer will[29]. Reiche Ehrbarkeit[30] wohnt wie ein Geizhals, Herr, in einem armen Hause, wie bekanntlich die[31] Perle in der hässlichen Auster[32].

HERZOG. [60] Meiner Treu, er ist sehr behende und trifft genau[33].

TOUCHSTONE. Gleich wie der Narrenpfeil und dergleichen liebliche Krankheiten.[34]

JAQUES. Doch der siebente Grund. Wieso fandet Ihr, der Handel [beruhe] auf dem siebenten Grund?

---

[22] *God 'ild you*: 'Gott lohne, vergelte (*yield*) Euch'; vgl. III.3.65.

[23] *I desire you of the like* = "I desire of you the like": 'ich wünsche (erbitte) von Euch dasselbe', eine Umstellung, die bei Sh. nicht selten ist. Vgl. *Merch. V.* IV.1.400: *I humbly do desire your Grace of pardon.* – Es ist nicht klar, ob diese Bemerkung an den Herzog oder an Jaques gerichtet ist; was sie aussagt, ergibt in keinem Fall einen befriedigenden Sinn. Möglicherweise gebraucht Touchstone irgendeine unbestimmte Höflichkeitsformel, um das vorhergehende *like* (*I like him very well*) spielerisch wieder aufzunehmen.

[24] *country*: Zur Slang-Bedeutung von 'sexy' vgl. Anm. zu V.3.23.

[25] *copulatives*: 'Leute, die im Begriff sind, kopuliert, d.h. als Ehepaare zusammengegeben zu werden', mit sexueller Nebenbedeutung. Vgl. *copulation of cattle* in III.2.76. Das Wort ist bei Sh. sonst nirgends belegt; in zeitgenössischen Schriften kommt es nur als grammatischer Terminus vor.

[26] *swear ... breaks*: Bei diesem Satz bezieht sich *swear* 'schwören' auf *as marriage binds* 'je nachdem die Heirat / der Ehestand bindet'; *forswear* auf *blood breaks* 'das Blut bricht' d.h. 'sexuelles Gelüst bricht das Heiratsgelübde'. *Blood* erscheint bei Sh. oft als Symbol für die fleischliche Natur des Menschen; vgl. *Meas. for M.*, ed. Naef (Studienausgabe), II.4.15, V.1.468, *Haml.* I.3.116 sowie Leisi, *Problemwörter*.

[27] *ill-favored*: 'mit hässlichem Gesicht'.

[28] *A poor virgin ... mine own*: Bei diesen Worten wird Audrey vermutlich zum Herzog hin geschoben und diesem gleichsam vorgestellt.

[29] *that no man else will*: Touchstone streicht seine Anspruchslosigkeit allzu sehr heraus, denn Audrey hat in William durchaus einen anderen Bewerber gehabt.

[30] *rich modesty*: *Rich* bezieht sich eigentlich auf Audrey, die reich an *modesty* 'Ehrbarkeit', 'Keuschheit' ist.

[31] *your*: Vgl. III.2.52 und III.4.10; s. auch Leisi, *Problemwörter*.

[32] *foulest oyster*: auch 'fauligste Auster'.

[33] *sententious*: wörtlich 'voller Sinn' (OED 1), vermutlich ohne den heutigen negativen Beigeschmack 'sentenziös'; vgl. *your reasons ... have been sharp and sententious*, *L.L.L.* V.1.2-3.

JAQUES. [50] How seventh cause? Good my lord, like this fellow.
DUKE SENIOR. I like him very well.
TOUCHSTONE. God 'ild you, sir; I desire you of the like. I press in here, sir, amongst the rest of the country copulatives, to swear and to forswear, according as marriage [55] binds and blood breaks. A poor virgin, sir, an ill-favored thing, sir, but mine own; a poor humor of mine, sir, to take that that no man else will. Rich honesty dwells like a miser, sir, in a poor house, as your pearl in your foul oyster.
DUKE. [60] By my faith, he is very swift and sententious.
TOUCHSTONE. According to the fool's bolt, sir, and such dulcet diseases.
JAQUES. But, for the seventh cause. How did you find the quarrel on the seventh cause?

---

[34] *According ... dulcet diseases*: Alle Hrsg. verstehen diesen Satz als (übertrieben bescheidene) Antwort des Clowns auf das Kompliment des Herzogs. Der Sinn wäre dann etwa: 'ich rede nur so daher und begehe den Fehler des Schönredens' – Anspielung auf das Sprichwort *A fool's bolt is soon shot* 'Eines Narren Bolzen ist bald abgeschossen' (das in *Hen. V* III.7.117-118 vorkommt), d.h. ein Narr kann seinen Witz nicht für sich behalten. – *Dulcet disease* 'süße Krankheit', 'Fehler der (zu großen) Süßigkeit' könnte auf Mahnungen zeitgenössischer Stilisten zielen (vgl. Detail in New Arden).

Diese Interpretation hat aber folgende Mängel: 1) Sinn und Zusammenhang von *According* bleiben unklar; 2) *such* deutet offensichtlich an, dass *fool's bolt* als eine Unterkategorie von *dulcet diseases* dargestellt wird; die geläufige Interpretation übersieht diese Unterordnung; 3) *disease* (sonst immer 'Krankheit') wird ohne Berechtigung in 'stilistischer Mangel' umgedeutet.

Eine andere (bisher unbeachtete) Möglichkeit ist folgende: Der Satz des Clowns *According ... diseases* ist nicht Antwort auf das Kompliment des Herzogs (das ja nur indirekt an ihn gerichtet ist; vgl. *he is ...*), sondern eine Weiterführung der vom Clown vorher (Z. 52ff.) geäußerten Gedankengänge über die Ehe. Dort sagt er (dem Sinne nach): 'Ich mache es nun auch wie die anderen, heirate, verspreche und breche das Versprechen wieder.' Mit *according ... breaks* wird noch präzisiert: 'Die Ehe bindet, aber das Blut (der Trieb) wird diese Bindung wieder brechen'.

Es ist nun nicht unwahrscheinlich, dass das zweite *According* (nach dem Lob des Herzogs) diesen Gedanken der sicher kommenden Untreue wieder aufnimmt. *According to the fool's bolt and such dulcet diseases* wird dann sinnvoller. *Fool's bolt* bleibt zwar eine Anspielung auf das Sprichwort, enthält aber auch sexuelle Nebenbedeutungen: *Bolt* 'Bolzen' (wie *bird-bolt* oder *burbolt* in *Much Ado* I.1.37) steht für 'männliches Glied', *fool(ish)* oft für 'sexuell zügellos', 'unkeusch'. *Dulcet* ist einerseits Adjektiv: 'süß', 'angenehm', doch, wie aus einem ähnlichen Wortspiel in *Twel. N.* II.3.53 hervorgeht, auch Substantiv: 'eine Art Flöte oder Pfeife' (OED *dulcet*, *doucet*), wiederum mit sexueller Konnotation. Der Satz *According ... diseases* hätte dann etwa den Sinn '(Ich werde es beim Heiraten ebenfalls machen) nach der Art des närrischen / unkeuschen Bolzens und solcher Pfeifenkrankheiten', wobei *dulcet diseases* auch auf die "süß" erworbenen Geschlechtskrankheiten anspielt.

TOUCHSTONE. [65] Auf einer Lüge siebenten Grades[35] (haltet Euch mit mehr Anstand[36], Audrey), und zwar so, Herr. Ich sagte, mir missfiele[37] bei einem gewissen Höfling der Schnitt seines Bartes. Er ließ mir melden, wenn ich sagte, sein Bart wäre nicht gut geschnitten, so wäre er der gegenteiligen Meinung: Dies nennt man die Höfliche Entgegnung. Wenn ich ihm wiederum [70] melden ließe, er wäre nicht gut geschnitten, dann würde er mir melden, er schnitte ihn nach seinem eigenen Geschmack: Dies nennt man die Maßvolle Stichelei. Wenn wiederum: Er wäre nicht gut geschnitten, so brächte er mein Urteilsvermögen in Verruf[38]: Dies nennt man die Grobe Erwiderung. Wenn wiederum, er wäre nicht gut geschnitten, so würde er antworten, ich spräche nicht wahr: Dies nennt man den [75] Beherzten Verweis. Wenn wiederum: Er wäre nicht gut geschnitten, so würde er sagen, ich lüge; dies nennt man den Streitsüchtigen Gegenrüffel[39] und so fort bis zum Vorwurf der Indirekten[40] Lüge und Vorwurf der Direkten Lüge.

JAQUES. Und wie oft habt Ihr gesagt, sein Bart wäre nicht gut geschnitten?

TOUCHSTONE. [80] Ich wagte nicht weiter zu gehen als bis zum Vorwurf der Indirekten Lüge, und auch er wagte nicht, mich der Direkten Lüge zu bezichtigen, und so maßen wir unsere Degen[41] und schieden.

JAQUES. Könnt Ihr nun der Reihe nach die Grade der Lüge nennen?

TOUCHSTONE. [85] O, Herr, wir streiten [wie] gedruckt[42], nach dem Buch[43], so wie man Bücher hat für gute Manieren. Ich will Euch

---

[35] *seven times removed*: '(In einem Verwandtschaftsverhältnis) siebenten Grades', d.h. die letzte Lüge, the *Lye Direct*, ist nur noch ganz entfernt verwandt mit der ersten, *the Retort Courteous*. – Hier beginnt Touchstone seine Rede, die als Parodie auf spitzfindige logische Unterscheidungen und höfisches Zeremoniell angesehen werden kann. Die Nachstellung der Adjektive (*Lie Direct, Lie Circumstantial* etc.) deutet auf den noch heute in der Rechtssprache herrschenden französischen Einfluss hin: Vgl. *heir apparent, issue male*. Dramentechnisch hat diese Rede die Funktion, die Zeit auszufüllen, die Rosalinde zum Umkleiden braucht; vgl. Anm. 94.

[36] *seeming* = "seemly, beseemingly": 'mit Anstand', 'geziemend'. Was den Gebrauch von Adjektiven statt Adverbien betrifft, vgl. Abbott, *A Shakespearian Grammar*, § 1.

[37] *dislike*: Hier 'Missfallen ausdrücken' (OED 3 b); vgl. *Meas. for M.*, ed. Naef (Studienausgabe), I.2.17: *I never heard any soldier dislike it*.

[38] *disabled*: Wie in IV.1.31 hat *disable* hier den Sinn von *disparage* 'in Verruf bringen', 'herabsetzen', 'schmähen'.

TOUCHSTONE. [65] Upon a lie seven times removed (bear your body more seeming, Audrey) as thus, sir. I did dislike the cut of a certain courtier's beard. He sent me word, if I said his beard was not cut well, he was in the mind it was: this is called the Retort Courteous. If I sent him [70] word again it was not well cut, he would send me word he cut it to please himself: this is called the Quip Modest. If again, it was not well cut, he disabled my judgment: this is called the Reply Churlish. If again, it was not well cut, he would answer I spake not true: this is called the [75] Reproof Valiant. If again, it was not well cut, he would say I lie: this is called the Countercheck Quarrelsome: and so to the Lie Circumstantial and the Lie Direct.

JAQUES. And how oft did you say his beard was not well cut?

TOUCHSTONE. [80] I durst go no further than the Lie Circumstantial, nor he durst not give me the Lie Direct; and so we measured swords and parted.

JAQUES. Can you nominate in order now the degrees of the lie?

TOUCHSTONE. [85] O sir, we quarrel in print, by the book, as you have

---

[39] *Countercheck*: *Check* bedeutet hier 'Rüge', 'Rüffel'; vgl. *Merry W.* III.4.78 und *2 Hen. IV* IV.3.31.

[40] *Lie Circumstantial*: Da *lie* 'Lüge' hier als letzter einer Reihe von Vorwürfen erscheint und wegen der häufigen Wendung *to give the lie* 'der Lüge bezichtigen', bedeutet *lie* hier nicht 'Lüge', sondern 'Vorwurf des Lügens'. *Circumstantial* 'indirekt' entspricht der Bezeichnung *conditional* in den Anleitungen zum Duellieren (New Arden).

[41] *we measured swords*: 'Wir maßen [gegenseitig] unsere Degen', nämlich um sicher zu sein, dass sie gleich lang waren; nach New Arden ging dieses Messen vermutlich jedem Duell voraus. Da Touchstone hier fabuliert, ist die Frage, ob er von einem wirklichen Duell redet, unwichtig.

[42] *in print*: 1) 'Gedruckt', d.h. nach gedruckten Anleitungen; 2) 'genau', 'in der rechten Ordnung'; vgl. *L.L.L.* III.1.161: *I will do it, sir, in print.*

[43] *by the book*: Die normale Bedeutung ist 'meisterhaft', 'nach allen Regeln der Kunst'; vgl. *Rom. and Jul.* I.5.110: *You kiss by th' book.* Manche Hrsg. nehmen aber an, Touchstone beziehe sich auf eines oder mehrere der zeitgenössischen Bücher über das Duell, etwa das Sir William Segar zugeschriebene *Booke of Honor and Armes* etc. (1590) oder *Vincentio Saviola, His Practice* etc. (1595). In beiden Werken werden *manner and diversitie of Lies* 'die verschiedenen Arten der Lüge' ausführlich behandelt, doch die von Touchstone aufgezählten Grade und Bezeichnungen der Lüge scheinen von Sh. frei erfunden zu sein, wohl in der Absicht, die Mode des Duellierens mit seinen ausgeklügelten Regeln ins Lächerliche zu ziehen. Vgl. auch *Rom. and Jul.* II.4.19ff., wo Mercutio sich über Tybalts neumodische Fechtkunst lustig macht; ferner das Kapitel über "Fencing and Duelling" in *Shakespeare's England*, II. S. 389.

die Grade nennen.⁴⁴ Der erste die Höfliche Entgegnung, der zweite die Maßvolle Stichelei, der dritte die Grobe Erwiderung, der vierte der Beherzte Verweis, der fünfte der Streitsüchtige [90] Gegenrüffel, der sechste die Indirekte Lüge, der siebente die Direkte Lüge. Die alle könnt Ihr entkräften⁴⁵ außer der Direkten Lüge, und auch diese könnt Ihr entkräften mit einem 'Wenn'. Mir ist [ein Fall] bekannt, wo sieben Richter einen Streit nicht schlichten konnten, doch als die Parteien selbst zusammenkamen, [95] fiel dem einen bloß ein Wenn ein: Nämlich 'Wenn Ihr das sagtet, so sagte ich das'; und sie schüttelten sich die Hand und schwuren einander Bruderschaft⁴⁶. Das 'Wenn' ist eben ein einzigartiger Friedensstifter⁴⁷. Große Kraft in dem 'Wenn'!

JAQUES. Ist das nicht ein ungewöhnlicher Geselle, mein Fürst? Er versteht sich gleich gut auf alles und [ist] doch ein Narr.

HERZOG. [100] Er gebraucht seine Narrheit wie ein Pirschpferd⁴⁸, und indem er sie als solches darbietet⁴⁹, schießt er dahinter seinen Witz ab.

*Hymen⁵⁰, Rosalinde [in Frauenkleidung] und Celia treten auf. Leise Musik.*⁵¹

HYMEN. Dann ist Freude im Himmel, wenn irdische Dinge, die geschlichtet wurden, in Eintracht verbunden sind⁵². [105] Guter Herzog, empfange deine Tochter; Hymen hat sie vom Himmel

---

⁴⁴ *I will name ... degrees*: Die auf diese Einleitung folgende Aufzählung der Grade der Lüge (Z. 87-91) scheint unnötig, da Touchstone in der vorhergehenden Schilderung seines Geplänkels mit dem Höfling alle sieben Grade, und zwar in der richtigen Reihenfolge, bereits genannt hat. Möglicherweise haben wir es mit zwei verschiedenen Fassungen zu tun, wobei beim Druck vergessen wurde, die eine Fassung zu tilgen. Vgl. *Meas. for M.*, ed. Naef (Studienausgabe), I.2.62 und I.2.84 (sowie Kommentar), wo die Kupplerin zuerst über die Verhaftung Claudios Bescheid weiß, einige Zeilen später aber fragt, wer hier verhaftet worden sei. Auch die Überbringung der Nachricht vom Tode Portias (*Jul. Caes.* IV.3.147ff.) an Brutus, der kurz vorher zu Cassius über ihren Tod gesprochen hat, dürfte auf eine unterlassene Tilgung zurückzuführen sein.

⁴⁵ *avoid*: 'Widerlegen', 'entkräften' (von Anklagen etc.), vgl. *Meas. for M.*, ed. Naef (Studienausgabe), III.1.193.

⁴⁶ *swore brothers*: 'Gelobten einander [Waffen]bruderschaft'. *Sworn brothers* 'Waffenbrüder' waren Gefährten im Kampf, die einander nach ritterlichen Regeln gelobten, in Glück und Unglück zusammenzuhalten (OED *sworn* 1); im weiteren Sinne 'treue Freunde'; vgl. z.B. *Rich. II* V.1.20: *I am sworn brother ... / To grim Necessity.*

⁴⁷ *your only peacemaker*: *Only* (Adj.): 1) 'einzig', 'einzigartig'; 2) 'unvergleichlich', 'erste', 'größte'; vgl. III.4.10: *Your chestnut was ever the only color.*

books for good manners. I will name you the degrees. The first, the Retort Courteous; the second, the Quip Modest; the third, the Reply Churlish; the fourth, the Reproof Valiant; the fifth, the Countercheck [90] Quarrelsome; the sixth, the Lie with Circumstance; the seventh, the Lie Direct. All these you may avoid but the Lie Direct, and you may avoid that too, with an If. I knew when seven justices could not take up a quarrel, but when the parties were met themselves, one of them [95] thought but of an If: as, 'If you said so, then I said so'; and they shook hands and swore brothers. Your If is the only peacemaker. Much virtue in If.

JAQUES. Is not this a rare fellow, my lord? He's as good at anything, and yet a fool.

DUKE SENIOR. [100] He uses his folly like a stalking horse, and under the presentation of that he shoots his wit.

Enter Hymen, Rosalind, and Celia. Still music.

HYMEN.   Then is there mirth in heaven
          When earthly things made even
            Atone together.
105   Good Duke, receive thy daughter;
          Hymen from heaven brought her,

---

[48] *stalking-horse*: Gemeint ist entweder ein richtiges Pferd oder eine Attrappe in Form eines Pferdes, hinter dem sich der Jäger an das [Vogel]wild heranpirschte; vgl. *Shakespeare's England*, II, "Fowling", S. 372.

[49] *presentation*: 'Darbietung', 'Zurschaustellung'; das Wort kommt nur noch in *Rich. III* IV.4.84 vor.

[50] *hymen*: Manche Hrsg. (Dover Wilson) halten das Erscheinen des Ehegotts Hymen für dramatisch unnötig und dem Vorhergehenden, das den Auftritt eines Zauberers erwarten lässt, widersprechend. Möglicherweise sei dieses Zwischenspiel während der Regierungszeit James' I. eingefügt worden, als die *masques*, Maskenspiele mit allegorischen Figuren und Musik, besonders im Schwange waren. Naef, *Die Lieder in Shakespeares Komödien*, sieht in Hymen eine Verkörperung der Kräfte, welche allein das Spiel mit der Identität zu einem guten Ende führen können. Die Annahme, dass sich eine der beteiligten Personen als Hymen verkleidet hat, lässt sich nicht halten, da ja alle Personen des Stückes auf der Bühne anwesend sind. Dennoch könnte Hymen als eine "Inszenierung" durch Rosalinde aufgefasst werden. Siehe auch Kommentar.

[51] *Still music*: 'Gedämpfte, leise Musik' (OED 3), die vermutlich von Berufsmusikern außerhalb der Bühne gespielt wurde. Diese Musiker konnten dann auch zur Begleitung des Hochzeitslieds (Z. 135ff.) und für die Tanzmusik am Ende der Szene verwendet werden (vgl. New Arden). – Die für Hymen bestimmten Verse sind in der F zwar kursiv gedruckt, doch die BA *song*, die sonst bei allen anderen Liedern steht, fehlt hier. Deshalb ist anzunehmen, dass die Verse gesprochen wurden, wenn auch in feierlicher, psalmodierender Art.

[52] *Atone = (be) at one*: 'in Eintracht (verbunden) sein'. Vgl. *Coriol.* IV.6.73.

gebracht, ja, sie hierher gebracht, auf dass du ihre Hand zusammenfügest mit der seinen, in dessen Brust ihr Herz ist[53].

ROSALINDE. [110] *[zum Herzog]* Euch gebe ich mich, denn ich bin Euer.
[zu Orlando] Euch gebe ich mich, denn ich bin Euer.

HERZOG. Ist Wahrheit im Augenschein, so seid Ihr meine Tochter.

ORLANDO. Ist Wahrheit im Augenschein, so seid Ihr meine Rosalinde.

PHOEBE. Sind Augenschein und Gestalt wahr[54], [115] nun denn, leb wohl, meine Liebe!

ROSALINDE. *[zum Herzog]* Ich will keinen Vater, wenn nicht Ihr es seid.
[zu Orlando] Ich will keinen Gatten, wenn nicht Ihr es seid.
[zu Phoebe] Und auch nie eine Frau ehelichen, wenn nicht Ihr es seid[55].

HYMEN. Still! Ich setze der Verwirrung ein Ende: [120] Ich bin es, der diese höchst sonderbaren Begebenheiten zum Abschluss bringen muss. Acht sind hier, die sich bei der Hand nehmen[56] müssen, um sich durch Hymens Bande zu vereinigen, wenn die Wahrheit wahren Gehalt[57] hat.

[zu Orlando und Rosalinde] [125] Euch und Euch soll kein Ungemach scheiden.

[zu Oliver und Celia] Ihr und Ihr seid Herz in Herz.

[zu Phoebe] Ihr müsst seiner [Silvius'] Liebe zustimmen oder eine Frau zu Eurem Eheherrn nehmen.

[zu Touchstone und Audrey] Ihr und Ihr seid so fest verbunden [130] wie der Winter mit schlechtem Wetter.

---

[53] *her hand ... within his bosom*: Die F hat *his hand*, doch schon F₃ und F₄ emendieren zu *her hand*. Manche Hrsg. folgen Malone, indem sie auch *his bosom* zu *her bosom* emendieren; der Satz würde dann lauten: *join her hand with his / Whose heart within her bosom is* und hätte den Sinn: 'füge ihre (Rosalindes) Hand zusammen mit der Hand desjenigen (Orlando), dessen Herz in ihrer Brust ist'. Ein ebenso guter Sinn ergibt sich aber auch ohne diese zweite Emendation. Das Relativpronomen *whose* kann sich nämlich auf das vorhergehende *her (hand)* beziehen (Abbott, *A Shakespearian Grammar*, § 247, führt ähnliche Fälle an, wo Beziehungswort und Relativpronomen ziemlich weit voneinander entfernt sind); der Satz heißt dann: 'füge ihre Hand zusammen mit der [Hand] desjenigen, in dessen Brust ihr Herz ist'. Vgl. den Titel von Hilda Hulmes Shakespeare-Buch: *Yours that read him*.

[54] *If sight ... be true*: Wie in Z. 19-23 wird hier eine Feststellung in formelhafter Art mehrfach wiederholt, beim dritten Mal leicht abgewandelt, als Teil eines Kurz-Couplets mit dem Reim *true – adieu*, der eine leicht komische Wirkung hervorbringt. – Die Häufigkeit des Wortes *if* 'wenn' in diesem Szenenteil ist auffallend und könnte vielleicht in Beziehung gebracht werden zu Touchstones Aussage *Much virtue in if* 'Große Kraft im Wenn', Z. 97; Hinweis von Robert Fricker, Bern.

[55] *if you be not he*: Eine weitere formelhafte Wiederholung; vgl. V.2.85ff.

[56] *take hands*: 'heiraten'; vgl. *Much Ado* V.4.56-57: *till you take her hand / Before this friar* und *Temp.* I.2.375-376: *Come unto these yellow sands, / And then take hands*. Gleichzei-

>   Yea, brought her hither,
>   That thou mightst join her hand with his
>   Whose heart within his bosom is.
> ROSALIND. *[to Duke]*
> 110   To you I give myself, for I am yours.
>   *[To Orlando]*
>   To you I give myself, for I am yours.
> DUKE SENIOR. If there be truth in sight, you are my daughter.
> ORLANDO. If there be truth in sight, you are my Rosalind.
> PHEBE. If sight and shape be true,
> 115   Why then, my love adieu!
> ROSALIND. *[to Duke]*
>   I'll have no father, if you be not he.
>   *[To Orlando]*
>   I'll have no husband, if you be not he.
>   *[To Phebe]*
>   Nor ne'er wed woman, if you be not she.
> HYMEN.   Peace ho! I bar confusion:
> 120   'Tis I must make conclusion
>   Of these most strange events.
>   Here's eight that must take hands
>   To join in Hymen's bands,
>   If truth holds true contents.
>   *[To Orlando and Rosalind]*
> 125   You and you no cross shall part.
>   *[To Oliver and Celia]*
>   You and you are heart in heart.
>   *[To Phebe]*
>   You to his love must accord,
>   Or have a woman to your lord.
>   *[To Touchstone and Audrey]*
>   You and you are sure together
> 130   As the winter to foul weather.

---

108 *his hand* F; F₃ *her hand* (vgl. Anm. 53).
109 *his* F; Malone *her* (vgl. Anm. 53).

tig könnte damit die konkrete Einladung an die Paare ausgedrückt sein, einander die Hand zu reichen.

[57] *If truth holds true contents*: 'Wenn die Wahrheit wahren Gehalt hat' oder, im Hinblick auf die verschiedenen Eheversprechen, 'wenn die Treue echten Gehalt hat', also 'wenn ihr euer Versprechen zu halten gedenkt'.

[zu allen] Während wir ein Hochzeitslied singen, tut Euch gütlich mit Reden[58], auf dass das Gespräch[59] das Staunen verringere, wie wir einander so getroffen haben und diese Dinge ein Ende nehmen.

Lied.[60]

[135] Die Hochzeit ist die Krone der grossen Juno[61],
O seliges Band von Tisch und Bett!
Hymen ists, der jede Wohnstätte bevölkert;
So sei denn der Ehestand[62] hoch geehrt.
Ehre, hohe Ehre und Ruhm
[140] Sei Hymen, dem Gott jeder Wohnstätte!

HERZOG. O meine liebe Nichte, willkommen bist du mir, ebenso [du meine] Tochter, willkommen, in nicht minderem Grade[63].

PHOEBE. *[zu Silvius]* Ich will mein Wort nicht zurücknehmen; nun bist du mein; deine Treue verbindet meine Liebe mit dir.

Der zweite Bruder[64] *tritt auf.*

2. BRUDER. [145] Gebt mir Gehör für ein paar Worte. Ich bin der zweite Sohn des alten Sir Roland, der ich dieser ansehnlichen Versammlung die folgenden Nachrichten bringe. Als Herzog Frederick erfuhr, dass Tag für Tag Männer von großem Wert sich in diesen Wald hier begaben, [150] rüstete[65] er ein mächtiges Heer,

---

[58] *questioning* kann hier sowohl 'fragen' wie 'reden miteinander' bedeuten; in *Merry W.* III.1.70 und *Merch. V.* IV.1.70 dagegen hat das Verb *question* eindeutig den Sinn von 'reden', 'sprechen', 'sich unterhalten'.

[59] *reason* 'Vernunft', 'Einsicht' kann, wie *question* (vgl. III.4.32), einfach 'Rede', 'Gespräch' bedeuten (OED 3); vgl. auch *L.L.L.* V.1.2: *Your reasons at dinner have been sharp and sententious*.

[60] *Song:* Während das Lied gesungen wird, haben die Anwesenden Gelegenheit, sich auszusprechen und einander Tatsachen mitzuteilen, die der Zuschauer schon weiß. New Arden vermutet, dass die Edelleute im Gefolge des Herzogs, verstärkt durch die beiden Pagen der 3. Szene, als Sänger fungiert haben.

[61] *great Juno's crown*: Juno galt als die Beschützerin der Ehe und der Ehefrauen; vgl. Ovid, *Metamorphosen* VI, 428; *Per.* II.3.30 und *Temp.* IV.1.106ff., wo Juno den Liebenden ihren Segen gibt.

[62] *High wedlock ... honored*: *High* ist hier sehr wahrscheinlich nicht attributives Adjektiv, sondern, wie häufig bei Sh., endungsloses Adverb, das *honored* qualifiziert; vgl. *high honor* in der folgenden Zeile. – Das trochäische Versmaß ist in Sh.s Liedern nicht selten; vgl. *Merch. V.* III.2.63: *Tell me where is fancy bred*.

[63] *Even daughter ... less degree*: Die meisten Hrsg. nehmen an, diese Worte seien, wie diejenigen der vorhergehenden Zeile, nur an Celia gerichtet, die bisher vom Herzog unbeachtet geblieben ist; ihr Sinn wäre: 'O meine liebe Nichte ..., ja sogar Tochter, willkommen [und zwar] in nicht minderem Grade [als Rosalinde]'. Es ist aber wahrscheinlicher, dass der Herzog in Z. 142 Rosalinde, die er (nach Z. 112) wohl schon in die Arme geschlossen

> *[To all]*
>> Whiles a wedlock hymn we sing,
>> Feed yourselves with questioning,
>> That reason wonder may diminish
>> How thus we met, and these things finish.

>> *Song.*

135 >> Wedding is great Juno's crown,
>>> O blessed bond of board and bed!
>> 'Tis Hymen peoples every town;
>>> High wedlock then be honorèd.
>> Honor, high honor, and renown
140 >> To Hymen, god of every town!

DUKE SENIOR. O my dear niece, welcome thou art to me,
> Even daughter, welcome, in no less degree!
PHEBE. *[to Silvius]* I will not eat my word, now thou art mine;
> Thy faith my fancy to thee doth combine.
> *Enter Second Brother.*
2. BROTHER. [145] Let me have audience for a word or two.
> I am the second son of old Sir Rowland
> That bring these tidings to this fair assembly.
> Duke Frederick, hearing how that every day
> Men of great worth resorted to this forest,
150 > Addressed a mighty power, which were on foot

---

142 *daughter welcome* F; F₄ *daughter, welcome*; Theobald *daughter - welcome* (vgl. Anm. 63).

144 BA *Enter Second Brother* F; Rowe *Enter Jaques de Boys* (vgl. Anm. 64).

145 2. BRO. F; Rowe JAQ. DE BOYS (vgl. Anm. 64).

hat, jetzt in die offizielle Begrüßung miteinbezieht: *Even* hätte dann, wie öfters bei Sh. (vgl. *Lear* V.2.8 und *Merry W.* IV.6.27), die Bedeutung 'ebenso', 'gleichermaßen', und der Satz hieße: 'Ebenso, [du meine] Tochter, willkommen, in nicht minderem Grade als meine Nichte.' Vgl. Trautvetter und Leisi, "Some New Readings in *As You Like It*", S. 143–151.

[64] *Second Brother*: Es handelt sich um Jaques de Boys, Olivers jüngeren, Orlandos älteren Bruder, der nur ein einziges Mal (I.1.4–5) erwähnt wird und hier so unmotiviert als Bote erscheint, dass manche Hrsg. vermuten, Sh. habe ihm ursprünglich eine größere Rolle zugedacht. Er wird in der BA als 'Zweiter Bruder' bezeichnet, um eine Verwechslung mit dem Melancholiker Jaques zu vermeiden. Dramaturgisch bringt sein Auftritt einen kurzen Aufschub und einen neuen Impuls für das schon dem Ende zueilende Geschehen.

[65] *Addressed*: 'machte bereit', 'rüstete' (OED 3 zu lat. *addirectionare* 'richten', die bei Sh. vorherrschende Bedeutung). Vgl. *Our navy is addressed, our power collected* 'Unsere Flotte ist bereitgemacht, unsere Streitmacht gesammelt', *2 Hen. IV* IV.4.5, ähnlich *Hen. V* III.3.58.

das, von ihm selbst befehligt[66], aufbrach in der Absicht, seinen Bruder hier zu fangen und dem Schwert zu überantworten; und er langte am Rande[67] dieses wilden Waldes an, wo er, nachdem er zufällig auf einen alten Einsiedler gestoßen war [155] und mit ihm eine Zeit lang gesprochen[68] hatte, seinen Sinn wandelte, sodass er sich von seinem Unternehmen und von der Welt überhaupt abwandte, seine Krone seinem verbannten Bruder vermachte und allen jenen, die mit diesem in die Verbannung gegangen waren, ihre ganzen Ländereien zurückerstattete[69]. Dass dies wahr ist, [160] dafür bürge ich mit meinem Leben.

HERZOG. Willkommen, junger Mann. Du spendest reichlich[70] zur Hochzeit deiner Brüder: dem einen die ihm vorenthaltenen Ländereien, dem anderen ein ganzes Land in voller Ausdehnung[71], ein mächtiges Herzogtum[72]. Lasst uns zuerst hier im Walde die Vorhaben zu Ende führen, [165] die hier wohl begonnen und wohl erzeugt worden sind; und hernach soll ein jeder aus dieser frohen Zahl, die mit uns beschwerliche[73] Tage und Nächte erduldet haben, das Gute unseres wiedergekehrten Glücks je nach der Höhe seines Rangs[74] mit uns teilen. [170] Bis dahin vergesst diese eben erst zugefallene[75] Würde und mischt Euch in unsere ländliche Lustbarkeit. Spiel auf, Musik, und Ihr alle, Bräute und

---

[66] *In his own conduct*: Wörtlich 'unter seinem eigenen Befehl', seiner eigenen Führung'; vgl. *Tr. and Cr.* II.2.62.

[67] *skirts*: '[Wald]rand'; vgl. III.2.319.

[68] *question*: 'Gespräch'; vgl. III.4.32.

[69] *restored* kann grammatisch entweder als Imperfekt aufgefasst werden, das Z. 155 fortsetzt: *[he] was converted ... And all their lands [he] restored*, oder als Partizip der Vergangenheit mit Auslassung des Hilfsverbs: *all their lands [being / were] restored*.

[70] *Thou offer'st fairly*: wörtlich 'du spendest reichlich, großzügig. Die heutige Bedeutung 'einigermaßen' ist bei Sh. noch nicht vertreten. Vgl. auch *Hen. V* III.6.134: *Thou dost thy office fairly*.

[71] *at large*: 'In voller Ausdehnung' im Gegensatz zum kleineren Maßstab eines Modells (OED *large* sb. 5 d); vgl. *Tr. and Cr.* I.3.344–346: *there is seen / The baby figure of the giant mass / Of things to come at large* 'da ist die winzige Gestalt der ungeheuren Menge des Kommenden in voller Ausdehnung zu sehen'.

[72] *his lands ... potent dukedom*: Oliver erhält den von Herzog Frederick (in III.1.9) konfiszierten Grund- und Familienbesitz zurück, während Orlando durch seine Verheiratung mit Rosalinde Erbe des verbannten Herzogs wird, sodass ihm später dessen Herzogtum zufällt. In Wirklichkeit erhält Orlando – wenigstens zunächst – beides, da Oliver (vgl. V.2.10–11) 'meines Vaters Haus und alle Einkünfte, die der alte Sir Roland hatte', auf ihn überschreiben lassen und im Wald 'als Schäfer leben und sterben' will. Ungelöste Zukunftsproble-

In his own conduct, purposely to take
His brother here and put him to the sword;
And to the skirts of this wild wood he came,
Where, meeting with an old religious man,
155 After some question with him, was converted
Both from his enterprise and from the world,
His crown bequeathing to his banished brother,
And all their lands restored to them again
That were with him exiled. This to be true
160 I do engage my life.
DUKE SENIOR. Welcome, young man.
Thou offer'st fairly to thy brothers' wedding:
To one, his lands withheld; and to the other,
A land itself at large, a potent dukedom.
First, in this forest let us do those ends
165 That here were well begun and well begot;
And after, every of this happy number
That have endured shrewd days and nights with us
Shall share the good of our returnèd fortune,
According to the measure of their states.
170 Meantime forget this new-fall'n dignity
And fall into our rustic revelry.

---

me: ob Olivers Braut Celia dieses einfache Leben mit ihm zu teilen gedenkt und ob der zweitälteste Bruder Jaques bei der Güterverteilung leer ausgehen soll.

[73] *shrewd*: hier 'hart', 'beschwerlich' (OED 4). In der elisabethanischen Zeit hat das Wort die Bedeutung 'schlecht', 'beißend', 'hart'; vgl. *K. John* V.5.14: *foul, shrewd news* und *Merch. V.* III.2.243: *There are some shrowd contents in yond same paper*. Die moderne Bedeutung 'scharfsinnig' ist bei Sh. selten.

[74] *According ... their states*: Bei der Bedeutungsermittlung von *states* ist vom Singular auszugehen, da vom individuellen *state* jedes Einzelnen, *every of this ... number*, nicht von mehreren *states* bei jedem Einzelnen die Rede ist. State = estate: 'Besitzstand', 'finanzielle Lage'; vgl. *Tam. Shr.* I.2.89: *That were my state far worser than it is / I would not wed her for a mine of gold* 'Dass, wäre auch meine [finanzielle] Lage weitaus schlimmer, als sie es ist, ich sie doch nicht für eine [ganze] Goldmine heiraten würde'. Der Sinn von *According to the measure of their states* wäre also etwa: 'gemäß dem [früheren] Besitzstand jedes Einzelnen'. Da der Besitzstand zugleich gesellschaftlichen Status verleiht, könnte man in freierer Übersetzung auch sagen 'je nach der Höhe seines Ranges'. Aus dieser Aussage des verbannten Herzogs geht hervor, dass er nach der Wiedereinsetzung in seine Herzogswürde die frühere Hierarchie wieder herzustellen gedenkt.

[75] *new-fall'n* = "newly befallen" 'neu zugefallen', 'eben erst zugefallen': Vgl. *1 Hen IV* V.1.44: *claim no further than your new-fall'n right*. In der Bedeutung 'zufallen', 'sich ereignen' ist *fall* bei Sh. sehr häufig.

Bräutigame, beginnt den Tanz[76] mit einem an Freude übervollen Maß[77].

JAQUES. Herr, mit Eurer Erlaubnis[78]. Wenn ich Euch recht verstand, [175] hat der Herzog eine geistliche Lebensweise angenommen[79] und sich vom prunkvollen[80] Hof abgewandt.

2. BRUDER. Das hat er.

JAQUES. Zu ihm will ich. Von diesen Neubekehrten[81] ist viel Weisheit[82] zu erfahren und zu lernen.

[zum Herzog] [180] Euch hinterlasse[83] ich Eurer früheren Würde; Eure Geduld und Eure Tugend verdienen sie wohl.

[zu Orlando] Euch einer Liebsten, der Ihr Euch durch Eure Treue wert erweist;

[zu Oliver] Euch Eurem Landbesitz, Eurer Liebsten und Euren mächtigen Verwandten[84];

[zu Silvius] Euch einem lang- und wohlverdienten Bett[85],

[zu Touchstone] [185] und Euch dem Zanken, denn deine Liebesreise hat nur Proviant für zwei Monate[86]. Auf denn, zu Euren Vergnügungen: Ich bin für anderes als das Tanzmaß.

HERZOG. Bleibe, Jaques, bleibe.

JAQUES. Ich nicht, um einer Lustbarkeit zuzusehen. [190] In der Höhle, die Ihr nun verlassen habt[87], werde ich Eurer Anweisungen gewärtig sein.

Ab.

---

[76] *to th' measures fall*: 'Beginnt den Tanz'; *fall to* 'beginnen'; vgl. II.7.171. *Measure* 'rhythmisches Schreiten', 'Tanz'; vgl. Z. 43.

[77] *With measure heaped in joy*: 'Mit einem an Freude übervollen Maß'; vgl. *Rom. and Jul.* II.6.24–25: *if the measure of thy joy / Be heaped like mine*. – Die Zeile enthält ein Wortspiel mit *measure* 'Maß' und *measure* 'Tanz', 'Takt'.

[78] *by your patience = by your leave*: 'mit Eurer Erlaubnis', 'mit Verlaub', wie öfters. Jaques bittet den Herzog einerseits, ihn unterbrechen und etwas sagen zu dürfen, andererseits mit dem Tanzen zuzuwarten; in Z. 186 gibt er dann selbst das Signal zum Tanzen: *So, to your pleasures*.

[79] *put on ... life*: 'eine geistliche Lebensweise angenommen, d.h. Mönch oder Eremit geworden'. *Put on* 'anziehen', 'annehmen' ruft häufig die Vorstellung von willentlicher Täuschung wach, wohl darum, weil man ein Kleid, eine Maske in täuschender Absicht anziehen, eine Gestalt (in der Sage) zu bösen Zwecken annehmen kann; vgl. *The seeming truth which cunning times put on / To entrap the wisest, Merch. V.* III.2.100 und *Meas. for M.* II.3.22: *penitence ... hollowly put on*. Bei unserer Stelle ist jedoch *put on* neutral verwendet; es drückt höchstens einen gewissen Zweifel bei Jaques aus, dass Herzog Frederick der geistlichen Lebensweise treu bleiben wird.

[80] *pompous*: 'Prunkvoll', 'prächtig', ohne das Negative der heutigen Bedeutung; vgl. *Rich. II* IV.1.250: *To undeck the pompous body of a king*.

[81] *convertites = converts*: 'Bekehrte'; vgl. *Lucr.* 743: *He thence departs a heavy convertite*. Das heute gebräuchliche Substantiv *convert* kommt bei Sh. nicht vor.

[82] *matter*: '[Tief]sinn', 'Weisheit'; vgl. II.1.68.

Play, music, and you brides and bridegrooms all,
With measure heaped in joy, to th' measures fall.
JAQUES. Sir, by your patience. If I heard you rightly,
175 The Duke hath put on a religious life
And thrown into neglect the pompous court.
2. BROTHER. He hath.
JAQUES. To him will I. Out of these convertites
There is much matter to be heard or learned.
 [To Duke]
180 You to your former honor I bequeath;
Your patience and your virtue well deserves it.
 [To Orlando]
You to a love that your true faith doth merit;
 [To Oliver]
You to your land and love and great allies;
 [To Silvius]
You to a long and well-deservèd bed;
 [To Touchstone]
185 And you to wrangling, for thy loving voyage
Is but for two months victualled. So, to your pleasures:
I am for other than for dancing measures.
DUKE SENIOR. Stay, Jaques, stay.
JAQUES. To see no pastime I. What you would have
190 I'll stay to know at your abandoned cave.

Exit.

---

[83] *bequeath*: '(testamentarisch) vermachen', 'hinterlassen'. Dieses Wort ist nicht ganz unangemessen für einen, der wie Jaques im Begriff steht, der Welt zu entsagen. In der folgenden Rede maßt sich Jaques eine Verteilung von "Preisen" an, wie sie sonst nur hohen Personen (etwa Hymen oder dem Herzog am Schluss von *Meas. for M.*) zusteht; wie bei den feierlich-abschließenden Worten solcher Art endet auch diese Rede mit einem gereimten Couplet.

[84] *great allies*: 'mächtigen Verbündeten oder Verwandten'. Als Celias Gatte wird Oliver in die herzogliche Familie aufgenommen, und als Orlandos Bruder steht er dem künftigen Herzog besonders nahe. New Arden bemerkt, dass Oliver zwar die Absicht hatte, Orlando seinen Grundbesitz abzutreten, dies jedoch, bevor er wusste, dass die vermeintliche Schäferin Celia eine Herzogstochter war.

[85] *long and well-deservèd bed*: Manche Hrsg. verbinden *long* mit *bed* und geben als Sinn der Stelle: 'ein Bett, das du während einer langen Lebenszeit genießen sollst'. Der Sinn wird aber einleuchtender, wenn man *long* zusammen mit *well* auf *deservèd* bezieht: 'ein Bett, das du schon lange und wohl verdient hast'.

[86] *but for ... victualled*: Obschon Jaques selbst Touchstone dringend zu einem besseren Priester zur Einsegnung seiner Ehe geraten hat, scheint er nicht an die Dauerhaftigkeit dieser Ehe zu glauben.

[87] *your abandoned cave*: Dies ist einer der spärlichen Hinweise auf Einzelheiten im Wald von Arden; vgl. Anm. zu I.1.107.

HERZOG. Wohlan, wohlan. Beginnen wir diese Festlichkeiten so, wie sie sicherlich enden werden, mit echter Freude.[88]

Ab [inmitten der Tanzenden]. [89]

EPILOG

ROSALINDE. Zwar ist es nicht üblich, die Heldin als Epilog zu sehen, doch ist es nicht unziemlicher[1], als den Helden als Prolog[2] zu sehen. Trifft es zu, dass guter Wein keinen Wedel[3] nötig hat, dann trifft es auch zu, dass ein gutes Schauspiel keinen Epilog nötig hat; indessen gebraucht man bei gutem [5] Wein gute Wedel, und gute Schauspiele werden durch die Unterstützung guter Epiloge umso besser. In welcher Lage bin ich also, die ich weder ein guter Epilog bin noch mich so bei euch einschmeicheln[4] kann, dass ihr das Stück gut findet! Ich bin nicht angetan[5] wie eine Bettlerin; deshalb [10] schickt es sich nicht für mich, zu betteln. Ich will so vorgehen, dass ich euch beschwöre, und so beginne ich mit den Frauen. Ich beschwöre euch, o Frauen, um der Liebe willen, die ihr [den] Männern entgegenbringt, dass ihr euch so viel von diesem Schauspiel gefallen lasst, wie euch behagt[6]; und ich beschwöre euch, o ihr Männer, um der Liebe willen, die ihr [den] Frauen entgegenbringt (wie ich denn eurem Schmunzeln anmerke, dass keiner von euch [15] sie hasst), dass zwischen euch und den Frauen das Spiel[7] Gefallen finde. Wäre ich eine Frau[8], dann würde ich jeden Einzelnen von euch[9] küs-

---

[88] *rites ... true delights*: Wie oft bei Sh. endigt die letzte Szene des letzten Aktes mit einem gereimten Couplet, nachdem schon von Z. 141 an (*me – degree, mine – combine* usw.) die Couplets häufiger zu werden beginnen, besonders gegen den Schluss hin. Sie verleihen ihm hier etwas Erhöhtes, Stilisiertes.

[89] *Exit [in the dance]*: F hat nur *Exit*; es wäre aber, wie New Arden bemerkt, nicht sinnvoll, wenn der Herzog, der soeben mit den Worten *We'll begin these rites* (Z. 191) das Signal zum Beginn des Tanzes gegeben hat, gerade jetzt verschwände. Die meisten Hrsg. setzen deshalb statt dem *Exit* die BA *[A dance]*. Eine gute Lösung gibt Pelican mit *Exit [in the dance]*, wonach der Herzog, der wahrscheinlich selbst nicht tanzt, nach einer gewissen Zeit zugleich mit den Tanzenden abzutreten hätte, damit Rosalinde zum Sprechen des Epilogs allein zurückbleibt.

---

[1] *unhandsome*: 'von schlechtem Geschmack', 'unziemlich'.
[2] *prologue* bedeutet bei Sh. stets auch den Schauspieler, der den Prolog spricht, ebenso *epilogue*.

DUKE SENIOR. Proceed, proceed. We'll begin these rites,
As we do trust they'll end, in true delights.

Exit [in the dance].

Epi. [EPILOGUE]

ROSALIND. It is not the fashion to see the lady the epilogue, but it is no
more unhandsome than to see the lord the prologue. If it be true
that good wine needs no bush, 'tis true that a good play needs no
epilogue; yet to good [5] wine they do use good bushes, and
good plays prove the better by the help of good epilogues. What
a case am I in then, that am neither a good epilogue, nor cannot
insinuate with you in the behalf of a good play! I am not furnished like a beggar; therefore to beg will not [10] become me.
My way is to conjure you, and I'll begin with the women. I
charge you, O women, for the love you bear to men, to like as
much of this play as please you; and I charge you, O men, for
the love you bear to women (as I perceive by your simp'ring
none of you [15] hates them), that between you and the women
the play may please. If I were a woman, I would kiss as many of

---

192 BA Pelican *Exit [in the dance]. [Epilogue]*; *Exit* F; Capell *A Dance*; Arden *A dance, after which Rosalind is left alone to speak the Epilogue*; Theobald *Epilogue* (vgl. Anm. 89).

13 *And I* F; Steevens, Konj. Farmer *and so I.*

---

³ *good wine ... bush*: Eine sprichwörtliche Redensart (vgl. Tilley, *Proverbs*, W 462), die auf die Sitte anspielt, über einer Schenke oder einem Gasthaus, wo Wein verkauft wurde, einen grünen Busch oder Wedel aufzuhängen. Diese Sitte ist u.a. heute noch in den Weinbaudörfern in der Umgebung Wiens lebendig.

⁴ *insinuate*: 'Sich bei jemandem einschmeicheln oder beliebt machen'; vgl. *Rich. III* I.4.144 und *Ven. and Ad.* 1012.

⁵ *not furnished like a beggar*: *Furnished* 'angezogen', 'angetan'; vgl. III.2.233. Aus *not like a beggar* lässt sich schließen, dass Rosalinde bei ihrem Zauberauftritt (V.4.102) prächtig gekleidet erscheint.

⁶ *to like ... as please you*: vermutlich eine Anspielung auf den Titel *As You Like It* (Hrsg.).

⁷ *the play*: Gemeint ist auch 'das Liebesspiel', welche Bedeutung der Kontext nahe legt.

⁸ *If ... woman*: Wie alle Frauenrollen bei Sh. wurde auch Rosalindes Rolle von einem Knaben gespielt; vgl. *Ant. and Cl.* V.2.220 und Kommentar.

⁹ *as many of you*: Idiom; wörtlich 'so viele von euch'; vgl. *Hen. V* IV.Chorus.27-28: *Presenteth them unto the gazing moon / So many horrid ghosts.*

sen, der einen Bart hätte, der mir behagte, ein Gesicht[10], das mir gefiele, und einen Atem, der mir nicht widerlich[11] wäre; und ich bin gewiss, dass alle mit dem hübschen Bart oder dem hübschen Gesicht oder dem reinen [20] Atem[12] mir für mein freundliches Anerbieten ein Lebewohl zurufen[13] werden, wenn ich jetzt einen Knicks mache.

Ab.[14]

---

[10] *complexion*: 'Teint', 'Gesichtsfarbe', im weiteren Sinn 'Gesicht'.
[11] *that I defied not*: 'dem ich nicht Widerstand entgegensetzte' (OED 5), d.h. 'der mir nicht widerlich wäre oder mir widerstünde'.
[12] *sweat breaths*: *sweet* hier in der häufigen Bedeutung 'rein', 'angenehm'. Ein *sweet breath* gehört zu den oft genannten Attributen eines erstrebenswerten Mannes, u.a. weil zu Sh.s Zeit Männer die Damen zur Begrüßung häufig auf den Mund küssten; vgl. *Macb.* I.6.31: *By your leave, hostess*; dazu Leisi, *Problemwörter*, unter *kiss*, *breath*, "Hygiene".

you as had beards that pleased me, complexions that liked me, and breaths that I defied not; and I am sure, as many as have good beards, or good faces, or sweet [20] breaths, will, for my kind offer, when I make curtsy, bid me farewell.

Exit.

---

21 BA *Exit* F$_1$; F$_2$ *Exeunt* (vgl. Anm. 103).

[13] *bid me farewell*: 'mir Lebewohl zurufen und zugleich applaudieren' (Hrsg.).
[14] *Exit*: F$_2$ hat *Exeunt*, woraus man schließen könnte, dass alle Schauspieler während des Epilogs auf der Bühne bleiben. In diesem Falle hätten sie sich, eventuell noch tanzend, im Hintergrund zu halten.

KOMMENTAR

I.1

Die Eröffnung des Stückes macht die Zuschauer mit Feindseligkeiten vertraut, die das Leben im Hause de Boys trüben. Orlando, der jüngste Sohn von Sir Rowland de Boys, fühlt sich benachteiligt. In einem gleitenden Einsatz (einem Hinweis auf ein imaginäres, vor Beginn der Szene stattfindendes Geschehen) widersetzt er sich der Bevorteilung seines Bruders Oliver und führt dem Publikum seine Abhängigkeit mit anschaulichen, schlagenden Beispielen vor Augen. Adam, der bejahrte Diener, hört diese Unmutsäußerung wortlos an. In nur wenigen Sätzen werden die Spannungen zwischen den Brüdern deutlich. Indem er auf die Verhältnisse in der Tierwelt verweist, verschafft Orlando seinem Missbehagen Gehör: Ochsen und Pferde, ja die Tiere auf dem Misthaufen, fristen, wie er selbst, ein Leben in Unterwürfigkeit und Rechtlosigkeit. Orlandos Bildlichkeit muss für ein elisabethanisches Publikum besonders aussagekräftig gewesen sein. Seine Vergleiche spielen auf die hierarchische Gliederung der Schöpfung an, die das zeitgenössische Daseinsverständnis, trotz Anzeichen aufkommenden Zweifels[1], bestimmte, und bringen die verkehrte natürliche Ordnung zum Ausdruck. Orlando macht seinen Gefühlen Luft und ist entschlossen, den Missständen ein Ende zu setzen.

Die Exposition gibt der ersten Szene den publikumswirksamen Zündstoff. Die eigentliche Ursache für Orlandos Missmut, das mehr englische als kontinentaleuropäische Prinzip der Primogenitur, wirkte der Erbteilung entgegen, um den adeligen Besitzstand wahren zu können.[2] Die Gültigkeit dieses erbrechtlichen Anspruchs verleiht der gespielten Wirklichkeit höfisches Kolorit. Orlando fühlt sich besitz- und standesmäßig benachteiligt (Z. 1–2,17) und weist mehrmals darauf hin, dass ihn sein Bruder um die Erziehung bringt, die ihm testamentarisch zusteht (Z. 4–8, 62–65). Gelehrsamkeit und Bildung werden in den zeitgenössischen Abhandlungen als erstrebenswerte Tugenden und legitime Vorrechte eines Edelmannes große Wichtigkeit zugemessen. Beispielsweise

---

[1] Vgl. David G. Hale, "The Age of Elizabeth: Challenge", in *The Body Politic: A Political Metaphor in Renaissance English Literature* (The Hague 1971), S. 69–107. Vgl. auch *Meas. for M.* II.2.117-122.

[2] Neben dem Recht des Ältesten findet sich in England auch die sogenannte Ultimogenitur sowie die Sekundogenitur. Das im Stück geltende Recht der Primogenitur war aber das verbreitetste. Siehe dazu den Eintrag "primogeniture and ultimogeniture" in der *Encyclopaedia Britannica, Micropaedia*.

räumt Thomas Elyot im *Governor*, einem damals verbreiteten Traktat über die herrschende Schicht, einer guten Erziehung breiten Raum ein.³ Vor dem Hintergrund dieser Gegebenheiten erhält der einleitende Monolog seinen bühnenwirksamen Effekt: Orlando äussert seine Unzufriedenheit in einer natürlichen, kräftigen Sprache, zieht die Zuschauer emotional in den Sog dieses Familienstreits und appelliert so an ihr kritisches Urteil. Ähnlich wie in *Romeo and Juliet, The Comedy of Errors* oder *A Midsummer Night's Dream* vermittelt auch die Exposition dieses Stückes ein Bild gesellschaftlicher Disharmonien, welche die Sympathien des Publikums gleich zu Beginn in Bahnen lenken. Orlandos Ausbruch lässt noch nichts von der spielerischen Leichtigkeit dieses Schauspiels erahnen, das Helen Gardner als "Shakespeare's most Mozartian comedy"⁴ bezeichnet hat.

Nach Olivers Bühneneintritt im mittleren Teil der Szene wird das Motiv von Recht und Unrecht weitergeführt. Orlando bekräftigt seine Anschuldigungen und es kommt zum Streit zwischen den Brüdern. Ihre zunehmende Gereiztheit äußert sich in der Wortwahl und im Pronominalwechsel zwischen dem respektvollen *you* und dem weniger freundlichen *thou*.⁵ Olivers Handgreiflichkeiten und die nachfolgende kurze Rauferei dürften gerade beim derberen Kreis der zeitgenössischen Zuschauer, den "groundlings", ihre unterhaltsame Wirkung nicht verfehlt haben;⁶ die Steigerung des Konflikts würde somit der Vielschichtigkeit des elisabethanischen Publikums Rechnung tragen.⁷ Oliver schilt seinen jüngeren Bruder einen Schurken und den bewährten Diener gar einen alten Hund. Der Mensch wird zum Tier, was die verkehrte Ordnung zum Ausdruck bringt; die Verhältnisse im Hause de Boys sind aus den Fugen geraten. Auch Olivers dreistes Auftreten und seine bösen Worte lenken die Sympathien. Orlando hat sich eingangs über seine benachteiligte Stellung beklagt und damit an das Einfühlungsvermögen des Publikums appelliert. Der grobe Auftritt seines Bruders erhöht zwar die

---

³ Thomas Elyot, *The Book Named the Governor*, ed. S. E. Lehmberg (London 1962). Das erste Drittel des Werkes (S. 1–94) handelt die Erziehung und Bildung eines Edelmannes ab, die *gentlemanlike qualities* (Z. 64), die Orlando fordert, beispielsweise das Kapitel "The education or form of bringing up the child of a gentleman, which is to have authority in the public weal" (S. 15–17).

⁴ Helen Gardner, "Let the Forest Judge", in *'Much Ado About Nothing' and 'As You Like It'. A Casebook*, ed. J. R. Brown (London 1979), S. 150. Ähnlich Helen M. Whall: "[...] this ultimately joyous play, the last of Shakespeare's golden comedies", "*As You Like It*: the Play of Analogy", *Huntington Library Quarterly* 47 (1984), S. 33.

⁵ Vgl. Anm. 25 zum Text.

⁶ Dazu Robert F. Willson, *Shakespeare's Opening Scenes* (Salzburg 1977), S. 8.

⁷ Vgl. Alfred Harbage, *Shakespeare's Audience* (New York 1941), S. 19–116; Andrew Gurr, *Playgoing in Shakespeare's London* (Cambridge 1987), S. 49–115.

Dramatik, ist aber nicht dazu angetan, ihm die breite Publikumsneigung zu sichern.

Die Eingangsszene lässt sich in drei Abschnitte gliedern: Orlandos Klage hat das Geschehen eröffnet, und Oliver hat anschließend den Konflikt gesteigert. Der letzte Szenenabschnitt (Z. 89–159) gehört dem bösen Bruder, was eine Parallele schafft zu Orlandos Monolog zu Beginn des Stückes. Olivers Feindseligkeit erlahmt nicht und er sinnt darauf, eine gegen seinen Bruder gerichtete Intrige zu spinnen. Charles, den Preisringer, macht er zu seinem willfährigen Instrument, in der Hoffnung, er werde ihm Orlando vom Hals schaffen. Bei seinem Eintritt vergibt Charles Informationen, die handlungsweisend sind und den Zuschauern zum besseren Verständnis der Ausgangssituation dienen. Der Ringer verrät nämlich, dass auch am Hof Unfriede herrscht und dass der rechtmäßige Herzog in Arden in der Verbannung lebt (Z. 92–97). Wie Robin Hood soll er sich, von Getreuen umgeben, sorglos im Wald aufhalten, außerhalb der Reichweite seines usurpierenden Bruders.[8] Charles' Schilderung (Z. 107–111) verleiht Arden als Gegenwelt zum Hof bereits erste Konturen. Der Ringer erwähnt auch Rosalind und Celia und deren missliche Lage nach dem erfolgten Machtwechsel am Hof (Z. 100–105), womit die zentralen Charaktere des Schauspiels an dieser Stelle beiläufig ins Geschehen eingeführt werden. Noch bevor sie die Bühne betreten, deutet sich die Stellung der beiden Mädchen im Handlungsgefüge an.

I.2

Nach der Auseinandersetzung im Hause de Boys wechselt das Geschehen an den Hof. Rosalind ist bedrückt; sie kann nicht vergessen, dass ihr Vater vertrieben worden ist (Z. 2–4). Ihre Cousine[9] Celia, die Tochter des unrechtmäßigen Herzogs, will sie trösten und aufmuntern. Dies schafft einen effektvollen Kontrast zur ersten Szene: Während die Brüder Orlando und Oliver zerstritten sind, pflegen die Mädchen Freundschaft und Verbundenheit. Durch eine auffällig gefühlsbetonte Sprache (*sweet coz, love, affection*) bringen sie ihre gegenseitige Zuneigung und Treue zum Ausdruck. Wie in der ersten Szene fällt der eigentümliche Wechsel der Pronomina auf. Rosalind, die nach dem Machtwechsel Benachteiligte, bedient sich bis zu Zeile 37 des formalen

---

[8] Vgl. Anmerkungen 37 u. 38 zum Text.
[9] Das Wort wurde damals auch für nicht verwandte, aber gleich gestellte Personen gebraucht.

you; Celia, die Tochter des neuen Machthabers, zielt aber mit dem freundschaftlichen *thou* auf gegenseitiges Vertrauen und Ebenbürtigkeit. Sie ist ihrer Cousine zugetan, schwört ihr gar eidlich die Treue (Z. 19) und erhofft von ihr die gleiche Zuwendung (Z. 10-12). Verständnis und gegenseitiges Vertrauen werden in diesem Dialog stark hervorgehoben, Qualitäten, welche die Mädchen auch im kommenden Verlauf des Schauspiels pflegen werden.[10]

Rosalind wird durch die Vertreibung ihres Vaters benachteiligt. Nach dem Machtwechsel allein am Hof zurückgeblieben, ist sie der Willkür des illegitimen Fürsten ausgeliefert. Celia gelingt es aber, die Sorgen ihrer Cousine zu vertreiben (Z. 20-21) und einen gelösteren Ton zu schaffen. Rosalinds Wechsel des Gesprächsstoffs, nämlich die unglückliche Lage einstweilen zu vergessen und sich der Liebe zuzuwenden (Z. 22-23), leitet abrupt zur romantischen Handlung über. Die anschließende Betrachtung über die natürliche Anlage (*nature*) und die schicksalshafte Bestimmung (*fortune*) (Z. 29-53), einen gängigen Topos der Renaissance[11], wendet den Ton erstmals ins Scherzhafte. Die sentenzhaften Wendungen (Z. 35-40) und der Redeschmuck (Chiasmen, Personifikationen, Alliterationen) geben einen ersten Eindruck vom Wortwitz und der Geschliffenheit der höfischen Prosa.

Zwei neue Charaktere gesellen sich im Folgenden hinzu und tragen zur weiteren Entspannung bei. Touchstone, der Narr, bringt sich mit eleganten Formulierungen ins Gespräch ein und gibt der Komödienstimmung Auftrieb. Der Beitrag des Höflings Le Beau erzielt eine ähnliche Wirkung. Er berichtet von einem Vater, dessen drei Söhne im Ringkampf unterlagen, sorgt mit dem märchenhaften Ton dieser Einlage[12] für Unterhaltung und hält auf der thematischen Ebene gleichzeitig das Interesse des Publikums für den bevorstehenden Zweikampf zwischen Orlando und dem Ringer wach.

---

[10] In der Sicht der jüngeren feministischen Kritik schafft die Verbundenheit der beiden Mädchen Freiräume, welche aus der dominanten patriarchalischen Umgebung auszubrechen ermöglichen. Vgl. Carole McKewin, "Counsels of Gall and Grace: Intimate Conversations between Women in Shakespeare's Plays", in *The Woman's Part*, eds. Carolyn Ruth Swift Lenz, Gayle Greene, Carol Thomas Neely (Urbana and Chicago 1983), S. 117-132; Juliet S. Dusinberre, *Shakespeare and the Nature of Women* (London 1975), spricht von "feminine ties" (S. 259) zwischen Celia und Rosalind. – Ähnliche Ansätze bei Peter Erickson, *Patriarchal Structures in Shakespeare's Drama* (Berkley 1985), S. 15-38; Martha Ronk Lifson, "Learning by Talking: Conversation in *As You Like It*", *ShS* 40 (1987), S. 91-105. Siehe auch Einleitung, S. 40-41.
[11] Dazu Anmerkung 12 zum Text.
[12] Brian Gibbons lässt offen, ob diese Einlage parodistische Züge trägt; "Amorous fictions in 'As You Like It'", *Shakespeare and Multiplicity* (Cambridge 1993), S. 174.

Shakespeare unterhält die Zuschauer bis zu diesem Punkt nicht so sehr durch handlungsbetontes Geschehen, sondern dadurch, dass er spannungsgeladene Dialoge mit lockeren Gesprächen abwechseln lässt und auf diese Weise eine anregende Gedankenfülle schafft.[13] Der Fortgang der eigentlichen Bühnenhandlung wird so zwar hinausgezögert, dem Publikum aber ermöglicht, sich in die gegebene Ausgangssituation des Bühnengeschehens einzudenken und sich über die eingeführten Charaktere ein Bild zu machen.

Der Ringkampf zwischen Charles und Orlando bringt nun als handlungsbetonte Sequenz wieder Dynamik ins Geschehen. Das Spiel mit Kontrasten und Gegensätzen in der ersten Szene wird in einer neuen Variante weitergeführt: Orlando ist jung und unerfahren, Charles demgegenüber ein geübter Ringer und ein Ausbund männlicher Kraft. Vergeblich versuchen Celia und Rosalind, Orlando vom Kräftemessen abzuhalten. Ihre Besorgnis verrät emotionale Nähe und verleiht der Liebeshandlung erste Impulse. Orlando trägt in dieser Episode Züge eines Märchenhelden. Obwohl er von seiner Erscheinung her unterlegen ist, bewährt er sich tapfer im Kampf und erlangt dadurch die Gunst der hochstehenden Dame. Rosalind schenkt ihm nach dem glücklichen Ausgang des Wettkampfs eine Kette und bekundet so ihre Zuneigung.

Der falsche Herzog dagegen setzt Orlando arg zu. Er gibt sich vor dem Wettkampf aufgeräumt und leutselig (Z. 135-147), seine Stimmung ändert sich aber schlagartig, als er in Orlando den Sohn seines verstorbenen Feindes Sir Rowland de Boys erkennt. Sein Unmut äußert sich im sprachlichen Wechsel; sobald Frederick Orlando erkennt (Z. 205), geht er von der umgangssprachlichen Prosa zum majestätischen Blankvers über. Der erste Auftritt des unrechtmäßigen Herzogs dient der Zurschaustellung seiner Macht. Mit seinem abweisenden und voreingenommenen Verhalten Orlando gegenüber erscheint er bereits beim Eintritt ins Geschehen in einem ungünstigen Licht. Bei der Hofgesellschaft ist er nicht beliebt: Celia klagt über die grobe Art ihres Vaters (Z. 222-223), und der so aufgeräumte Le Beau wird ernsthaft, wenn er vor den üblen Launen des Herzogs warnt.[14] Er rät Orlando ausdrücklich dazu, den Hof zu verlassen (Z. 242-248) und weist damit auf die bevorstehende Flucht der Höflinge in eine bessere Umgebung hin. Der Gegensatz zwischen dem tyrannischen Wesen Fredericks auf der einen und der dem rechtmäßigen Fürsten nachgesagten Güte auf der anderen

---

[13] William Hazlitt dazu, kurz und treffend: "It is not what is done, but what is said, that claims our attention." "As You Like It", in *Characters of Shakespeare's Plays* (London 1975), S. 240.

[14] Dazu Anmerkung 82 zum Text.

Seite beginnt sich abzuzeichnen; der verbannte Fürst hat somit die Sympathien, noch bevor das Interesse auf seine neue Umgebung gelenkt wird.

Die auflockernden Handlungselemente in der zweiten Szene – die Witzeleien des Narren, die Plauderei Le Beaus und der Wettkampf – setzen Gegenakzente zu den Streitigkeiten in der ersten Szene. Die Stimmung am Hof bleibt aber infolge des erzwungenen Machtwechsels bedrückt; noch blockiert der unrechtmäßige Herrscher die Entwicklung der Liebeshandlung, die in dieser Szene angelegt worden ist.

I.3

Die Szene ist in drei Abschnitte gegliedert. Im ersten Teil bemüht sich Celia, die Sorgen ihrer Cousine zu vertreiben, um sie, ähnlich wie zu Beginn der vorangegangenen Szene (Z. 1–54), bei guter Laune zu halten. Solange sich die Mädchen am Hof aufhalten, ist Celia die initiativere und dominantere der beiden, was sich aber umkehren wird, sobald sie Arden erreicht haben. Rosalinds Klage über die dornige Alltagswelt (Z. 11–12) knüpft an Celias Anspielung auf das Rad der Fortuna in der vorhergehenden Szene an (Z. 29–31). Auch die Charakterzeichnung der beiden Herzöge (Z. 28–31) vertieft bereits gewonnene Eindrücke: Während der verbannte Fürst mit Orlandos verstorbenem Vater freundschaftliche Bande pflegte, war ihm sein Bruder, der jetzige Herrscher, feindlich gesinnt.[15] Deshalb ist neben Rosalind nun auch Orlando der Willkür des unrechtmäßigen Regenten ausgeliefert. Sein weiteres Verbleiben am Hof ist gefährdet, was ihn in die Nähe Rosalinds rückt und wiederum die Paarbildung fördert.

Die Rückkehr des unrechtmäßigen Herzogs im mittleren Teil der Szene schürt die angespannte Atmosphäre und bringt den schwelenden Konflikt zum Ausbruch. Frederick tritt in machthaberischer Pose auf und bricht mit seiner majestätischen Verssprache in das in Prosa gehaltene Gespräch der Cousinen ein. Indem er sie vom Hof verbannt, entledigt er sich kurzerhand der Tochter seines Bruders, des legitimen Fürsten. Sein rücksichtsloses Vorgehen kommt für das Publikum nicht überraschend, denn es ist im bisherigen Verlauf des Schauspiels mit Fredericks wenig einnehmendem Wesen bereits vertraut geworden. Celias weitere Anwesenheit am Hof ist aber – im Gegensatz zur Parallelfigur in der Quellenerzählung[16] – nicht in Frage gestellt. Ihr Ent-

---

[15] Vgl. dagegen die Quelle, wo beide Fürsten freundschaftliche Gefühle hegen.
[16] Siehe auch Einleitung: 2. Quellen.

scheid, der Verbannten aus freien Stücken zu folgen, ist deshalb ein Beweis echter Freundschaft, die Celia mehr gilt als die Unwägbarkeiten des Hoflebens; das Unrecht, welches Rosalind erleidet, wird dadurch gelindert. Nach Fredericks Abgang bleiben die Mädchen allein auf der Bühne zurück. Ihr Entscheid, zusammen die Gesellschaft des guten Fürsten im Ardennerwald aufzusuchen, bringt die Szene zu Ende. Die zwei letzten Verse fassen den für den ersten Akt charakteristischen Gegensatz von Recht und Unrecht, von Freiheit und Tyrannei, nochmals in Worte.

Mit ihrem Entschluss, den Hof zu verlassen, geben die Cousinen auch ihre natürliche Identität auf und beschließen, als Ganymede und Aliena ihr Glück zu suchen. Neuner weist darauf hin, dass mit der Verkleidung bei Shakespeare allgemein ein sozialer Abstieg verbunden ist.[17] Die Verkleidung ermöglicht aber auch einen Neuanfang; sie deutet auf das wechselvolle Spiel mit der geschlechtlichen Identität im kommenden Geschehen hin, verheißt Komik und öffnet damit der Lustspielhandlung Tür und Tor. Die rechtschaffenen Charaktere kehren dem Hof, wo Intrigen gesponnen werden und Ungerechtigkeit herrscht, den Rücken und suchen beim verbannten Herzog im Wald von Arden ein besseres Leben, womit der Handlungsverlauf eine entscheidende Wendung nimmt. Herzog Frederick muss künftig auf Unterhaltung verzichten (vgl. II.2.8-9), denn Rosalind und Celia nehmen auch den Narren mit (Z. 125-131).

Die Ereignisse des ersten Aktes vollziehen sich abseits des Hauptschauplatzes, des Waldes von Arden, doch wird das dortige Leben bereits mit wenigen Hinweisen angedeutet. Abgesehen von zwei kurzen Intervallen bleibt der Hof im Folgenden im Hintergrund; alles Interesse konzentriert sich auf die ländliche Hauptszenerie. Der Wechsel vom einen Schauplatz zum anderen erinnert an die Handlungsführung in der *Komödie der Irrungen* und im *Sommernachtstraum*, wo das Geschehen nach der Exposition ebenfalls vom Hof wegverlegt wird, um wie in *A.Y.L.* am Schluss wieder dorthin zurückzukehren. Wie die Herrscher in den genannten Komödien zeigt auch Frederick in *A.Y.L.* nur geringe Bühnenpräsenz. Sein Verdikt, vergleichbar mit demjenigen von Solinus oder Theseus, vertreibt die Hauptfiguren zu Beginn des Schauspiels in den zentralen Geschehnisraum und gibt damit den Impuls für die Entwicklung der Haupthandlung. Der unrechtmäßige Herzog bleibt, ähnlich wie Solinus oder Theseus, zwar lauernd im Hintergrund, doch kann

---

[17] Gerhard Neuner, *Die Bedeutung des Kleides in Shakespeares Dramen* (Tübingen 1969), S. 139.

er den Geflohenen keinen Schaden mehr zufügen. Jene Charaktere, die Freundschaft und Eintracht suchen, haben sich am Ende des ersten Aktes zusammengefunden, was Energien für die eigentliche Komödienhandlung freisetzt.

II.1

Mit dem Einsatz des zweiten Aufzuges wechselt die Perspektive. Der Hof rückt in den Hintergrund und das Interesse konzentriert sich auf das Geschehen in Arden. Während längerer, aber befristeter Zeit bietet der Wald den vom Hof Geflohenen Schutz. Die Worte, die der vertriebene Herzog gleich zu Beginn an sein Gefolge richtet (Z. 1-17), vermitteln den Eindruck einer Idylle, wo sich Feindschaft zwischen den Menschen nicht breit machen kann und Zufriedenheit herrscht. Der Ardennerwald ist für die Höflinge ein Zufluchtsort, der außerhalb der Einflusssphäre Fredericks liegt und deshalb unbeschwertes Beisammensein und gesellige Unterhaltung ermöglicht. Die Bäume, Bäche und Gesteine, von denen der Herzog spricht, geben den Blick auf eine Landschaft frei, die sich im Verlauf des weiteren Geschehens zunehmend öffnet. Der Hof wird dem Wald gegenübergestellt: Arden kennt weniger Gefahren und hat für Machthungrige keinen Platz. Stattdessen ist die Waldgemeinschaft von Gleichheit und Brüderlichkeit getragen (Z. 1), was das dortige Leben in die Nähe des sorglosen Daseins im goldenen Zeitalter rückt. Die ersten Verse, die der rechtmäßige Herzog im Stück spricht, heben die Unbeschwertheit der Bewohner Ardens hervor und wirken umso befreiender, als die feindseligen Töne Fredericks gerade erst verklungen sind. In der Rolle eines Landjunkers findet der Herzog Gefallen am urtümlichen und genügsamen Leben in der Natur und bereut nicht, dem Hof den Rücken gekehrt zu haben.

Dennoch entgeht ihm auch die Mühsal des ländlichen Daseins nicht, die er nüchtern ins Bild einbezieht: Arden unterliegt, so gut wie der Hof, den Launen des Wetters und ist ebenfalls kein paradiesischer Garten. Wie Herzog Prospero im *Sturm*, die Höflinge im *Sommernachtstraum* oder König Lear hält sich auch der vertriebene Fürst in *A.Y.L.* nicht freiwillig, sondern aus Notwendigkeit in der Wildnis auf. Sein Aufenthalt in Arden ist die Folge der verkehrten Ordnung am Hof, was erahnen lässt, dass seine Rückkehr erfolgen wird, sobald die natürliche Ordnung dort wieder hergestellt ist. Die vom Herzog verwendeten metonymischen Begriffe der Genügsamkeit und des Prunks (Z. 2-3) bringen das Gegensatzpaar Wald – Hof zum Bewusstsein; sein Vergleich ist aber mehr abwägend als wertend. Der Herzog ist bereit, auch die Beschwerlichkeiten, die das naturnahe Leben mit sich bringen kann, hinzunehmen und selbst daraus Gewinn zu ziehen. Arden ist in seiner Sichtweise nicht frei von Makel, aber dennoch der bessere Teil einer insgesamt nicht vollkommenen Welt. Das auf Ausgleich und Ausgewogenheit zielende Urteil des Herzogs prägt seine erste Bühnenpräsenz und wird ihn auch weiterhin leiten.

Die ersten Worte des vertriebenen Fürsten vermitteln in den wesentlichen Zügen die Stimmung in Arden und die Befindlichkeit derjenigen, die dort eine vorübergehende Bleibe gefunden haben. Amiens pflichtet dem Herzog bei und lobt ihn dafür, dass er die Vertreibung vom Hof und die damit verbundenen Folgen mit Gelassenheit hinnehmen kann (Z. 18-20).

Die Aufforderung zur Pirsch seitens des Herzogs leitet von diesen grundsätzlichen Betrachtungen zur speziellen Frage über, ob der Jagd in dieser ländlichen Idylle überhaupt gefrönt werden soll. Wiederum bedächtig abwägend erinnert der Herzog an das Leid der Tiere, welches mit der Jagd unausweichlich einhergeht. Darauf ergreift der erste Höfling das Wort, um die diesbezüglichen Ansichten von Jaques einzubringen.[18] Dieser meine, dass das Jagen Ausdruck weltlichen Machtstrebens und der jagende Fürst deshalb um nichts besser als der Tyrann am Hof sei (Z. 25-28, 60-63). Jaques wird in der Art des Botenberichts als Sprecher wider die höfischen Gepflogenheiten ins Geschehen eingeführt. Durch die Form des Berichts wird er in Distanz zur Gemeinschaft des Herzogs gerückt, dies umso mehr, als er sich zum Zeitpunkt seiner Aussagen tatsächlich im Abseits aufgehalten hat (Z. 30-32). Seine provozierenden Gedanken bringen dissonante Töne in die Harmonie, welche die Verse des guten Herzogs soeben angestimmt haben und verleihen seiner Person klare Konturen. Die Unausweichlichkeit, dass die Menschen auch im naturbelassenen Ardennenwald töten müssen, um überleben zu können, ist ein Seitenhieb auf die Darstellung der friedlich ruhenden Landschaft zu Beginn der Szene.[19] Jaques reagiert auf die Bukolik mit Satire.

---

[18] Jörg Hasler macht auf die zahlreichen "reported scenes" in diesem Schauspiel aufmerksam: "There is an unusual amount of narration in 'As You Like It'; the many striking reports, while keeping the dramatist at a greater ironic distance from some of his protagonists, may well have something to do with the special problem posed by the forest setting." *Shakespeare's Theatrical Notation: The Comedies* (Bern 1974), S. 193, vgl. auch S. 20-32, 113-115, 192-204.

[19] Der Konflikt ist eingehend dargestellt bei Judy Z. Kronenfeld, "Social Rank and the Pastoral Ideals of *As You Like It*", *ShQ* 29 (1978), S. 333-348 und A. Stuart Daley, "The Idea of Hunting in *As You Like It*", *ShaS* 21 (1993), S. 72-95.

Der erste Eindruck, den das Publikum von Jaques gewinnt, ist der eines in sich gekehrten, hinterfragenden Charakters; einzelgängerisch vertieft er sich in die Natur, sinniert über das Dasein und kommentiert beobachtend den Lauf der Welt.[20] Seine Zweifel gelten dabei dem Geschehen sowohl im Wald wie am Hof (Z. 58-59). Herzog Frederick hat er ebenso im kritischen Visier wie die vom Hof Geflohenen, die er als Eindringlinge empfindet, die das Leben in Arden stören. Unter einer Eiche liegend, gleichsam eingebettet in die Natur Ardens (Z. 30-32), gibt sich Jaques als Gewährsmann für jene Landschaft aus, an welche die einleitende Rede des Herzogs herangeführt hat. Dass Jaques' herausfordernde Haltung zum Teil bloß Pose ist, geht aber erst aus dem späteren Verlauf des Geschehens hervor, wenn sich der angeblich Menschenscheue plötzlich leutselig gibt.[21] Bereits an dieser Stelle zeichnet sich ab, dass der Herzog und Jaques nicht aus demselben Holz geschnitzt sind. Der abschließende Wunsch des Fürsten, zu Jaques gebracht zu werden, um sich mit ihm zu messen, deutet auf kommende Konflikte hin. Jaques' Verhalten bietet Reibfläche, an der sich das Denken des Herzogs schärfen kann.

II.2

Einige wenige Verse lenken das Interesse zum Hof zurück, wo sich zunehmend Unsicherheit ausbreitet. Die kurze Rückblende ruft auch die Cousinen in Erinnerung, die zur Zeit unbehaust und auf dem Weg nach Arden sind. Die vertraulichen Gespräche der Mädchen, welche die Zofe belauscht haben will (Z. 10-16), geben der Liebeshandlung weiteren Auftrieb; andererseits gefährden sie Orlando und kündigen seine bevorstehende Flucht an. Der Zorn des illegitimen Herrschers entlädt sich in nervösen Anordnungen (Z. 17-21). Sein Befehl, Orlando zu suchen, leitet zur nächsten Szene über.

II.3

Orlando und Adam treffen zu Beginn der Szene aufeinander. Aus der einleitenden Frage des jungen Mannes, die in ihrer prägnanten Kürze an die erhöhte Aufmerksamkeit der Zuschauer zu appellieren scheint,

---

[20] Craig hebt Jaques' Zuschauerhaltung hervor und zieht Vergleiche mit Macbeth, Hamlet und Prospero; Hardin Craig, "As You Like It", in *An Interpretation of Shakespeare* (New York 1948), S. 122-124.

[21] Vgl. Kommentar zu II.5, IV.2.

entwickelt sich ein aufschlussreiches Zwiegespräch mit dem alten Diener. Dieser antwortet auf die kurze Frage mit rhetorischem Feuer. Er reiht seinerseits Frage an Frage; Anaphern, Wortwiederholungen *(master)* und Steigerungen *(gentle-sweet)* sind Ausdruck seiner Verwunderung, Orlando noch immer am Hof vorzufinden (Z. 2–11). Die ahnungslose Frage des Jünglings (Z. 16) lässt darauf schließen, dass er sich seiner eigenen Gefährdung am Hof nicht bewusst ist und deswegen von Adam in die Intrige seines Bruders eingeweiht werden muss.[22] Der alte Diener bricht mit dieser Vertraulichkeit, wenn auch aus ehrenhaften Gründen, seine Loyalität, da er nämlich seit dem Tod von Jaques de Boys in Olivers Dienst steht. Seine jahrelange treue Haltung weist ihn aber als den typenhaften selbstlosen Diener aus; er will am Unrecht, das diese Familie zu zerstören droht, nicht mitschuldig werden. Adam zeichnet sich durch eine Reihe menschlicher Qualitäten aus, zum Beispiel durch Frömmigkeit (Z. 43–44), Hilfsbereitschaft (Z. 46), Mäßigung (Z. 48–49), Bescheidenheit (Z. 50) und Tüchtigkeit (Z. 54–55). Aus Orlandos Sicht sind dies Qualitäten einer vergangenen Zeit, als noch Treue und Pflichtgefühl, nicht Eigennutz, die Haltung des Dieners bestimmten (Z. 56–62).

Der betagte Adam ist, ähnlich der älteren Generation in anderen Komödien Shakespeares[23], ein Vertreter jener rechtschaffenen Gesinnung, die sich vom sittlichen Zerfall einer neueren Zeit abhebt.[24] Er hat die Sichtweise des alten Menschen, dessen Urteil aus Erfahrung schöpft und deswegen anerkannt wird. Die Altersreife des Dieners und seine Bereitschaft, mit den Unzulänglichkeiten des Lebensabends zurechtzukommen, entwerfen ein Gegenbild zu Jaques' resignativer Darstellung des Alters am Ende dieses Aktes.[25] Adam ist durch seine integre Haltung glaubwürdig; er bringt Orlando dazu, nach anfänglichem Zögern (Z. 31–37) den Hof zu verlassen. Während aber Rosalind, Celia und Touchstone – wie auch Rosader, Orlandos Parallelfigur in der Vorlage, Lodges *Rosalynde* – aufbrechen, um sich im Wald der Gemeinschaft des Herzogs anzuschließen, bleibt für Orlando und Adam das Ziel unbestimmt. Ihre Flucht ins Ungewisse kann zu Überraschungen führen.

---

[22] Vgl. Anmerkung 13 zum Text.
[23] Zum Beispiel die Gräfin oder der König in *All's Well*.
[24] "It is the serious tone distinguishing at times his treatment of Corin and Adam that leads us to see where Shakespeare's true sympathies lie – with the old rural order, which in his own life-time was being rapidly displaced by commercial enterprise." S. L. Bethell, *Shakespeare and the Popular Dramatic Tradition* (London 1944), S. 95. Dazu auch L. Wardlaw Miles, "Shakespeare's Old Men", *English Literary History* 7 (1949), S. 286–299.
[25] Siehe Kommentar zu II.7.139–166.

II.4

Die Szene nimmt die Wanderung Rosalinds, Celias und Touchstones wieder auf und zeigt das Dreigespann beim Eintritt in den Wald. Das Motiv der Flucht rückt diese Szene eng an die vorangegangene. Zum zweiten Mal steht der Zufluchtsort des vertriebenen Herzogs im Mittelpunkt. Die ersten Eindrücke der drei Flüchtigen schließen sich den diesbezüglichen Gedanken des Herzogs an (II.1.1-17); müde und von Hunger geplagt erinnern auch sie sich etwas wehmütig der Annehmlichkeiten des Lebens am Hof. Der Narr spricht dies offen aus; er träumt der Lebensweise nach, die er hinter sich gelassen hat, und zieht das einstige Leben demjenigen in der wiederum betont[26] unwirtlichen Natur vor (Z. 14-16).

Der folgende Szenenabschnitt (Z. 17-39) bringt die Höflinge mit den Schäfern in Kontakt; der Kreis der am Spiel beteiligten Personen wird erweitert. Rosalind fällt Touchstone ins Wort und lenkt die Aufmerksamkeit auf ein Gespräch, das aus der Nähe vernehmbar ist. Silvius, ein junger Schäfer, klagt dem alten Hirten Corin seine unerwiderte Liebe. Die Leidenschaft des verliebten Schäfers lässt die drei Höflinge Hunger und Müdigkeit vergessen und leitet zu neuen Inhalten über, was sich im sprachlichen Wechsel niederschlägt. Haben Rosalind, Celia und Touchstone ihrer Bedrückung soeben noch in der ungebundenen Form Ausdruck verschafft, so fasst Silvius seine Gefühle nun in Verse. Sein Liebeskummer äußert sich in Wiederholungen, Überbietungen und Widerrufen und gipfelt schließlich in einem dreifachen Anruf der Geliebten (Z. 39). Crane stellt fest, dass der Übergang zur gebundenen Rede in *A.Y.L.* auf erhöhte Emotionalität zielt und die Tonlage ändert.[27] Die mit rhetorischem Schmuck überladene Rede des Silvius wirkt aber, umso mehr als sie auf die Umgangssprache der drei Höflinge folgt, so unnatürlich und gestelzt, dass die konventionelle Schäferromantik, wie sie etwa in Lodges Vorlage zu finden ist, unüberhörbar persifliert wird.[28] Dass Corin auf die angestauten Gefühle des Silvius mit drei nichts sagenden Versen antwortet, deutet ebenfalls darauf hin.

Die Cousinen und Touchstone verfolgen das Geschehen etwas abseits. Durch die Rede des Schäfers wird sich Rosalind ihrer eigenen

---

[26] Vgl. Kommentar zu II.1.
[27] Milton Crane, *Shakespeare's Prose* (Chicago 1951), S.101-103. Zum Wechsel von Vers und Prosa siehe auch Elisabeth Tschopp, *Zur Verteilung von Vers und Prosa in Shakespeares Dramen* (Bern 1956), S. 88-100.

Verliebtheit umso bewusster (Z. 40–41, 55–56). Touchstone hingegen macht mit spitzen Bemerkungen das überladene Pathos des verliebten Hirten nochmals deutlich. Er kontert mit Zoten und Anzüglichkeiten (Z. 42–51), um sich am Ende offen über Corins Verliebtheit zu belustigen (Z. 57); der banale Inhalt seiner Schlussfolgerung steht im Missverhältnis zur äußeren Form, einer chiastischen Verschränkung (Z. 50–51). Getragen von seinem höfischem Bewusstsein wendet sich Touchstone in der Folge spöttisch an Corin (Z. 61) und wird dann von den Mädchen ermahnt, sich höflich zu benehmen.

Während Celia am Hof die dominantere war, ist nun Rosalind im Wald die aktive. Die Verkleidung und die neue Umgebung haben in ihr offensichtlich Energien freigesetzt.[29] Rosalind verweist auf Celias Erschöpfung (Z. 69–70) und bemüht sich allein um eine Unterkunft. Der gutmütige Schäfer Corin ist bereit, zu teilen, was er hat, doch steht er im Dienst seines Herrn und ist selbst gebunden (Z. 73–82). Der mürrische Gutsherr, den Corin erwähnt (Z. 75–77), und der die Waldgemeinschaft mittlerweile offenbar verlassen hat (II.4.80; III.5.107), ruft Wesensverwandte am Hof in Erinnerung, als Hinweis darauf, dass weniger edle Eigenschaften auch im Wald vorkommen. Celias Erklärung, dass sie sich in Arden behaglich fühle und Corins Hilfsbereitschaft sind erste Anzeichen eines sich allmählich einstellenden Wohlbefindens in der neuen Umgebung.

II.5

Schauplatz bleibt der Wald von Arden. Amiens, Jaques und weitere Gefolgsleute des Herzogs pflegen die Geselligkeit bei Unterhaltung und Gesang und kultivieren damit ihre höfischen Lebensformen auch in der Wildnis. Amiens setzt mit einem Lied ein, welches der Muße und Beschaulichkeit des ländlichen Daseins huldigt und Arden als Zufluchtsort darstellt, wo die wechselhafte Witterung der einzige Feind ist (Z. 1–7).[30] Gehaltlich schließt das Lied an die Gedanken des Herzogs am Eingang dieses Aktes an, welche die unbeschwerte Seite des Lebens in

---

[28] Vgl. auch Szene III.5.

[29] Aus feministischer Sicht eine Folge des Ausbruchs aus den begrenzten Möglichkeiten der konventionellen weiblichen Rolle; s. Catherine Belsey "Disrupting sexual difference: meaning and gender in the comedies", in *Alternative Shakespeares*, ed. John Drakakis (London 1985), S. 182.

[30] "The Forest of Arden, like the Woods outside Athens, is a region defined by an attitude of liberty from ordinary limitations, a festive place where the folly of romance can have its day." C. L. Barber, *Shakespeare's Festive Comedy: A Study of Dramatic Form And Its Relation to Social Custom* (Princeton 1959), S. 223.

Arden ebenfalls gepriesen haben, und trägt damit zu einer einheitlichen Sichtweise bei. Der lebensfrohe Inhalt, die schlichte metrische Form, die gehäuften Alliterationen und Paarreime lassen die Nähe zur Volksweise erkennen.[31] Wolfgang Clemen hat gezeigt, dass die Liedeinlagen dieses Schauspiels den gegebenen Lebenssituationen Tiefe verleihen, indem sie den Gang der dramatischen Entwicklung verlangsamen und so die Handlungsführung beeinflussen.[32]

Dem schlicht gehaltenen Gesang fügt sich die lockere Konversationsprosa an. Unerwartet tritt Jaques aus der Rolle des Beobachters, der noch vor kurzem aus dem Abseits kritisch über seine Umgebung reflektiert hat, heraus und drängt, konfliktfreudig und mit hitzigem Temperament, ins Geschehen ein. Die Lieder nähren seine melancholische Veranlagung, doch wird er, ähnlich wie Orsino in *Was Ihr Wollt*, nie satt. Mit seiner barschen Forderung, wer nicht mitsingen wolle, möge den Mund halten, setzt Jaques seinen Wunsch nach mehr Unterhaltung schließlich durch und Amiens holt zu einer Zugabe aus. Jaques bedankt sich kurz und fängt dann zu spotten an (Z. 20-25). Er schulmeistert Amiens und reitet eine Attacke gegen den Herzog. In dieser Szene selbst redselig, wirft er dem Fürsten vor, geschwätzig zu sein und macht damit auch ihn zur Zielscheibe seiner Kritik. Im Anspruch, dem Herzog an Tiefsinn ebenbürtig zu sein, ihn aber an Bescheidenheit zu übertreffen (Z. 29-32), verrät Jaques sein eigenes Bedürfnis nach gesellschaftlicher Geltung und Anerkennung.[33] Amiens' folgende Strophe spinnt diesen Gedanken weiter aus, indem sie Genügsamkeit und Zufriedenheit als Tugenden preist.

Die abschließenden Spottverse, die Jaques verfasst hat, setzen sich von der von Amiens besungenen Stimmung ab. Seine Strophe hat als Parodie[34] mit Amiens' Versen nur das äußere Kleid, den Reim und das Metrum, gemeinsam und löst dadurch bei der geselligen Runde Verwirrung aus. Während die beiden ersten Strophen die im Wald gelebte Harmonie besungen haben, stellen Jaques' Verse die Flucht nach Arden in Frage und bezeichnen die Geflüchteten, die auf Reichtum und Behaglichkeit verzichten wollen, als Esel. Grundsätzlich dürfen die ein-

---

[31] Gemäss Longs Untersuchung sind die Lieder in *A.Y.L.* der volksnahen Tradition verpflichtet, bei Lodge folgen sie der Tradition Lylys. John H. Long, *Shakespeare's Use of Music* (Gainesville 1955), S. 139-163.

[32] Wolfgang Clemen, "Shakespeare und die Musik", *ShJ W* (1966), S. 30-48, insb. S. 41.

[33] Gemäss Faber lehnt sich Jaques gegen den Herzog auf, weil er in ihm die Vaterfigur sieht. Vom Herzog wird er (II.7.64-69) zurechtgewiesen. Siehe M. D. Faber, "On Jaques: Psychoanalytic Remarks", *University Review* 36 (Kansas 1969-1970), S. 89-96, 179-182.

[34] Über Jaques' Lied als Parodie siehe Peter J. Seng, "Music in Shakespeare", *Encounter* 10 (1958), S. 67-68.

zelnen Lieder zwar nicht einseitig aus der Sicht des jeweils Vortragenden interpretiert werden; es kann nämlich nicht ausgeschlossen werden, dass bei der Verteilung der Gesänge in erster Linie die Persönlichkeit und die stimmliche Begabung der Darsteller und weniger die Rolle als solche ausschlaggebend war.[35] Dessenungeachtet lässt sich die dritte Liedstrophe aber mit dem Bild, das wir von Jaques bis anhin gewonnen haben, gut vereinbaren.[36]

Jaques tritt in dieser Szene zwar aus seiner Außenseiterposition heraus, in der er sich gemäß seiner eigenen Darstellung so behaglich fühlt. Mit seiner auffälligen Neigung, gegen seine Mitmenschen Attacken zu reiten und in der Rolle des Schmähers mit bitteren und sarkastischen Bemerkungen gegen die Welt herzuziehen,[37] bleibt er aber innerlich distanziert. Sein Beitrag wirkt dem Gefühl der Gemeinsamkeit entgegen, sodass er auch inmitten des geselligen Treibens ohne Beziehung bleibt.

II.6

Adam und Orlando erreichen den Ardennerwald. Die kurze Einlage zieht den Handlungsstrang der dritten Szene weiter, wo die beiden Männer unmittelbar vor der Flucht standen, und schließt auch an den Eintritt der Mädchen in den Wald in der vierten Szene an. Hier wie dort wird die Erleichterung darüber, dem Tyrannen entronnen zu sein, von grundlegenden Bedürfnissen überschattet. Der alte Diener Adam schleppt sich mit letzter Kraft vorwärts. Sein Aufschrei ist umso bühnenwirksamer, als er unmittelbar zum letzten Vers der vorherigen Szene, Amiens' Einladung zum Bankett, einen Kontrast bildet. Orlando muss den erschöpften Diener aufmuntern (Z. 4–16); er nimmt die beiden zentralen Begriffe aus Adams Klage, Essen und Sterben, auf und umspielt sie mit rhetorischen Figuren wie der Repetitio (Z. 7) oder der polyptotischen Abwandlung (Z. 8, 10, 11). Alliterative Fügungen

---

[35] Dazu und zum Verhältnis zwischen Schauspieler und Rolle vgl. Gareth Lloyd Evans, "Shakespeare's Fools: The Shadow and the Substance of Drama", in *Shakespearian Comedy*, ed. Malcolm Bradbury / David Palmer (London 1972), S. 142–159; Robert Fricker, *Das ältere englische Schauspiel*, Bd. II (Bern 1983), S. 25–26; T. W. Baldwin, *The Organization and Personnel of the Shakespearean Company* (Princeton 1927).

[36] Irene Naef stellt in ihrer Studie dar, wie die Lieder in *A.Y.L.* wesentlich zur Erfassung von Jaques' und Touchstones Charakter beitragen. Irene Naef, *Die Lieder in Shakespeares Komödien: Gehalt und Funktion* (Bern 1976), insb. S. 135–184. Ähnlich J. M. Nosworthy, "Music and Its Function in the Romances of Shakespeare", *ShS* 11 (1958) S. 60–69, insb. S. 62.

[37] Vgl. auch II.1, III.2.

(Z. 7) verleihen Orlandos Entschlossenheit Nachdruck, die noch verbleibende Strecke durchzustehen und der Entkräftung zu trotzen. Wie Rosalind und Celia erlebt Orlando den Ardennerwald als öde und fremd (Z. 6); Nahrung fällt niemandem zu, sondern muss beschafft werden.[38] Der Wald zeigt sich auch diesen beiden Höflingen von seiner rauen Seite; das bukolische Leben, welches die beiden Hirten in der letzten Szene haben aufleben lassen, rückt wieder in die Ferne. Indes gibt Adams Erschöpfung Orlando Gelegenheit, seine menschlichen Qualitäten unter Beweis zu stellen. Dadurch mildert er im Voraus den Eindruck seines kecken, wenig höfischen Auftretens in der folgenden Szene.

II.7

Die Szene kehrt zur herzoglichen Gesellschaft zurück und verheißt nach den Strapazen Adams und Orlandos wieder einen gelösten Ton und eine heitere Stimmungslage. Verweilende Gespräche, Wortgefechte und eine längere weltanschauliche Betrachtung geben den einzelnen Charakteren Gelegenheit, ihre Persönlichkeit voll zu entfalten.[39]

Gleich zu Beginn erkundigt sich der Herzog nach dem Verbleib Jaques'; er hört von dessen Vorliebe für Musik und holt zu einem ersten Seitenhieb aus: Jaques' unruhiger Geist ist mit der Harmonie der Sphärenmusik, auf die der Herzog anspielt (Z. 5–6), unvereinbar. Unvermittelt platzt Jaques in die fröhliche Runde und erfüllt damit den Wunsch des Herzogs, auch ihn in seiner Gesellschaft zu haben. Jaques zeigt sich erneut leutselig und mitteilungsbedürftig, was seine eigene Darstellung, wonach er die Gesellschaft meide (II.5.29–32), als Pose entlarvt. Schlagfertig und mit provokativem Witz belebt er den geselligen Kreis; seine Gedanken lenken das Gespräch und reizen zum Disput. Soeben hat er mit dem Narren gesprochen, der ihn so beeindruckt hat, dass er dessen Überlegungen weitergeben will. Touchstone hat sich über den unaufhaltsamen Verlauf der Zeit ausgelassen, was Jaques'

---

[38] Sennett sieht *A.Y.L.* in der Tradition des Morality Play und vergleicht den Aufenthalt in Arden mit der Vertreibung aus dem Paradies. Der Wald wird den Menschen zur Bewährungsprobe, um das verlorene Paradies wiederzuerlangen. Mabel Sennett, *His Erring Pilgrimage: A New Interpretation of 'As You Like It'* (London 1949), S. 5.

[39] Vickers dazu: "It is a play in which Plot has been almost forgotten in the cause of Wit. [...] The nature of the prose of 'As You Like It' supports the general point that the play is static rather than dynamic, [...]" Brian Vickers, *The Artistry of Shakespeare's Prose* (London 1968), S. 200. – Auf die retardierende Handlungsführung in diesem Stück ist wiederholt hingewiesen worden, beispielsweise von Barton, Clemen, Draper oder Bilton. Vgl. dazu die Bibliographie.

grüblerischem Denken, sei es echt, sei es bloß Pose, mehr entspricht als die vorangegangenen Strophen Amiens', die zum unbekümmerten Verweilen in der Natur aufgerufen haben. In einer Umgebung, die nur den natürlichen Ablauf der Jahreszeiten kennt[40], bleibt die Uhr für Touchstone dennoch das verbindliche Richtmaß. Jaques und der Narr bleiben dem Zeitgefühl, das außerhalb des Waldes gilt, verhaftet und rücken sich damit in Distanz zur Gelassenheit des Herzogs und seiner Getreuen. Doch ist auch diese Haltung teilweise bloß aufgesetzt, denn beiden Charakteren ist Müßiggang nicht fremd: Touchstone räkelt sich wohlig in der warmen Sonne (Z. 15) und Jaques vergnügt sich selbstvergessen während einer vollen Stunde (Z. 32–33). Touchstones Überlegungen zum unaufhaltsamen Verlauf der Zeit, die Jaques in der Art eines Botenberichts bewundernd in die Runde trägt, werden zur selbstgefälligen Spielerei. Beeindruckt vom ungebundenen Denken des Narren wünscht sich Jaques schließlich selbst den Narrenkittel, um als Schmäher seiner Kritik freien Lauf zu lassen. Der Herzog kontert mit dem Vorwurf, Jaques sei selbst zügellos und trage dadurch zum Verderben bei (Z. 62–69). Der Gefolgsmann entgegnet mit einer an Anspielungen und Doppeldeutigkeiten reichen Rede; er unterhält damit zwar das Publikum, die gegen ihn erhobenen Vorwürfe bleiben aber bestehen.

Der forsche Auftritt Orlandos setzt diesem Schlagabtausch ein Ende. Jaques fordert den Eindringling mit einer provozierenden Bemerkung heraus (Z. 90), doch gelingt es dem bedächtigen Herzog, eine Konfrontation zu vermeiden. Er ruft die geltenden Formen höfischen Benehmens in Erinnerung (Z. 91-93) und hält Orlando an, sich zu erklären. Wenige Worte reichen aus, um einen Konflikt zu verhindern. Orlando erlebte die Wildnis des Waldes als Bedrohung und trat in der Meinung, sich behaupten zu müssen, umso entschiedener auf. Wohlwollend lädt der Herzog den Ankömmling zur Tafel. Orlando widersetzt sich der Gastfreundschaft nicht und findet dann zu einem freundlichen Ton. Der Herzog hat sich als Vermittler durchgesetzt. Die hierarchische Gliederung ist auch in der Wildnis Ardens gültig; die höfische Ordnung bleibt erhalten.

Versöhnt staunt Orlando über die Lebensweise der Waldbewohner, die sich über die flüchtige Zeit hinwegzusetzen verstehen (Z. 109-112). Seine Gedanken betonen das bukolische Lebensgefühl im Ardennerwald und erinnern an die Worte des Ringers in der ersten Szene (I.1.107-111), der die Zeitlosigkeit im Wald mit dem goldenen Zeitalter in Ver-

---

[40] Zur pastoralen Konvention der Zeitlosigkeit in Arden vgl. Jay L. Halio, "'No Clock in the Forest': Time in 'As You Like It'", *Studies in English Literature* 2 (1962), S. 197–207.

bindung brachte. Der Herzog nimmt die durch Anaphern hervorgehobenen Beobachtungen Orlandos auf und spricht über seine eigene Person. Wie bereits Touchstone vor ihm (II.4.14–16) erinnert er sich seines Lebens am Hof und gesteht ein, dass er diesem den Vorzug geben würde. Mit seinem nochmaligen Angebot der Gastfreundschaft heißt er Orlando schließlich in seinem Kreis willkommen und gibt, nachdem die Gefahr gebannt ist, das Geschehen wieder frei.

Das vom Herzog verwendete Bild von der Welt als einer Schaubühne (Z. 137) stachelt Jaques' Phantasie an. In einem längeren Exkurs erfasst er die einzelnen Abschnitte eines Menschenlebens und spannt einen Bogen von der Geburt bis zum Greisenalter (Z. 139–166). Mit dieser Einlage rückt Jaques vom geradlinigen Handlungsverlauf ab und schlüpft, wie in der Kritik häufig betont wird, aus seiner eigenen Rolle heraus. Handlungstechnisch stützt sein Panorama die dramatische Glaubwürdigkeit, indem es die Zeit bis zur Rückkehr Orlandos und Adams überbrückt. Gegenstand von Jaques' Rede ist die Vergänglichkeit alles Irdischen, der Gang des menschlichen Lebens von seiner Entstehung bis zum unaufhaltsamen und endgültigen Zerfall. Jaques entwickelt ein Gedankengebäude, welches auch losgelöst vom szenischen Umfeld aussagekräftig bliebe. Er verleiht dem dramatischen Prozess keinerlei Impulse, vielmehr verharrt er in beschaulichem Kommentieren. Da sich Jaques bislang mehr über die Schattenseiten des Daseins ausgelassen hat, hört sich der melancholische Grundton, der diese Rede durchzieht, aus seinem Mund besonders glaubwürdig an.

Jaques' Vorstellung von der Welt als einer Schaubühne und seine Unterteilung eines Menschenlebens in verschiedene Abschnitte schöpfen aus tradierten Darstellungen, deren Herkunft unterschiedlich erklärt worden ist. So führt Chew die Lebensphasen in Jaques' Rede auf die topische Vorstellung des Lebens als Reise zurück, mit welcher das zeitgenössische Publikum aus emblematischen Texten und Moralitäten vertraut war.[41] Stroup[42] vermittelt mögliche Vorlagen bei Demokrit, Salingar[43] bei Palingenius, Tsedakah[44] findet Parallelen in der hebräischen Dichtung. Die Ausführlichkeit und Komplexität von Jaques' Darstellung zeigt, dass Shakespeares Wirklichkeit vielgestaltig ist, den eng gefassten pastoralen Rahmen in Lodges Quellentext sprengt und dem

---

[41] Samuel C. Chew, "This Strange Eventful History", in *Joseph Quincy Adams Memorial Studies*, ed. James G. McManaway et al. (Washington 1948), S. 157–182.
[42] Thomas B. Stroup, *Microcosmos: The Shape of the Elizabethan Play* (Lexington 1965).
[43] Leo Salingar, *Shakespeare and the Traditions of Comedy* (Cambridge 1974), S. 293–298.
[44] Rinah Tsedakah, "All the World's a Stage". *Adam ba-Halifotav ve-Shira be-Signonote'ha* (The Ages of Man and Styles in Poetry) (Tel Aviv 1975), S. 28–35.

übernommenen Stoff neue Dimensionen hinzufügt.[45] Ähnlich vielfältig wie der Inhalt der Rede sind auch die Erklärungen für die etwas trüb anmutende Weltsicht, mit der Jaques diese vorträgt. Sie reichen von Grundlosigkeit bis zu homophilen und pädophilen Ursachen.[46]

Jaques' pessimistische Haltung wird aber von Innen heraus, aus der Mitte des Stückes, in Frage gestellt oder zumindest relativiert. Wenn zum Beispiel die Schlussverse seiner Rede, resignativ und nicht ohne Zynik, an das eine unausweichliche menschliche Schicksal von Alter und Tod rühren, so klingen die späteren Aussagen Corins (III.2) versöhnlicher. Auch Adam, der trotz Altersbeschwerden auf ein erfülltes Leben zurückschaut,[47] entschärft Jaques' einseitige Darstellung. Im Spiel wechselseitiger Korrektive kann der melancholische Grundton in Jaques' Rede die heitere Stimmung in Arden nicht gefährden.

Jaques' Rede wird nicht widersprochen. Die Einlage ruft, im Gegensatz zur vorhergehenden Absicht des Redners, die Welt verbessern zu wollen (Z. 58–61), bei den Zuhörern keine Reaktionen hervor. Der Herzog wendet sich wieder den Notwendigkeiten des Alltags zu, heißt auch Adam willkommen und lädt ihn zu Tisch. Amiens schafft letzten Ausgleich. Seine Schlussstrophe besingt Verdruss wie Annehmlichkeiten gleichermaßen und klingt im letzten Vers mit der betonten Sorglosigkeit des gelebten Augenblicks aus.

III.1

Der mittlere Akt vollzieht sich in einer lockeren Abfolge episodisch angelegter Szenenabschnitte, die sich zu einem bunten Bild der Gemeinschaft in Arden fügen. Thematisch und formal sind die einzelnen Teile kunstvoll miteinander verbunden.[48] Die Höflinge und die Waldbewohner betreten die Bühne im wechselvollen Spiel und unterhalten sich über ein breites Spektrum von Themen. Elisabeth Tschopp be-

---

[45] Zu weiteren Aspekten von Jaques' Rede siehe Marjorie Garber, *Coming of Age in Shakespeare* (London 1981), S. 1–26, sowie die Studien von Draper, Gilbert, Bennett, Baldwin, Curtius, Seronsy, Miller, Almagor oder Cox (dazu die Bibliographie).

[46] Siehe Michael Taylor, "'As You Like It': the Penalty of Adam", *Critical Quarterly* 15 (1973), S. 77; J. W. Lambert, "Mixed Feelings at Stratford-upon-Avon", *Drama: The Quarterly Theatre Review*, No. 138 (1980), S. 28–34; B. Nightingale, "Agonised Tic", *New Statesman* 99 (11th April 1980), S. 551–562.

[47] Vgl. II.3.

[48] Egon Friedell sieht darin die Einzigartigkeit von Shakespeares dramatischer Baukunst: "Shakespeare ist der Dramatiker der bunten Szenenfolge, der aufgelösten Architektur; gerade dies aber macht sein Theater unsterblich." *Kulturgeschichte der Neuzeit* (London und Oxford 1947), Erstes Buch, S. 396.

merkt diesbezüglich, dass die Ardenner Szenen die Menschen in verschiedenen dramatischen Möglichkeiten vorführen.[49] Mehrere Paare, eines einfühlsam und höfisch galant, ein anderes derb und auf Sinnenfreuden ausgerichtet, variieren das Grundmotiv der Liebeswerbung und beleuchten verschiedene Seiten desselben Themas. Die Vorzüge und Nachteile des Lebens am Hof und auf dem Land werden argumentierend gegeneinander abgewogen; auflockernde Gespräche nehmen die erzeugte Spannung wieder zurück. Die einzelnen thematisierten Inhalte stehen in einer vielfältigen Wechselbeziehung, ergänzen, hinterfragen einander oder verkehren sich ins Gegenteil. Das variantenreiche Spiel mit Entsprechungen und Gegenkräften, das insbesondere diesen Akt auf der thematischen und sprachlichen Ebene durchzieht, steht in der Tradition der Hofkomödien John Lylys, deren sprachlicher Eleganz, geometrischer Bauweise und an rhetorischen Figuren reicher Sprache. Wie bei Lyly ist die ungebundene Rede das vorherrschende Medium der höfischen Unterhaltung und wird durch gelegentlich eingestreute Verspartien gezielt durchbrochen. Als Folge dieser Wortlastigkeit bleibt die Entwicklung der Handlung auch im dritten, dem längsten Akt des Stückes, zähflüssig; der Reiz des Bühnengeschehens liegt im Gespräch und im Disput.[50]

Auf den beschaulichen Gang der Ereignisse in Arden folgen, wenn auch nur für wenige, aber intensive Augenblicke, nochmals die Rachegelüste und die Ungehaltenheit des falschen Regenten am Hof. Während die Worte des rechtmäßigen Herzogs zu Beginn des vorangehenden Aktes ein Gefühl der Gelassenheit und der Versöhnlichkeit vermittelten, eröffnet sein Gegenspieler diesen Aufzug mit einem hektischen, nervösen Einsatz. Wie bereits bei seinem letzten Auftritt (II.2) gebärdet sich Frederick herrschsüchtig. Er verfällt in den pluralis maiestatis (Z. 8, 10, 12) und spricht mit Vorliebe in Imperativen. Seine despotische Haltung äußert sich in kargen, einsilbigen Anordnungen (*look, find, seek, bring, turn, seek*, Z. 1–8), die zur lyrischen Tonlage des guten Fürsten einen Gegenakzent setzen. Die Pronomina *thou* und *thee*, im Sprachgebrauch der Gemeinschaft im Ardennerwald Ausdruck gegenseitiger Vertrautheit, nehmen sich in der Rede des falschen Herzogs kalt und berechnend aus. Seine barschen Worte dämpfen die Harmonie im Wald, die in den letzten Versen des vorangegangenen Aktes spürbar wurde.

---

[49] Tschopp, *Zur Verteilung von Vers und Prosa in Shakespeares Dramen*, S. 92.

[50] Erinnert sei an William Hazlitts Satz zu den Szenen in Arden: "[...] wit runs riot in idleness, like a spoiled child that is never sent to school." *Characters of Shakespeare's Plays*, S. 240.

Die negativen Charakterzüge Fredericks zeichnen auch andere Bösewichte in Shakespeares Stücken; sie geben Frederick als den typenhaften Tyrannen zu erkennen. Wie Goneril und Regan, die Töchter Lears, wie Richard Gloucester, Macbeth oder König Claudius in *Hamlet* wird Frederick das Opfer seiner herrschsüchtigen Ambitionen und erliegt seinem Willen zur Macht. Ähnlich wie Claudius reißt er die Herrschaft an sich, nicht ohne gegen die Familienehre zu verstoßen. Offen bekundet Claudius seine Abneigung gegenüber Hamlet;[51] Frederick benimmt sich gegenüber Rosalind (I.3.51, 54) und Orlando (I.2.205-211) ebenso. Sowohl Claudius wie Frederick sind Heuchler und darin wiederum dem "honest Iago", der menschliche Falschheit auf die Spitze treibt, verwandt. So gibt Claudius beispielsweise vor, Hamlet nach England zu schicken, um ihn vor Polonius' Freunden zu schützen;[52] Frederick täuscht auf ähnliche Weise vor, mild und gnädig (Z. 2) zu sein. Die Entschlossenheit, mit welcher der falsche Herzog Rosalind und Orlando vom Hof vertreibt, erinnert an die Gefühlskälte, mit der Goneril und Regan ihren Vater, König Lear, aussetzen. Sein fehlendes moralisches Bewusstsein und seine kalte Berechnung verbinden den falschen Herzog mit Richard III, aber auch mit Iago, dem Inbegriff des shakespeareschen Bösewichts; sein mürrisches, unzufriedenes Naturell rückt ihn schließlich in die Nähe von Don John in *Viel Lärm um Nichts*.

In dieser letzten Szene am Hof kann Frederick sein ganzes dramatisches Gewicht nochmals einsetzen und seine negativen Wesenszüge zur Geltung bringen. Mit Einschüchterungsversuchen (Z. 9-10) verschont er diesmal auch Oliver nicht. Dieser beantwortet Falschheit mit Falschheit. Er versucht sich mit seinen Hassgefühlen Orlando gegenüber beim unrechtmäßigen Herzog heuchlerisch einzuschmeicheln (Z. 13-14), was ihm aber misslingt. Frederick fällt ihm unberechenbar in den Rücken und beschimpft ihn. Rechthaberisch lässt er ihn kaum zu Wort kommen, verdächtigt ihn, Orlando Fluchthilfe geleistet zu haben, und beschlagnahmt schließlich unerwartet und willkürlich sein Eigentum. Dem psychischen folgt der physische Druck; der falsche Herrscher vertreibt den jungen Mann mit kurz gehaltenen, resoluten Anordnungen vom Hof und überlässt ihn seinem Schicksal. Zum letzten Mal hat Frederick seinen Willen durchgesetzt und die Register seiner Macht gezogen; die Bühne bietet ihm im weiteren Verlauf des Schauspiels dafür keinen Platz mehr.

---

[51] "I like him not, nor stands it safe with us / To let his madness range." (*Haml.* III.3.1-2).
[52] *Haml.* IV.3.42-55.

III.2

Das Hauptgeschehen ist mit Nebenepisoden angereichert, welche die Zuschauer mit den einzelnen Waldbewohnern vertraut machen. Orlando beginnt die Szene, in der sonst fast ausschließlich in Prosa gesprochen wird, mit einer in Versform gehaltenen Huldigung an Rosalind. Die zehn Verse – sie setzen sich aus zwei Vierzeilern und einem abschließenden Reimpaar zusammen und ergeben ein um die dritte Strophe verkürztes Sonett – preisen Tugend, Liebe und Keuschheit und stellen die Geliebte unter den Schutz der Jagdgöttin Diana. In der Mythologie ist sie in Wäldern und Hainen zu Hause; der Anruf an sie gibt der Szene pastorales Kolorit. Die Verse, welche Orlando an einen Baum gehängt hat, erwecken den Eindruck, dass sich das Geschehen im dämmrigen Licht (*Queen of Night*, Z. 2; *pale*, Z. 3, *forest*, Z. 7) abspielt,[53] was eine effektvolle Wirkung schafft: Der an den Bäumen angebrachte Name der Geliebten leuchtet aus dem schattigen Dunkel des Waldes heraus. Orlandos Liebesgedicht bringt das Thema der Werbung zum Klingen und steht in enger Beziehung zu den drei nachfolgenden Verseinlagen, die in diese Szene eingestreut sind.

Von der Form und vom Inhalt her könnte der Kontrast zwischen Orlandos Versen und dem nächsten Szenenabschnitt nicht größer sein. Dem lyrischen Monolog in stilisierter Verssprache lässt Shakespeare nämlich ein in Prosa gehaltenes Streitgespräch folgen, das höfischen Witz und Esprit zum Funkeln bringt. In einem Redegefecht jagen sich Argument und Gegenargument. Inhalt der Auseinandersetzung zwischen Corin und Touchstone ist der für die pastorale Dichtung typische Gegensatz von Hof und Land, der Lebensweise des Hirten und des Höflings. Corin spricht Touchstone auf seinen Aufenthalt bei den Schäfern an (Z. 11-12) und schon sind die beiden mitten im Disput. Als Vertreter des Hofes findet der Narr am Landleben wenig Gefallen; mit gestelzten Formulierungen setzt er sich bewusst in Distanz zur natürlichen Sprache des Hirten. Sein Vergleich zwischen dem Land- und dem Hofleben ist überladen mit Redefiguren, mit Parallelismen, Antithesen und Alliterationen. Mit der übertriebenen Verwendung dieser Stilmittel parodiert Touchstone den ausbalancierten, antithetischen Stil der Schule Lylys, Greenes und der konventionellen Hirtendichtung, worunter letztlich auch Lodges *Rosalynde*, die Vorlage für *A.Y.L*, gehört.[54] Der manierierten Sprache Touchstones schickt Corin wetteifernd Parallelis-

---

[53] Dazu Anmerkung 3 zum Text.

men nach und führt die Vorzüge seines genügsamen Schäferdaseins ins Feld (Z. 22–29). Das Hofleben wiederum zeichnet sich in der Sichtweise Touchstones durch verfeinerte Sitten aus (Z. 37–41), was Corin geschickt zu seinem Vorteil zu wenden versteht, indem er auf den eigenständigen Werten seiner ländlichen Lebensweise beharrt. Sein Einwand, wonach der höfische Handkuss in Arden angesichts der naturgemäß unreinen Hände eines Schäfers unziemlich wäre, relativiert die absolut gesetzten Wertmaßstäbe Touchstones und sichert Corin an diesem Punkt des Rededuells einen Vorsprung. Streitlustig doppelt Touchstone mit dem Vergleich zwischen Zibet und Teer nach und stellt Corin damit vor eine neue Herausforderung (Z. 62–65). Dieser gesteht schließlich ein, der höfischen Argumentationsweise nicht gewachsen zu sein und zieht sich zurück (Z. 66). Wie schon zu Beginn dieses Disputs begnügt sich Corin mit den Schönheiten seines naturverbundenen Schäferlebens und verlangt nicht nach mehr (Z. 69–73).

Rechthaberisch lässt es der Narr aber nicht dabei bewenden. Obwohl er an dieser Stelle des Rededuells bereits gesiegt hat und weitere Argumente eigentlich unnötig wären, macht er sich nochmals über die von Corin angeführten Lebensqualitäten lustig (Z. 74–81). Der Hirt sichert sich mit seiner Genügsamkeit und Bescheidenheit aber Sympathie,[55] während das höfische Bewusstsein des Clowns etwas zwanghaft anmutet und von ihm am Schluss des Stückes schließlich selbst satirisch beleuchtet wird.[56] Die Frage, ob die höfische Lebensweise der ländlichen vorzuziehen sei, bleibt am Ende dieses Wortgefechts offen. Touchstone hat sich nämlich nicht nur über den Hirten, sondern auch über den Hof belustigt, indem er diesen ironisch überlobte (Z. 30–41).[57] Insgesamt gibt der Narr aber doch zu verstehen, dass er dem Hof zugehört und auf dessen Lebensweise nicht verzichten will. Corin lenkt das Interesse auf die herannahende Rosalind – eine interne Bühnenanweisung (Z. 81–82), die zum nächsten Teil der Szene überleitet.

In Männerkleidern steht Rosalind vor einem Baum und liest Orlandos achtzeiliges Gedicht, welches die Geliebte zum Ideal erhöht. Das Thema der Liebeswerbung, das Orlando mit seinem verkürzten Sonett am

---

[54] Kreider vermutet, dass Shakespeare diese Sprachsatire aber ebenso auf die konventionellen Redemuster und dramatischen Konventionen, die er in seinen eigenen Stücken wiederholt selbst verwendet, ansetzt, und sie auf diese Weise spielerisch hinterfragt. Paul Vernon Kreider, *Repetition in Shakespeare's Plays* (Princeton 1941), S. 229.

[55] Daley hebt Corins Echtheit hervor und zieht Vergleiche mit Adam und dem rechtmäßigen Herzog; A. S. Daley, "Shakespeare's Corin, Almsgiver and Faithful Feeder", *English Language Notes* 27 (1990), S. 4–21.

[56] Siehe Kommentar zu V.4.

[57] Dazu Oscar James Campbell, *Shakespeare's Satire* (New York 1943), S. 62.

Anfang dieser Szene eingeführt hat, wird wieder aufgenommen, aber in der Form variiert. Anstelle der durchgehenden jambischen Verse des ersten Gedichts setzt das zweite mit einem Trochäus (Z. 83) ein, geht alsdann in drei Jamben über (Z. 84–86) und schließt mit vier trochäischen Versen (Z. 87–90). Variiert wird neben dem Rhythmus auch die klangliche Qualität der Verse. Der überschlagende Reim des ersten Gedichts wird im zweiten durch den monotonen reinen Reim abgelöst. Als Folge dieser etwas ermüdenden Melodie steht das zweite Preislied dem ersten klanglich hintan.

Touchstone nimmt den einsilbigen Gleichklang sofort wahr. In seinem aus dem Stegreif komponierten zwölfzeiligen Beitrag führt er Orlandos einreimiges Versmuster parodierend weiter und schiebt zum Spott einen unreinen Reim (Z. 97: *Rosalinde*) ein. Während Orlandos Preislied durch Taktverschiebungen aufgelockert ist, klammert sich der Narr ohne Variationen an den einen Versfuß. Inhaltlich beantwortet er das stilisierte Frauenlob des Verliebten mit deftigen Anzüglichkeiten.[58] Seine verballhornten Verse nehmen die schwärmerische Haltung Orlandos aufs Korn und fordern Rosalind, die ihren Geliebten verteidigen will, zu einer scharfen Entgegnung heraus (Z. 110–115).

Die vierte Verseinlage (Z. 119–148), die von Celia vorgelesen wird, besteht wie Orlandos Eingangsmonolog aus vierzeiligen Strophen mit überschlagenden Reimen und endet ebenfalls mit einem abschließenden Reimpaar. Die parodistische Absicht zielt diesmal auf das überschwängliche Hirtenpathos, was durch die auffällige Länge des Gedichts von sieben Strophen noch verdeutlicht wird. Rosalind wird mit mythologischen Bezügen gepriesen, wie sie Lodge in der Quellenerzählung (in einer Überfülle und überdies meist gesucht) verwendet. Celia schickt den Narren schließlich fort. Im Einklang mit seinem bisherigen Verhalten geht er nicht ohne einen weiteren anzüglichen Seitenhieb (Z. 154–156) von der Bühne ab; auch der Schäfer zieht sich zurück.

Bis Jaques und Orlando zurückkehren, haben die Cousinen die Bühne für sich allein. Während die Männer abwesend sind, können sie, ähnlich wie in der zweiten Szene des ersten Aktes, ihre Verbundenheit pflegen, sich necken und einander wohlwollend herausfordern. Rosalind spottet zwar über das verstiegene Schäferpathos in Orlandos Versen (Z. 158–163), ist als Folge von dessen Liebeserklärungen aber selbst umso verliebter; andererseits ist Celia von der Liebe – noch – nicht ergriffen. Daraus ergibt sich in nur wenigen Zeilen (Z. 157–238),

---

[58] Dazu die Anmerkungen zum Text.

gleichsam en miniature, ein weiteres Spiel im Spiel: Celia rührt an die aufgewühlten Gefühle ihrer Cousine (Z. 164–165); diese will sich aber nichts anmerken lassen und gibt sich nichts ahnend. Sobald aber Celia Orlando beim Namen nennt, bricht das Spiel ab: Rosalind gibt die Pose auf, bekennt sich umso leidenschaftlicher zu ihren Gefühlen (Z. 208–234) und kann nicht genug von Orlando hören. Indem sie sich verstellte, hat Celia ihrer verliebten Cousine im herausfordernden Spiel ermöglicht, sich ihrer Gefühle bewusst zu werden. Sie hat Rosalinds Ungeduld noch gesteigert und dadurch die Liebeshandlung geschürt. Als Zeichen ihrer kritisch intelligenten Haltung findet die Verliebte am Schluss aber wieder Distanz zu sich selbst, indem sie Celias wohlwollende Herausforderung mit ein paar satirischen Bemerkungen das eigene Geschlecht betreffend abschließt.

Dem Gespräch zwischen Orlando und Jaques ist zu entnehmen, dass die beiden einander überdrüssig geworden sind. Provokativ versuchen sie sich gegenseitig zu überbieten. Jaques erklärt, er würde sich allein besser fühlen als in Orlandos Gesellschaft. Dennoch ist er von dessen Schlagfertigkeit beeindruckt und zollt ihm seine Anerkennung. Erneut spricht er aus der Haltung des Schmähers[59] und möchte zusammen mit Orlando am liebsten über die Welt herziehen (Z. 263–266); andererseits bringt er für dessen Verliebtheit kein Verständnis auf. Jaques ist zu sehr auf sich selbst bezogen, als dass er über die Grenzen seines eigenen Ichs hinausgehen könnte.[60] Er stößt mit seinem forschen Verhalten einmal mehr ins Leere und schafft keine Nähe zu seinen Mitmenschen.[61] Orlando erweist sich in diesem Wortwechsel gewandt; er kann Jaques wiederholt rhetorisch überbieten. Bereits im nächsten Szenenabschnitt wird er aber nach einer eleganten Umkehrung von Situation und Geschlecht Rosalind an Schlagfertigkeit und Witz wieder unterlegen sein. Sein Abschiedsgruß *Adieu, good Monsieur Melancholy* (Z. 280–281) trifft Jaques an einer empfindlichen Stelle: Die Melancholie war als solche eine Modeerscheinung und ist insbesondere bei Jaques augenscheinlich unecht, Pose, was im späteren Verlauf wiederholt aufgedeckt wird.[62]

Nach Jaques' Abgang bleiben die Cousinen allein auf der Bühne zurück. Als Höhepunkt der Szene kommt Rosalind schließlich aus ihrem

---

[59] Vgl. dazu die Einleitung, S. 34–35.
[60] Eigenliebe bewirkt aus elisabethanischer Sicht Melancholie; dazu das Kapitel "Philautia, or Self-love, Vainglory, Praise, Honour, Immoderate Applause, Pride, overmuch Joy, etc. Causes" in Robert Burton, *The Anatomy of Melancholy*, Vol. I, ed. Holbrook Jackson (London 1932), S. 292–300.
[61] Vgl. Kommentar zu II.5 und II.7.
[62] Dazu auch den Kommentar zu IV.1.

Versteck hervor und tritt Orlando im Wald zum ersten Mal gegenüber. In Männerkleidern bleibt sie ihm aber unerkannt und kann so ihr Spiel im Spiel auf die Spitze treiben. Wie die Liebhaberinnen in anderen Lustspielen Shakespeares – Olivia in *Was Ihr Wollt* oder Beatrice in *Viel Lärm um Nichts* – bestimmt auch in diesem Stück die Frau den Verlauf und die Intensität der Liebeswerbung. Rosalind tändelt mit Orlando und erprobt seine Gefühle, bevor sie sich ihm zu geben bereit ist. Mit ihrer lapidaren Frage nach der Uhrzeit schafft sie sich einen natürlichen Einstieg ins Gespräch, und in der Folge gibt sie die Führung nicht mehr aus der Hand. Sie lässt sich über den Verlauf der Zeit aus und behauptet herausfordernd, dass sie sich für Verliebte schleppend dahinziehe. Orlando anwortet pointiert (Z. 287–288) und lässt erkennen, dass er sich die müßiggängerische Haltung der Waldbewohner bereits zu eigen gemacht hat.

Rosalind gelingt es, Orlando mit einer etwas weitschweifigen Rede (Z. 286–322) herauszufordern. Shakespeare spielt an dieser Stelle mit dem unterschiedlichen Wissen (*discrepant awareness*)[63], über das die Charaktere auf der Bühne auf der einen und die Zuschauer auf der anderen Seite verfügen: Bezüglich seiner dramatischen Wahrnehmung ist Orlando nicht nur Rosalind, sondern auch dem Publikum unterlegen; er durchschaut das Rollenspiel seiner Geliebten nicht. Seine Beobachtung, wonach sich Ganymede durch seine verfeinerte Sprechweise von den anderen Waldbewohnern unterscheide (Z. 323–324), mag aber ein erster Hinweis darauf sein, dass er das Verhalten des gesprächigen Jünglings nicht als ganz stimmig empfindet. Doch Rosalind weicht aus und lenkt das Gespräch auf das Thema der Liebe zurück. Sie spottet über die an den Bäumen hängenden Verse (Z. 338–345) und zählt dann jene Merkmale auf, welche für verliebte Männer typisch sind (Z. 352–362). Die stilisierten Liebeserklärungen Orlandos zählen nicht dazu und werden als unecht entlarvt. Orlando ist selbstverliebt (Z. 361–362) und muss zuerst dazu gebracht werden, seine Gefühle echt und natürlich auszudrücken.

Verliebte befinden sich gemäß Rosalinds Darstellung in einem Zustand des Außer-sich-Seins (Z. 376–380), welcher der Heilung bedarf. Um Orlandos Liebessehnsucht zu kurieren, schlüpft Ganymede in die Rolle der echten Rosalind. Weil sein dramatisches Wissen aber unzureichend ist, durchschaut Orlando die Ironie dieser Situation nicht und redet an seiner Geliebten vorbei. Rosalinds Versteckspiel erzeugt Ko-

---

[63] Bertrand Evans hat Shakespeares Stücke vom Gesichtspunkt dieses unterschiedlichen dramatischen Wissens untersucht. Bertrand Evans, *Shakespeare's Comedies* (Oxford 1960).

mik, macht aber auch deutlich, dass sie die Situation fest in der Hand hält und den Gang der Entwicklung allein bestimmt. Ihre Ausführungen über die wechselhafte Liebhaberin (Z. 382–397) nehmen Bezug auf die Büchse der Pandora und haben eine mögliche Parallele in John Lyly's *The Woman in the Moon*.[64] Während das Öffnen der Büchse in der antiken Fabel aber Unheil nach sich zieht, deckt Rosalind die zahlreichen Reize einer Frau bloß auf, um ihren Geliebten zu verwirren. Sie hat mit diesem Trick Erfolg; Orlando unterzieht sich am Ende der Szene bereitwillig ihrer Liebeskur. Damit kann Rosalind eine dritte Rolle spielen: Ein Mädchen, das als Mann verkleidetet ist, gibt vor, eine Frau zu sein.

Der Umstand, dass Frauenrollen im elisabethanischen Theater von Knaben gespielt wurden,[65] erhöht die Komik dieses zweifachen Übertritts vom einen Geschlecht zum anderen. Das zeitgenössische Publikum war Orlando dabei an dramatischem Wissen überlegen, weil es mit dieser theatralischen Konvention vertraut war. Die Mehrfachrolle der verkleideten Liebhaberin ist als solche in der pastoralen Dichtung nämlich nicht ungewöhnlich. Sie findet sich beispielsweise auch in Sydneys *Arcadia* und John Lyly's *Galathea*.[66] Mit der komplexen Verwendung des Verkleidungsmotivs und des Geschlechtswechsels in *A.Y.L.* mag Shakespeare einem Modetrend des elisabethanischen Theaters Rechnung getragen haben. Wie die Sprache in diesem Schauspiel die euphuistische (das heißt: die geometrisch-ausbalancierte) Diktion John Lylys wiederholt ad absurdum führt, so gehen wohl auch mit Shakespeares Verwendung des in der pastoralen Dichtung beliebten Verkleidungsmotivs parodistische oder gar transvestitische Absichten einher.[67]

III.3

Die Liebeswerbung in dieser Szene verkehrt das Muster von Rosalinds geduldiger und spielerischer Annäherung an ihren Liebhaber ins Gegenteil. Während vorhin die Frau die Fäden zog, wird der Verlauf der Werbung diesmal vom Mann bestimmt. Zum ersten Mal im Verlauf des Geschehens schlüpft Touchstone aus seiner beobachtenden, kommen-

---

[64] Zur Verwandtschaft zwischen den beiden Stücken vgl. Agnes Latham im Arden Shakespeare, S. lxi–lxii.
[65] Vgl. dazu die Einleitung, S. 25–26.
[66] Siehe Einleitung S. 21–23 sowie Fricker, *Das ältere englische Schauspiel* Bd. II, S. 96–100.
[67] Näheres dazu bietet Gertrud Lehnert, "Shakespeare: 'Wie es euch gefällt'", in *Wenn Frauen Männerkleider tragen. Geschlecht und Maskerade in Literatur und Geschichte* (München 1997), S. 58–71.

tierenden Rolle und fügt sich als aktiver Teilnehmer ins Geschehen ein. Der Narr will sich verheiraten; er verschleiert seine sinnlichen Bedürfnisse mit jenem rhetorischen Geschick, das ihn auszeichnet. Audrey, seine Braut, hat Mühe, Touchstones Reden zu folgen, der unerwarteterweise in der Pose des Freiers auftritt und damit wohl auch das Publikum überrascht. Der Narr spart nicht mit Anzüglichkeiten,[68] denen Audrey aber nicht gewachsen ist und deswegen wiederholt nachfragen muss (Z. 4, 14–15, 24). Anders als Rosalind und Orlando geht dieses Paar nicht aufeinander zu, um Trennendes zu überwinden, sondern redet aneinander vorbei. Orlando wirbt um seine Geliebte mit lyrisch schwingenden Gedichten; Touchstones Sprache ist anzüglich, bestenfalls sachlich und bleibt seiner Braut weitgehend unverständlich.[69]

Jaques bleibt seiner Pose des streitbaren Kritikers auch in dieser Szene treu. Vorerst belauscht er das Geschehen aus einiger Entfernung. Sein Beiseitesprechen (Z. 7–8, 28, 40) gibt dem Publikum zu verstehen, dass ihm der Höfling von seinem Wesen her näher steht als das Landmädchen. Der Wortschwall des Freiers behagt Jaques. Touchstones wortspielreiche Verulkung des Ehebruchs (Z. 42–55)[70] weist voraus auf Jaques' eigenen Spott über Eheleute[71] und könnte ebenso gut auch aus seinem Mund kommen. Auf die Frage des Priesters nach der gesetzmäßigen Übergabe der Braut (Z. 59)[72] wird Jaques aktiv und bringt Touchstone in Schwierigkeiten. Zum Unbehagen des Heiratslustigen mischt er sich ins Geschehen ein, um einer überstürzten Heirat den Riegel vorzuschieben. Touchstone rechtfertigt seinen Wunsch, sich zu verheiraten, als ein Gebot der Natur (Z. 69–71). Doch Jaques erinnert an die mit der Eheschließung verbundenen Gepflogenheiten (Z. 72–77), welche es zu befolgen gelte, und beantragt, dass die höfischen Sitten auch im Wald verbindlich bleiben.[73] Sein Einspruch vereitelt Touchstones Heiratsabsichten, der sich über die geltenden Konventionen

---

[68] Dazu die Anmerkungen zum Text.
[69] Wilson bezeichnet Touchstone als "powerful anti-pastoralist", F. P. Wilson, "Shakespeare's Comedies", in *Shakespearian and Other Studies*, ed. Helen Gardner (Oxford 1969), S. 54–99, insb. S. 92.
[70] Sackton macht auf die rhetorischen Muster dieser Rede aufmerksam; Alexander H. Sackton, "The Paradoxical Encomium in Elizabethan Drama", *University of Texas Studies in English* 28 (1949), S. 83–104.
[71] Vgl. V.4.35–37.
[72] Dazu Anmerkung 30 zum Text.
[73] Die Ehe musste gemäß dem anglikanischen Ritus zwischen acht und zwölf Uhr vormittags in der Kirche des Herkunftsortes eines der beiden Heiratspartner geschlossen werden; Einsegnungen, die außerhalb dieser Zeit oder an weltlichen Orten vorgenommen wurden, hatten die Bestrafung des Priesters zur Folge. Dazu Garber, *Coming of Age in Shakespeare*, S. 118.

hinwegsetzen wollte. Jaques' Vorgehen liegt dabei auf den ersten Blick ganz auf der Linie seiner bisherigen Rolle als Sittenrichter, der sich berufen fühlt, jede sich bietende Gelegenheit zum Einspruch geistreich zu nutzen.

Eine Frage drängt sich indes auf: Wieso sollte ausgerechnet Jaques höfische Sitten verteidigen, wo er sich doch stets bemüht, außerhalb dieser höfischen Ordnung zu stehen? Es liegt Jaques aber wohl eben nur vordergründig daran, Konventionen zu verteidigen; tatsächlich wahrt er eigene Interessen: Touchstone, dessen rhetorisches Geschick, dessen rege Geistigkeit, sind ihm seelenverwandt. Wie er selbst, hat der Narr im Spiel, das auf Gemeinschaft und Heirat abzielt, bis anhin kein Bedürfnis nach engen menschlichen Bindungen gezeigt. Touchstone würde sich ihm entfremden, die innere Nähe zerstören, wenn er den Ehebund einginge. Faber liest diese unwillkommene Wendung aus Jaques' Bemerkung zu Touchstones bevorstehender Heirat – *O knowledge ill-inhabited, worse than Jove in a thatched house!* (Z. 7–8). Auch Jaques' perplexe Frage an den Heiratskandidaten – *Will you be married, motley?* (Z. 68) – und seine sofortige Vereinnahmung des Narren, sobald die Gefahr gebannt ist – *Go thou with me and let me counsel thee* (Z. 82) –, legen dieselbe Deutung nahe.[74]

Als der Narr den Priester schließlich unverrichteter Dinge ziehen lässt (Z. 85–92), sind Jaques' Interessen gewahrt. Touchstone gibt am Ende zu verstehen, dass seine Absicht, sich zu verheiraten, im Grunde gar nicht ernst zu nehmen ist. Wohl trat er als Freier auf, indes nicht in der Absicht, sich im Wald gesellschaftlich zu integrieren, sondern um die Werbung zwischen Mann und Frau mit der Freiheit des Narren ins Burleske zu ziehen. Im Innersten bleibt Touchstone teilnahmslos und behält Distanz zum Geschehen.[75] Darauf deutet auch der Umstand, dass er während des ganzen Spiels stets die nüchterne Prosa und nie in Versen spricht.

---

[74] Faber, "On Jaques: Psychoanalytic Remarks", S. 89–96, 179–182; insb. S. 181–182.

[75] Laut Kernodle hält Touchstone die ausgewogene Balance zwischen Teilnahme und Beobachtung: "His wooing and wedding of Audrey is a triumphant combination of satire and participation." George R. Kernodle, "The Mannerist Stage of Comic Detachment", in *The Elizabethan Theatre III*, ed. David Galloway (Toronto 1973), S. 119–134, insb. S. 127.

III.4

Das Geschehen kehrt zurück zur romantischen Handlung. Die Mädchen haben die Bühne für sich allein und können sich aussprechen. Rosalind, die beim letzen Mal als Ganymede auftrat und Orlando in der Liebe schulte, erscheint wieder in ihrer wahren Identität. Die Mädchen vertiefen Aspekte, die bereits im vorangegangenen Dialog zwischen Rosalind und Orlando zentral waren, beispielsweise dass die Zeit für erwartungsvoll Liebende nicht vergehen will (Z. 17-19), oder dass es gilt, die echte Liebe von der falschen zu unterscheiden (Z. 27-30). Celia hört sich Rosalinds Liebeskummer an und will sie mit Witz und frivolen Anspielungen unterhalten.[76] Beiläufig wird der Herzogs erwähnt, was dem Publikum dessen stete Anwesenheit im Hintergrund der Ereignisse in Erinnerung ruft. Er ist im Wald auf seine Tochter gestoßen, hat sie aber in der Verkleidung nicht erkannt: Die in der Hierarchie höchste Person wird ins Spiel um Erkenntnis und Täuschung, Sein und Schein, miteinbezogen, ist den Zuschauern aber an dramatischem Wissen unterlegen. Doch Rosalind ist so verliebt, dass sie keine weiteren Gedanken an ihren Vater verschwenden und sofort wieder über Orlando sprechen will (Z. 34-35). Celia holt noch weiter aus und lobt Orlando ironisch als Liebhaber.

Unerwartet kehrt der Schäfer Corin auf die Bühne zurück und macht die Mädchen auf Silvius' unerwiderte Liebe aufmerksam. Dies ermöglicht Rosalind, für ein paar Augenblicke aus der Befangenheit der eigenen Verliebtheit herauszutreten. Die in Versen vorgebrachte Ankündigung Corins (Z. 42-51) schafft eine Brücke zur veränderten Stimmungslage in der kommenden Szene.

III.5

Das Thema der Liebe wird weitergeführt, in Umkehr von Geschlecht und Situation aber aus männlicher Perspektive abgehandelt. Silvius verleiht seinen Gefühlen für Phebe erneut Nachdruck, findet indes bei ihr noch kein Gehör. Der Schäfer wirbt nach dem Muster der traditionellen Liebeskonzeption, wie wir sie insbesondere bei Petrarca finden: Er nimmt als Liebhaber eine unterwürfige Haltung ein (*scorn*, Z. 1; *humbled*, Z. 5; *pardon*, Z. 6) und setzt seine unerwiderte Liebe mit dem Tod gleich. Phebe antwortet auf Silvius' stilisierte Liebeserklärung

---

[76] Vgl. dazu die Anmerkungen zum Text.

kühl und realistisch (Z. 11-27); sie entmystifiziert die vom Schäfer gepriesene Gewalt ihrer Augen und übergeht dessen Vergleich zwischen unerwiderter Liebe und Sterben. Während der Schäfer Nähe schaffen will, hält Phebe Distanz (Z. 32-33).

Weil Rosalinde ebenso verliebt ist wie der Schäfer, fühlt sie sich durch Phebes abweisende Haltung herausgefordert. Sie tritt aus der Rolle der Zuschauerin heraus und mischt sich ins Geschehen ein. Wie dies ihrer eigenen Verliebtheit entspricht, ergreift sie für den unglücklich Verliebten Partei. Sie wirft Phebe vor, hartherzig und stolz zu sein, wozu sie angesichts ihrer eigenen bescheidenen Reize aber nicht berechtigt sei. Die hervortretenden Augen, dunklen Brauen und schwarzen Haare zeichnen das Hirtenmädchen als Negativbild des elisabethanischen Schönheitsideals: Der schmachtende Schäfer hat sein Herz also an ein unansehnliches Mädchen verloren. Die Werbung des Silvius, die so aufwendig wie erfolglos ist, sich angesichts der bescheidenen Vorzüge der Angebeteten aber gar nicht lohnt, wird auf diese Weise satirisch kommentiert; dem Liebesverhalten aus der traditionellen Literatur wird, ähnlich wie in III.2, erneut eine Absage erteilt. Rosalinds Ratschlag, Phebe solle sich des schmachtenden Liebhabers erbarmen, stammt aber selbst aus der Tradition der petrarkistischen Liebesrezepte und stiftet entsprechend Verwirrung: Phebe, die den Schäfer belehrt hat, dass die Liebe nicht durch die Augen gehe (Z. 8-27), hat sich nämlich soeben selbst auf den ersten Blick verliebt (Z. 81). Sie verfällt dem – angeblichen – Jüngling Ganymede und sogar dessen Schelte ist ihr noch angenehm genug (Z. 64-65). Rosalind reagiert darauf mit einem "Einbruch ironischer Prosa"[77], der als weiteres Indiz zu werten ist, dass sie dem pastoralen Liebeswerben Einhalt gebieten und dem Verstand zum Durchbruch verhelfen will.

Als Folge davon, dass sich Phebe in Rosalind / Ganymede verliebt hat, werden an diesem Punkt zwei bis anhin unabhängige, parallel verlaufende Handlungsstränge miteinander verflochten: In einer erneuten Umkehr von Situation und Geschlecht verwandelt sich nämlich die abweisende Geliebte der Nebenhandlung – Phebe – in die abgewiesene Liebhaberin der Haupthandlung. Der abrupte Abgang der Cousinen deutet darauf hin, dass Rosalind die Komplikationen, die sich so unerwartet aus ihrem Rollenspiel ergeben haben, sofort erkennt und sich entziehen will.

Nach Ganymedes Abgang ergeht sich Phebe in einer längeren Rede über ihre Verliebtheit (Z. 108-134); Silvius, ihr schwärmerischer Lieb-

---

[77] So Tschopp, *Zur Verteilung von Vers und Prosa in Shakespeares Dramen*, S. 92-93.

haber, scheint die unerwartete Wendung nicht wahrzunehmen (Z. 135), was seine unrealistische Haltung in der Liebe erneut betont. Phebe preist Ganymedes Vorzüge und setzt sich, verliebt, wie sie ist, über dessen Schelte und Spott hinweg. Doch zeitigen Rosalinds ermahnende Worte erste Erfolge; die starre Haltung der Schäferin beginnt sich aufzuweichen. Einerseits führt sie das Spiel mit ihrem schmachtenden Liebhaber weiter und hält ihn auf Distanz, andererseits wird ihr seine Gegenwart nun doch erträglich (Z. 84–95). Schwankend zwischen Zuneigung und Gleichgültigkeit entscheidet sie sich dafür, Ganymede mit einem Brief herauszufordern; Silvius soll ihn überbringen.

Die Wahrnehmung des Schäfers Silvius ist als Folge seiner Verliebtheit getrübt; er durchschaut Phebes Vorgehen nicht. Ähnlich wie Orlando wird er in der Liebe hingehalten und getäuscht und nimmt die zunehmende Verstrickung, in die er hineingerät, nicht wahr. Beide Liebhaber werden von den Frauen ins Netz gelockt; Schritt für Schritt müssen sie geduldig um deren Gunst werben. Umgekehrt zueinander verhält sich demgegenüber die Liebe der beiden Frauen: Rosalind zeigt in diesem Spiel von Anfang an tiefe Gefühle für ihren Liebhaber; Phebe, auf der anderen Seite, muss die Qualitäten des Schäfers zuerst entdecken und ihn lieben lernen.

IV.1

Die Szene bringt eine erneut veränderte Personengruppe auf die Bühne. Jaques, Rosalind und Celia eröffnen das Geschehen, und Orlando tritt im späteren Verlauf hinzu. Phebe bleibt im Hintergrund und hat nun Zeit, ihre Pläne auszuhecken, um damit gegen Ende dieses Aktes wieder hervorzutreten.

Die Szene spielt sich in zwei Einheiten ab, dem einleitenden Streitgespräch zwischen Jaques und Rosalind und dem nachfolgenden längeren Dialog, welcher die Liebeserziehung Orlandos durch Rosalind weiterentwickelt. Mit Witz und scharfem Intellekt beherrscht letztere sowohl den ersten wie den zweiten Teil. Das Geschehen dirigierend, lenkt sie die Gesprächsführung und hält die Fäden des Handlungsverlaufs zunehmend fester in der Hand. Daraus erklärt sich auch die Bühnenwirkung des einleitenden Wortgefechts zwischen Rosalind und

---

[78] Hunter zeigt, wie die Sprache in *As You Like It* Rückschlüsse auf den Sprecher zulässt. G. K. Hunter, *John Lyly: The Humanist as Courtier* (London 1962), S. 298–350, insbesondere S. 342–347.

Jaques, welches den geradlinigen Fortgang des verliebten Spiels bloß zu hemmen scheint. Eingefügt zwischen zwei romantische Handlungsstränge lenkt dieser kurze Dialog die Aufmerksamkeit des Publikums von der tragenden Thematik des Stückes, Liebe und Liebeswerbung, zwar für ein paar Momente ab, hebt aber Rosalinds dominierende Rolle innerhalb des Handlungsganzen umso deutlicher hervor.

Menschenscheu und bescheiden, wie sich Jaques in seinen früheren Auftritten (II.5.29-32, III.2.241-242) präsentiert hat, zeigt er sich nun von einer Seite, die seinem Selbstbild widerspricht. Seine Ausführungen sind eitel und lassen nichts von der Bescheidenheit erkennen, deren er sich vorher gerühmt hat. Er sucht die Nähe Ganymedes und bedient sich dazu noch des vertraulichen *thee*. Sein Interesse ist aber nur vordergründig; tatsächlich will er sich selbst in den Mittelpunkt rücken, um mit seiner melancholischen Veranlagung zu kokettieren. Indes vermag er damit keine Wirkung hervorzurufen. Statt Bewunderung erntet er den Spott Rosalinds, die ihn als einen verirrten Exzentriker abtut, dem das gesunde Maß abhanden gekommen ist (Z. 5-7). Mit lakonischen Antworten (Z. 3, 9) nimmt sie sein eitles Streben aufs Korn, kann ihm aber damit das Wort nicht entziehen. Vielmehr holt Jaques zu einer weitschweifigen Erklärung der ihm eigenen Veranlagung aus (Z. 10-18). Er zählt verschiedene Melancholikertypen auf, bloß um diese schließlich allesamt zu verwerfen und seine Melancholie als die allein richtige gelten zu lassen. Mit einer Fülle rhetorischer Mittel – Parallelismen, Wortwiederholungen, Gegensätzen, Steigerungen – verleiht er seinen Ausführungen Gewicht. Doch sein Satzbau wirkt gezwungen, seine Ausführungen geraten überlang und hören sich im Vergleich zu Rosalinds schnörkelloser, natürlicher Sprache rhetorisch überladen und manieriert an.[78]

Jaques rühmt sich seiner Reiselust; sie ist einerseits Metapher für seinen erschwerten menschlichen Kontakt; andererseits ist das Reisefieber ein im elisabethanischen Kontext häufig verwendeter und deswegen für die damaligen Zuschauer nicht eben origineller Gesprächstopos (Z. 19-22). Der Vielgereiste war nämlich eine beliebte Spottfigur des zeitgenössischen Theaters. Er imitierte mit Vorliebe französische oder italienische Kleidersitten – Rosalind spielt auf Jaques' Italienaufenthalt an (Z. 34) – und redete seine englische Muttersprache mit einem Lispeln und einem affektierten ausländischen Akzent. Seine Welterfahrung trug er mit der Pose[79] der Melancholie, welche man den Italienern zu-

---

[79] Dazu Ernst Leisi, *Naturwissenschaft bei Shakespeare* (München 1988), S. 41-47.

schrieb. Allem Englischen gegenüber gab er sich herablassend.[80] Venedig, wo sich Jaques aufgehalten haben soll, wurde in zeitgenössischer Sicht nicht nur mit Kunst und Reichtum, sondern ebenso mit sexueller Ausschweifung, Geschlechtskrankheiten und Verrohung schlechthin in Verbindung gebracht.[81] Die "travellers' melancholy", deren sich Jaques rühmt, war in der zeitgenössischen Sichtweise eine Verirrung.[82] Darauf deutet auch Rosalinds Reaktion; statt sich für Jaques zu interessieren, weist sie ihn mit schnippischen Bemerkungen (Z. 9, 19–22) und einer höhnischen, chiastisch zugespitzten Pointe (Z. 21–22) in Schranken. Dies hält den Redseligen aber nicht davon ab, nochmals zu betonen, wie erfahren er sei (Z. 23).

Mit Orlandos Rückkehr bricht der Dialog ab: Der in Blankvers gehaltene Gruß des Verliebten (Z. 27) vertreibt den Prosasprecher Jaques von der Bühne. Für Gibbons ist Jaques' Antwort (*Nay then, God b' wi' you, an you talk in blank verse*, Z. 28) eine Schnittstelle, wo Liebe und Satire aufeinandertreffen.[83] Mit einem kurzen Abschiedsgruß macht sich Jaques davon, womit die Bühne für die Liebeshandlung wieder frei wird.

Der in dieser Komödie wiederholt beobachtete symmetrische Bau bestimmt auch die beiden Gesprächspartien dieser Szene. Während Rosalind im ersten Teil Jaques' Gefallsucht entlarvt und ihn schließlich von der Bühne vertreibt, geht sie im zweiten einfühlsam und mit Hingabe auf den verunsicherten Orlando ein. Indem sie ihn für sein verspätetes Eintreffen tadelt und ihn in die Pflicht nimmt, macht sie ihr Interesse an ihm deutlich. Jaques' Hinweis, dass Orlando in Versen spricht (Z. 28), ließe nachfolgend eigentlich die gebundene Rede erwarten. Tatsächlich bleibt Rosalind aber bei der Prosa und setzt sich auf diese Weise von der gebundenen Rede ab, dem konventionellen Medium in der Liebesliteratur. Mit Geschick nutzt sie ihre Männerrolle, stellt den Verliebten selbstbewußt zur Rede und wirft ihm Nachlässigkeit in der Liebe vor. Orlando soll erkennen, dass echte Hingabe keine Verzögerung duldet, und dass die stete Beteuerung seiner Gefühle durch sein verspätetes Eintreffen nicht glaubwürdig ist.

---

[80] Amorphus in Ben Jonsons *Cynthia's Revels* ist ein Prototyp dieser Spottfigur. Näheres dazu und zur Typenhaftigkeit des Reisefreudigen bei Z. S. Fink, "Jaques and the Malcontent Traveler", *Philological Quarterly* 14, No. 3 (July 1935), S. 237–252; Campbell, *Shakespeare's Satire*, S. 49–50, verweist auf John Marstons zweite Satire, auf den reisefreudigen Bruto; vgl. auch Anmerkung 22 zum Text.

[81] Dazu *As You Like It* [Oxford Shakespeare], ed. Alan Brissenden (Oxford 1993), S. 34.

[82] Campbell, a.a.O., S. 50, bzw. S. 22, verweist diesbezüglich auf die Abhandlung von Timothy Bright, *A Treatise of Melancholy* aus dem Jahre 1586.

[83] Gibbons, *Shakespeare and Multiplicity*, S. 154.

Während die Zuschauer um die Doppelidentität Rosalind / Ganymede wissen, bleibt Orlando im Glauben, mit einem jungen Mann zu sprechen. Doch Rosalinds auffälliges Spiel mit ihrer wahren und angenommenen Identität (Z. 59, 62–64, 80, 101–103), ihr Vorwurf, Männer seien zur Liebe nicht fähig (Z. 85–98), andererseits die von ihr betonte Liebesfähigkeit der Frauen (Z. 101–103, 135–142) sind untrügliche Hinweise auf ihre versteckte weibliche Natur. Orlando entgeht dies, da er vor Liebe blind ist, was Rosalind umso mehr Spielraum gewährt, ihren "wit" im kecken Spiel auszukosten. Um ihre Liebeserziehung an einem Beispiel zu erproben, schlüpft sie für Orlando in die Rolle des zu umwerbenden Mädchens, wodurch sie das Spiel im Spiel nochmals kompliziert: Rosalind ist für Orlando aufgrund seines unzureichenden dramatischen Wissens ein Mann, der für ihn jetzt die Sichtweise der Frau mimen soll. Rosalind kehrt also zu ihrem natürlichen Geschlecht zurück, womit sie Orlando ein weiteres Mal an der Nase herum führt. Mit der neckischen Frage nach ihrer eigentlichen Identität (Z. 80) spielt sie auf ihre neueste Rolle an, in der sie ihren Geliebten belehrt und ihn gleichzeitig zum Besten hält. Der Wortwitz und das rhetorische Geschick (Z. 76–77, 147–161) der inszenierten Werbszene erinnern an die Dialoge zwischen Beatrice und Benedick in *Viel Lärm um Nichts*. Hier wie dort werden verschiedene Facetten des Liebeswerbens zur Sprache gebracht, so das Küssen, die Sprache der Liebenden oder die spröde Ablehnung der Geliebten. Lautliche Effekte (Alliterationen, Wiederholungen) heben diesen Teil des Dialogs aus dem Szenenganzen hervor, und das wiederholte Wortspiel mit dem Begriffspaar *to die / to kill* (Z. 84, 100, 101) weckt im elisabethanischen Kontext vertraute erotisch-sexuelle Assoziationen.

Anders als Orlando nimmt Rosalind in der Liebe eine bewusst realistische Haltung ein, die sie entsprechend in Prosa vorträgt. Sie spottet über den Tod aus unerfüllter Leidenschaft (Z. 85–98), einen literarischen Topos, und erteilt Orlando damit eine weitere Lektion: Seine Liebeswerbung orientiert sich an den Vorbildern in der tradierten literarischen Liebeskonzeption und ist somit bloß Nachahmung, Pose. Kritisch betrachtet Rosalind das Verhältnis zwischen den Geschlechtern, stellt die Treue seitens des Mannes herausfordernd in Frage und appelliert gerade dadurch an Orlandos Beständigkeit. Da er das Versteckspiel nicht durchschaut und die Ironie der Situation nicht erkennt, kann Rosalind noch einen Schritt weitergehen: Sie probt die Verheiratung. Diese ruft die missglückte Heirat zwischen Touchstone und Audrey im dritten Akt in Erinnerung. Anders als bei der Narrenepisode ist aber das jetzige Geschehen für die Zuschauer wie für die Beteiligten auf der

Bühne als bloßer Schein fassbar. Als eigentliches Spiel im Spiel im Spiel weisen beide Episoden voraus auf das Ziel des Stückes, die Liebenden nämlich in ehelicher Verbindung zusammenzubringen.

Orlando kündigt schließlich seinen Abgang an; er will sich dem Herzog anschließen, sich um zwei Uhr nachmittags aber wieder einfinden. Rosalind nimmt das Versprechen zum Anlass, den Liebhaber erneut zu pünktlichem Erscheinen zu ermahnen; der Bühneneintritt und der Abgang Orlandos werden damit von demselben Gedanken kommentiert (Z. 35-44, 183-184).

Nachdem sie Orlando überlegen auf dem Weg zu einem wahren Liebenden geschult hat, gewährt Rosalind am Ausgang der Szene einen Einblick in ihr Innenleben. Sie hat wieder zu ihrer wahren Identität zurückgefunden und vertraut Celia – in Abwesenheit Orlandos von der Bühne – ihre Empfindungen an (Z. 189-202). Das Spiel im Spiel hat ein Ende genommen, und Rosalind braucht sich nicht länger in Männerkleidern zu verstecken. Sie beteuert ihre Liebe zu Orlando und zeigt, dass sie ihm an Leidenschaft und Verlangen um nichts nachsteht. In ihrer wahren Identität spricht sie ohne jene Distanz, mit welcher sie den jungen Mann in der Liebe geführt hat, und bekennt sich wie dieser zu ihren echten Gefühlen.[84] Rosalind wird am Ende der Szene aus einer neuen Perspektive gezeigt: Während sie ihren Liebhaber vorhin aus erhabener Warte belehrt und mit ihm in der Verkleidung Katz und Maus gespielt hat, rückt sie nun selbst in die Rolle der Verliebten, die das Bedürfnis hat, ihre Gefühle einem Menschen mitteilen zu können. Celia spricht dabei zwar wenig, doch ist ihr Verhalten typisch für Shakespeares kunstvolles Spiel mit Parallelen und Umkehrungen: So wie sich Rosalind vorhin aus Orlandos Liebesnot ein Vergnügen gemacht hat, belustigt sich nun Celia im wechselnden perspektivischen Spiel als Unbeteiligte über die Verliebtheit ihrer Cousine; mit anzüglichen Anspielungen bringt sie für ein paar Momente auch ihren "wit" wieder satirisch ins Spiel ein.

IV.2

Die kurze Szene wickelt sich innerhalb jenes Zeitraums von zwei Stunden ab, für die sich Orlando abgemeldet hat. Dadurch wird der Verlauf der gespielten Zeit dramatisch glaubwürdig gemacht; Rosalind wird

---

[84] Greer hebt hervor, dass Rosalinds Geschlechtswechsel und ihr Rollenspiel der eigenen Selbstfindung dienen. Germaine Greer, *The Female Eunuch* (London 1970), S. 207.

gleich im ersten Vers der nächsten Szene diese Zeitangabe wieder aufnehmen.

Jaques setzt das Bühnengeschehen, wie schon in der letzten Szene, theatralisch wirksam in Gang. Sein Verhalten ist erneut widersprüchlich: Zum einen rühmte er sich vorher, dass er die Gesellschaft des Herzogs meide (II.5.29-32), will diesem aber jetzt überraschenderweise einen erlegten Hirsch bringen. Zum anderen verlangt er nun nach Gesang, gleichgültig ob dieser richtig oder falsch klingen möge, während er in der vorherigen Szene beim Eintritt Orlandos dessen rhythmische Verssprache sofort wahrgenommen zu haben schien (IV.1.28). Schließlich freut er sich über das erlegte Wild, während er vorhin (II.1.26-43) Mitleid mit ihm hatte. Der bisherige Verlauf des Schauspiels zeigt, dass Jaques viele Seiten hat, die nur schwerlich auf einen Nenner zu bringen sind. Er ist im Verlauf der Handlung kein geradliniger, folgerichtig konzipierter Charakter, dessen Verhalten stets konsequent und deswegen voraussehbar wäre. Vielmehr ist er auch von Zufallsstimmungen beherrscht, ein farbiges, sich stets veränderndes Kaleidoskop. Nicht zuletzt agiert er als Provokateur, der neue Handlungsimpulse gibt, mit der Wechselhaftigkeit, Inkohärenz und Inkonsequenz seines Charakters herausfordert, für Zuschauerüberraschung sorgt und dadurch wesentlich zur Bühnenwirksamkeit beiträgt.[85]

Das Jagdlied (Z. 10-18), das Kernstück der Szene, erklingt zu Ehren jenes Gefolgsmanns, der das Wild erlegt hat. Der erste Vers spielt auf das Häuten und Ausschlachten – in der Jägersprache: "aus der Decke schlagen" und "aufbrechen" – des getöteten Tieres an, einen rituellen Jägerbrauch mit einem tieferen Hintergrund.[86] Im ambivalenten Wortspiel wird einerseits auf der vordergründigen Bedeutungsebene das lustige Jagdhorn (Z. 17) besungen; andererseits wird mit denselben Begriffen auf das Thema der Untreue zurückgegriffen, welches Rosalind vorher zur Sprache brachte, dieses aber von einer anderen Optik angegangen und parodiert. Während nämlich Rosalind die Untreue auf männlicher Seite wähnte, geht der Betrug im Lied von der Frau aus.

---

[85] Siehe auch Einleitung, S. 34-35.
[86] Laut Burkert spiegelt sich in den Jagdritualen der Versuch, das getötete Tier in seinem einstigen Wesen wieder herzustellen, um die fürs menschliche Überleben notwendige Tötung zu entsühnen, die Schuld am Tieropfer zu reduzieren. In: Walter Burkert, *Griechische Religion der archaischen und klassischen Epoche* (Stuttgart 1977), insb. S. 104. Siehe auch Walter Burkert, *Homo Necans: Interpretationen altgriechischer Opferriten und Mythen* (Berlin und New York 1972), S. 8-60. Zur Tötung, Restituierung des Opfers, Entschuldungsritualen und nachfolgender Distribution siehe auch Helmut Berking, *Schenken. Zur Anthropologie des Gebens* (Frankfurt am Main 1996), S. 63-136.

Betrachtet man die dritte Zeile nicht als Bühnenanweisung[87], sondern als zum Lied zugehörig, so spiegelt sich die Ungereimtheit dieses Gesangs auf der inhaltlichen Ebene auch in der metrischen Form, indem sich die betreffende Zeile nämlich nicht integrieren lässt.

Die kurze musikalische Einlage, die man sich als einen kunstlos dargebotenen, raue Töne anschlagenden mehrstimmigen Gesang vorzustellen hat, schafft einen Kontrast zu den Dialogen zwischen Rosalind und Orlando, welche die wahre Liebe ergründen wollen. Die Szene trägt als Nebenepisode nicht zum Fortgang der Haupthandlung bei, beleuchtet aber das zentrale Thema der Liebe aus einer wiederum veränderten Blickrichtung. Dass Jaques als Wortführer hervortritt, kommt angesichts seiner wiederholt beobachteten zynischen Haltung nicht überraschend. Wie beim ersten Lied (II.5.44-50) bringt er auch mit diesem Beitrag ein groteskes Element ein.[88] Er zeichnet eine Realität, in der Orlandos oder Silvius' idealisierte, bukolische Haltung keinen Platz hat, sondern belächelt wird.[89] Das von Jaques angezettelte Störmanöver dauert indes nur wenige Momente und kann nicht zur Gefährdung werden; die Bühne ist danach wieder frei für die Liebeshandlung.

IV.3

Die Szene rückt jenen Teil des Waldes ins Blickfeld, wo die Mädchen die Rückkehr Orlandos erwarten. Die beiden einleitenden Fragen rufen dessen Versprechen in der vorletzten Szene in Erinnerung, er werde um zwei Uhr wieder zurück sein (IV.1.164). Rosalind äußert sich ironisch (*And here much Orlando!*); sie ist besorgt, Orlando werde sich als untreu erweisen; ähnlich unterstellt Celia, der Verliebte habe sich schlafen gelegt und sei nicht interessiert. Silvius tritt wieder ins Geschehen ein, womit der kurze Dialog abbricht.

Der Schäfer tritt als Bote auf, um Ganymede Phebes Brief zu überbringen. Das Motiv von Liebe und Werbung wird erneut variiert: In Umkehrung der konventionellen Rollenverteilung ist es diesmal nicht der Mann, sondern die Frau, die über die unerwiderte Liebe klagt. Phebe argumentiert mit den in der traditionellen Liebeslyrik typischen

---

[87] Dazu Arden Edition, S. 103-104; John H. Long, *Shakespeare's Use of Music*, S. 139-163; Ernst Brennecke, "'What Shall He Have that Killed the Deer?' A Note on Shakespeare's Lyric and Its Music", *The Musical Times* 93 (August 1952), S. 347-351; Peter J. Seng, "The Forester's Song in *As You Like It*", *ShQ* 10 (1959), S. 246-249.

[88] So Harold Jenkins, "As You Like It", *ShS* 8 (1955), S. 40-51, insb. S. 45.

[89] Vgl. Nosworthy, "Music and its Function in the Romances of Shakespeare", S. 60-69.

Requisiten: mit Rache (Z. 49), Verachtung (Z. 51) und Tod (Z. 64). Sie wirft ihrem Geliebten vor, stolz zu sein (Z. 17) und will seine Ablehnung nicht hinnehmen. Die im Brief dargelegten Gefühle erinnern an die bei Shakespeare wiederholt verwendete Technik des Botenberichts. Wie der Botenbericht schafft der Brief Distanz; Rosalind, beziehungsweise Ganymede, kann sich Phebes Herausforderung stellen, ohne ihr direkt gegenüberstehen zu müssen.

Rosalind antwortet mit Kritik und Spott. Ihr androgynes Wechselspiel kommt dabei wirkungsvoll zur Geltung: Eine Frau, die als Mann verkleidet ist, bezeichnet die an sie gerichtete Liebeserklärung eines Mädchens als männliches Machwerk (Z. 30). Wie Orlando ist sich auch Silvius, der den Brief überbracht hat, der wahren Identität Ganymedes nicht bewusst. Rosalind kommt Phebes überzogene Liebeserklärung ungelegen; das Hirtenmädchen stört sie nämlich bei der Verwirklichung ihrer eigenen Absichten in der Liebe. Mit einer auffallend impulsiven Reaktion (Z. 14–21) bringt sie ihr Unbehagen zum Ausdruck. Wie Orlando und Silvius führt die petrarkistische Liebeswerbung auch Phebe nicht zum Erfolg.

Rosalind muss Wege finden, die unerwünschte Wendung ihres Spiels rückgängig zu machen. In dieser Absicht behauptet sie, der Brief sei von einem Mann geschrieben worden, was Silvius aber bestreitet (Z. 30-31). Rosalind kann den Knoten schließlich nur lösen, indem sie Silvius selbst zu offenem, aktivem Handeln anspornt und ihn von seiner devoten Liebeswerbung abbringt (Z. 67-75), die ihn nämlich bis anhin seinem Ziel keinen Schritt näher gebracht hat. Crane weist darauf hin, dass Rosalind in ihrer Handlungsweise von Vernunft geleitet wird: Sie halte ihre realitätsbezogenen Ratschläge in Prosa und lehne damit die gereimten Liebesphantasien auch mittels des sprachlichen Mediums ab.[90] Ähnlich wie Orlando muss Rosalind auch Silvius zum richtigen Verhalten in der Liebe heranführen, zu angemessenem Handeln bewegen und ihn von seiner passiven, erduldenden Rolle als Liebhaber abbringen.[91]

Im raschen Wechsel fügt sich Olivers Eintritt dem Abgang des Schäfers an und führt den einen Handlungsstrang des Geschehens dem Ende entgegen. Oliver berichtet über seine wundersame Rettung, seine Abkehr vom Bösen und über die Versöhnung mit seinem Bruder Or-

---

[90] Crane, *Shakespeare's Prose*, S. 102.
[91] Sehrt meint dazu, dass "[...] Spiel nicht nur drolliges Intermezzo ist, sondern den Menschen zum Wesentlichen, Natürlichen, ja recht eigentlich zu sich selbst hinfinden lässt." Ernst Th. Sehrt, *Wandlungen der Shakespeareschen Komödie* (Göttingen 1961), S. 32-39, insb. S. 35.

lando. Die Episode schildert einerseits die Bekehrung (Z. 137) des einen Bösewichts des Stückes und dessen Aufnahme in den Kreis der Wohlgesinnten um den guten Herzog (Z. 143–144). Zum anderen akzentuiert sie die Verliebtheit und Hingabe Orlandos, der auch in höchster Gefahr noch an seine Geliebte denkt (Z. 149–157), was die Vorwürfe der Mädchen (IV.3.1–5) gegen ihn nachträglich entkräftet. Orlando, von Liebeskummer geplagt, schreitet durch den Wald (Z. 101–102), welcher durch die Erwähnung eines verwilderten, geschwächten Mannes (Z. 107), der Olivenbäume (Z. 78), des Baches (Z. 80), der alten, moosbewachsenen Eiche (Z. 105), der Büsche (Z. 114) und der dort herrschenden Einsamkeit (Z. 142) mit märchenhaften Zügen ausgestattet ist. Andererseits wird derselbe Wald auch als der Bereich des Unbewussten und der lauernden Gefahren erkennbar. Sowohl die Schlange wie der Löwe sind in ihrer herkömmlichen Symbolhaftigkeit für das Böse auch im Wald gegenwärtig; Arden ist nur scheinbar ein Idyll. Die Schlange (Z. 109–111) erinnert an die Versuchung im Garten Eden und die auf Angriff sinnende Löwin (Z. 115–133) an den Daseinskampf alles Lebenden. Ans Wundersame erinnert wiederum das Verhalten Orlandos. Er erkennt den von zwei Gefahren bedrohten Mann sofort als seinen bösartigen Bruder (Z. 120–121), wendet sich aber zunächst zweimal ab, bevor er diesem, im typisch märchenhaften Dreischritt, zu Hilfe kommt. Er überwindet sein Zögern und seine Rachegefühle, stellt sich in der Art des Märchenhelden tapfer der Gefahr und besiegt die Löwin. An das Märchen erinnert schließlich auch die Verwandlung des verwilderten Mannes Oliver in einen ansehnlichen Menschen in der Blüte seines Lebens, sowie er vom Kampflärm aufgewacht ist.

Orlandos mutiges Verhalten sichert ihm die Zuneigung Rosalinds. Wir finden an dieser Stelle eine der wenigen Bühnenanweisungen in diesem Stück: Rosalind erleidet als Folge von Orlandos waghalsigem Vorgehen einen Schwächeanfall (Z. 157). Verlegen versucht sie dies abzustreiten (Z. 166–181) – was als ein untrügliches Zeichen dafür zu werten ist, dass sie für Orlando starke Gefühle hegt.[92] Da sie aber in der Rolle des Ganymede spricht, ist ihr Verhalten nur dem Publikum verständlich, nicht aber den Charakteren auf der Bühne.[93]

---

[92] Vgl. dazu die Anmerkungen zum Text.
[93] Demgegenüber glaubt Thomson, dass Oliver Rosalinds Verkleidungsrolle bereits an dieser Stelle durchschaut und die Illusion im Spiel zum ersten Mal durchbrochen wird. In: Peter W. Thomson, "A Shakespearean 'Method'", ShJ Ost 104 (1968), S. 192–204, insb. S. 198–200. Die dramatische Ironie, die den letzten Abschnitt dieser Szene (Z. 158–181) durchzieht, stützt diese Annahme.

Nach seiner Abkehr vom Bösen erscheint Oliver auch äußerlich verwandelt. Wie König Lear oder Pericles betritt er die Bühne in frischen Gewändern (*fresh array*, Z. 144), welche die vollzogene innere Wandlung symbolisieren und zum Ausdruck bringen, dass er zu seinem wahren Ich gefunden hat. Olivers neue Gewandung hat seine Parallelen im mittelalterlichen allegorischen Schauspiel, wo Konversionen in der Regel mit einem Kleiderwechsel einhergehen. Zudem nennt Oliver Rosalind am Ende der Szene (Z. 179) bei ihrem Namen – im Gegensatz zu Celia (Z. 158), welche noch stets an der dramatischen Illusion festhält –, was ein weiterer Hinweis auf seine vollzogene Wandlung ist. Der bekehrte Bruder weist in seinem Bericht wiederholt auf seine überwundene Bösartigkeit (Z. 124–125, 136–138) hin. Er spricht dabei in der dritten Person, um die Distanz zu seinem damaligen widernatürlichen Dasein und die Glaubwürdigkeit seiner Verwandlung zu betonen.

Celia wird an dieser Stelle des Spielverlaufs mit Oliver zum ersten Mal ins Gespräch verwickelt. Sie fordert ihn wiederholt zum weiteren Erzählen auf (Z. 98, 134) und bekundet so ihr Interesse an seiner Person. Nachdem die Feindschaft zwischen den Brüdern in dieser Szene ein Ende gefunden hat, regen sich erste Gefühle zwischen Celia und Oliver. Ihre Heirat am Schluss des Stückes wird an diesem Punkt des Geschehens in die Wege geleitet. Einmal vom Bösen befreit, kann auch Oliver in die Gemeinschaft der Liebenden Eingang finden.

V.1

Die Versöhnung der verfeindeten Brüder Oliver und Orlando hat die Schlussphase des Bühnengeschehens eingeleitet. Der letzte Aufzug des Schauspiels greift die einzelnen Handlungsstränge nochmals auf und führt sie zu Ende. Im Verlauf des Schlussaktes werden nahezu alle Charaktere des Stückes auf die Bühne gebracht und überdies, entgegen der Gepflogenheit der dramatischen Ökonomie, mit den kurzen Auftritten von Jaques de Boys und William sogar noch zwei neue Nebenfiguren eingeführt.

William macht seine Aufwartung in der ersten Szene, um Audrey, das Bauernmädchen, zu umwerben, wird von ihr aber abgewiesen (Z. 8–9). Audreys Absage kommt für das Publikum indes nicht unerwartet; das Landmädchen wird bereits vom Narren beansprucht, der, wie die vereitelte Heirat im dritten Akt gezeigt hat, ihrer Gunst sicher ist. William gerät als Freier in Rivalität zu Touchstone, kann ihm aber nicht zur Gefahr werden. Er zeigt keinerlei Beharrlichkeit in seiner Liebeswerbung und geht nach seinem missglückten Versuch mit einem freundlich gemeinten, möglicherweise unbeholfen anmutenden Gruß (Z. 58) von der Bühne ab, ohne später wieder in Erscheinung zu treten. Sein Auftritt bezweckt nicht, Touchstones Absichten zu vereiteln, sondern dient vielmehr der Publikumsbelustigung. Der Narr nimmt nämlich die Gelegenheit wahr, ein weiteres Exempel höfisch geschliffener Redekunst zum Besten zu geben, indem er den einfachen Landburschen mit spitzfindigem Witz in die Enge treibt. Der Wortwechsel zwischen Touchstone und William hebt den Gegensatz zwischen Wald und Hof, der das Stück leitmotivisch durchzieht, ein letztes Mal an die Oberfläche.[94]

Der Narr fordert William mit Fragen heraus, äfft dessen Antworten nach und macht spöttische Bemerkungen (Z. 10-28); ein ernsthaftes Interesse soll nicht aufkommen. Seine schulmeisterliche Belehrung (Z. 29-35, 39-43) formuliert Touchstone in antithetisch ausbalancierter Sprechweise; die Diskrepanz zwischen wohlgesetzter Form und sinnleerem Inhalt zeigt, dass William in keiner Weise voll genommen wird. Die Begegnung nimmt am Ende derbkomische Züge an: Touchstone droht mit Handgreiflichkeiten (Z. 50-56) und vertreibt den Freier von der Bühne.[95]

Der Narr zeigt sich auch in dieser Szene[96] wandlungsfähig; durch den Wechsel seines "Gewandes" (*motley*) versteht[97] er sich der jeweiligen Gesprächssituation anzupassen und agiert mit Schlagfertigkeit und Witz. Touchstones treffsichere Hiebe können ihre unterhaltsame Wirkung beim Publikum nicht verfehlen und lassen vergessen, dass er sich – ähnlich wie in der zweiten Szene des dritten Aktes, wo er Corin an der Nase herumführte – wiederum einen wehrlosen Schäfer und damit einen ihm grundsätzlich nicht ebenbürtigen Gegner zur Zielscheibe seines Spottes ausgewählt hat.

Die erste Szene hinterlässt den Eindruck, dass auch der letzte Akt, der wesensgemäß auf die Auflösung der Bühnenhandlung hinsteuert, Platz lässt für kurze Episoden, die weniger zum Fortgang des Geschehens beitragen, als dass sie auf Unterhaltung um ihrer selbst willen zielen.[98]

---

[94] Dazu Anmerkung 12 zum Text.

[95] Berry betont das wiederholte Ränkespiel zwischen den einzelnen Charakteren sowohl am Hof als auch im Ardennenwald: "Virtually all the relationships are governed by a sense of unease, irritation, or hostility." Ralph Berry, "No Exit from Arden", *Modern Language Review* 66 (1970), S. 11-20.

[96] Vgl. Kommentar zu Szene III.2.

[97] "Like the wise fool that he is, Touchstone alters his manner to fit the quality and the mood of the persons on whom he jests." Robert Hillis Goldsmith, "Touchstone: Critic in Motley", *PMLA* 68 (1953), S. 884-895, insb. S. 890.

[98] Vgl. das Maskenspiel in der letzten Szene.

V.2

Die Szene verfolgt die weitere Entwicklung der Paarbeziehungen zwischen Oliver und Celia, Orlando und Rosalind, Silvius und Phebe. Das Spiel um Liebe und Werbung wird zum Abschluss gebracht; die endgültige Paarbildung steht bevor.

Während Touchstone seine Braut nicht zu umwerben braucht, muss sich Orlando zuerst Rosalinds Liebesschule unterziehen und als Liebhaber reifen, bevor er die Geliebte für sich gewinnen kann. Das Wissen um die gegenseitige Zusammengehörigkeit ist demgegenüber bereits bei der ersten Begegnung zwischen Oliver und Celia in IV.3 gegeben. Auf diesen unterschiedlichen Verlauf der Liebe spricht Orlando am Eingang der Szene an. Die sofortige Verbundenheit zwischen seinem Bruder und Celia versetzt ihn in Staunen (Z. 1–4), denn er ist in der Liebe selbst zaghaft und verunsichert. Oliver hält aber an der Unbedingtheit seiner Gefühle fest (Z. 5–9). Als Ausdruck seiner neu gefundenen Bestimmung will er fortan auf die höfischen Annehmlichkeiten verzichten und das Leben eines verliebten Schäfers führen.

Nachdem die Brüder Olivers Heirat auf den kommenden Tag angesetzt haben, tritt Rosalind wieder hervor. Oliver rückt in den Hintergrund, und das Interesse gilt wieder der weiteren Annäherung zwischen Rosalind und Orlando. Der mehrmalige Hinweis auf die bevorstehende Heirat (Z. 13, 36, 40, 43, 46, 64, 69–70) beschleunigt den dramatischen Verlauf und spitzt die Zuschauererwartung zu. Rosalind gibt sich Oliver gegenüber vertraulich (Z. 17),[99] gegenüber Orlando gefühlsbetont (Z. 19–20, 22–23, 25–26). In einer Sprache, die euphuistische Stilmittel anmutig und witzig verwendet, ergeht sie sich über das Wesen der Liebe zwischen Oliver und Celia (Z. 28–39). Ihre Überlegungen vertiefen Orlandos Beobachtungen am Anfang der Szene. In der Sicht der beiden verläuft die Beziehung zwischen Celia und Oliver zielgerichtet von der ersten Begegnung zur Heirat. Die anaphorische Wendung (*no sooner than*) hebt hervor, dass diese Liebe nicht heranreifen und Hindernisse überwinden muss (Z. 39), sondern als solche gegeben ist. Rosalind ergänzt damit Orlandos Beobachtungen, was die Zusammengehörigkeit und innere Nähe dieses Paares festigt. Anderseits wird sich Orlando bewusst, dass ihm seine pastoral-verklärte Liebeswerbung bis jetzt keine Erfüllung gebracht hat (Z. 41–45) und er sein Verhalten deshalb in Frage stellen muss. Ungeduldig erklärt er, dass er

---

[99] Dazu Anmerkungen 5 und 6 zum Text.

nicht länger vom Denken leben könne (Z. 48). Die Liebeswerbung hat einen Sättigungspunkt erreicht und die gegenseitigen Bemühungen müssen binnen kurzem belohnt werden. Orlandos Ungeduld fordert Rosalind heraus, Mittel und Wege zu finden, um die Liebenden zusammenzuführen. In einer etwas weitschweifig und hölzern wirkenden Rede, die für sie untypisch ist,[100] will sie zu Zaubermitteln greifen. Diese Wendung ist in Anbetracht ihrer bis anhin rational bestimmten Handlungsweise überraschend und nicht ganz überzeugend. Auch Phebes plötzlicher Wiedereintritt ins Geschehen drängt sie zu einer baldigen Klärung der Verhältnisse. Vergleichbar mit *Maß für Maß*, wo sich die Ereignisse gegen das Spielende in ähnlicher Weise gegenseitig jagen und alle Fäden zur Auflösung des Geschehens ebenfalls in der Hand einer einzigen Person – dort Herzog Vincentio – zusammenlaufen, findet auch Rosalind keine Verschnaufpause. Wie Vincentio ist Rosalind verkleidet; während der erstere den Wechsel von seiner angenommenen Bettlerrolle zurück zu seiner ursprünglichen Funktion als Herrscher zu bewerkstelligen hat, muss sich Rosalind aus der Dreieckssituation befreien, in die sie ungewollt hineingeraten ist. Auf Phebes Vorwurf (Z. 72–73) will sie nicht eingehen, anders als Silvius, der die pastorale Liebe erneut gravitätisch heraufbeschwört (Z. 89–93). Die Szene schließt kanonartig; der Reihe nach nennen die Verliebten die Namen der ersehnten Partner (Z. 78–100). Die Erfüllung der Liebe liegt aber allein in der Macht Rosalinds, die sich einmal mehr über das Schäferpathos belustigt und dieses mit Wolfsgeheul vergleicht (Z. 103–104).

Das Publikum durchschaut Rosalinds Leitung des Spiels; die Charaktere auf der Bühne sind demgegenüber noch immer unwissend und ahnen nicht, wie die Lösung herbeigeführt werden kann. Ganymedes nochmalige Verheißung auf die Erfüllung am kommenden Tag (Z. 107, 109, 110, 112) treibt die dramatische Spannung kurz vor der Auflösung zu einem neuen Höhepunkt.

V.3

Touchstone und Audrey stehen im Mittelpunkt des Bühnengeschehens. Mit dem zweimaligen Hinweis auf ihre bevorstehende Verehelichung (Z. 1–2) schließen sie sich in den Reigen der Heiratslustigen ein. Ihr Verhältnis wird durch eine Liedeinlage erhellt. Setzten sich die Zuhörer bei den vorangegangenen Liedgesängen vorab aus Angehörigen des

---

[100] Vgl. auch Anmerkung 18 zum Text.

Hofes zusammen – Amiens und Jaques beim ersten, Amiens, Jaques, Orlando und der Herzog beim zweiten und Jaques zusammen mit einigen Höflingen beim dritten Lied –, so singen die Pagen diesmal für ein gesellschaftlich tiefer stehendes Mädchen und dessen Partner, den Narren, welcher seinem Wesen gemäß keinem speziellen gesellschaftlichen Kreis zugehört.[101] Entsprechend derb ist ihr Gesang, wenn auch nicht ohne Witz.

Das Lied gibt Aufschluss über das Paar und überbrückt handlungstechnisch die Zeit bis zur angekündigten Heirat am folgenden Tag. Die Pagen verstehen ihren Vortrag dem Brautpaar anzupassen. Bereits ihre einleitenden Bemerkungen lassen erwarten, dass ihre Verse nicht der sublimen Seite der Liebe zwischen Mann und Frau gelten. Ihr Lied besteht aus Wiederholungen, klanglichen Effekten und Rhythmen, wie sie einfachen Volksweisen eigen sind. Der jeweils erste und dritte Vers der drei ersten Strophen entwickeln einen lyrischen Prozess; die anderen Verse wiederholen das Thema von Natur und Frühling: Ein Liebespaar geht über die Roggenfelder, lässt sich dort nieder und singt dann zusammen ein Lied. Die Aussage ist geradlinig, schließt aber mit einer Pointe: Das zu erwartende Liebesspiel selbst bleibt nämlich ausgespart; neckisch wird die bei den Zuhörern geweckte Erwartung im letzten Moment nicht eingelöst. Stattdessen wird die Liebeserfüllung durch den gemeinsamen Gesang und die Blumenmetaphorik bloß angedeutet. Die letzte Strophe zieht den nicht überraschenden Schluss, dass die Liebe in der Blüte des Menschenlebens zu genießen sei.

Wie Touchstone und Audrey gehen die Verliebten im Lied der Pagen zielstrebig auf die physische Erfüllung zu. Wo folgerichtig der Beifall des Paares zu erwarten wäre, äußert Touchstone aber überraschenderweise Missfallen. Er bemängelt zum einen den dürftigen Inhalt, und, was angesichts der bei Shakespeare in der Regel Harmonie stiftenden Funktion der Musik besonders auffällt, auch den Missklang des Vortrags. Touchstone erkennt, dass ihm, dem herausfordernden Narren, soeben selbst der Spiegel vorgehalten worden ist und er als Spottfigur hat herhalten müssen. Sein burleskes Verhältnis zur Liebe trägt aber nicht individuell persönliche Züge, sondern ist in seiner Rolle begründet, typenhaft und somit bloß Spiel. Die Pagen beharren aber einstweilen auf der Angemessenheit ihres Vortrags (Z. 36). Der redegewandte Touchstone geht mit einem Wortspiel (Z. 38–40) ab und behält so das letzte Wort.

---

[101] So Evans in "Shakespeare's Fools: The Shadow and the Substance of Drama", S. 142–159.

Im Spiel wechselnder Perspektiven wird der Narr in dieser Szene aus einer neuen Optik gezeigt: Nachdem Touchstone im bisherigen Verlauf des Schauspiels wiederholt als hinterfragende Instanz menschlichen Handelns hervorgetreten ist, wird er diesmal selbst durchschaut und zieht sich ohne viel Worte zu machen zurück.

V.4

Die Schlussszene, die am mehrmals angekündigten Heiratstag stattfindet, führt die Liebenden zusammen. Im Verlauf der Szene kommen beinahe alle Personen des Lustspiels nochmals auf die Bühne. Rosalind, dem Herzog, Orlando, Jaques und Touchstone ist dabei besonders viel Platz eingeräumt, und sie geben den Kern ihres Wesens durch ihre letzten Bühnenhandlungen nochmals zu erkennen.

Hauptakteurin bleibt Rosalind, die, einer internen Regisseurin gleich, die Fäden entwirrt und die Liebenden sich finden lässt. Ihre Absicht, Zuflucht zu magischen Kräften (V.2.56-65) zu nehmen, schürt die Erwartungen aller am Spiel Beteiligten: So schwanken der Herzog, der die Geschehnisse aus der Distanz offenbar mitverfolgt hat, und Orlando zwischen Unglaube und Staunen, zwischen Furcht und Hoffnung (Z. 1-4). Der Reihe nach wendet sich Rosalind an alle beteiligten Partner, um sich deren Mitwirkung zu versichern. Sie folgt der natürlich gegebenen Hierarchie, geht vom Herzog, der höchststehenden Person, zum Edelmann Orlando und weiter zu den Schäfern Silvius und Phebe. Die einzelnen Charaktere antworten ihrem Daseinsverständnis gemäß: Phebe und Silvius beteuern ihre Liebe mit dem Tod aus unerfüllter pastoraler Leidenschaft; der Herzog und Orlando antworten höfisch bewusst. Auch aus dem kurzen Dialog zwischen Orlando und dem Herzog lässt sich heraushören, dass sich das Spiel dem Ende nähert. Der letztere liest in Rosalinds Gesicht Züge seiner eigenen Tochter (Z. 26-27); Orlando glaubt deren Bruder vor sich zu haben (Z. 28-29). Er hebt das magische Vorgehen Rosalinds (Z. 30-34) hervor, dennoch klingen Ahnungen an (*methought*, Z. 29, *whom he reports*, Z. 33), dass Rosalind ihr Täuschungsmanöver nicht mehr lange aufrechterhalten kann und die dramatische Illusion am Zusammenbrechen ist. Auf diese Weise wird auf die bevorstehende Wiedererkennung zwischen dem Herzog und Rosalind hingewirkt. Die einzelnen Charaktere werden auf die Enthüllung von Rosalinds wahrer Identität vorbereitet und holen bezüglich des dramatischen Wissens im Vergleich zum Publikum auf. Die Wiedererkennung kann am Schluss glaubwürdig vollzogen werden.

Bevor der Schleier jedoch endgültig gelüftet wird, prallen Touchstone und Jaques, die beiden Wortgewaltigen dieser Komödie, in einem letzten unterhaltenden Entreakt nochmals aufeinander, was Rosalind die Möglichkeit gibt, sich im Hintergrund ihrer Männerkleidung zu entledigen. Die Episode bringt das schwankende Gefühl zwischen Bewunderung und Ablehnung, welches Touchstone und Jaques füreinander empfinden[102], zum Ausdruck, und lässt die Faszinationskraft, welche von diesen beiden Charakteren auf die Zuschauer ausgeht, nochmals zur vollen Wirkung kommen. Jaques platzt mit einer Tirade gegen das Eheleben ins Geschehen hinein (Z. 35–37), die im Einklang mit seiner geliebten Pose des Solitärs steht. Touchstone, auf der anderen Seite, grüßt weltgewandt (Z. 38), wie dies seinem regen Witz und seiner Intelligenz entspricht. Jaques' herausfordernde Bemerkung, wonach Touchstone früher Höfling gewesen sei, gibt Anlass zu gegenseitigem Argumentieren. Der Narr ist gezwungen, dies im Folgenden unter Beweis zu stellen (Z. 42–43). Er zieht dazu alle Register seiner Redekunst, seiner rechthaberischen Kasuistik und ihm zur Verfügung stehenden Sottisen. Seine satirische Geißel gilt gewissen Unsitten der Zeit; seine Wortspiele und Doppeldeutigkeiten bedürfen heute teilweise der Erklärung.[103] Vergessen ist Touchstones Anflug von Verlegenheit in der vorangegangenen Szene. Schon sonnt er sich wieder in seiner eigenen Person (Z. 42–46); er verweilt einmal mehr auf der leichtfertigen Sicht des Ehelebens (Z. 53–56), schulmeistert seine Braut und macht sich über sie lustig. Seine Sentenzen sind treffsicher und kantig und beeindrucken auch den Herzog (Z. 51, 60, 100–101), der im bisherigen Verlauf des Stückes – II.1, II.7 – als ethische Instanz hervorgetreten ist. Im Gegensatz zu Jaques muss aber Touchstone vom Herzog keine Kritik hinnehmen. Touchstone spricht eben, anders als Jaques, aus der Rolle des Narren, welcher der persönlichen Kritik enthoben ist. Seine Selbstgefälligkeit wird nicht hinterfragt, versteht sich als Spiel im Spiel und bezieht ihre Wirkung aus dem sprachschöpferischen Witz und der beredten, schönen Form.[104]

Jaques, der im gesellschaftlichen Gefüges dieses Stückes ebenfalls allein steht, äußert wiederholt seine Bewunderung für das rhetorische Geschick des Narren. Er erkennt in Touchstone, als Spiegel seiner eigenen Persönlichkeit, einen Wesensverwandten.[105] Mit Zwischenfra-

---

[102] Erinnert sei an die Szenen II.1, III.3.
[103] Siehe die Anmerkungen zum Text.
[104] Vgl. Robert Hillis Goldsmith, *Wise Fools in Shakespeare* (Michigan 1955), insb. S. 32–51.
[105] Vgl. dazu Leslie Hotson, *Shakespeare's Motley* (London 1952), S. 122–128.

gen spornt er ihn zu neuen rhetorischen Kabinettstücken an. Der Narr nimmt höfische Umgangsformen aufs Korn. Zuerst lässt er sich über die sprachlichen Konventionen am Hof aus. Anhand einer alltäglichen Situation stellt er sieben Möglichkeiten vor, auf eine Frage zu antworten. Die sieben möglichen Antworten entsprechen sieben Formen der Höflichkeit. Gesellschaftlich erlaubt sind aber nur deren sechs. Der höfische Sittenkodex verbietet die siebte Antwort, weil sie nämlich die Wahrheit offen beim Namen nennt. Gesellschaftlich akzeptiertes Benehmen folgt vorgegebenen Normen (Z. 85-86),[106] die in Touchstones närrischer Satire als sinnentleertes Gesellschaftsspiel entlarvt werden. Mit einem weiteren Beispiel gießt Touchstone seinen Spott über die Rechtsprechung (Z. 92-97), die spitzfindig argumentiert, statt mit vernünftigen Mitteln eine Lösung zu finden.

Unangekündigt betritt der Hochzeitsgott die Bühne, wie dies für die theatralische Einlage des festlichen Maskenspiels[107] typisch ist. Ähnlich wie Touchstone appelliert auch Hymen an die Vernunft (Z. 132-133) und setzt das empfohlene verstandesmäßige Vorgehen in die Tat um. In einem ersten Schritt führt er die Wiedererkennung zwischen dem Herzog und dessen Tochter herbei. Rosalinds Männerrolle wird aufgehoben; sie gewinnt ihre wahre Identität zurück. Die Errichtung der natürlichen Liebesordnung nimmt ihren Anfang. Der gordische Knoten wird durchhauen, die Auflösung des Verwirrspiels in Gang gesetzt. Für die

---

[106] Als Beispiel des zeitgenössischen gesellschaftlich genormten Verhaltens und der zeremoniellen Höflichkeit kann das Benimmbuch *Il Galateo* von Giovanni della Casa, erschienen 1559, gelten. Zu Rechtsfragen schreibt della Casa beispielsweise: "Es gehört sich unbedingt, der guten, auf jeden Fall aber der zeitgemäßen Sitte zu folgen – ebenso wie wir den Gesetzen gehorchen, auch wenn sie nicht gerecht sind, bis die Gemeinde oder die Obrigkeit sie geändert haben." (S. 48). Oder zu zwischenmenschlichem Verhalten: "[...] so solltest du beim Weggehen oder am Ende eines Briefes so grüßen und dich verabschieden, wie es der Brauch, nicht wie es die Vernunft will." (S. 49). "Da wir nun einmal solchem Brauch [i.e. Höflichkeitszeremonien] gehorcht haben, ist alles weitere Reden überflüssig und die Lüge erlaubt, obwohl sie zuvor verboten war." (S. 54). Siehe auch die Kapitel "Höflichkeit als Lüge" (S. 47), "Regeln für wohlgesetzte Reden" (S. 73-80) und "Von der Wortwahl und Sprechweise" (S. 81-84). Michael Rumpf hält in seinem Nachwort zum "Galateo" fest: "Bereits das zweite Kapitel enthält die Empfehlung, das eigene Verhalten nach dem Gefallen derer auszurichten, mit denen man umgeht, sich also milieugerecht zu betragen. Es ist nur der Auftakt zum wiederkehrenden Ratschlag, die Sitten und Gebräuche der eigenen Zeit, der Heimat, des Standes anzunehmen, sich ihnen nicht in unangemessener Betonung der Individualität zu entziehen. Angemessen ist das Angepaßte, das Angeglichene. Anpassung stellt für della Casa einen so hohen Wert dar, daß er sogar rät, lieber gemeinsam zu irren als alleine recht zu behalten." (S. 136). In: Giovanni della Casa, *Der Galateo*, hg. und übers. von Michael Rumpf (Heidelberg 1988).

[107] Zu Ursprung und Wesen des Maskenspiels siehe Einleitung, S. 22.

einzelnen Liebenden bleibt in der Folge nur eine Möglichkeit zur Paarbildung, was sie durch ihr konditionales *if* (Z. 112–118) sofort zu erkennen geben. Wenn Rosalind eine Frau ist, so wird Phebes Verliebtheit hinfällig. Wenn aber Phebes Verliebtheit auf natürliche Weise geheilt ist, so kann auch diejenige des Silvius in Erfüllung gehen (Z. 143–144). Wenn der rechtmäßige Herzog seine Tochter Rosalind wiedererkennt, so ist schließlich auch Celia wieder in die höfische Gesellschaft aufgenommen (Z. 141–142).

Statt durch Magie werden die Liebenden durch den Hochzeitsgott selbst und somit durch einen Himmelsboten zusammengeführt. Hymens Auftritt liegt nicht auf der von Rosalind ursprünglich vorgezeichneten Linie des dramatischen Verlaufs;[108] sein Erscheinen mag die Charaktere auf der Bühne wie die Zuschauer gleichermaßen überraschen. Das Walten des Hochzeitsgotts und die hymnische Tonlage, die er anschlägt, beseitigen aber den negativen Beigeschmack, der gemäß Rosalinds Darstellung aller Magie anhaftet, und weisen auf höhere Fügung hin. Das abschließende Hochzeitslied (Z. 135–140), die fünfte und letzte Gesangseinlage des Stückes, feiert die von allen Liebenden angestrebte und endlich erlangte Harmonie. Die Paare genießen den Segen der Götter.[109] Die vierfache Hochzeit, auf welche die Entwicklung des Stückes ausgerichtet war, steht unter dem Schutz der Himmlischen und verspricht dadurch erfolgreich zu werden. Nur Touchstone und Audrey erhalten den göttlichen Segen nicht (Z. 129–130), weil ihre Liebe offenbar nicht jene Tiefe hat, die notwendig ist, um Bestand zu haben.

Hymen hat der romantischen Liebeshandlung zu einem glücklichen Ende verholfen. Das Stück fände aber keinen ganz befriedigenden Ausgang, hätte die Waldgemeinschaft nicht Aussicht, wieder an den Hof zurückkehren zu können, von dem sie zu Beginn vertrieben wurde. Hinweise darauf, dass der Aufenthalt im Ardennerwald zeitlich beschränkt ist, finden sich im Verlauf des Schauspiels wiederholt eingestreut.[110] Orlando, Adam, Celia, Touchstone, Rosalind, der Herzog selbst – ihnen allen hat die Wildnis des Ardennerwaldes vorübergehend Schutz vor dem unrechtmäßigen Herrscher geboten, doch empfinden sie, Höflinge, die sie sind, diese Wildnis als ungastlich und beschwerlich. Ein bukolisches Lebensgefühl haben sie in Arden nicht entwickelt;

---

[108] Dazu auch Anmerkung 50 zum Text.
[109] Kreider sieht Hymens Eingriff demgegenüber als Satire auf die Komödientradition der an den Schluss gestellten Liebeserfüllung durch Heirat; *Repetition in Shakespeare's Plays*, S. 252–254.
[110] Vgl. II.1.1–17, II.4.14–16, II.7.120–123.

ihr Leben im Wald unterschied sich kaum von demjenigen am Hof.[111] Einsamkeit und besinnlicher Rückzug auf sich selbst will sich, wie das gesellschaftlich rege Geschehen gezeigt hat, nicht einstellen; vielmehr regierte der gute Herzog im Ardennerwald, als ob er nie von zu Hause verbannt worden wäre. Arden war Zuflucht und als solche zeitlich begrenzt. Die Menschen dieses Stückes sind gesellschaftliche Wesen der englischen Renaissance, und ihr Weg führt sie an den Hof zurück, wo sie diese Gesellschaftlichkeit leben können. Wie Herzog Prospero im *Sturm* oder die Verbannten im *Sommernachtstraum* kehren auch die Höflinge in *Wie es Euch gefällt* an den Hof zurück, sobald die dortigen Verhältnisse dies wieder erlauben.

Die Rückkehr an den Hof wird durch den Auftritt von Jaques de Boys in die Wege geleitet, der bis anhin die Bühne noch nie betreten hat und sich dem Publikum deswegen zu Recht als der dritte Sohn des alten Sir Rowland vorstellen muss. Er referiert in der Art eines Botenberichts über die neuesten Entwicklungen am Hof. Die plötzliche Umbesinnung Fredericks auf religiöse Werte und seine damit einhergehende Machtniederlegung muten märchenhaft an. Der Tyrann hat bis anhin nämlich keinerlei Anzeichen eines Insichgehens erkennen lassen, vielmehr soll er – so berichtet Jaques – soeben noch ausgezogen sein, um sich der Waldgemeinschaft kriegerisch zu bemächtigen. Fredericks geplanter Siegeszug, die Fürsprache eines einsamen, religiösen Mannes, die plötzliche Bekehrung des Tyrannen und dessen Verzicht auf alles Weltliche erinnern an Olivers Umbesinnung am Ende des vierten Aktes. Hier wie dort ist die Wendung zum Besseren mit Logik und Glaubwürdigkeit nicht zu begründen, sondern ist als solche hinzunehmen. Sowohl Oliver wie Frederick finden in Arden auf den rechten Weg. Ähnlich wie im *Sommernachtstraum* ist eben auch in diesem Schauspiel der Wald ein Ort der Verwandlung, wo die Menschen zueinander finden und die Bösen sich aufs Gute zurückbesinnen.

Wie nach Orlandos Ankunft in Arden (II.7) tritt der rechtmäßige Herzog auch diesmal wieder als Gastgeber hervor und heißt Jaques de Boys in seiner Gemeinschaft willkommen. Er nimmt von der neuesten Entwicklung Kenntnis, ohne aber lange auf der günstigen Wende verweilen zu wollen, welche das Schicksal schließlich nun auch für ihn selbst genommen hat (Z. 168). Als Zeichen der gefundenen Eintracht ruft er zu Musik und Tanz auf.

---

[111] Dies hat Campbell dazu geführt, das ganze Stück als eine Satire auf das einfache, naturnahe Leben zu interpretieren. "The play thus ridicules the belief that life close to Nature is best." Campbell, *Shakespeare's Satire*, S. 48. Ähnlich Kreider, *Repetition in Shakespeare's Plays*, S. 228-254.

Die letzten Worte des Schauspiels spricht überraschenderweise Jaques. Er tut sich mit einem Einsatz hervor, der ganz seinem Wesen entspricht. Seine Wünsche an die einzelnen Heiratspartner (Z. 180–185) wären aber eigentlich nicht von ihm, sondern eher vom Herzog, der in der Hierarchie höchsten Person, zu erwarten. Man kann darin Jaques' Eigenheit sehen, etwas rechthaberisch das letzte Wort haben zu wollen. Oder sollen diese Schlussverse nochmals auf die zentrale Rolle hinweisen, die Jaques im Handlungsgefüge gespielt hat? Immerhin lassen seine treffsicheren Worte erkennen, dass er das Wesen der einzelnen Charaktere während des Spielverlaufs scharfsichtig erfasst hat und er zwar ein Außenseiter, aber dennoch – oder vielleicht gerade deswegen – ein klar erkennender Beobachter war. Selbst den Narren, der ihn magisch anzuziehen scheint, verschont er nicht und stellt ihn, wie bereits Hymen, an den Pranger. Da sich Jaques wiederholt vom Geschehen abgesetzt hat, erstaunt es nicht, dass er sich der Festgemeinschaft nicht anschließen und nach dem Fall des Vorhangs nicht an den Hof zurückkehren will. Dem melancholisch Veranlagten liegt der Tanz nicht (Z. 187); er zieht die Weltabgeschiedenheit in den in Kürze verlassenen Behausungen des Waldes (Z. 190) vor. Jaques' Verzicht liegt auf der Linie seiner bisherigen Außenseiterrolle; seine Absage kann aber auch Ausdruck seines steten Schwebens zwischen Möglichkeiten sein, womit offen bleiben muss, ob er sich auch am Ende nochmals in Pose setzt oder ob seine Empfindungen echt sind. Jaques' Wunsch nach Einsamkeit und Rückzug, sein verweigerter gesellschaftlicher Kontakt kennzeichnen den elisabethanischen Melancholiker schlechthin.[112] Indes widerstrebte dieser ungesellige und menschenscheue Typ dem zeitgenössischen Geschmack und war auch eine Zielscheibe des Spotts. Man darf annehmen, dass Jaques' freiwilliger Verbleib in der Wildnis des Ardennerwaldes beim elisabethanischen Publikum auf Ablehnung gestoßen sein muss. Deshalb erstaunt es nicht, dass Jaques im Wald niemanden zurückzubehalten vermag. Im Gegensatz zu Malvolio in *Was ihr Wollt* wird er aber von der Gemeinschaft nicht verhöhnt und ausgeschlossen, sondern vom Herzog zum Bleiben aufgerufen (Z. 188). Jaques' Verzicht ist seine freie Entscheidung; sie ist weder schmerzlich noch trübt sie die Schlussfreuden.

---

[112] Dazu Leisi, *Naturwissenschaft bei Shakespeare*, S. 37f.

EPILOG

Nach dem Abgang aller Personen bleibt der Darsteller von Rosalind allein auf der Bühne zurück, um das Schauspiel mit einer kurzen Schlussrede abzurunden. Er rechtfertigt sich, als Frau den Epilog sprechen zu dürfen (Z. 1-3), spielt auf Rosalinds wechselnde Geschlechterrolle an und bringt damit das große Thema des Schauspiels ein letztes Mal zur Sprache. Da Frauenrollen im elisabethanischen Theater von Knaben gespielt wurden, ist diese Erklärung für das zeitgenössische Publikum als ambivalentes Spiel mit Rosalinds Wechsel vom einen zum anderen Geschlecht fassbar.[113] Brissenden weist darauf hin, dass in diesem Epilog wie nirgends sonst bei Shakespeare offen ausgesprochen wird, dass sich hinter jeder Frauenrolle ein Mann verbirgt.[114]

Die kurze Rede des Sprechers weist die wesentlichen Merkmale des Epilogs auf, der als solcher auf die römischen Komödien des Plautus und Terenz zurückgeht und dort teilweise die kommentierende Funktion des Chores übernimmt. Der Darsteller nimmt in der Tradition der römischen Vorbilder direkt Verbindung mit dem Publikum auf, indem er dieses persönlich anspricht (Z. 10-18). Seine beschwörende Formel (Z. 10) ruft die magischen Kräfte in Erinnerung, die Rosalind zu Hilfe nehmen wollte; der Wunsch, das Publikum möge am Gebotenen Gefallen gefunden haben, spielt abrundend auf den Titel des Stückes an und stellt eine Verbindung zu den während des Spielverlaufs dargestellten Inhalten her. Engler hält fest, dass der Beifall des Publikums am Ende eines Stückes, auf den auch der Darsteller in diesem Epilog anspielt (Z. 20), Zustimmung ausdrückt, aber ebenso Distanz zum abgeschlossenen Bühnengeschehen schafft. Die Spannung während des Spielverlaufs hat sich aufgelöst und einer kritischen Betrachtung Platz gemacht.[115] Nachdem die Zuschauer die Liebeswirren bis zu ihrer glücklichen Auflösung mitverfolgt haben, werden sie in der didaktischen Tradition des antiken Epilogs aufgefordert, daraus selbst ihre Lehren zu ziehen und sich richtig zu verhalten (Z. 10-16). Als Echo auf das androgyne Spiel umwirbt der Darsteller von Rosalind die Zuschauer mit weiblichem Charme (Z. 14-15), versichert sich ihrer Gunst, bedankt

---

[113] P. H. Parry spricht diesbezüglich von einem "extra layer of pleasure in the performance", "The Boyhood of Shakespeare's Heroines", *ShS* 42 (1989), S. 108; dazu auch Lehnert, "Shakespeare: 'Wie es euch gefällt'", S. 58-71.

[114] *As You Like It* [Oxford Shakespeare], ed. Alan Brissenden, S. 20.

[115] Balz Engler, "Über den Applaus bei Shakespeare", *ShJ* (1993), S. 85-98.

sich für die Geneigtheit des Publikums und verabschiedet sich schließlich mit einem Knicks – Elemente, welche wiederum an die Bitte um Beifall oder Nachsicht in der Tradition des Plautus anschließen. Damit beendet der Sprecher das Bühnengeschehen und entlässt das Publikum.[116]

---

[116] Leech vergleicht Rosalinds Epilog mit Festes Lied am Schluss von *Twelfth Night*, welches in ähnlicher Weise ebenfalls eine Verbindung mit der zurückkehrenden Alltagsrealität herstellt; Clifford Leech, "Shakespeare's Prologues and Epilogues", in *Studies in Honor of T. W. Baldwin*, ed. Don Cameron Allen (Urbana 1958), S. 150–164.

ABKÜRZUNGEN

1. Shakespeares Werke

All's Well	All's Well that Ends Well
Ant. and Cl.	Antony and Cleopatra
A.Y.L.	As You Like It
Com. Err.	The Comedy of Errors
Compl.	A Lover's Complaint
Coriol.	Coriolanus
Cymb.	Cymbeline
Haml.	Hamlet, Prince of Denmark
1 Hen. IV	The First Part of King Henry IV
2 Hen. IV	The Second Part of King Henry IV
Hen. V	The Life of King Henry V
1 Hen. VI	The First Part of King Henry VI
2 Hen. VI	The Second Part of King Henry VI
3 Hen. VI	The Third Part of King Henry VI
Hen. VIII	The Famous History of the Life of King Henry VIII
K. John	The Life and Death of King John
Jul. Caes.	Julius Caesar
Lear	King Lear
L.L.L.	Love's Labour's Lost
Lucr.	The Rape of Lucrece
Macb.	Macbeth
Meas. for M.	Measure for Measure
Merch. V.	The Merchant of Venice
Merry W.	The Merry Wives of Windsor
Mids. N. D.	A Midsummer Night's Dream
Much Ado	Much Ado about Nothing
Oth.	Othello, the Moor of Venice
Per.	Pericles, Prince of Tyre
Phoenix	The Phoenix and the Turtle
Pilgr.	The Passionate Pilgrim
Rich. II	The Tragedy of King Richard II
Rich. III	The Tragedy of King Richard III
Rom. and Jul.	Romeo and Juliet
Sonn.	Sonnets
Tam. Shr.	The Taming of the Shrew
Temp.	The Tempest

Timon	Timon of Athens
Tit. A.	Titus Andronicus
Tr. and Cr.	Troilus and Cressida
Twel. N.	Twelfth Night, or, What You Will
Two Gent.	The Two Gentlemen of Verona
Ven. and Ad.	Venus and Adonis
Wint. T.	The Winter's Tale

2. Andere Abkürzungen

a.a.O.	am angeführten Ort
Adj.	Adjektiv
Adv.	Adverb
ae.	altenglisch
Anm.	Anmerkung(en)
BA	Bühnenanweisung
Bd.	Band
Bde.	Bände
D., dt.	Deutsch, deutsch
E., engl.	Englisch, englisch
ed., eds.	edited (herausgegeben von)
Ed., Edd.	Herausgeber
Einl.	Einleitung
Emend.	Emendation
F, F_1–F_4	Folio, Folio-Ausgaben der Werke Shakespeares von 1623, 1632, 1663/64, 1685
f., ff.	und folgende
frz.	französisch
FS	Festschrift
Hrsg.	Herausgeber
hrsg.	herausgegeben von
i.e.	das heißt, das bedeutet (lat. *id est*)
Inf.	Infinitiv
ital.	italienisch
Jh.	Jahrhundert
Kap.	Kapitel
Komm.	Kommentar
Konj.	Konjunktion; in den Textnoten: Konjektur
Lat., lat.	Lateinisch, lateinisch
ME	mittelenglisch
MED	Middle English Dictionary

Obj.	Objekt
OED	The Oxford English Dictionary
o.J.	ohne Jahresangabe
p.	page(s)
Part.	Partizip
Plur.	Plural
Präs.	Präsens
Prät.	Präteritum
Q	Quarto
rpt.	reprint (*Neudruck*)
S.	Seite(n)
s.	siehe
Sb. / Subst.	Substantiv
Sh.	Shakespeare
Sing.	Singular
Subj.	Subjekt
s.v.	sub verbum (siehe unter dem Stichwort)
Übs.	Übersetzung
u.ö.	und öfter
Vb.	Verb
vgl.	vergleiche
vol.	volume
vols.	volumes
Z.	Zeile(n)

3. *Zeitschriften*

MLQ	Modern Language Quarterly
PMLA	Publications of the Modern Language Association of America
ShaS	Shakespeare Studies
ShJ	Shakespeare Jahrbuch
ShJ O	Shakespeare Jahrbuch (Ost)
ShJ W	Jahrbuch der Deutschen Shakespeare-Gesellschaft (West)
ShQ	Shakespeare Quarterly
ShS	Shakespeare Survey

LITERATURVERZEICHNIS

1. Ausgaben von As You Like It

1.1 Englischsprachige Ausgaben

Mr. William Shakespeares Comedies, Histories & Tragedies, London 1623, The Norton Facsimile: The First Folio of Shakespeare, ed. Charlton Hinman (New York 1968) (=F_1).

Mr. William Shakespeares Comedies, Histories & Tragedies (London 1632) (=F_2).

Mr. William Shakespeares Comedies, Histories & Tragedies (London 1663) (=F_3).

Mr. William Shakespear's Comedies, Histories & Tragedies (London 1685) (=F_4).

Alexander, Peter, ed., *William Shakespeare: The Complete Works* (London 1951).

Boswell, James, the Younger, ed., *The Plays and Poems of William Shakespeare*, 21 vols. (London 1821; rpt. New York 1966).

Brissenden, Alan, ed., *As You Like It* (Oxford 1993) (Oxford Shakespeare).

Campbell, Thomas, ed., *The Dramatic Works of William Shakespeare* (New York 1863; rpt. New York 1972).

Capell, Edward, ed., *Mr William Shakespeare: His Comedies, Histories, and Tragedies*, 10 vols. (London 1767-1768; rpt. New York 1968).

Clark, William George, and Wright, William Aldis, ed., *The Works of William Shakespeare*, 9 vols. (London 1863-1866; rpt. New York 1968) (The [Old] Cambridge Shakepeare).

Collier, John Payne, ed., *The Works of William Shakespeare*, 8 vols. (London 1842-1844).

Delius, Nicolaus, Hrsg., *Shakespere's Werke*, 7 Bde. (Elberfeld 1854-1861).

Dyce, Alexander, ed., *The Works of William Shakespeare*, 6 vols. (London 1857).

Furness, Horace Howard, ed., *As You Like It* (Philadelphia 1890; rpt. New York 1964) (New Variorum Edition).

Halliwell-Phillips, James Orchard, ed., *The Works of William Shakespeare*, 16 vols. (London 1853, rpt. New York 1970).

Hanmer, Thomas, ed., *William Shakespeare: Works of Shakespeare*, 6 vols. (London 1743-1744; rpt. New York 1969).

Harrison, George Bagshawe, ed., *Shakespeare: The Complete Works* (New York 1948).

Hazlitt, William, ed., *The Dramatic Works of William Shakespeare*, 4 vols. (London 1851).

Hill, Charles J., ed., *Six Plays of Shakespeare* (Boston 1964) (Riverside Shakespeare).

Holme, J. W., ed., *As You Like It* (London 1914) (The Arden Shakespeare).

Ingram, W. G. und Redpath, Theodore, eds., *Shakespeare's Sonnets* (London 1964).

Keightley, Thomas, ed., *The Plays of William Shakespeare*, 6 vols. (London 1864).

Knowles, Richard, ed., *As You Like It* (New York 1977) (A New Variorum Edition).

Latham, Agnes, ed., *As You Like It* (London 1975) (New Arden Shakespeare).
Leisi, Ernst, Hrsg., *Measure for Measure, An Old-Spelling and Old-Meaning Edition* (Heidelberg 1964).
Malone, Edmond, ed., *The Plays and Poems of William Shakespeare*, 10 vols. (London 1790; rpt. New York 1968).
Oliver H. J., ed., *As You Like It* (Harmondsworth 1968) (New Penguin Shakespeare).
Pope, Alexander, ed., *The Works of William Shakespeare*, 6 vols. (London 1723–1725; rpt. New York 1969).
Quiller-Couch, Arthur, and Wilson, John Dover, eds., *As You Like It* (Cambridge 1926) (New Cambridge Shakespeare)
Rowe, Nicholas, ed., *The Works of William Shakespeare*, 7 vols. (London 1709; rpt. New York 1967).
Sargent, Ralph M., ed., *As You Like It* (Baltimore 1959) (Pelican Shakespeare).
Singer, Samuel Wells, ed., *Dramatic Works of William Shakespeare*, 10 vols. (Chiswick 1826).
Sisson, Charles Jasper, ed., *William Shakespeare: The Complete Works* (London 1954).
Staunton, Howard, ed., *The Plays of Shakespeare*, 3 vols. (London 1858–1860; rpt. New York 1979).
Theobald, Lewis, ed., *The Works of Shakespeare*, 7 vols. (London 1733; rpt. New York 1968).
Trautvetter, Christine, Hrsg., *As You Like It, An Old-Spelling and Old-Meaning Edition* (Heidelberg 1972).
Warburton, William, ed., *The Works of William Shakespeare*, 8 vols. (London 1747; rpt. New York 1968).

1.2 Zweisprachige Ausgaben, Übersetzungen

Flatter, Richard, Hrsg., *Shakespeare*, 6 Bde. (Wien 1952–1955).
Fried, Erich, Hrsg., *Shakespeare-Übersetzungen* (Berlin 1981).
Schaller, Rudolf, Hrsg., *Wie es euch gefällt* (Norderstedt 1974).
Schlösser, Anselm, Hrsg., *William Shakespeare, Sämtliche Werke*, 4 Bde., übers. von August Wilhelm Schlegel, Dorothea Tieck, Wolf Graf Baudissin (Berlin Ost 1989).
Wieland, Christoph Martin, Hrsg., *Wie es euch gefällt; oder, die Freundinnen; ein Lustspiel* (Zürich 1763; Neudruck Nördlingen 1986).

1.3. Einzelausgaben in der Englisch-deutschen Studienausgabe

Bader, Rudolf, Hrsg., *The Merry Wives of Windsor / Die lustigen Weiber von Windsor* (Tübingen 2000).
Boltz, Ingeborg, Hrsg., *The Winter's Tale / Das Wintermärchen* (Tübingen 1986).
Braun, Wilfried, Hrsg., *King Richard II / König Richard II.* (Tübingen 1980).
Brönnimann-Egger, Werner, Hrsg., *Troilus and Cressida / Troilus und Cressida* (Tübingen 1986).

Daphinoff, Dimiter, Hrsg., *Antony and Cleopatra / Antonius und Kleopatra* (Tübingen 1995).
Engler, Balz, Hrsg., *Othello / Othello* (München 1976).
Fritz, Ulrike, Hrsg., *Romeo and Juliet / Romeo und Julia* (Tübingen 1999).
Gertsch, Christian A., Hrsg., *All's Well That Ends Well / Ende gut, alles gut* (Tübingen 1988).
Greiner, Norbert, Hrsg., *Much Ado About Nothing / Viel Lärm um nichts* (Tübingen 1989).
Heine-Harabasz, Ingeborg, Hrsg., *The Merchant of Venice / Der Kaufmann von Venedig* (Tübingen 1982).
Marti, Markus, Hrsg., *Timon of Athens / Timon von Athen* (Tübingen 1995).
Naef, Walter u. Halter, Peter, Hrsg., *Measure for Measure / Maß für Maß* (München 1977).
Pughe, Thomas, Hrsg., *Julius Caesar / Julius Cäsar* (Tübingen 1987).
Rüetschi, Thomas, Hrsg., *The Taming of the Shrew / Der Widerspenstigen Zähmung* (Tübingen 1988).
Sautter, Ursula, Hrsg., *Love's Labour's Lost / Verlorene Liebesmühe* (Tübingen 1999).
Steffen, Therese, Hrsg., *Twelfth Night Or, What You Will / Zwölfte Nacht Oder, Was ihr wollt* (Tübingen 1992).
Tetzeli von Rosador, Kurt, Hrsg., *The Comedy of Errors / Die Komödie der Irrungen* (Tübingen 1982).
Wechsler, Max u. Sträuli Arslan, Barbara, Hrsg., *King Henry V / König Heinrich V.* (Tübingen 1999).

2. Andere Textausgaben

Bräker, Ulrich, *Werke*, hrsg. v. Hans-Günther Thalheim (Berlin und Weimar 1989).
Burton, Robert, *The Anatomy of Melancholy, Vol. I*, ed. Holbrook Jackson (London 1932).
Castiglione, Baldesar, *Das Buch vom Hofmann (Il Libro del Cortegiano)*, übers. v. Fritz Baumgart (München 1986).
Chapman, George, *The Plays of George Chapman*, ed. Thomas Marc Parrott (New York 1961).
Chaucer, Geoffrey, *The Complete Works*, ed. Walter W. Skeat (London 1915; rpt. 1937).
Coleridge, Samuel Taylor, *The Collected Works*, eds. Kathleen Coburn, Bart Winer, 16 vols. (Princeton 1971).
Cornaro, Alvise, *Vom maßvollen Leben*, (übers.) (Heidelberg 1991).
Daniel, Samuel, *The Complete Works in Verse and Prose*, 5 vols., ed. Alexander B. Grosart (New York 1963).
Della Casa, Giovanni, *Der Galateo (Il Galateo)*, hrsg. und übers. von Michael Rumpf (Heidelberg 1988).
Elyot, Thomas, *The Book Named the Governor*, ed. S. E. Lehmberg (London 1962).
Fletcher, John, "The Faithful Shepherdess", *Chief Elizabethan Dramatists*, ed. William Allan Neilson (London 1911).
Foakes, R. A., ed., *Coleridge on Shakespeare* (Charlottesville 1971).

The Geneva Bible. A facsimile of the 1560 edition, ed. Lloyd E. Berry (Madison, Wisconsin 1969).
Greene, Robert, *The Life and Complete Works of Robert Greene*, 15 vols., ed. Alexander B. Grosart (New York 1881-1886; rpt. 1964).
Hazlitt, William, "As You Like It", *Characters of Shakespeare's Plays* (London 1975).
Jonson, Ben, *Works*, 11 vols., eds. C. H. Herford and Percy Simpson (Oxford 1925-1951; rpt 1965).
Lodge, Thomas, *The Complete Works* (New York 1883; rpt. 1963).
— *Rosalind*, ed. Donald Beecher (Ottawa 1997).
— *Rosalynd*, ed. Brian Nellist (Keele 1997).
Lyly, John, *The Complete Works*, 3 vols., ed. Richard Warwick Bond (Oxford 1902).
Marlowe, Christopher, *The Works and Life of Christopher Marlowe*, ed. R. H. Chase (New York 1966).
Marston, John, *The Plays*, ed. H. Harvey Wood (Edinburgh and London 1934-1939).
Massinger, Philip, *The Plays and Poems*, 5 vols., eds. Philip Edwards and Colin Gibson (Oxford 1976).
Middleton, Thomas, *The Selected Plays of Middleton*, ed. D. L. Frost (Cambridge 1978).
Peele, George, *The Life and Works of George Peele*, ed. Charles Tyler Prouty (New Haven 1961).
Sidney, Philip, *The Complete Works of Philip Sidney*, 4 vols., ed. Albert Feuillerat (Cambridge 1922-1926).
Spenser, Edmund, *The Works of Edmund Spenser*, 10 vols., eds. Edwin Greenlaw, Charles Grosvenor Osgood, Frederick Morgan Padelford, Ray Heffner (Baltimore 1933).
Zincgref, Julius Wilhelm, *Emblematum ethico-politicorum centuria* (Heidelberg 1664; Neudruck Heidelberg 1986, Nr. XVI).

3. Nachschlagewerke

Abbott, E. A., *A Shakespearian Grammar* (London 1870; rpt. New York 1966).
Bartlett, John, *A New and Complete Concordance or Verbal Index to Words, Phrases and Passages in the Dramatic Works of Shakespeare with a Supplementary Concordance to the Poems* (London 1894; rpt. 1965).
Browne, William, "Britannia's Pastorals", *The Whole Works*, ed. W. Carew Hazlitt (Hildesheim 1970).
Chappell, W., *Old English Popular Music*, ed. H. E. Woolridge (London 1893).
Colman, E. A. M., *The Dramatic Use of Bawdy in Shakespeare* (London 1974).
Daemmrich, Horst. S. u. Ingrid, *Themen und Motive in der Literatur* (Tübingen 1987).
Dent, R. W., *Shakespeare's Proverbial Language* (Berkeley 1981).
Empson, William, *The Structure of Complex Words* (London 1951).
Encyclopaedia Britannica (Chicago, London, Toronto 1981).
Franz, Wilhelm, *Die Sprache Shakespeares* (Halle 1939; Neudruck Tübingen 1986).

Halio, Jay L. u. Millard, Barbara C., *'As You Like It'*, *An Annotated Bibliography*, 1940-1980 (New York 1985).
Halliday, F. E., *A Shakespeare Companion, 1564-1964* (London 1964).
Henkel, Arthur und Schöne, Albrecht, Hrsg., *Emblemata: Handbuch zur Sinnbildkunst des XVI. und XVII. Jahrhunderts* (Stuttgart 1967).
Jaggard, William, *Shakespeare Bibliography* (Stratford-upon-Avon 1911; rpt. 1959).
Jespersen, Otto, *A Modern English Grammar on Historical Principles* (London 1954).
Kellner, Leon, *Shakespeare-Wörterbuch* (Leipzig 1922).
— *Restoring Shakespeare. A Critical Analysis of the Misreadings in Shakespeare's Works* (Leipzig 1925).
Kökeritz, Helge, *Shakespeare's Pronunciation* (New Haven and London 1953).
— *Shakespeare's Names: A Pronouncing Dictionary* (New Haven 1959).
Lausberg, Heinrich, *Elemente der literarischen Rhetorik* (München 1963).
Leisi, Ernst, *Praxis der englischen Semantik* (Heidelberg 1973).
— *Das heutige Englisch* (Heidelberg ^{7}1985).
— *Problemwörter und Problemstellen in Shakespeares Dramen* (Tübingen 1997).
Mahood, M. M., *Shakespeare's Wordplay* (London 1957).
Noble, Richmond, *Shakespeare's Biblical Knowledge* (London 1935).
Ohlander, Urban, *Studies on Coordinate Expressions in Middle English* (Lund, London Kopenhagen 1936).
Onions, C. T., *A Shakespeare Glossary* (Oxford 1958).
The Oxford English Dictionary. A New English Dictionary on Historical Principles, eds. James A. H. Murray, H. Bradley, W. A. Craigie, C. T. Onions (Oxford 1884-1928).
Partridge, Eric, *Shakespeare's Bawdy* (London 1947).
— *A Dictionary of Historical Slang* (Harmondsworth 1972).
Ritter, Joachim u. Gründer, Karlfried, Hrsg., *Historisches Wörterbuch der Philosophie* (Stuttgart/Basel 1971-1995).
Schabert, Ina, Hrsg., *Shakespeare-Handbuch* (Stuttgart 1978).
Schmidt, Alexander, *Shakespeare Lexikon* (New York ^{6}1971).
Shakespeare's England: An Account of the Life and Manners of His Age, ed C. T. Onions et al. (Oxford 1916; rpt. London 1970).
Skeat, Walter W., *A Glossary of Tudor and Stuart Words*, ed. A.L. Mayhew (Oxford 1914).
Smith, Gordon Ross, *A Classified Shakespeare Bibliography 1936-1958* (Pennsylvania 1963).
Spevack, Marvin, *A Complete and Systematic Concordance to the Works of Shakespeare* (Hildesheim 1968-1980).
Strutt, Joseph, *Sports and Pastimes of England* (London 1801).
Spurgeon, Caroline, *Shakespeare's Imagery and What It Tells Us* (Cambridge 1935).
Tilley, Morris Palmer, *A Dictionary of the Proverbs in England in the Sixteenth and Seventeenth Centuries* (Ann Arbor, Michigan 1950).
Visser, F. Th., *An Historical Syntax of the English Language* (Leiden 1963-1973).

4. Studien

Allen, Don Cameron, "The Degeneration of Man and Renaissance Pessimism", *Studies in Philology* 35 (1938), S. 202-227.
Bakeless, John Edwin, *The Tragicall History of Christopher Marlowe* (Cambridge, Mass. 1942).
Bandmann, Günter, *Melancholie und Musik* (Köln 1960).
Baugh, Albert C., Brooke, Tucker, Shaaber, Mathias A., eds., *A Literary History of England, Vol. II, The Renaissance* (London 1967 u.ö.).
Berking, Helmut, *Schenken. Zur Anthropologie des Gebens* (Frankfurt 1996).
Binswanger, Ludwig, *Melancholie und Manie* (Pfullingen 1960).
Burckhardt, Jacob, *Die Kultur der Renaissance in Italien* (Berlin o.J.).
Burke, Peter, *Culture and Society in Renaissance Italy* (London 1972).
— *Sociology and History* (London 1980).
— *Varieties of Cultural History* (Cambridge 1997).
Burkert, Walter, *Homo Necans: Interpretationen altgriechischer Opferriten und Mythen* (Berlin und New York 1972).
— *Griechische Religion der archaischen und klassischen Epoche* (Stuttgart 1977).
Curtius, Ernst Robert, *Europäische Literatur und Lateinisches Mittelalter* (Bern 1948).
Dekker, Rudolf, van de Pol, Lotte, *Frauen in Männerkleidern* (Berlin 1989).
Elias, Norbert, *Über den Prozeß der Zivilisation* (Bern 1969).
— *Die höfische Gesellschaft* (Darmstadt 1969).
Emmison, Frederick George, *Elizabethan Life* (Chelmsford 1970-1980).
Empson, William, *Some Versions of Pastoral* (London 1935).
Földényi, Laszlo F., *Melancholie* (München 1988).
Friedell, Egon, *Kulturgeschichte der Neuzeit* (London und Oxford 1947).
Fuhrmann, Horst, *Überall ist Mittelalter. Von der Gegenwart einer vergangenen Zeit* (München 1996).
Garin, Eugenio, Hrsg., *Der Mensch der Renaissance* (Frankfurt 1996).
Gent, Werner, *Das Problem der Zeit* (Hildesheim 1965).
Gmür, Remo, *Das Schicksal von F. de Saussures "Mémoire"* (Diss. Bern 1986).
Grabes, Herbert, *Speculum, Mirror and Looking-Glass* (Tübingen 1973).
Greer, Germaine, *The Female Eunuch* (London 1970).
Greg, Walter W., *Pastoral Poetry and Pastoral Drama: A Literary Inquiry, with Special Reference to the Pre-Restoration Stage in England* (London 1905).
Hale, David George, *The Body Politic: A Political Metaphor in Renaissance English Literature* (The Hague 1971).
Hauser, Arnold, *Sozialgeschichte der Kunst und Literatur* (München 1953 u.ö.).
Jackson, Stanley W., *Melancholia and Depression* (New Haven 1987).
Kayser, Wolfgang, *Das sprachliche Kunstwerk* (Bern 1948).
Kerényi, Karl, *Die Mythologie der Griechen* (Zürich 1951).
King, Bruce, *Seventeenth-Century English Literature* (Macmillan History of Literature) (London 1982).
Lepenies, Wolf, *Melancholie und Gesellschaft* (Frankfurt am Main 1969).
Marshall, H. E., *Stories of Robin Hood* (London o.J.).
Mattenklott, Gert, *Melancholie in der Dramatik des Sturm und Drang* (Stuttgart 1968).

Ohler, Norbert, *Reisen im Mittelalter* (München 1986).
Pochatt, Götz, *Der Exotismus während des Mittelalters und der Renaissance* (Stockholm 1970).
Raab, Felix, *The English Face of Machiavelli* (London 1964).
Roston, Murray, *Sixteenth-Century English Literature* (Macmillan History of Literature) (London 1982).
Rougemont, Denis de, *L'amour et l'occident* (Paris 1972).
Schaufelberger, Walter, *Der Wettkampf in der alten Eidgenossenschaft* (Bern 1972).
Schipperges, Heinrich, "Melancholie als ein mittelalterlicher Sammelbegriff für Wahnvorstellungen", in *Studium Generale* 20, Heft 11 (1967), S. 723ff.
Staiger, Emil, Hrsg., *Griechische Lyrik* (Zürich 1961).
Stamm, Rudolf, *Geschichte des Englischen Theaters* (Bern 1951).
Stubbe, Hans, *Geschichte der Genetik bis zur Wiederentdeckung der Vererbungsregeln Gregor Mendels* (Jena 1965)
Tillyard, Eustace M. W., *The Elizabethan World Picture* (London 1943 u.ö.).
Vorländer, Karl, *Geschichte der Philosophie* (Berlin 1932).
Walther, Lutz, Hrsg., *Melancholie* (Leipzig 1999).
Warburg, Aby, *Ausgewählte Schriften und Würdigungen*, hrsg. v. D. Wuttke (Baden-Baden 1979).
Wells, Herbert George, *Die Weltgeschichte*, 3 Bde. (Berlin, Wien, Leipzig 1928).
Welsford, Enid, *The Fool: His Social and Literary History* (London 1935).
Willeford, William, *The Fool and his Scepter. A Study in Clowns and Jesters and their Audience* (North Western University Press 1969).

5. Studien zu As You Like It und Shakespeare allgemein

Almagor, Dan, "The 7 Ages of Man", *Yedioth Aharanoth*, 30th September 1977, S. 16-17.
Babula, William, *Shakespeare in Production, 1935-1978: A Selective Catalogue* (New York 1981).
Baird, Ruth C., "*As You Like It* and Its Source", in *Essays in Honor of Walter Clyde Curry* (Nashville 1954), S. 143-159.
Baldwin, Thomas W., *The Organization and Personnel of the Shakespearean Company* (Princeton 1927).
— *William Shakspere's Small Latine & Lesse Greeke* (Urbana 1944).
— *On The Literary Genetics of Shakespeare's Plays* (Urbana 1959).
Barber, Cesar L., *Shakespeare's Festive Comedy: A Study of Dramatic Form and Its Relation to Social Custom* (Princeton 1959).
Barnet, Sylvan, "'Strange events': Improbability in *As You Like It*", *Shakespeare Studies* 4 (1968), S. 119-131.
Barton, Anne, "*As You Like It* and *Twelfth Night*: Shakespeare's Sense of an Ending", in *Shakespearian Comedy,* eds. David Palmer and Malcolm Bradbury (London 1972), S. 160-180.
Belsey, Catherine, "Disrupting sexual difference: meaning and gender in the comedies", in *Alternative Shakespeares*, ed. John Drakakis (London 1985), S. 166-190.
Bennett, Josephine W., "Jaques' Seven Ages", *Shakespeare Association Bulletin* 18 (1943), S. 168-173.

Bennett, Robert B., "The Reform of a Malcontent: Jaques and the Meaning of *As You Like It*", *Shakespeare Studies* 9 (1976), S. 183-204.
Berry, Edward I, "Rosalynde and Rosalind", *Shakespeare Quarterly* 31 (1980), S. 42-52.
Berry, Ralph, "No Exit from Arden", *Modern Language Review* 66 (1970), S. 11-20.
— *On Directing Shakespeare* (London and New York 1989).
Bethell, Samuel L., *Shakespeare and the Popular Dramatic Tradition* (London 1944).
Bilton, Peter, *Commentary and Control in Shakespeare's Plays* (New York 1974).
Bräker, Ulrich, "Etwas über William Shakespeares Schauspiele. Von einem armen ungelehrten Weltbürger, der das Glück genoß, ihn zu lesen." in *Bräkers Werke*, hrsg. v. Hans-Günther Thalheim (Berlin Ost 1989).
Brennecke, Ernst, "'What Shall He Have That Killed the Deer?' A Note on Shakespeare's Lyric and Its Music", *The Musical Times* 93 (August 1952), S. 347-351.
Brown, John Russell, *Shakespeare and His Comedies* (London 1957).
Brown, Steve, "The Boyhood of Shakespeare's Heroines: Notes on Gender Ambiguity in the Sixteenth Century", *Studies in English Literature* 30 (1990), S. 243-260.
Bullough, Geoffrey, ed., *Narrative and Dramatic Sources of Shakespeare*, Vol. 2: *The Comedies, 1597-1603* (London and New York 1958).
Byrne, Muriel St. Clare, "The Shakespeare Season at The Old Vic, 1956-57, and Stratford-upon-Avon, 1957", *Shakespeare Quarterly* 8 (1957), S. 461-492.
Byrne, Sr. St. Geraldyne, *Shakespeare's Use of the Pronouns of Address; its Significance in Characterization and Motivation* (Washington 1936).
Campbell, Oscar James, *Shakespeare's Satire* (New York 1943).
Carlisle, Carol J., "Helen Faucit's Rosalind", *Shakespeare Studies* 12 (1979), S. 65-94.
— "The Critics Discover Shakespeare's Women", *Renaissance Papers 1979* (1980), S. 59-73.
Carson, William G. B., "*As You Like It* and the Stars: Nineteenth-Century Prompt Books", *Quarterly Journal of Speech* 43 (1957), S. 117-127.
Chambers, Edmund K., *The Mediaeval Stage*, 2 vols. (London 1903).
— *William Shakespeare: A Study of Facts and Problems* (Oxford 1930).
— *The Elizabethan Stage* (Oxford 1923; rpt. 1951).
Champion, Larry S., *The Evolution of Shakespeare's Comedy. A Study in Dramatic Perspective* (Cambridge, Mass. 1970).
Charlton, Henry B., *Shakespearian Comedy* (London 1938).
Chaudhuri, Sukanta, *Renaissance Pastoral and Its English Developments* (Oxford 1989).
Chew, Samuel C., "This Strange Eventful History", in *Joseph Quincy Adams Memorial Studies*, ed. James G. McManaway et al. (Washington 1948), S. 157-182.
Clemen, Wolfgang, "Shakespeare und die Musik", *Shakespeare Jahrbuch West* (1966), S. 30-48.
— *Shakespeares Monologe* (München 1985).
Cohen, Derek, *The Politics of Shakespeare* (London 1993).

Cox, Ernest H., "Shakespeare and Some Conventions of Old Age", *Studies in Philology* 39 (1942), S. 36-46.
Craig, Hardin, *An Interpretation of Shakespeare* (New York 1948).
Crane, Milton, *Shakespeare's Prose* (Chicago 1951).
Cross, Gordon, *Shakespearean Playgoing 1890-1952* (London 1953).
Daley, A. S., "Shakespeare's Corin, Almsgiver and Faithful Feeder", *English Language Notes* 27 (1990), S. 4-21.
Daley, Stuart A., "The Idea of Hunting in *As You Like It*", *Shakespeare Studies* 21 (1993), S. 72-95.
Donner, H. W., "She Should Have Died Hereafter", *English Studies* XL (Oct. 1959), S. 385-389.
Draper, John W., "Jaques' 'Seven Ages' and Bartholomaeus Anglicus", *Modern Language Notes* 54 (1939), S. 273-276.
— "The Tempo of Shakespeare's Speech", *English Studies* 29 (1946), S. 116-120.
— "Shakespeare's Attitude towards Old Age", *Journal of Gerontology* 1 (1946), S. 118-125.
— *The Tempo-Patterns of Shakespeare's Plays* (Heidelberg 1957).
Draper, R. P., "Shakespeare's Pastoral Comedy", *Etudes Anglaises* 11 (1958), S. 1-17.
Dusinberre, Juliet S., *Shakespeare and the Nature of Women* (London 1975).
Edwards, Philip, *Shakespeare and the Confines of Art* (London 1968).
Engler, Balz, "Othello's Great Heart", *English Studies* 68 (1987), S. 129-136.
— "Über den Applaus bei Shakespeare", *Shakespeare Jahrbuch* 1993, S. 85-98.
Erickson, Peter, "Sexual Politics and Social Structure in *As You Like It*", in *Patriarchal Structures in Shakespeare's Drama* (Berkley 1985), S. 15-38.
Esslin, Martin, "Theater in London: 'As You Like It', or Boy Meets Boy", in *The New York Times*, 15th October 1967.
Evans, Bertrand, *Shakespeare's Comedies* (Oxford 1960).
Evans, Gareth Lloyd, "Shakespeare's Fools: The Shadow and the Substance of Drama", in *Shakespearian Comedy*, eds. Malcolm Bradbury and David Palmer (London 1972), S. 142-159.
Faber, M. D., "On Jaques: Psychoanalytic Remarks", *University Review* 36 (Kansas 1969-1970), S. 89-96, 179-182.
Fink, Z. S., "Jaques and the Malcontent Traveler", *Philological Quarterly* 14 (1935), S. 237-252.
Finkenstaedt, Thomas, *You und Thou - Studien zur Anrede im Englischen* (Berlin 1963).
Foakes, Reginald A., "The Owl and the Cuckoo: Voices of Maturity in Shakespeare's Comedies", in *Shakespearian Comedy*, eds. Malcolm Bradbury and David Palmer (London 1972), S. 121-141.
Fricker, Robert, *Kontrast und Polarität in den Charakterbildern Shakespeares* (Bern 1951).
— "Das szenische Bild bei Shakespeare", *Annales Universitatis Saraviensis* 5 (1956), S. 227-240.
— "Direkte und indirekte Darstellung bei Shakespeare", *Shakespeare Jahrbuch West* (1981), S. 118-132.
— *Das Ältere Englische Schauspiel*, Vol. I, II, III (Bern 1975, 1983, 1987).

Frye, Northrop, *A Natural Perspective: The Development of Shakespearean Comedy and Romance* (New York 1965).

Frye, Roland Mushat, *Shakespeare and Christian Doctrine* (Princeton 1963).

Garber, Marjorie B., "Coming of Age in Shakespeare", *Yale Review* 66 (1977), S. 517-533.

Garber, Marjorie, *Coming of Age in Shakespeare* (London 1981).

Gardner, Helen, "'As You Like It'", in *More Talking of Shakespeare*, ed. John Garrett (London 1959), S. 17-32.

— "Let the Forest Judge", in *'Much Ado About Nothing' and 'As You Like It'. A Casebook*. ed. J.R. Brown (London 1979)

Gay, Penny, *As She Likes It: Shakespeare's Unruly Women* (London 1994).

Gibbons, Brian, *Shakespeare and Multiplicity* (Cambridge 1993).

Gilbert, Allan H., "Jaques' 'Seven Ages' and Censorinus", *Modern Language Notes* 55 (1940), S. 103-105.

Goddard, Harold C., *The Meaning of Shakespeare* (Chicago 1951; rpt. 1960).

Goldsmith, Robert Hillis, "Touchstone: Critic in Motley", *PMLA* 68 (1953), S. 884-895.

— *Wise Fools in Shakespeare* (Michigan 1955).

Greg, Walter W., *The Shakespeare First Folio: Its Bibliographical and Textual History* (Oxford 1955).

Gurr, Andrew, *Playgoing in Shakespeare's London* (Cambridge 1987).

Habicht, Werner, "Zur Bedeutungsgeschichte des englischen Wortes *countenance*", *Archiv für das Studium der neueren Sprachen und Literaturen* 203 (1967), S. 32-51.

— "Becketts Baum und Shakespeares Wälder", *Shakespeare Jahrbuch West* (1970), S. 77-98.

Halio, Jay L., "'No Clock in the Forest': Time in '*As You Like It*'", *Studies in English Literature* 2 (1962), S. 197-207.

Hankins, John E., *Shakespeare's Derived Imagery* (Lawrence 1953).

Harbage, Alfred, *Shakespeare's Audience* (New York 1941).

Hasler, Jörg, *Shakespeare's Theatrical Notation: The Comedies* (Bern 1974).

Hayles, Nancy K., "Sexual Disguise in *As You Like It* and *Twelfth Night*", *Shakespeare Survey* 32 (1979), S. 63-72.

Heywood, Charles, "George Bernard Shaw on Shakespearian Music and the Actor", *Shakespeare Quarterly* 20 (1969), S. 417-426.

Hinman, Charlton, *The Printing and Proof-Reading of the First Folio of Shakespeare* (Oxford 1963).

Hogan, Charles Beecher, *Shakespeare in the Theatre 1701-1800: A Record of Performances in London* (Oxford 1952-1957).

Horowitz, David, *Shakespeare: An Existential View* (New York 1965).

Hotson, Leslie, *The Death of Christopher Marlowe* (London 1925).

— *Shakespeare's Motley* (London 1952).

Hulme, Hilda M., *Explorations in Shakespeare's Language: Some Problems of Lexical Meaning in the Dramatic Text* (London 1962).

— *Yours That Read Him. An Introduction to Shakespeare's Language* (London 1972).

Hunter, George Kirkpatrick, *John Lyly: The Humanist as Courtier* (London 1962), S. 298-350.

Jackson, Russell, "'Perfect Types of Womanhood': Rosalind, Beatrice and Viola in Victorian Criticism and Performance", *Shakespeare Survey* 32 (1979) S. 15-26.

Jamieson, Michael, *Shakespeare: As You Like It* (London 1965).

Jenkins, Harold, "As You Like It", *Shakespeare Survey* 8 (1955), S. 40-51.

Jones, Emrys, *Scenic Form in Shakespeare* (Oxford 1971).

Jorgens, Jack J., "Shakespeare Films", *Shakespeare Newsletter* 24 (May 1974), S. 32.

Kernodle, George R., "The Mannerist Stage of Comic Detachment", in *The Elizabethan Theatre III*, ed. David Galloway (Toronto 1973), S. 119-134.

Knowles, Richard A. J., "Ducdame", *Shakespeare Quarterly* 18 (1967), S. 438-441.

Kott, Ian, *Shakespeare our Contemporary*, tr. Boleslaw Taborski (London 1964).

Kreider, Paul Vernon, *Repetition in Shakespeare's Plays* (Princeton 1941).

Kronenfeld, Judy Z., "Social Rank and the Pastoral Ideals of *As You Like It*", *Shakespeare Quarterly* 29 (1978), S. 333-348.

Lambert, J. W., "Mixed Feelings at Stratford-upon-Avon", *Drama: The Quarterly Theatre Review*, No. 138 (1980), S. 28-34

Lascelles, Mary, "Shakespeare's Pastoral Comedy", in *More Talking of Shakespeare*, ed. John Garrett (London 1959), S. 70-86.

Leech, Clifford, "Shakespeare's Prologues and Epilogues", in *Studies in Honor of T. W. Baldwin*, ed. Don Cameron Allen (Urbana 1958), S. 150-164.

— "Shakespeare's Comic Dukes", *Review of English Literature* 5 (1964), S. 101-114.

Lees, F. N., "Shakespeare's 'Love's Labour's Won'", in *Times Literary Supplement, 28th March 1958*, S. 169.

Leggatt, Alexander, *Shakespeare's Comedy of Love* (London 1974).

Lehnert, Gertrud, "Shakespeare: 'Wie es euch gefällt'", in *Wenn Frauen Männerkleider tragen. Geschlecht und Maskerade in Literatur und Geschichte* (München 1997), S. 58-71.

Leisi, Ernst, "A Possible Emendation of Shakespeare's Sonnet 146", *English Studies* 47, 1966, S. 271-285.

— "Ein zweites Verb *to seem* bei Shakespeare?", in *Festschrift Herbert Koziol* (Wien 1973), S. 188-192.

— *Naturwissenschaft bei Shakespeare* (Carl Friedrich von Siemens Stiftung, München 1988).

Lerner, Laurence, "An Essay on Pastoral", *Essays in Criticism* 20 (1970), S. 275-297.

Levin, Bernard, "Very much as you like it in Canada", in *The Sunday Times* [London], 2nd July 1978, S. 39.

Lifson, Martha Ronk, "Learning by Talking: Conversation in *As You Like It*", *Shakespeare Survey* 40 (1987), S. 91-105.

Lippmann, Max, Hrsg., *Shakespeare im Film* (Wiesbaden 1964).

Long, John H., *Shakespeare's Use of Music: A Study of the Music and Its Performance in the Original Production of Seven Comedies* (Gainesville 1955), S. 139-163.

Lüthi, Max, *Shakespeares Dramen* (Berlin 1957).

McClellan, Kenneth, *Whatever Happened to Shakespeare?* (London 1978).

McFarland, Thomas, *Shakespeare's Pastoral Comedy* (Chapell Hill 1972).

McIntosh Angus, "'As You Like It': A Grammatical Clue to Character", *A Review of English Literature* 4 (1963), S. 68-81.

McManaway James, "Recent Studies in Shakespeare's Chronology", *Shakespeare Survey* 3 (1950), S. 22-33.

Miles, L. Wardlaw, "Shakespeare's Old Men", *English Literary History* 7 (1949), S. 286-299.

Miller, William E., "All the World's a Stage", *Notes and Queries,* n.s. 10 (1963), S. 99-101.

Mincoff, Marco, "What Shakespeare Did to *Rosalynde*", *Shakespeare Jahrbuch West* 96 (1960), S. 78-89.

Muir, Kenneth, *Shakespeare's Sources. I: Comedies and Tragedies* (London 1957).
— *The Sources of Shakespeare's Plays* (London 1977).
— *Shakespeare's Comic Sequence* (Liverpool 1979).

Naef, Irene, *Die Lieder in Shakespeares Komödien: Gehalt und Funktion* (Bern 1976).

Nathan, George Jean, *The Theatre Book of the Year, 1949-1950* (New York 1950), S. 213-216.

Neuner, Gerhard, *Die Bedeutung des Kleides in Shakespeares Dramen* (Tübingen 1969).

Nicoll, Allardyce, *A History of Restoration Drama 1600-1700* (Cambridge 1923).

Nightingale, B., "Agonised Tic", *New Statesman* 99 (11th April 1980), S. 551-562.

Nosworthy, J. M., "Music and its Function in the Romances of Shakespeare", *Shakespeare Survey* 11 (1958), S. 60-69.

Novy, Marianne, ed., *Cross-Cultural Performances: Differences in Women's Re-Visions of Shakespeare* (Illinois 1993).

Nuttall, Anthony D., "Two Unassimilable Men", in *Shakespearian Comedy*, eds. Malcolm Bradbury and David Palmer (London 1972), S. 210-240.

Orgel, Stephen, "Nobody's Perfect: Or Why Did the English Stage Take Boys for Women?", *South Atlantic Quarterly* 88 (1989), S. 7-29.

Palmer, D. J., "*As You Like It* and the Idea of the Play", *Critical Quarterly* 13 (1971), S. 234-245.

Palmer, John Leslie, *The Comic Characters of Shakespeare* (London 1946).

Parrott, Thomas Marc, *Shakespearean Comedy* (New York 1949; rpt. 1962).

Parry, P. H., "The Boyhood of Shakespeare's Heroines", *Shakespeare Survey* 42 (1989), S. 99-109.

Pettet, E. C., *Shakespeare and the Romance Tradition* (London 1949).

Phialas, Peter G., *Shakespeare's Romantic Comedies: The Development of Their Form and Meaning* (Chapel Hill 1966).

Poggioli, Renato, *The Oaten Flute: Essays on Pastoral Poetry and the Pastoral Ideal* (Cambridge, Mass. 1975).

Prouty, Charles T., "Some Observations on Shakespeare's Sources", *Shakespeare Jahrbuch West* 96 (1960), S. 64-77

Riehle, Wolfgang, *Das Beiseitesprechen bei Shakespeare* (München 1964).

Sackton, Alexander H., "The Paradoxical Encomium in Elizabethan Drama", *University of Texas Studies in English* 28 (1949), S. 83-104.

Salingar, Leo, *Shakespeare and the Traditions of Comedy* (Cambridge 1974).

Schabert, Ina, "Feminismus", *Shakespeare Jahrbuch* 1992, S. 124-141.

Schroeder, Neil R., *'As You Like It' in the English Theatre, 1740-1955* (Yale 1962).

Sehrt, Ernst Theodor, *Wandlungen der Shakespeareschen Komödie* (Göttingen 1961).

Sen Gupta, Subodh C., "Pastoral Romance and Romantic Comedy: 'Rosalynde' and 'As You Like It'", in *A Shakespeare Manual* (Calcutta 1977), S. 69-84.

Seng, Peter J., "Music in Shakespeare", *Encounter* 10 (1958), S. 67-68.

— "The Forester's Song in *As You Like It*", *Shakespeare Quarterly* 10 (1959), S. 246-249.

Sennett, Mabel, *His Erring Pilgrimage* (London 1949).

Seronsy, Cecil C., "The Seven Ages of Man Again", *Shakespeare Quarterly* 4 (1953), S. 364-365.

Shattuck, Charles H., *Shakespeare on the American Stage: From the Hallams to Edwin Booth* (Washington 1976).

Shaw, John, "Fortune and Nature in *As You Like It*", *Shakespeare Quarterly* 6 (1955), S. 45-50.

Shibata, Toshihiko, "Shakespeare in Tokyo", *Shakespeare Quarterly* 31 (1980), S. 403-404.

Smith, James. "As You Like It", *Scrutiny* 9 (1940), S. 9-32.

Sprague, Arthur Colby, *Shakespeare and the Audience: A Study in the Technique of Exposition* (Cambridge 1935; rpt. New York 1966).

Stauffer, Donald Alfred, *Shakespeare's World of Images: The Development of his Moral Ideas* (New York 1949).

Sternfeld, Frederick William, *Music in Shakespearean Tragedy* (London 1963).

Stevenson, David Lloyd, *The Love-Game Comedy* (New York 1946).

Straumann, Heinrich, *Phönix und Taube* (Zürich 1953).

— "'The Phoenix and the Turtle' in its Dramatic Context", *English Studies* 58 (1977), S. 494-500.

Stroup, Thomas B., *Microcosmos: The Shape of the Elizabethan Play* (Lexington 1965).

Styan, John L., *Shakespeare's Stagecraft* (Cambridge 1967).

Suerbaum, Ulrich, *Shakespeares Dramen* (Düsseldorf 1980).

Swift Lenz, Carolyn Ruth; Greene, Gayle; Neely, Carol Thomas, eds., *The Woman's Part* (Urbana and Chicago 1983).

Taylor, Michael, "'As You Like It': the Penalty of Adam", *Critical Quarterly* 15 (1973), S. 76-80.

Thompson, Anne, "Shakespeare and Sexuality", *Shakespeare Survey* 46 (1993), S. 1-9.

Thomson, Peter W., "A Shakespearean 'Method'", *Shakespeare Jahrbuch Ost* 104 (1968), S. 192-204.

Trautvetter, Christine; Leisi, Ernst, "Some New Readings in *As You Like It*", *Shakespeare Jahrbuch West* (1969), S. 143-151

Trautvetter, Christine, *As You Like It. An Old-Spelling and Old-Meaning Edition* (Heidelberg 1972).

Trewin, John C., "Shakespeare in Britain", *Shakespeare Quarterly* 29 (1978), S. 212-222.

Tschopp, Elisabeth, *Zur Verteilung von Vers und Prosa in Shakespeares Dramen* (Bern 1956).

Tsedakah, Rinah, "All the World's a Stage". *Adam ba-Halifotav ve-Shira be-Signonote'ha (The Ages of Man and Styles in Poetry)* (Tel Aviv 1977), S. 28–35.

Uhlig, Claus, "Der Weinende Hirsch: *As You Like It*, II.i.21–66, und der historische Kontext", *Shakespeare Jahrbuch West* (1968), S. 141–168.

Upton, John, "Critical Observations on Shakespeare", in *Shakespeare; the Critical Heritage*, ed. Brian Vickers, vol. III (London 1975), S. 290f.

Vickers, Brian, *The Artistry of Shakespeare's Prose* (London 1968).

Vielhaber, Christiane, *Shakespeare auf dem Theater Westdeutschlands, 1945–1975* (Köln 1977).

Warren, Roger, "Comedies and Histories at Two Stratfords 1977", *Shakespeare Survey* 31 (1978), S. 141–153.

Watson, Curtis B., *Shakespeare and the Renaissance Concept of Honor* (Princeton 1960).

— "Shakspere's Dukes", *Shakespeare Association Bulletin XVI* (1941), S. 33–41.

Weimann, Robert, *Shakespeare und die Tradition des Volkstheaters* (Berlin Ost 1967).

Wentersdorf, Karl, "Shakespearean Chronology and the Metrical Tests", in *Shakespeare-Studien, FS für Heinrich Mutschmann* (Marburg 1951), S. 161–193.

Whall, Helen M., "*As You Like It*: The Play of Analogy", *Huntington Library Quarterly* 47 (1984), S. 33–46.

Whitaker, Virgil K., "Shakespeare's Use of His Sources", in *Renaissance Studies in Honor of Hardin Craig*, ed. Baldwin Maxwell et al. (Stanford 1941), S. 184–197.

— *Shakespeare's Use of Learning* (San Marino, Calif. 1953).

Willson, Robert F., *Shakespeare's Opening Scenes* (Salzburg 1977).

Wilson, F. P., "Shakespeare's Comedies", in *Shakespearian and Other Studies*, ed. Helen Gardner (Oxford 1969), S. 54–99.

Wilson, John Dover, *Shakespeare's Happy Comedies* (London 1962).

Young, David, *The Heart's Forest. A Study of Shakespeare's Pastoral Plays* (New Haven and London 1972).

Zimmermann, Heinz, *Die Personifikation im Drama Shakespeares* (Heidelberg 1975).